信頼責任の原理

信頼責任の原理

戸田知行著

信山社

はしがき

一　本書は、損害賠償責任としての信頼責任を論じたものである。信頼の保護は、信頼により法律行為の欠陥が治癒されるといった問題（表見法理の問題）としては、すでに多く論じられている。だが、信頼を保護するために損害賠償請求権を認めるというものは、ほとんどみられない。瑕疵担保責任の法定責任説の中には、法が瑕疵のないことへの買主の信頼を保護するため売主に課した責任と説明するものもある（私見（契約で予定した目的物の取得への信頼の保護）とは信頼の対象が異なる）。だが、それは損害賠償の範囲に関して主張されたもので、債務不履行責任（行為責任）と並ぶ責任原理として論じられることはなかった。

私の主張する信頼責任とは、契約の一方当事者が（法によって認められる）信頼をしたから相手方が損害賠償責任を負うという論理の責任であり、「そこでは、責任が、合意や債務者の過失（すべき行為をしないこと）と結びつくのではなく、契約で予定した結果発生を不可能・困難ならしめる事情に対する相手方の主観的態様と結びつく」（第三編まとめ（給付利益に関して））のである。その信頼責任を担う責任（制度）には、少なくとも売主の担保責任と契約締結上の過失責任の一部がある、というものである。このような責任がある（を認めるべき）ことを、本書を通じて論証する。

論証の過程では、契約責任の再構成や錯誤と（瑕疵）担保責任の関係の分析、さらには研究の方法論にまで議論が及ぶ。なぜなら、現在、契約責任論は混乱しており、特定の責任を論じる共通の基盤がないからである。

例えば、瑕疵担保責任の性質に関して、特定物のドクマ、原始的不能の理論を認めるか否かという点を軸に、法定責任説と契約責任説の対立という形で議論が続いている。だが、このような問題の立て方は妥当性を失っていると思われる。当初は、履行義務（結果を発生させる義務）の有無で両者を分けたのだろうが、契約責任説でも、常に結果を発生させることはできないから、その場合は損害賠償の前提としてだけ債務（履行義務）を認めることになる。そうすると、既に両者を区別する基準が崩れていることになる。それでは、損害賠償の範囲の違いで両者を分けるのかというと、履行利益を認めない責任がなぜ法定責任になるのか分からなくなる。それにそもそも、契約責任、法定責任とは何かもはっきりしない。債務不履行責任（第四一五条以下）は法定責任ではないのか、瑕疵担保責任は、契約であるとした性状がない場合の責任だから契約責任ではないのか、という疑問があるからだ。それに加え、契約責任と債務不履行責任の関係もはっきりしない。そもそも債務不履行責任の内容に共通の理解が存するのだろうか。こうみてくると、問題を担保責任に限定して論じることはできなくなる。現在、共通した基盤がない上に、無自覚に議論が展開されているため、議論が嚙み合っていない。ある外国法による日本法の読み替えに対して、別の外国法を以て批判するといったことが、多く行われている。近時、債務不履行責任の見直しにより、担保責任を債務不履行責任に統合する見解（契約責任説の一種〔新説〕）が主張されているが、一般には支持されていない。それは、内容の優劣以前に、その内容が分かりにくいことに原因があるのではないだろうか。新たな説を主張するとき、その内容を従来の説との異同を示しながら明らかにしなくてはならないのに、ほとんどそれがない。各々が、無関係に自己の説を一方的に主張し合っているのが現状である、というのは言い過ぎであろうか。

従って、信頼責任（担保責任制度が担う）を提示するにも、これらの問題を解きほぐしたうえで、契約責任の再構成を図り、その中で信頼責任が一定の位置を占めることを示す必要がある。前者の問題——混迷した契約責任論の整序には、問題の立て方を適切に行い、共通の物差しを設定する必要がある。私見（後者の問題は別にしても、特に第三部、第二部で、物差しを提示し、学説の位置づけ（もちろん異論はありえようが）を行ったことは、契約責任法学に寄与するところとなったのではないかと自負している。また、議論に際して、どこの国でも通用する議論の部分とその国独自の部分を分け、前者は純粋に考え方として追究をした（第二部、第三部は前者が中心）。これは、発想段階ではあるが研究の方法論（補論参照）につながるものである。

二　本書は三部からなる。

第一部では、担保責任および契約締結拒絶の場合の責任（契約締結上の過失責任）の内部的検討により、「信頼責任論」を展開するに至った論文を収めた。前者では、売買契約において「当事者が予定した目的物」を買主が取得できなかった場合の救済はどうなるか、という問題意識の下、債務不履行責任、担保責任等に関する起草者の見解を探ることで、担保責任を信頼責任と構成する発想をつかんだ。後者（「附」）では、契約締結拒絶に関する判例評釈・研究の中で、契約締結上の過失責任として論じられている問題の一部には、付随義務・注意義務違反（行為責任）としては構成できないものがあること、それを信頼の保護の問題（信頼責任）として構成すべきことを示した。

第二部、第三部は、第一部で提唱した信頼責任を外部的に検証しようというものである。

まず、第二部に収めた論文は、売買契約締結時の性状について当事者の期待が裏切られた場合の救済を検討したものである。そこでは、当事者の合意以外に、主に錯誤と（瑕疵）担保責任の関係が問題になった。その中で、担保責任を錯誤に引きつけて考えようとする見解、担保責任（の一部）を対価的均衡の維持制度として再構成する見解に対して、担保責任の対象とする問題類型および要件から、それらとは異なるものである（信頼責任論が対価的均衡の維持論に対しても堪え得るものである）ことを示した。それにより、裏から信頼責任論を浮かび上がらせることができたのではないだろうか。

次に、第三部では、近時の債務不履行責任論という形で契約責任の再構成を行う学説に対しても、私の主張する信頼責任が堪え得るものであることを示そうとした。すなわち、債務不履行責任の拡張により契約責任を統一し、担保責任（の一部）をその一類型（結果債務の不履行責任、保証責任等）に属するものとして位置づける見解がある。私見の検証には、まず、この再構成・統合の当否を検討する必要がある。そこで、それらの学説の内在的な検討を行い、それが成功していないこと――行為義務違反の責任（行為責任）や保証責任（意思責任）に包摂されない責任があることを示した。それにより、裏から信頼責任論を浮かび上がらせようとした。次に、私が「信頼責任」を主張するなら、自身で契約責任の再構成をし、その中に信頼責任を組み込む必要がある。そこで、「契約責任」という場を設定し、その中で責任の分類を責任原理で行うことを提唱した。それらは、行為責任、意思責任、信頼責任（等）である。伝統的な学説では、債務不履行責任の三分類はあるが、「契約責任」というものは構想されていなかった（担保責任は契約外の（＝履行義務違反の責任でない）責任という意味で「法定責任」となる）。新説では、場と責任原理の区別がない。そのため、契約責任＝債務不履行責任（法定債務の不履行責任があるので、正確には一致しないが）となり、私の言う責任原理が、債務不履行責任の「類型」の問題にすり替えられてしまう。契約責任の統一や外国法の移植に主な関心があるためか、理論的に曖昧なものになっていた。契約責任の再構成の中で、これらの理論的な位置づけ・整序もまた同時に行なった。

三　本書の題名を信頼責任の「原理」としたのは、抽象的な理論研究が中心になっているからである。いわば、骨組みの部分を論じただけで、細かな解釈論まで立ち入っていない。特に損害賠償範囲論は不十分であり、今後の課題としたい。また、信頼責任（を担う制度）の具体的な適用・解釈においては、責任原理から決まらない点も多く、それを考えるためには多くの事例に当たる必要がある。すなわち、判例研究や比較法を行う必要がある。

残された課題は多いが、理論的には不完全ながらも一つのまとまりに達したので、ここに一冊の本としてご批判・ご教示を仰ごうと考えた次第である。本書は、既に発表した論文と書き下ろしの論文による論文集の形をとっている。これらは、一つのテーマによる研究の中で生まれたものであり、二で示したような関連を有している。本来ならば、既に発表した論文については更に検討を加え、加筆・訂正すべきであり、さらに本書を形の上でも一つの論文にまとめるべきところであるが、前者について最低限（誤字、脱字等）の訂正をなすに止まった。

最後に、本書は先学に対する批判を多く含むものであるが、その批判も先学があったから可能になるものであり、深く感謝している。また、出版の依頼に快く応じてくださった信山社出版の袖山貴氏に対し、心からお礼を申し上げたい。

二〇〇四年三月

戸田知行

目　次

目　次

目　次

目　次

第三部　契約責任（損害賠償責任）の再構成と信頼責任
――責任原理論の展開と責任制度の見直し――

目次

目　次

《原題・初出一覧》

第一部

第一編　「売主の債務不履行責任と担保責任——旧民法典の立場について——」早稲田法学会誌三九巻（平成元年）一三九頁以下

第二編　「売主の債務不履行責任と担保責任（一）～（三・完）——現行民法典の立場について——」法研論集（早大院）四九号七九頁以下、五一号一三三頁以下（平成元年）、五四号一八七頁以下（平成二年）

附　「契約締結拒絶と信義則」法律時報六〇巻五号（昭和六三年）一〇三頁以下

第二部　「売買目的物の性状に関する当事者の期待の保護——性状錯誤と担保責任・序説——」民法学の新たな展開（高島平蔵先生古稀記念論文集）（平成五年）四四七頁以下

第三部　書き下ろし

信頼責任の原理

第一部　日本民法典における信頼責任

――売主の債務不履行責任と担保責任――

第一編　旧民法典の立場について

はじめに

売買契約において、当事者が予定した物を買主が取得できない場合、履行強制以外に債務不履行責任と担保責任の救済が考えられる。従来、この両者の責任については、峻別する立場（担保責任における法定責任説）が主流であった(1)。この立場は、担保責任を、売買目的物に権利上あるいは物質上の瑕疵がある場合に、法が公平等の見地から売主に認めた履行義務（第一章を参照）を前提としない責任であるとする。一方、債務不履行責任は、履行義務に違反した場合のサンクションであるから、両者は別個の基盤に立つことになるのである。ところがこの峻別に対して、権利の瑕疵についての責任が債務不履行責任の特則であるとする説は、比較的昔からあった(2)。そして近時、瑕疵担保責任について債務不履行責任説(3)が出るに至り、一般的に担保責任を債務不履行責任に吸収する見解が有力になってきた。この見解は、原始的不能のドグマの否定により履行義務の範囲を広げ、担保責任を債務不履行責任化できるとしている。果たしてそうすることにより可能なのか、またその必要があるのか、担保責任、債務不履行責任の異同が根本から問われる必要がある。そこで本稿では原点に立ち戻り、立法段階で両者がどのように考えられていたのかをみてみたい。

両者の関係をみるために、本稿では、目的物の瑕疵が原因で買主（になろうとした人）が「当事者が予定した目的物(4)」を取得できない場合の救済を、不法行為責任も含めて広くみてみる。そして、「当事者が予定した目的物」を取得できないことに対して、なぜ異なった救済方法が生じるのかを検討したい。

また、救済内容では損害賠償の問題に焦点をあてる。① まず、担保責任の本質論との関係で、その損害賠償義務が一次的な義務なのか、それとも引渡義務などの義務違反により生じる二次的義務なのかという問題がある。その前提として何が債務になり得るのかという問題がある。そこには原始的不能の給付は債務の目的になり得るのかという問題も含まれている。② 実際上の最大の争点である帰責事由と損害賠償との関係についてみてゆく。その際、帰責事由が何に対するものなのかも問題となる。③ 不能が、契約の成立の場面、帰責事由の場面、損害賠償の範囲決定の場面でどのような影響を及ぼすのかという問題もある。なお、代金減額、解除等の問題も責任の本質に関係するので、触れることにする。

次に、現在の民法の解釈と立法者意思がどのように関連するのかを述べてみたい。論争の中心である瑕疵担保責任の規定（第五七〇条）は、簡略であることもあり、多様な解釈の余地がある。通説である法定責任説は、立法者意思を考慮に入れることはなかった。契約責任説も法定責任説を批判する際にわずかに現行民法の立法者意思に触れる程度であった。ところが、最近有力に主張されるようになった「二分説」(5)は自説の根拠として立法者意思を持ち出してくるようになった(6)。この説は、第五七〇条の「損害賠償」を代金減額と読み替える、あるいは帰責事由を要件としない代金減額と通常の債務不履行責任が併存しているという、条文の解釈上無理な構成をとるため、その根拠として立法者意思を持ち出すのである。従って、立法者意思の検討は、この二分説の形式的根拠、すなわち第五七〇条という枠組みからこのような解釈がとれるのかということの検討にもなる。もちろん立法者意思＝条文の解釈とはならないが、立法者意思を探ることは解釈へのひとつの手がかりを与えるものとして重要だと考える。

本稿では、紙面の都合上、旧民法に限って論じる。旧民法は、現行民法の解釈に直接には役立たない。しかし、現行民法は旧民法の修正という形で成立しているので、旧民法の検討は現行民法の成立を論じる際の前提となる。特に旧民法は二分説の形式的根拠になっている点で現行民法の解釈との接続が見られる。すなわち二分説は、立法者が旧民法の立場を第五七〇条の規定に押し込んだと考えるのである。また、「担保」がどのようなものとして日本に導入されたかをみることは、条文の解釈を離れて、法律概念を確定するためにも意味があると考える。(7)

（1） 現行民法典施行後の初期の学説は法的責任説とは異なり、むしろ現在の債務不履行責任説に近い面をもっていた。初期の学説については、円谷峻「瑕疵担保責任」民法講座5（有斐閣　昭和六〇年）一八五頁以下、林良平「売主の瑕疵担保責任の効果」契約法大系Ⅱ（有斐閣　昭和三七年）一五三頁以下を参照。

（2） 瑕疵担保責任の場合と異なり、権利の瑕疵の場合の責任を債務不履行責任の特則だと解する学説（但し、第五六一条、第五六三条を除いて、説により不履行責任としないものもある）として、戒能通孝・債権各論（巌松堂書店　昭和一七年）一三七頁以下、磯村哲「売買・贈与」法セ一六号一五頁、牛尾茂夫＝椿寿夫＝山下末人・債権法概説（有信堂　昭和三三年）一二五頁以下、柚木馨・注釈民法⒁（有斐閣　昭和四一年）一二七頁以下、広中俊雄・債権各論講義〈第五版〉（有斐閣　昭和五四年）六〇頁、好美清光「批判」金判六五〇号四八頁以下等がある。

（3） 契約責任説をとる代表的な学者として、北川善太郎・契約責任の研究（有斐閣　昭和三八年）、五十嵐清「瑕疵担保と比較法」比較民事法の諸問題（一粒社　昭和五一年）八〇頁以下、星野英一「瑕疵担保の研究＝日本」民法論集⑶（有斐閣　昭和四七年）一七一頁以下が挙げられる。

（4） その内容は第二章第一節で規定する。

（5） 「二分説」という言葉は、半田吉信・担保責任の再構成（三嶺書房　昭和六一年）に倣ったものである。何を二分説と呼ぶかは問題であるが、一応、瑕疵担保の損害賠償機能（第四一五条を根拠とする場合も入れる）に、無過失→代金減額、責めに帰すべき事由→履行利益を含む損害賠償の二つが含まれていると解する説としておく。この説をとる最近の学者として、半田教授の他には、加藤雅信「売主の瑕疵担保責任」判例と学説（民法Ⅱ）（日本評論社　昭和五二年）一七五頁以下、好美・前掲注(2)、円谷峻「瑕疵担保責任」法学教室八四号三六頁以下、三宅正男・契約法（各論）上巻（青林書院新社　昭和五八年）、下森定「瑕疵担保責任と損害賠償の範囲」法セ一九八三年三月号一二六頁以下等が挙げられる。

（6）円谷・前掲注(1)、(5)、同「民法制定過程における瑕疵担保責任論」判タ五五八号四頁以下、なお、好美・前掲注(2)四五頁以下も参照。

（7）担保とはなにかについて近時、混乱が著しい。瑕疵担保責任（第五七〇条）における債務不履行責任説もそうだが、約定担保と解される保証「違反」について、通常は帰責事由を要する債務不履行責任が発生するとする見解（来栖三郎・契約法（有斐閣　昭和四九年）九一頁以下（なお、第五七〇条（法定担保）について、代金減額を超える損害賠償を請求する場合も同様に解される）、好美・前掲注(2)も同趣旨か？　加藤雅信「財産法の今日的課題」（座談会）ロースクール一六号二四頁以下の発言）、保証を第四一五条の「責ニ帰スヘキ事由」として扱おうとする見解（円谷・前掲注(5)）など、立場により様々である。

第一章　売主の義務

担保責任と債務不履行責任の関係を調べる手がかりとして、まず売主の義務の規定をみてみたい。

旧民法は[8]「財産取得編第三章賣買第一節賣買ノ通則第一款賣買ノ性質及ヒ成立」の冒頭の条文で、売買の定義を行なっている。

第二十四條　賣買ハ當事者ノ一方カ物ノ所有權又ハ其ノ支分權ヲ移轉シ又ハ移轉スル義務ヲ負擔シ他ノ一方又ハ第三者カ其定マリタル代金ノ辨濟ヲ負擔スル契約ナリ

第二項　省略

旧民法は、フランス民法第一五八二条[9]を修正して、売主は引渡義務を負うのにとどまらないことを示そうとした。そして特定物を想定して所有権の移転、種類物を想定して所有権の移転義務を買主の代金支払義務に対応させた。[11] このように、売主の義務としては種類物売買に限って所有権移転義務が生じることが定義で示されているが、売主の義務はもちろんこれに尽きるわけではない。

旧民法は「財産取得編第三章賣買第二節賣買契約ノ效力」の「第二款賣主ノ義務」の冒頭の条文（第四六条）で売主の義務を列挙している。それは①「定量物ノ所有權ヲ移轉スル義務」、②「賣渡物ヲ引渡ス義務」、③「引渡ニ至ルマテ其物ヲ保存スル義務」、④「妨碍、追奪ニ對シテ買主ヲ擔保スル義務」である。

①の所有権移転義務は、前述したように種類物の場合にのみ発生する。特定物の所有権は合意の効力として契約時にただちに移転するので所有権移転義務は生じない（財産編第三三一条本文）。所有権の移転に期限を付すことも所有権の性質と両立しないとして認めていない。ただし合意に停止条件を付すことは認めている（同条但書）。しかし、停止条件が付されていた場合も、所有権の移転は合意だけではなく予定された出来事の発生を必要とするだけであるので、やはり所有権移転義務は生じない。[12] 種類物の場合は、「其物ノ所有權ヲ約束シタル性質、品格及ヒ分量ヲ以テ要約者ニ移轉スル義務」が発生する。そして所有権は、物の引渡又は当事者の立会による指定により移転する（財産編第三三二条）。

②の引渡義務の内容は、種類物と特定物とで異なる。種類物では、特定されないかぎり、権利移転義務と同様に「約束シタル性質、品格及ヒ分量」の物が引渡義務の目的物になる。これに対し、特定物では、契約によって特定された「この物」が引渡義務の目的物になる。目的物の状態については、保存義務の所で述べる。

③の保存義務は、「善良ナル管理人タルノ注意」を以て特定物を保存する義務である（財産編第三三四条）。この義務は、特定物売買あるいは種類物であっても合意による指定により特定物になった場合に、引渡がある

まで売主に課せられるものである。この義務に違反した場合、すなわち「懈怠又ハ悪意」により滅失又は毀損が生じた場合には、売主は損害賠償責任を負うことになる（財産編第三三四条、第四六二条、財産取得編第四七条）。「懈怠又ハ悪意」のない場合は免責され、あとは危険負担の問題になる。この場合は、「意外ノ事又ハ不可抗力ニ出テタル其物ノ滅失又ハ毀損」として買主が損失を負担する（財産編第三三五条）。

財産編第四六二条は、損害賠償責任の根拠を不法行為としている。しかし同時に引渡義務の履行不能として債務不履行責任の追及も可能であろう。[13] 特定物の売主は「引渡ヲ為ス可キ時ノ現状」で引渡せば義務を免れる（財産編第四六二条　財産取得編第四七条）とする規定があるが、これは危険を買主が負担する原則を述べたにすぎない。[14] 引渡義務は契約締結時に発生し、その時点での義務内容は契約締結時の状態での引渡である。それ故に、保存義務違反は同時に引渡義務違反と構成し得るのである。なおこの場合、保存義務違反は引渡義務の履行不能についての帰責事由として扱われることになろう。

④の追奪担保義務は、現行民法の権利の瑕疵についての責任に当たるものである。ただし数量の不足・物の一部滅失の場合の担保責任（第五六五条）に当たる規定は含まれていない。この点については後に論じる。

以上が旧民法に規定されている売主の義務であるが、ボアソナードは草案の説明の中で、フランス民法における売主の義務から故意に省いたものとして、売主の説明義務（C. c., art. 1602）と買主に対して売却物の隠れた瑕疵を担保する義務[15]（C. c., art. 1603, 1625 を参照）を挙げる。その理由として、前者はそのような義務を置くこと自体不適当であるとするのに対し、後者は規定する位置を変えただけであるとする。なぜ瑕疵を担保する義務を売主の義務の所に規定しなかったのかというと、隠れた瑕疵があった場合の主要な救済内容として賣買廢却（rédhibitoire）訴権という解除訴権が考えられていたので、これを「賣買契約ノ效力」の「賣主ノ義務」

の所に規定するよりは、「賣買ノ解除及ヒ銷除」の所に規定するのが適当であるとしたからにすぎない。代金減額、損害賠償のために訴権も認められるが、副次的なものであり、その効力は賣買廢却訴権よりも重要でないので、賣買廢却訴権にまとめて規定するのが適当であるとする。(16) また草案の説明では、賣買廢却訴権はフランス民法などと規定の順序は異なるが、その基礎は同じであるとされている。(17) したがってあくまで規定を置く位置の問題で売主の義務に列挙されなかったのであるから、理論的には「賣買廢却訴権」は売主の義務の一と考えることができる。ただし、ボアソナードは彼の担保に対する独自の考えから、売却物の隠れた瑕疵についての売主の責任を意図的に担保とは呼ばなかった。この理由は、後に担保責任を論じる際に述べる。

旧民法は、現行民法と異なり売主の義務の規定をもち、(追奪)担保責任を権利移転義務、引渡義務といった履行義務(契約で目指した結果を生ぜしめる義務：担保義務と対比させる意味で以後この言葉を使ってゆく)と共に、一次的な義務として規定している。したがって、担保責任は、債務不履行責任(二次的な義務)とは異なるものとされていたことになる。

担保責任も債務不履行責任も買主が一定の目的物を取得できなかったときのサンクションとして機能する。そのうち債務不履行責任は、履行義務の目的物を買主が取得できなかったときのサンクションとして法が予定している。そうすると担保義務の対象となる目的物は、履行義務の目的物と異ならなければならないことになる。

そこで次に、売買契約、履行義務の目的物、担保義務の対象となる目的物はどのように決定され、どう異なるのかをみてみたい。

（8）　本書では旧民法を理解する手がかりとして、主にCode civil de l'Empire du Japon, accompagné d'un Exposé des Motifs, Tokyo, Kokubunsha, 1891を用いた（以下、Exposéとして引用）。この書は、池田真朗「民法四六七条におけるボアソナードの復権」（明治法制史政治史の諸問題（手塚豊教授退職記念論文集）一〇三九頁以下）により旧民法の公式の理由書として明らかにされたものである。筆者は東京大学と早稲田大学の所蔵本を利用させていただいた。表紙にはTraduction officielleの印刷がなされているほか、東京大学所蔵本には表紙を開いたところに墨で「ボアソナード　佛文日本民法」の書込がなされている。これ以外に著者の記載はないが、この書の著者は誰かという問題、なぜTraduction officielleとされたのかという問題については、池田・前掲論文を参照。本書以外に、草案の注釈書としてG. Boissonade, Projet de Code civil pour l'Empire du Japon, accompagné d'un Commentaire, nouvelle éd., 1890-1891（第三版）を用い（以下、Boissonade: Projetとして引用）一部、第二版（deuxième éd., 1882-1889. なお第三巻にはdeuxième éditionとの記載はない）を利用した。また、草案の邦訳としては、ボアソナード氏起稿・再閲修正民法草案注釋（以下、修正民法草案注釋として引用）を参照した。なお、筆者の見た範囲では、上述の理由書は、フランス法などの外国法との比較の部分が省かれており、また一部修正がなされているほかは、草案の注釈書と内容が同じである。

ボアソナード草案の審議については、法律取調委員會財産編人權ノ部議事筆記一（日本近代立法資料叢書8（商事法務研究会　昭和六二年））、法律取調委員會財産編人權ノ部議事筆記二、同・財産編取得編議事筆記（日本近代立法資料叢書9（商事法務研究会　昭和六二年））、法律取調委員會財産編再調査案議事筆記、同・財産取得編再調査案議事筆記（日本近代立法資料叢書11（商事法務研究会　昭和六三年））を参照した。ただし筆者の参照した範囲では、審議は主に字句の修正にとどまっている。なお、元老院、枢密院の審議については、手塚豊「舊民法（財産編・財産取得編前半・債權擔保編・證據編）審査元老院會議筆記」法研二七巻一二号五六頁以下、同「舊民法（財産編・財産取得編前半・債權擔保編・證據編）審査樞密院會議筆記」法研二八巻一号五二頁以下を参照。

ボアソナードによるフランス民法の講義録としては、佛國ボアソナード氏講義、薩捶正邦筆記・佛國民法賣

買篇講義（博聞社蔵版　明治一六年版権免許）、佛國民法契約編第二回講義（司法省蔵版　小笠原書房翻刻　明治一六年）を参照した。

（9）　第一五八二条〔売買の意義〕①売買 vente は、一方がある物を引渡す義務を負い、他方がその物〔の代金〕を支払う義務を負う合意である。　第二項　省略　（法務大臣官房司法法制調査部編「フランス民法典——物権・債権関係」（法務資料四四一号）の訳による）

（10）　旧民法では、特定物、定量物の区別は、一般において代替可能であるかを基準とする（財産編第一六条参照）のに対して、代替物、不代替物の区別は、当事者の意思による代替可能性を基準としている（財産編第一七条参照）。しかし、定量物が特定により特定物になるとも説明されている（Exposé, t. II, Art. 16）。このように今日の特定物と種類物、代替物と不代替物の言葉の用法と著しく異なっている。そこで混乱を避けるため、以後本文では、原則として今日の用法に従ってこれらの用語を用いていく。

（11）　Exposé, t. III, Art. 24.

（12）　Exposé, t. II, Art. 331, pp. 408-409. これに対し、ボアソナード先生斷案、森順正纂輯・民法辯疑（公文舍　明治二五年）二七六～八頁は、未必条件付の合意の場合、所有権は未必条件を帯びたまま移転するとする。このため、所有権の移転を直ちに生ぜしめないためには、売買の予約の方法によるしかないとする。

（13）　井上正一・民法正義財産編第二部巻之壹（新法註釋會）五二七頁は、引渡義務の履行不能による債務不履行責任を認めている。また Exposé, t. II, Art. 383 も同様に読める。

（14）　Exposé, t. II, Art. 462.

（15）　Boissonade : Projet, t. III, n° 208.

（16）　Exposé, t. III, Art. 94 ; Boissonade : Projet, t. III, n° 209.

（17）　Boissonade : Projet, t. III, n° 333.

第二章　当事者が予定した目的物

第一節　当事者が予定した目的物と「承諾」で定めた目的物

売買契約を締結しようとして了解に達した当事者は売買目的物としてどのような物を予定しているのだろうか。まず法律行為以前の事実の問題として、当事者は、特定物、種類物を問わず一定の性質・数量を予定し得る。そのような物を「(当事者が) 予定した目的物」と、ここでは呼んでおく。

だが、このような物がそのまま法律行為の要素である意思表示の内容になるのかは問題である。従来から、売買において特定物の性質・数量はたとえ表示されたとしても動機にすぎず、意思表示の内容にならないとする説[18]が有力である。その説によると、法律効果を個別化する意思のみが意思表示の内容になる。売買では権利移転 (義務) の対象としての物が意思表示の内容になる。それが特定物の場合、「この物」しか権利移転のしようがないのであるから、「この物」について性質・数量の表示がなされても権利移転 (義務) の対象は変わらない。したがって特定物の性質・数量は意思表示の内容に入らないことになるのである。旧民法もこの立場に立っていることは後にみる通りである。

特定物が予定した性質・数量を備えていない場合、「予定した目的物」と「承諾」(＝現行民法の合意) で定めた目的物との間に齟齬が生じる。この場合、「承諾」で定めた物を売買目的物として契約はまったく有効に成立しうる。このため「予定した目的物」を買主が取得できない場合の救済として、債務不履行責任の追及はできない。旧民法は錯誤、不法行為の特則として、分割の部分が他人に属する場合で解除されないとき (この場合の売主の責任は担保責任と呼ばれる）、不動産の面積不足の場合、物に隠れた瑕疵があった場合の救済規定を設けている。なお「承諾ノ瑕疵ヲ成ス可キ錯誤」の無いことは、財産編第三〇五条で契約の有効要件とされている。

（18）柚木（＝高木多喜男）・前掲注（2）一八一頁～二頁、柚木馨・売主瑕疵担保責任の研究（有斐閣　昭和三八年）一八六頁～七頁、三宅・前掲注（5）三五三頁以下。なお、ドイツの学説については、北川・前掲注（3）一六九頁以下を参照。

第二節　「承諾」で定めた目的物と契約の目的物

「承諾」で定めた目的物もまたそのまま売買契約の目的物になるわけではない。「承諾」以外にも契約の成立要件がいくつかあり、それを満たさないことがあるからである。そこでまず、契約の成立要件についてみてみたい。

旧民法は、財産編第三〇四条で「合意」（＝現行民法の契約）の成立条件を定める。

財産編第三百四條　凡ソ合意ノ成立スル爲メニハ左ノ三箇ノ條件ヲ具備スルコトヲ必要トス

第一　當事者又ハ代人ノ承諾

第二　確定ニシテ各人カ處分權ヲ有スル目的

第三　眞實且合法ノ原因

第二項　省略

第一の「承諾」（consentement）とは意思の合致のことである。すなわち今日の合意にあたるものである。

これに第二、第三の条件が備われば、「合意」（convention）が成立することになる[19]。

第二の条件である「確定ニシテ各人カ處分權ヲ有スル目的」のうち、給付の確定については問題はないだろう。「各人カ處分權ヲ有スル目的」とは、「融通物」（chose dans le commerce）のこと[20]だが、本条の方がずっと正確な表現であるとする。なぜならここで除かれるものには、誰もが処分権を有しない「目的」（狭義の不融通物[21]）だけでなく、契約当事者のみが処分権を有しない「目的」も含まれるからである。当事者のみが処分権を有しない「目的」の故に契約が無効になる場合としては、他人の物の売買が挙げられる。他にこの条件を満たさない例として、原始的に滅失した物の売買（財産取得編第四三条）、不能の作為・不作為[22]を「目的」とした場合（財産編第三二二条）がある。

次に第三の条件である「眞実且合法ノ原因」をみてみる。「合意」の「原因」（cause）とは、当事者に「合意」の「承諾」を決意させた決定的な理由、すなわち当事者が到達しようとした目的である。売買における「合意」の「原因」は、売主にとっては譲渡の代償として一定の金額、すなわち代金あるいは代金債権を取得することの希望に外ならず、買主にとっては代金の支払いの代償として所有権を取得することの希望である[23]。この「原因」を欠く契約は無効となる。旧民法では、売買契約時に目的物（特定物）を売主が所有していないと、売買契約の効力のみにより直ちに買主が所有者になれず、買主は代金を支払う「原因」を有しないことになる。これにより、売主も所有権移転の「原因」を有しないことになる。それゆえにこの売買契約は、両当事者のために、両当事者に対して無効となる。すなわち他人の物の売買は、「原因」の欠缺を理由にしてもまた無効となるのである[24]。債権者が「合意」について金銭に見積もることができる正当な利益をもたない場合（例第三者の為にする契約）も合意は「原因」の欠缺を理由に無効となる（財産編第三二三条）。不法の「原因」によって契約が無効になる例としては、禁制品の売買が挙げられる。

売買契約を成立させようとする「承諾」があっても、「承諾」により売買目的物とされた物が原因で第二、第三の条件を欠くことがある。この場合は売買目的物の瑕疵の故に、契約が不成立になるか、条件を欠く部分を除いて契約が成立することになる。つまり「承諾」で定めた目的物と売買契約の目的物（契約が全部無効の場合は存在しない）の間に齟齬が生じる。では何が、第二、第三の契約の成立条件の欠如をもたらす瑕疵なのだろうか。

売買の通則は、「合意」の成立条件の反映として「賣渡スコトヲ得サル物」の規定（財産取得編第四一条〜第四三条）をもっている。第四一条では不融通物の売買、第四二条では他人の物の売買、第四三条では原始的に滅失した物の売買を無効にしている。これらの場合は、契約は成立せず、履行義務も発生しないため、債務不履行責任は問題にならない。ただ、物の一部についてこれらの瑕疵がある場合に、この一部について、契約の成立要件の問題として契約が一部無効になるのか、それとも錯誤があるとして「承諾」内容に入っていないと見るのかは問題である。この点については後に述べる。

なおこれらの場合、買主が「承諾」で定めた物を取得できなかったときに売主は損害賠償義務を負担する旨の「合意」（不融通物の売買は除く）、他人の財産権を買主に取得させる義務を負担する旨の「合意」[25]は有効であることに注意しなければならない。なぜなら、損害賠償、財産権取得のための行為は給付として可能であり、これ故にその合意は「目的」「原因」をもち得るからである。このような「合意」がない場合、「承諾」で定めた物を買主が取得できなくともそのまま放っておくのか、損害賠償等の責任を認めるのかは法規範の態度に懸かっている。損害賠償を認める場合には、現在の理論で主張されている説明・告知義務等の付随的義務は認められていないため、その根拠は不法行為責任か担保責任に限定される。

(19) Exposé, t. II, Art. 304 et 305, pp. 347-348. なお、「合意」と「契約」の定義については、財産編第二九六条を参照。

(20) 以下、Exposé, t. II, Art. 304 et 305, pp. 350-351 による。

(21) 財産編第二六条参照

(22) ボアソナード・民法草案（発行者、発行年不詳）一八二頁（藤林忠良、一瀬勇三郎訳の部分）は、この不能には主観的不能（「約務者ニ出來難キ事」）も含まれるとする。そこでは例として、ボアソナードが日本語によって法律の講義をすると約すること、寒中富士山に登ると約することが挙げられている。

(23) Exposé, t. II, Art. 304 et 305, pp. 350-351, t. III, Art. 42, pp. 70-71.

(24) Exposé, t. III, Art. 42. p. 71. 同所は続けて、「原因」の欠缺を無効の根拠にする方が、より簡明でよく用いられるので好ましいとする。なお、フランス民法典が他人の物の売買を無効にする（第一五九九条）のは、第一一三一条の「虚ナル原由」(fausse cause) によるものだと、ボアソナードは述べる（ボアソナード・前掲注（８）賣買篇講義一三三頁）。この「虚ナル原由」に基づく義務とは、約束者が錯誤により「原因」がないのにあると考えて負った義務である（ボアソナード・前掲注(８)契約編講義五〇頁）。

(25) 熊野敏三・民法正義財産取得編巻之壹（新法註釋會）二四六頁、これにより、他人の権利を取得して買主に移転する義務（現行民法第五六〇条参照）は、旧民法の下でも当事者が明示に合意をすれば認められることがわかる。

第三節　契約の目的物と給付結果

特定物の性質・数量は意思表示内容に入らないが、「当事者が予定した目的物」が売買契約、履行義務の目的物になることがある（契約の成立要件を満たしていることを前提）。特定物が契約締結時に当事者の予定した性質・数量を備えていた場合は、「この物」の給付が「当事者が予定した目的物」の給付になるからである。しかしこの場合でも、買主が最終的に「当事者が予定した目的物」を取得できるとは限らない。

特定物の場合、引渡がなされて契約関係が終了する以前に売買目的物が滅失・毀損すると、買主は「予定した目的物」を取得できない。あとは帰責事由の存否に従い、債務不履行責任（あるいは不法行為）の問題か、危険負担の問題となる（本稿の目的上、履行遅滞の問題は扱わない）。なお、保存義務は売買契約成立時の状態の保存を内容にしているので、特定物の性質・数量も当然保存義務の対象となっていることに注意する必要がある（引渡義務については第一章参照）。

次章では買主が「予定した目的物」を取得できなかったときの売主の責任をみてゆく。その際、取得できなかった原因により三つに分けて論じる。それは、①特定物の性質・数量が「承諾」内容に入らないことによる場合、②「承諾」で定めた目的物と売買契約の目的物に齟齬が生じたことによる場合、③「予定した目的物」が履行義務の対象になったが、滅失・毀損等により買主がそれを取得できなかった場合である。なお、担保一般について論じる便宜上、②①③の順番で論じてゆく。

第三章　予定した目的物を買主が取得できなかったときの責任

第一節　「承諾」で定めた目的物と契約の目的物の齟齬

このような齟齬は不融通物の売買、他人の物の売買、原始的に滅失した物の売買の場合に生じる。(26)法は他人の物の売買がなされたときだけ担保責任という形で買主を保護したが、他の二つの場合の救済とどのような違いがあるのだろうか。

第一項　「担保」義務

Ⅰ　「担保」の総則

旧民法は、フランスなどの法典と異なり、[27] 担保についての総則を設けている。[28] そこでまず、この総則規定からみてみたい。

理由書および Projet は、担保という言葉について説明をしている。[29] それによると、この担保という言葉は、フランス語の garantie の翻訳である。garantie という言葉は、広義で損害からの保護、予防を意味し、二種類の用法がある。[30] その一は、先取特権、抵当権、質権、連帯、保証といった「債権担保」(des sûretés des créances) を意味する用法である。これは、債務者の弁済不能から、債権者を保護する手段である。その二は、権利の譲受人等が、第三者による訴訟の危険から保護を受け、補充的に損害賠償を受けることを意味する用法である。担保の総則で規定され、また追奪担保義務、売主の担保義務という場合の担保は、第二の意味の担保である。[31]

総則の冒頭の条文は、担保がどのような場合に課せられるのかという原則を定め、担保の目的を明らかにしている。

第三百九十五條　物權ト人權トヲ問ハス權利ヲ讓渡シタル者ハ讓渡以前ノ原因又ハ自己ノ責ニ歸ス可キ原因ニ基キタル追奪又ハ妨碍ニ對シテ其權利ノ完全ナル行使及ヒ自由ナル收益ヲ擔保スル責ニ任ス

擔保ニ二箇ノ目的アリ即チ第三者ノ主張ニ對シ讓受人ヲ保護スルコト及ヒ防止スル能ハサリシ妨碍若クハ追奪

ニ對シ償金ヲ拂フコト是ナリ

観念的な存在である権利の譲渡は、通常、引渡、占有の移転、証書の交付などの債務者の行為（給付）を介して行なわれる。しかし、これらの行為を尽くして、外形上権利の移転が生じたようにみえても、譲渡人が権利を有していなかったとか、不完全な権利しか有していなかったために、実際には約束通りの権利が移転しないことが生じ得る。そのため、真の権利者と称する第三者が、譲受人に対して、その主張する権利に基づき、妨害や所有物返還請求をすることがある。その場合、譲渡人は、自ら有する法的なすべての手段により、譲り渡した権利の存在とその享有を確保し、そのため助力しなければならない[32]。なお、第三者のなす妨害は、暴力等の行為によるものではなく、権利主張の方法によるものでなければならない。また、主張される権利は、譲渡前の原因か（例　譲渡人が初めから権利を有していなかった場合）、譲渡以後であれば、譲渡人の責めに帰すべき原因に基づくもの（例　譲渡した権利をさらに第三者に譲渡した場合）でなければならない。このように、第三者の権利主張に対して、譲渡人は一次的に「譲受人ヲ保護スル」義務を負うが、その義務は訴訟上のものである。すなわち、その義務の内容は、譲受人が真の権利者と称する第三者の主張に関連して原告、被告、訴訟参加人となったとき、法廷で譲受人を補助することである。そしてその補助は、譲り渡した権利の存在を証明するために、譲受人の主張を強め第三者の主張を弱める性質の証書、書類、証言を提出することからなる。

しかし、譲渡人が、譲受人を守るために出廷しなかったり、出廷して弁護をしても譲受人の権利を守れないことがある。その場合、譲渡人は、譲受人が被った損害を賠償しなければならない。損害賠償の範囲には、履行利益も含まれる[33]。ただし損害賠償の範囲等は担保として独自に決められるのではなく、担保が損害賠償に帰するときには、債務不履行責任の損害賠償の規定[34]が適用されることになる。しかし、不法行為責任の範囲決定のためにもこの規定は適用され、損害賠償についての一般規定となっているので、このことにより担保の性質を論じることはできない。

以上、担保の目的として、一次的に訴訟上の保護、二次的に損害賠償が予定されているのである。なお、この場合の損害賠償義務は、訴訟上の保護義務の不履行責任ではないことに注意する必要がある。このため、損害賠償の要件として責めに帰すべき事由により訴訟上の保護義務を怠ったことは必要ではなく、単に第三者による正当な妨碍、追奪の事実があれば良い。

このような担保の発生には、譲渡の合意以外に特別の合意を要するのかという点について第三九六条は、次のように規定する。

第三百九十六條　擔保ハ有償ノ行爲ニ付テハ反對ノ要約ナキトキハ當然存立シ無償ノ行爲ニ付テハ之ヲ諾約シタルニ非サレハ存立セス

然レトモ如何ナル場合ニ於テモ又如何ナル要約ノ爲メニモ譲渡人ハ自ラ譲受人ニ妨碍ヲ加フルコトヲ得ス又第三者カ譲渡人ノ授與シタル權利ニ依リテ譲受人ニ妨碍ヲ加ヘ又ハ追奪ヲ爲シタルトキハ譲渡人ハ其擔保ノ責ニ任ス但權利ノ授與カ無擔保ニテ爲シタル譲渡ノ以前ニ在ルトキト雖モ亦同シ

右擔保ノ義務ハ譲渡人ノ相續人ニ移轉ス

有償契約においては、当事者が特に合意をしなくても権利と法の効果（par l’ effet du droit et de la loi）により、担保が生じる。このため、その担保は当然のもの（naturelle）である。しかし、当事者は明示の合意によりこれを排除することができるのでこの担保は必須のもの（essentielle）ではない。これに対して無償契約では、担保が課せられるには、当事者は合意をしなければならない。このため、この担保は当事者の合意により初めて発生するという意味で、偶然のもの（accidentelle）にすぎない[35]。このように、有償契約では担保の排除に合意が必要なのに対し無償契約では担保義務の発生に当事者の合意を必要としている点で違いがあるが、担保を付すか否かを当事者の合意に委ねている点では同じである。

ところが、例えば、詐欺及び害意により自分が所有しないことを知っている物を贈与あるいは売渡した場合、追奪が贈与者あるいは売主の二重譲渡の結果生じた場合は、当事者の取り決めの如何に拘らず担保義務が発生する。この担保は、衡平と条理に根拠をもつので、当事者の明示の合意によっても排除できない。それ故この担保は必須のもの（essentielle）である[36]。なお、詐欺及び害意による譲渡は、本条に規定はなく理由書に述べられているだけだが、無担保特約の制限事由として売買における担保一般に当てはまる。単なる悪意では足りないという点で、旧民法では免責の範囲が広く認められている。

(26)　原始的滅失以外の不能（例えば、初めから目的物が存在しなかった）の場合にもこのような齟齬が生じるであろう。ただし錯誤の問題とされることもある。この点については第二節を参照。
(27)　Boissonade: Projet, t. II, n° 334.
(28)　財産編第二部人権及ヒ義務第二章義務ノ効力第三節擔保
(29)　Exposé, t. II, pp. 548-549; Boissonade: Projet, t. II, n° 334.
(30)　ボアソナードはフランス民法についてこれと異なった説明をしている（ボアソナード・前掲注（8）賣買篇講義二三七頁以下）。それによると「ガランチー」には二つの意味があり、それは⑴将来生じうる損害をあらかじめ防ぐという意味、⑵現に生じた損害を「擔任」（すなわち塡補）するという意味である。売買の場合、これに対応して、①買主に売買目的物を平穏に保有させることを担保するという意味と②目的物に隠れた瑕疵があったときに買主の損害を塡補することを担保するという意味があるとする。ボアソナードは現に生じた損害の塡補のためのみにこの言葉を用いるのは適当でないとする。そのため旧民法では⑵②の意味では「担保」という言葉を使っていない。本文で二種類の用法というのは、(1)の中でのことである。

（31）　Boissonade: Projet, t. II, nº 334では、garantieの訳語について解説をしている。それによると、「最近」までは、二つの意味をもつgarantieを表すために、フランスと同様に、hó-shoという一つの言葉しかなかったが、「しばらく前」から、hó-shoという言葉をsûretéの性質をもつgarantieに限定して用い、tam-poという言葉を訴訟に対するgarantieと補充的に認められる損害賠償に用いるようになったということである。すなわち、第一の意味のgarantieには、保証（hó-sho）の訳語を当て、第二の意味のgarantieには、担保（tam-po）の訳語を当てる試みがなされていたのである。しかし、この訳し分けは旧民法に採用されていない（なおこの解説は、理由書では省かれている）。例えば、旧民法の法典の「債権擔保編」という編名に対応する仏文は、Livre des Garanties des Créancesである。なお、Projetでは、その部分は、Livre IV des Sûretés ou Garanties des Créances ou Droits personnelsとされており（Boissonade: Projet, 2ᵉ éd., t. IV, p.1）、この訳として、「第四編　債權即チ人權ノ抵保即チ擔保」がなされている（ボアソナード氏起稿再閲修正民法草案注釋第四編全一頁）。これが法律取調委員会で、旧民法のように修正されたのである（前掲注（8）民法草案財產編取得編議事筆記四三九頁（この部分は債権担保編の議事筆記））。

（32）　以下、Exposé, t. II, Art, 395 et 396による。

（33）　一般的に言って、全部追奪の場合の損害賠償は、譲渡物すなわち譲渡された権利の追奪の日の価値、譲渡行為及び訴訟の費用の返還、そしてまたその物の追奪が譲受人の事業に引き起こす障害や代わりの物を調達することによって生じる一身上の損害の補償からなる（Exposé, t. II, Art. 395 et 396, p. 551）。

（34）　条文については第三章第三節Ⅰを参照。

（35）　Exposé, t. II, Art. 395 et 396, p. 551.

（36）　Exposé, t. II, Art. 395 et 396, pp. 553-554.

Ⅱ　売買における「担保」義務

次に、売買契約における担保義務をみてみたい。

「追奪擔保ノ義務」は、財産取得編第五六条から第八〇条にわたって規定されている。そこには現行民法と同種の規定（数量不足・物の一部滅失の場合の担保責任を除く）がある他、「争ニ係ル權利」の売主の担保責任（第六九条）、「會社ニ於ケル自己ノ權利」の売主の担保責任（第七〇条）の規定もある。これらの場合はすべて第三者が関係し、売主が買主と第三者との訴訟において買主を助ける必要が生じる可能性がある。しかし、これらがすべて第三者による「追奪」を担保するものであるのかは問題である。理由書は、第三者が裁判で自己の権利を証明し、買主から、その譲り受けたとする権利を奪った（dépcséder）とき、買主から追奪があったと言い、また買主は追奪を受けたと言うとしている。それはすなわち、買主が敗訴して（vaincre）、外に追い出される（mettre dehors）ことであるとする。そしてそこから売買において特別に用いられる追奪担保という言葉が生じたとする。また、追奪担保はそれ故に他人の物の売買が行なわれたことを前提としているとする。(37)しかし、まず、買主が売買の無効判決と担保（損害賠償）を求める訴えを起こすには、現実に追奪がなされる必要はなく、また追奪の危険すらも必要としない。そのためには、買主は売却物が他人に属することを証明すればよいのである（第五六条）。また、債権の売主の「債權ノ存立及ヒ其有效ノ擔保」では、第三者（譲渡債権の債務者）は債権の不成立あるいは無効を主張しても、その債権が自己のものであるとは主張しないのである。このため追奪という言葉の使用が妥当なのかは問題であるが、条文で採用されているので、そのまま使用する。

次に追奪担保責任の内容であるが、本稿では担保とはなにかを問題にしているので、個々の追奪担保責任につき詳細に論じることはしない。ここでは、追奪担保の典型として、権利が全部他人に属する場合と、権利が一部他人に属する場合を取り上げる。なお、前者の効果を担保権（先取特権、抵当権）による制限がある場合の担保責任（第六六条）、後者の効果を用益的権利による制限のある場合等の担保責任（第六五条）が準用している。

まず全部追奪についてみる。旧民法では、他人の物の売買は目的を欠くため無効とされている。[38] 理由書によれば、この場合に担保義務は売買から生じるのではなく売主の契約締結時の過失、つまり売主が引き起こした不正の損害から生じる（売主の善意、悪意に応じて、民事犯罪あるいは準犯罪）とする。そして、担保義務が売買から生じたと言われるのは、言葉の短縮の結果によるのであり、担保義務は、当事者が売買と呼ぶ行為、法自身が他の名前を付けることがほとんどできないような行為から生じるとする。つまり、旧民法では、追奪担保責任は、債務不履行責任ではなく、売主のなした不法行為に対して法が売主に課した責任であるといえる。[39] したがってまた、担保責任は所有権移転義務と無関係であることになる。[40]

追奪担保責任の根拠が不法行為であるとすると、その要件として帰責事由が必要である。しかし、理由書は他人の物を売った売主に常に過失があるとして実質上、結果責任を認めている。[41] 担保の総則では要件として帰責事由が問題とされていないことは、このことから理解できる。

損害賠償の範囲については次のような規定がある。

第五十七條　買主カ悪意ナリシトキハ賣買ノ無效及ヒ追奪擔保ノ效果ハ買主ニ其猶ホ負擔スル代金辨濟ノ義務ヲ免カレシメ又ハ其既ニ辨濟シタル代金ヲ取戻スコトヲ許スニ在ルノミ

買主ハ買受物ノ價格カ減少シタルトキト雖モ右取戻ニ於テ代金ノ減少ヲ受クルコト無シ但價格ノ減少カ自己ノ

詐欺ニ出テ又ハ自己ノ利益ト爲リタルトキハ此限ニ在ラス
如何ナル場合ニ於テモ買主カ其辨濟シタル代金ヲ取戻シタルトキハ物ノ占有ヲ賣主ニ返還スルコトヲ要ス
第五十八條　買主ハ契約ノ當時善意ナリシトキハ右ノ外尚ホ左ノ諸件ノ辨償ヲ受ク
第一　買主ノ支拂ヒタル契約費用ノ部分
第二　買受物ニ付キ買主カ支拂ヒタル費用ニシテ所有者ヨリ其辨償ヲ受クルコトヲ得サルモノ
第三　買受物ニ生シタル增價額但意外ノ事ニ因ルモ亦同シ
第四　所有者ノ請求後ニ收取シ之ニ返還スルコトヲ要スル果實
然レトモ買主ハ果實ニ換ヘテ之ニ對當スル時期間ノ賣買代金ノ法律上ノ利息ヲ受クルコトヲ欲スルトキハ之ヲ請求スルコトヲ得
又善意ナル買主ハ此他所有者ノ回復ノ訴ニ對スル答辨ノ費用及ヒ擔保請求ノ費用等總テノ損害賠償ヲ普通法ニ從ヒテ請求スルコトヲ得
第五十九條　売主ハ契約ノ當時善意ナリシトキハ財産編第三八五条ニ從ヒテ正當ニ豫見スルコトヲ得ヘカリシ限度ニ非サレハ前條ノ第二號第三號及ヒ末項ニ定メタル賠償ヲ負擔セス

第五七条では、悪意の買主に与えられる救済を、代金支払義務の免除あるいは支払った代金の返還に制限し、一切の損害賠償請求を認めない。この代金返還請求等の救済は、売買契約が無効で、その結果、代金支払あるいはその約束が「原因」を欠くことにより認められる。したがって代金返還請求は不当利得に基づくのであり、損害賠償請求とは言えないのである。そのため買主の善意、悪意に拘らずに当然認められるべきものなのである。(42)

第五八条、第五九条では善意の買主に認められる損害賠償について規定している。そのうち前者では売主が悪意の場合について規定し、後者では売主が善意の場合について規定している。売主が善意の場合にも第五八条に列挙された賠償項目は賠償対象となる。ただ、両者では損害賠償額の決定方法が異なるのである。すなわち売主が善意の場合は損害賠償は契約の当時、正当に予見することができた範囲に制限されるのに対し、悪意の場合には、損害賠償は正当な予見を超えて現実に被った損害、失った利益に及び得る。これは損害賠償に関する普通法である財産編第三八五条（条文については第三章第三節Ⅰを参照）の適用の結果である。(43)

第五八条では賠償項目を列挙しているが、果たして損害賠償の一般原則に従った場合と賠償範囲が異なるのかは問題である。第五八条で賠償項目を列挙したことについて、ボアソナードはフランス民法典で損害賠償の規定が数カ所に散在していたのをわかりやすくするために一条に集めて列挙したと述べているだけである。(44)このことからするとボアソナードは、特に賠償範囲に関する明確な意図により一般原則規定と異なる条文を設けたのではないようである。おそらく本条の一般原則との差異は、契約費用の賠償を認めている点ではなかろうか。すなわち本条は、追奪を受けた買主に履行利益の賠償に加えて、自己の支払った契約費用の賠償も認めているのである。理由書は、売主が買主に契約費用の返還をしなければならないのは、売主が過失により買主に無駄な支出をさせたからであるとする。(45)

次に売買目的物の権利が一部他人に属する場合をみてみる。この場合、売買契約全体は当然に無効なのではなく、買主の請求により解除され得るのみである。

第六十三條　買受物ノ分割ノ部分カ完全所有權又ハ虛有權ニテ第三者ニ屬スル場合ニ於テ買主ガ此部分ヲ取得スルヲ得サルコトヲ知レハ初ヨリ其物ヲ買ハサル可キ程ニ其性質又ハ廣狹ニ因リテ有益ナルコトヲ證スルト

キハ全部追奪ノ為メ定メタル如ク損害ノ賠償ヲ得テ契約ヲ解除スルコトヲ得
買主ハ契約ノ解除ヲ求メサルトキハ其受ケタル直接且現時ノ損失ノ限度ニ於テ賠償ヲ要求スルコトヲ得
第六十四條　買受物ノ不分ノ部分カ第三者ニ屬スルトキハ其部分ノ重要ノ如何ニ拘ハラス買主ハ損害賠償ヲ得テ契約ヲ解除スル權利ヲ有ス
買主ハ契約ノ解除ヲ求メサルトキハ買受物の價格ノ減少シタルトキト雖モ常ニ此ニ對當スル買受代金ト契約費用トノ部分ヲ取戻シ又其價格ノ增加シタルトキハ其損害ノ賠償ヲ受ク

「買受物ノ分割ノ部分カ第三者ニ屬スル」とは、例えば土地の売買で、当該土地の明確な境界によって画される一部が第三者の所有であるような場合を言い、「買受物ノ不分ノ部分カ第三者ニ屬スル」とは、この例で、二分の一が他人の物であるというように、その土地が第三者と共有になる場合を言う[46]。

まず、分割の部分が第三者に属する場合、買主は、手に入れることのできない所有権の部分が重要であって、もしあらかじめその部分が入手できないことを知っていれば購入しなかったであろうことを証明しなければ解除できない[47]。解除されれば、損害賠償について、全部追奪の場合の規定が適用される。買主が解除できない（しない）場合は、売買契約は如何なる部分についても完全に有効である。その場合、欠けている部分（第三者の所有部分）は、売買目的物に付随する性質、二次的な利益として扱われるだけである。したがって契約費用の返還も認められない。損害賠償は認められるが、全体の追奪があった場合と全く関係がなく「直接且現時ノ損失ノ限度」に制限される。この範囲は必ずしもはっきりしないが、追奪を受けた部分の現在の価格（その部分に値上がり、値下がりがあればその増減した価格）が基本になるようである。このように分割の部分が第三者に属する場合はもはや「承諾」内容と「合意」内容の齟齬ではなく性質の錯誤とみなされるのである。性質の錯誤は第二節のⅠで扱うが、便宜上ここで取り上げた。

次に、不分の部分が第三者に属する場合をみてみたい。この場合、買主は常に契約を解除できる。なぜならこの場合、買主は売買目的物全体についての共有者を有することになるため、その権利の行使は制限を受け、第三者の共有権により常に妨碍を受けるからであるとする。また欠けている部分（第三者の所有部分）についての契約は無効となる。したがって支払った代金と契約費用も追奪部分の割合に応じて返還されることになる。また、売買目的物に値上がりがあったときには、追奪部分の割合に応じて損害賠償として請求できるとする。なぜなら買主は全体の値上がりを当てにすることが許されたところ、売主は過失によりその利益を買主にもたらさなかったからであるとする。その他の賠償についてははっきりしていない。なお一部追奪の際に契約費用の一部返還が認められる場合、その理由は契約が一部無効であることを理由としており、全部追奪の場合と異なっている。

次に担保責任の制限――無担保の特約――をみてみたい[48]。これについて第七一条は次のように規定する。

第七十一條　上ノ場合ニ於テ無擔保ニテ賣買スルトノ契約ヲ爲シタルトキト雖モ買主カ追奪ヲ受ケタルニ於テハ賣主ハ代金ヲ返還スル責ニ任ス但買主カ賣買ノ時ニ於テ追奪ノ危險アルコトヲ了知シタルトキハ賣主ハ此返還ヲ負擔セス

賣主ハ買主ノ危險負擔ニテ賣買スルトノ契約ヲ爲シタルコトノミ因リテ亦代金ヲ返還スル責ヲ免カル

然レトモ如何ナル場合ニ於テモ又如何ナル約款ニ依ルモ賣主ハ賣買ノ前後ヲ問ハス第三者ニ授與シタル權利ヨリ生スル妨碍又ハ追奪ノ擔保ヲ免カルルコトヲ得ス

追奪担保の表題の下に規定された各種の担保は、債務者の有資力の担保（第六八条）を除き、当事者が担保について何の合意もしなかった場合に課せられるもの――法定担保――である。旧民法は、私的な利益に関する他のすべての場合と同様に当事者の合意は自由であり、担保に関する売主の義務を制限し、拡大し或は修正することができるのは当然であるとする。特に当事者は、追奪の際に買主になされるすべての原状回復、損害賠償のために、契約によって一定の金額を定めることができるとする。それは過怠約款になる。(49)

本条はこのうち売主により非常に頻繁に規定され、その内容が過度に売主に有利になりがちな無担保の条項につき、買主に有利に解釈するように規定する。すなわち、「担保なく売渡す」、「何らの担保も負担しない」との条項は、第五八条に定める損害賠償義務は免除するが、代金返還義務を免除するには十分でないとする。なぜなら売主は、不正に引き起こした損害を賠償するよりも法律上の原因なく他人の財産を保持しないことを自然的衡平（équité naturelle）により強く要請されているからであるとする。それは、不当利得においては不正は原状回復が行なわれないかぎり続くのに対し、引起された損害においては過失は一瞬しか継続し得ないことによる。

しかし次の二つの場合には売主は代金返還義務も免れることになる。その一は無担保の約定がなされ、かつ買主が売買契約締結時に「追奪ノ危険アルコトヲ了知シタルトキ」である。理由書によると、これは買主が第三者の権利を完全に知っていたこと、すなわち買主の悪意の意味に理解されねばならないとする。その二は、「買主ノ危険負擔ニテ」（aux risques et périls de l'acheteur）売買がなされた場合である。契約にこの条項があれば無担保の約定が無くとも売主の代金返還義務が免除される。その理由としてこの条項は当該売買に射倖契約の性質を付与するからであるとする。

なお理由書は、売主が悪意であっても売主の二つの義務を免除する条項は有効であるとする。それは、この条項により買主は十分に追奪の危険を知り、代金の大幅な減額がなされるのは確実であることを理由とする。これは、詐欺及び害意を伴わないかぎり売主が悪意であっても免責特約は有効であるとする一般原則の適用にすぎない。

以上のことから追奪担保責任には、訴訟上の保護義務を除き、① 代金返還と損害賠償を認めるもの、② 損害賠償（その範囲も制限されている）のみを認めるものの二種類があることが分かった。①の代金返還は、契約の（一部）無効を理由としている。これに対し、②で代金減額が認められないのは、権利の瑕疵は性質の瑕疵とみなされるので契約は完全に有効であることを理由にする。②の損害賠償は代金減額機能を兼ねているのだが、無担保の特約があるとそれが認められないことになってしまう。またこの場合は契約が完全に有効なので、契約費用の一部返還（賠償）も認められない。旧民法は、売買目的物の瑕疵について、基本的にこのような二つの論理を認めている。①は「承諾」で定めた目的物と契約の目的物の齟齬の場合の責任、②は第二節で扱う予定した目的物と「承諾」で定めた目的物の齟齬、すなわち性質の錯誤の場合の責任に適用されている。以後この点に注意しながら他の責任をみてゆきたい。

（37）　Exposé, t. III, Art. 56, p.101.

（38）　財産取得編第三章賣買第一節賣買ノ通則第三款賣渡スコトヲ得サル物　第四十二條第一項　他人ノ物ノ賣買ハ當事者雙方ニ於テ無效ナリ

（39）　Exposé, t. III, Art. 56, p.101 et Art. 59, p.108.
なお、フランス民法第一五九九条（他人の物の売買を無効とする規定）の損害賠償義務の根拠についても、ボアソナードは民事犯罪・民事準犯罪であるとする（ボアソナード・前掲注(8)賣買篇講義一三七頁）。

（40）　ボアソナード、森・前掲注(12)二七七頁～八頁

(41) Exposé, t. III, Art. 71, p.138.
(42) Exposé, t. III, Art. 57.
(43) Exposé, t. III, Art. 58 et 59. なお第三章第一節第一項Ⅰを参照。
(44) Boissonade : Projet, t. III, n° 230.
(45) Exposé, t. III, Art. 58.
(46) 以下、Exposé, t. III, Art. 63 et 64 による。
(47) 理由書は、それは双務契約に関する普通法の適用の結果であるとする。つまり、売主は黙示的に売却物全体の所有権、何らの負担もない完全無欠の所有権を移転することを約したのにその義務を履行しないため、買主は自らもまた自己の義務からの解放を請求できるとする（Exposé, t. III, Art. 63 et 64, p. 113)。だが、この説明はおかしい。なぜなら、追奪担保責任が義務の不履行責任でないことは各所に示されており、またそもそも財産編第四二一条は一部の不履行につき、不履行部分が重要であることを証明することなしに契約解除を認めているのである。ボアソナード自身も後に、ボアソナード、森・前掲注(11)一九二頁～四頁で、このことを明らかにしている。
(48) 以下、Exposé, t. III, Art. 71 による。
(49) 財産編第三八八条、第三八九条を参照。

第二項　不法行為責任

不融通物、原始的滅失物を売買したことによる責任は、契約締結時の過失の問題である点で、追奪担保責任と共通する。しかしこの場合、売主の訴訟上の保護義務は問題にならないので、旧民法の原則通り、この責任は「担保」義務とはされていない。

Ⅰ　不融通物の売買

前述したように、不融通物（ここでは狭義の意味）の売買は、「合意」の成立条件「各人ガ處分權ヲ有スル目的」を欠き、無効となる。売買の通則の第三款「賣渡スコトヲ得サル物」で、このことが具体的に規定されている。

財產取得編第四十一條　賣買カ性質ニ因リテ一般ニ融通スルコトヲ得サル物又ハ特別法ヲ以テ各人ニ處分ヲ禁シタル物ヲ目的トスルトキハ其賣買ハ無效ナリ

此賣買ノ無效ハ抗辨ニ依ルモ訴ニ依ルモ當事者各自ニ之ヲ援用スルコトヲ得

當事者ノ一方カ詐欺ヲ以テ賣買ノ制禁ナルコトヲ隱祕シタルトキハ損害賠償ノ責ニ任ス

本条第一項は、売買できない物として「性質ノ因リテ一般ニ融通スルコトヲ得サル物」と「特別法ヲ以テ各人ニ處分ヲ禁シタル物」の二種類を示している。理由書は、前者の例として、公有財産、家族の権利、後者の例として、相続があれば受けるべき財産（les successions non ouvertes）、兵器、禁止された武器、善良の風俗に反する物を挙げている[50]。全体として今日の不融通物にあたると言って良いだろう。

売買目的物が融通できないことは、売買目的物の法的な瑕疵にあたると言えるだろう。しかしこのような物の売買契約は、瑕疵があることにより取消し得るのではなく、全く無効とされている。そのため契約の無効は、両当事者が援用できることになる。このような規制は、法がいずれかの当事者を保護しようとしているのではなく、公の秩序を守り、一般の利益の保護しようとしていることによるのである[51]。

本条は、不融通物の売買を無効とするだけでなく、それがなされたときの制裁を規定しており、これが本条の主要な目的になっている[52]。本条第三項は、損害賠償の義務を定めている。しかし、損害賠償が認められる場合を大幅に制限して、当事者の一方が詐欺により、売買の禁止されていない物であると他方当事者を信ぜしめて契約を締結させた場合に限っている。理由書はその理由を説明して、売買の禁止は、売却物の性質自体に起因するので、当事者はいずれも売買の禁止を容易に知り得ると認めなければならない。そのため原則上、売主の方が買主よりも当該売買について責任があるとすべきではないだろう。しかし、詐術を用いた当事者に詐欺による損害の賠償をさせ、その詐欺を罰するのは正当であるとする。(53)

この場合の損害賠償の根拠は、契約が無効なことから当然、不法行為となる。そして本条の規定はその特則となる。ただし、詐術を用いた場合に初めて相手方に対して違法性が生じると解せば、本条の規定がなくとも同様の結論になるだろう。

(50) Exposé, t. III, Art. 41.

(51) ibid.

(52) Boissonade: Projet, t. III, n° 186.

(53) Exposé, t. III, Art. 41.

Ⅱ 売買目的物の原始的（一部）滅失

売買目的物が、契約時に既に一部滅失していたときの売主の責任は、現行民法では、第二節のⅢで論じる数量の不足の場合の責任とともに、担保責任として第五六五条に規定されている。ところが旧民法は、それを原始的全部滅失とともに売買の通則の第三款「賣渡スコトヲ得サル物」に規定する。

第四十三條　賣買契約ノ當時ニ於テ物カ既ニ全部滅失シタルトキハ其賣買ハ無效ナリ但賣主カ此滅失ヲ知リタルトキ又ハ賣主ニ之ヲ知ラサル過失アルトキハ善意ノ買主ニ對スル損害賠償ヲ妨ケス

物ノ一分ノ滅失ノ場合ニ於テ買主之ヲ知ラサリシトキハ買主ハ其選擇ヲ以テ或ハ殘餘ノ部分カ用法ニ不十分ナ

ルコトヲ證シテ賣買ヲ解除シ或ハ割合ヲ以テ代價ヲ減少シテ賣買ヲ保持スルコトヲ得但此二箇ノ場合ノ於テ賣主ニ過失アルトキハ其損害賠償ヲ妨ケス　第三項　省略

旧民法では、存在しない物の売買契約は無効である。そのような物はもはや融通物ではなく、売主は処分権をもたないことがその理由となっている。そうすると、買主の有する損害賠償請求権は、契約にその根拠を求めることはできない。それは、売主によって引起こされた不正の損害（民事犯罪、民事準犯罪＝不法行為）に根拠をもつのである。(54)

物の一部分の原始的滅失もこの延長線上でとらえることができる。しかし売買契約全体は当然には無効ではない。旧民法は、買主に売買目的物がもはやその必要性に見合うものでないことを証明する義務を負わせ、その証明により初めて解除を許した。このような解決はフランス民法（第一六〇一条）とは異なるものであるが、これと非常に類似した他の二つの場合、すなわち売却不動産の面積不足の場合（第五二条）、分割の部分の追奪の場合（第六三条）との間での調和を保つために必要であると思われるとする。(55)

(54)　Exposé, t. III, Art. 43.
なお、債権の売主は、当然に自己の債権の存立および有効の「担保」義務を負う（第六八条第一項）。この場合は、売主が一次的に訴訟上の保護義務を負うので、損害賠償義務も「担保」と呼ばれるのである。
(55)　Boissonade: Projet, t. III, n° 197.

第二節　予定した目的物と「承諾」で定めた目的物の齟齬

現行民法の（瑕疵）担保責任における法定責任説は、その理論的根拠で二つに分かれる。それは、特定物の性質・数量は① 法律行為の動機にすぎないことを根拠にする説と、② 法律行為の内容になるが、性質の欠缺があると原始的一部不能となり契約が一部無効になることを根拠にする説である。これを旧民法に当てはめると、①の説では、「当事者が予定した目的物」と「承諾」で定めた目的物の齟齬の問題になる。これに対して②の説では前節で扱った「承諾」で定めた目的物と契約の目的物の齟齬の問題になる。旧民法は①の立場をとっていることは、ⅡⅢでみる通りである。

ところで、旧民法は物の性質に関する錯誤の規定を設けて、錯誤者に一定の救済を認めている。そこでまず、この原則規定をみてみたい。

Ⅰ　性質の錯誤[56]

旧民法は、物の性質の錯誤を「承諾ノ瑕疵ヲ成ス」錯誤として規定する。この錯誤の無いことは契約の有効要件になっている（財産編第三〇五条）。

財産編第三百十條　物上ノ錯誤カ物ノ品質ニ存スルトキハ其錯誤ハ承諾ノ瑕疵ヲ成ス但其品質ニ付テノ著眼カ當事者ノ決意ヲ助成セサルトキハ此限ニ在ラス

之ニ反シテ物ノ品格ニ存スル錯誤ハ承諾ノ瑕疵ヲ成サス但當事者ノ意思カ明示又ハ事情ニ因リテ品格ニ著眼シタルコトノ明白ナルトキハ此限ニ在ラス物ノ時代、出處又ハ用法ノ如キ思想上ノ品格ニ付テモ亦同シ

第三項、第四項　省略

本条で規定する錯誤は、契約を無効（「承諾ヲ阻却」）にする物の同一性の錯誤と区別される物の性質（qualités）上の錯誤である。[57] まず草案段階での基本的立場は、「主タル品質」（qualités principales）に錯誤のある場合には承諾は瑕疵を帯び、合意は取消し得るというものである。この「主タル品質」とは、錯誤者にある程度承

諾を決意させた性質を言う。つまりこの性質は、唯一のではないがある程度、合意の「原因」になっていなければならないのである。これに対して、性質が二次的な重要性しかもたない場合には、合意の取消は認められない。ただ、錯誤が相手方の過失または詐欺による場合には、損害賠償の救済（詐欺については財産編第三一二条参照）を受けられる。(58)

本条は物の性質を品質（qualités substantielles）と品格（qualités non-substantielles）とに分けている。この区別は、「主タル品質」であるか否かの挙証責任に関係する。すなわち、品質は、両当事者にとって「主タル」もの、承諾を決意させたものであると推定され、品格は、両当事者にとって二次的なものであり、あまり重要でないものであると推定される。これに異を唱える当事者は反証を挙げねばならない。(59)旧民法は草案と異なり条文から「主タル品質」という言葉を除いたが、基本的な立場は変わっていない。(60)

品質と品格の区別は客観的な基準により定まる。ボアソナードは、フランスで提唱された最良の定式として次のような原則を述べる。同種の物においてある性質が一定（absolue）であり、常に同一であって程度に差の余地がないとき、その性質は substantielle である。反対に性質が不定（relative）であり、その性質が個々の物に応じて変化し、多少程度に差の余地があるとき、その性質は non-substantielle である。ボアソナードはまた、品格はほとんど物に形容詞しか付与せしめないのに対し、品質は一般にある物に他の物と区別する固有の名称を付与せしめるとも述べる。具体例として、繊維の区別で、動物性繊維と植物性繊維、絹と羊毛と麻、これらの各種の繊維につきその産地による違いは substantielle であるが、同じ substance において、製造方法の違いによって生じる強度、光沢の違いは non-substantielle であるとする。(61)

なお、錯誤による取消が認められた場合に、錯誤が当事者の過失に起因するときは過失のある当事者は他方当事者に損害賠償をしなければならない。また取消を求めた当事者の過失が重く、取消による損害が非常に大きいときは、裁判所は取消を拒絶しなければならないとする。それは、損害賠償をさせるより損害を引起さないほうがよいことを理由とする[62]。

以上の性質の錯誤の規定に対して、「隠レタル瑕疵ニ因ル賣買廢却訴權」、売却不動産の面積不足の場合の規定、分割の部分が他人に属する場合で解除されないときの規定は錯誤の特則となる。そのため錯誤との競合問題は生じない。またこれらは救済内容を詳細に定めているので、性質の錯誤の原則規定は適用される余地はないと言ってよい。まず、前節でみた分割の部分が他人に属する場合で解除されないとき、瑕疵を帯びる性質は二次的な重要性しかもたないとされる。しかしこの場合、損害賠償につき独自の規定がなされている（財産取得編第六三条第二項）。また次にみる「隠レタル瑕疵ニ因ル賣買廢却訴權」、売却不動産の面積不足の場合の責任においても瑕疵を帯びる性質はそれぞれ「品質」（梅博士の説）、「品格」とされる。しかし救済内容は独自に定められている。したがって、これらについてここでの性質の分類は意味が無いと言える。

(56)　旧民法の錯誤を論じた文献として、小林一俊「日本民法における錯誤法の系譜と関連問題点」亜細亜法学七巻二号一頁以下がある。
(57)　Exposé, II, Art. 310, p. 310.
(58)　Boissonade: Projet, t. II, n° 66.
(59)　Boissonade: Projet, t. II, n° 67.
(60)　草案から旧民法への変更は字句の修正にとどまる。この点について、前掲注(8)民法草案財産編再調査案議事筆記一七〇頁以下、民法草案財産編人權ノ部議事筆記四一頁以下を参照。
(61)　Boissonade: Projet, t. II, n° 68.

(62)　Exposé, II, Art. 310, pp. 369-370.

Ⅱ「隠レタル瑕疵ニ因ル賣買廢却訴權」

旧民法で瑕疵担保責任（第五七〇条）に該当する規定は、「財産取得編第二章賣買第三節賣買ノ解除及ヒ銷除第三款隠レタル瑕疵ニ因ル賣買廢却訴權」の十条である。まず本稿にとり重要な三つの条文を挙げておく。

第九十四条　動産ト不動産トヲ問ハス賣渡物ノ賣買ノ當時ニ於テ不表見ノ瑕疵アリテ買主之ヲ知ラス又修補スルコトヲ得ス且其瑕疵カ物ヲシテ其性質上若クハ合意上ノ用方ニ不適當ナラシメ又ハ買主其瑕疵ヲ知レハ初ヨリ買受ケサル可キ程ニ物ノ使用ヲ減セシムルトキハ買主ハ其賣買ノ廢却ヲ請求スルコトヲ得

此場合ニ於テハ買主ハ辨濟代金ト契約費用トヲ取戻シ其代金ノ利息ハ請求ノ日ニ至ルマテノ物ノ收益又ハ使用ト之ヲ相殺ス

第九十五条　買主カ隠レタル瑕疵ノ賣買廢却訴權ヲ行フ可キ程ニ重大ナルヲ證スルコト能ハス又ハ物ヲ保有スルコトヲ欲スルトキハ買主ハ便益ヲ失フ割合ニ應シテ代價ノ減少ヲ請求スルコトヲ得

第九十六條　買主ガ賣主ニ對シ賣買ノ廢却又ハ代價ノ減少ヲ得タルニ拘ハラス賣主カ初ヨリ其瑕疵ヲ知リタルトキハ買主ハ尙ホ其受ケタル損害又ハ失ヒタル利益ニ付テノ賠償ヲ請求スルコトヲ得

前述したように、旧民法で担保とは、契約の一方当事者が、損害を生ぜしめる危険から他方当事者を保護する義務である。損害賠償が担保の目的となるのは損害が回避できなかったときであり、それは補充的なものである。しかし売却された物に隠れた瑕疵があった場合には、買主は売主に対して、瑕疵が既に存在しているが故にその予防を請求できず、瑕疵の修補不能を前提としているのでその排除も請求できない。買主はその被った損害の回復（réparation）を請求できるだけである。その回復の内容としては、廢却（rédhibitoire）という特別の名の下になされる売買契約の解除、あるいは代金の減額、そしてすべての場合に損害賠償が予定されている。このように「隱レタル瑕疵ニ因ル賣買廢却訴權」では、瑕疵があればただちに損害賠償等が問題になるので、それを「担保」とは呼べないのである。(63)しかし、隠れた瑕疵による売主の責任の免除に関する条文（第九七条）で「瑕疵ヲ擔保セストノ要約」という表現を使っており、必ずしもこの用法は一貫していない。いずれにせよ、訴訟上の保護義務がないこと以外は「担保」と同じであると言って良い。

次に「隱レタル瑕疵ニ因ル賣買廢却訴權」の内容だが、本稿の目的上、本質論に関係する点を中心に取り上げる。(64)

まず要件面をみてみる。

①　適用範囲——特定物売買に限られるのか？

まず瑕疵は「賣買ノ當時ニ於テ不表見」のものでなければならないので、売買目的物は少なくとも契約時に特定していることが必要である。(65)また、修補不能もその要件になっている。(66)もし修補に代物給付も含まれるとすると、代替物は除かれることになる。修補も例えば部品交換のように（一部）代物給付という面があるので、修補に代物給付を含めてよいようにも思われる。そうすると、「賣買廢却訴權」の適用範囲は不代替物かつ修補不能な物の売買というように今日の法定責任説よりもさらに狭いものになる。しかし、旧民法の立場は必ずしも明らかではなく、修補不能といってもどの程度のものを指すのかは不明である。理由書は適用対象物として、馬などの家畜、蒸気機関、壺、樽等を挙げるが、今日の目でみると代替物、修補可能のように考えられるものも含まれているからである。(67)

② 瑕疵概念

旧民法は瑕疵の範囲として客観的な瑕疵（「性質上……ノ用法」への適性が十分ではない）だけでなく、主観的な瑕疵（「合意上ノ用法」への適性が十分ではない）も含めている。理由書は、当事者が特別な用法について合意をした場合に、売主の承諾は、売却物がその用法に適していることの一種の請合い（assurance）となり、また特別な責任の承諾になるとする。(68) そうするとこの合意は（今日の意味で）約定担保の合意になる。そして「隠レタル瑕疵ニ因ル賣買廢却訴權」には、客観的な瑕疵についての法定担保(69)と主観的な瑕疵についての約定担保が合わせて規定されていることになる。ただし旧民法は、現行民法について論じられるように、法定担保の損害賠償の範囲は信頼利益、約定担保（保証）があるときには履行利益の損害賠償が認められるといった区別を設けていない。(70) したがって、両者を区別する意味はあまりない。なお現行民法では、法定担保の瑕疵（主観的瑕疵）の基準を定める「合意」と約定担保（保証）の合意とを区別するが、旧民法では、共に約定担保があるとして区別していない。

③ 損害賠償の要件――帰責事由

解除、代金減額の要件としては、第九四条、第九五条に規定してある瑕疵が存在していればよく、売主の帰責事由は問題とはならない。これに対して、第九六条は損害賠償（代金減額機能を除く）の要件として売主が瑕疵について悪意であることを要求している。理由書によると、本条で特に損害賠償の規定を設けなければ普通法が適用されるとする。もしそうなると売主が善意であっても過失があれば損害賠償義務を負うことになる。売主の善意（かつ過失の存在）と「悪意」の差は損害賠償の範囲に関してのみ存在することになる。すなわち善意の場合には、損害賠償の範囲は予見可能性の範囲に制限されるのに対し、「悪意」の場合には、予見不可能な損害にまで及び得ることになる（財産編第三八五条）。ところが本法は売主の間の相互の求償を避けるために、善意の売主に代金と費用の返還あるいは代金減額のみを課し、他の損害の賠償は免除したとする。[71]「売主の間の相互の求償」とは買主に対して損害賠償をした売主がさらにその前の売主に対して損害賠償を請求してゆくことだと思われる。しかし、このことは追奪担保の場合にも言えることで、「隠レタル瑕疵」があった場合にのみ善意の売主の損害賠償を免除する理由にはならない。ボアソナードは、後に理由を補充して、追奪担保の場合と異なり、「隠レタル瑕疵」の場合には法律は売主の過失を容易に宥恕でき、また売主の過失[72]（瑕疵を知らないこと）は避けられないことがあるとして、売主のこの責任を免除したとする。[73]

本条では売主の瑕疵についての悪意を要件としているが、これが損害賠償の範囲を決する悪意（故意）にあたるのかは問題である。この点につき梅博士は、詐欺により瑕疵を隠した売主に故意を認め民事犯罪、瑕疵を知りつつもそのことを告げないにすぎない売主に過失を認め民事準犯罪にあたるとされる。[74]いずれにせよ旧民法では善意の売主の過失を免責したという点で、現行民法の損害賠償に帰責事由を必要とする説よりもさらに要件が厳格であるといえる。

次に効果面についてみてみたい。

①　救済方法

「隠レタル瑕疵」に対する救済として旧民法は解除、代金減額、損害賠償の三種類を認めている。現行民法は、解除と損害賠償の二種類しか認めていないが、損害賠償に代金減額の機能も担わせているので救済内容に差異はないとも言える。しかし現行民法では、旧民法のように代金減額とそれを超える損害の賠償に要件上の差異（帰責事由の要否等）を設けていると解釈するのは困難である。そこで現在の解釈で二分説をとる学者は、現行民法は規定の形式にもかかわらず旧民法の代金減額とそれを超える損害の賠償を分ける考え方を引き継いでいると理解するのである。(75) この点については、現行民法の成立過程を論じる際に（別稿で）検討したい。

② 損害賠償の範囲

「賣買廢却訴權」による損害賠償の範囲は債務不履行（財産編第三八五条）、不法行為（財産編第三七〇条で債務不履行の規定を準用）の場合と異なるのであろうか。前述したように、(76) 理由書は損害賠償の規定を設けなければ普通法が適用されるところ、第九六条で規定を設け善意の売主の損害賠償責任を免除したと説明している。他に損害賠償の範囲を独自に決める旨の説明もないことから損害賠償の範囲は債務不履行、不法行為の場合と同様に解してよいと思われる。いずれにせよ第九六条は具体的に「其受ケタル損害又ハ失ヒタル利益」と規定しているので、履行利益も含まれることは明らかである。また理由書は、瑕疵ある売買目的物が買主の財産あるいは身体に直接的な損害を引起こした場合に、その損害（瑕疵惹起損害）も賠償の対象になるとしている。(77) このように旧民法では規定により賠償範囲が決まるため、現行民法のような解釈上の対立は生じない。

③ 修補義務

「賣買廢却訴權」は修補不能を前提としているため、修補義務が認められても、それは「賣買廢却訴權」の内容にはならない。だが、今日しばしば瑕疵担保責任の内容として修補義務が論じられるため、ここで扱いたい。

修補義務の根拠を論じる際によく引用されるProjetの部分をまず引用してみたい。「隠れた瑕疵を理由にした担保訴権を見いだそうとするならば、まさにここで排除された場合、すなわち瑕疵が容易に修補可能である場合を前提としなければならない。その場合、買主は、売主に対して瑕疵を修補し、売却物をあるべき状態に戻すことを請求できる。それは、例えば蒸気機関や楽器や時計（horloge）が、重要な部品が欠けていたり破損していたり具合が悪かったりしたために、正常に機能しないかあるいは全く機能すらしないような場合である。確かに売主は義務（ここでは引渡義務）が誠実に履行されねばならないという原則にしたがってこの義務を負担するであろう！（第三五〇条参照）まさにこのような場合には、買主は単に売却物を修繕したり機能する状態にすることを請求できるだけでない。売主が修補を申し出たら買主もまたそれを受け入れ、売買廃却訴権を放棄しなければならない。なぜなら一時的にかつ容易に修補できる損害を口実に買主が売買上の義務を免れようとするのは、買主の側の不誠実にあたるからである。

以上の考察は重要である。なぜならこの考察は同時に、法文が要求する売買廃却訴権の行使を可能にするための物の瑕疵の性質の一、すなわち瑕疵が『修補不能』であることを正当化するのに役立つからである。この性質は外国の法典には規定されていないが暗黙裡に了解されているに違いない。しかし明記するほうが望ましい。」（Boissonade: Projet, t. III n° 334）。上記の引用部分は草案の各版、理出書により若干異なっている[78]。傍線の部分は草案にはあり理由書により省かれた部分、二重の傍線になっているところは草案の第二版にはなく、第三版で挿入され、理由書[79]で再び省かれた部分である。

まず修補義務に関連して「真の担保訴権」と述べられているが、これは容易に修補可能な瑕疵の存在に対して修補請求を認めるということにすぎないと思われる。その修補請求を認める根拠について、二重の傍線になっている部分で引渡義務が挙げられている。しかし引渡義務から直接修補義務が認められるのではなく信義則を介在させている点から、特定物についても瑕疵無き物の引渡義務が一般的に認められ、それが修補義務の根拠になっているとは解されない。いずれにせよこの部分は最終的に理由書により削除されている。フランスでは判例上さしたる根拠もなしに修補義務が認められている点、[80]ボアソナードがそれを特に理論的に根拠づけて日本法に移植しようとしたことが認められない点を考えると、旧民法においても信義則を挙げる程度でさしたる理論的根拠もなく修補請求を認めたのではないだろうか。

次に無担保の特約についてみてみたい。

第九十七條　隱レタル瑕疵ヲ擔保セストノ要約ハ賣主ヲシテ初ヨリ自ラ了知シ且詐欺ヲ以テ隱祕シタル瑕疵ニ付テノ責任ヲ免カレシメス

本条は、担保の総則で規定はされなかったが当然のこととされたこと、すなわち売主が瑕疵を知っており、かつ詐術を用いて買主による瑕疵の発見を妨げた場合には、無担保の特約は効力を有しないことを規定した。[81]無担保の特約が効力を有する場合の免責の範囲については、理由書にも説明はない。しかし本条は、第七一条のように無担保の特約があっても代金返還義務は免れないと規定していないところからすると、ここでは契約の解除（による代金返還）、代金減額も免除されると考えて良いだろう。[82]

最後に「賣買廢却訴權」の「本質」についてみてみたい。まず損害賠償について、繰り返し述べたように理由書はここで規定を設けなければ「普通法」が適用されるとする。では、損害賠償についての「普通法」とは、債務不履行と不法行為のどちらを意味するであろうか。これについて、旧民法は債務不履行につき、履行拒絶、履行不能、履行遅滞の三類型しか認めていないこと、「賣買廢却訴權」は訴訟上の保護義務がないこと以外は「担保」と異ならず、追奪担保では損害賠償は合意の違反によるのではなく不法行為によるとされていること、を考え合わせると、この「普通法」[83]は不法行為を意味しているものと解される。梅博士も損害賠償の根拠を不法行為と解していることは前述した通りである。なお、約定担保があるとされるとき（用法について合意のあるとき）の損害賠償の根拠は、担保の合意自体に求められることになる。

次に契約の解除、代金減額の根拠であるが、梅博士がこの点を明確にされている。博士はこれらを「物件ノ本質」（スュブスタンス）の錯誤(84)（＝財産編第三一〇条の「物ノ品質」の錯誤）に基づくものであるとされる。なお錯誤であると、買主は「賣買ノ取消」か、売買のそのままの承認しかできないわけであるが、博士は、「立法者ハ専ラ結約者双方ノ意思ト實際ノ便益トヲ考ヘ」代金減額も認めたとされる(85)。理由書には、この解除は債務不履行による解除であるとの説明部分がある(86)。しかし梅博士の見解は次の点からも支持し得る。理由書は、代金減額は契約の一部取消ではなく契約締結時の真の代価への調整であるので、契約は全部有効であるとする。したがって契約費用の返還は認められないとする(87)。なぜ代金額の調整が必要になるのかというと、瑕疵の無い物の給付が義務内容に入っていないにもかかわらず、瑕疵の無い物の対価として代金額が決定されたためではないだろうか。そしてこの場合、契約は全部有効なので、「承諾」で定めた目的物と契約の目的物に齟齬があるのではなく、瑕疵の無い物の給付が「承諾」内容に入っていないことになる。そのため代金調整、契約解消の方法としては錯誤によることが必要になるのである。

また「賣買廢却訴權」の処理と、売買目的物の分割の部分が第三者に属する場合で契約が解除されないとき（第六三三条第二項）の処理(88)が類似していることが挙げられる。後者の場合、契約は全部有効で、欠けている権利は性質の瑕疵ととらえられたのである。このため、契約費用の一部返還は認められない。また契約は原始的一部無効ではないので、無担保の特約により代金減額（第六三三条第二項では代金減額機能を含んだ損害賠償とされている）の救済を排除することは可能とされたのである。

こうしてみてくると、「賣買廢却訴權」の理論的根拠は、錯誤、不法行為といった合意の効力外の法規範に求められていると言える。そして不能な給付が履行義務の内容になっていない点は、現在の法定責任説と同様である。しかし不能とは修補不能を意味しており、修補が可能な際には修補請求が認められる点、「賣買廢却訴權」の救済として履行利益の損害賠償が認められる点（ただし売主の悪意が必要）は、今日の契約責任説に類似する。

現在の瑕疵担保責任の本質論の対立は、効果の違いとして実益論と結びつく。しかし旧民法では損害賠償の範囲、損害賠償請求の際の帰責事由、修補請求権等の現在の効果論における対立の主要なものは明文で解決されている。そのため、旧民法において瑕疵担保責任の本質を論じる実益はないといって良い。ただ、法定責任説の考え方をとりつつ契約責任説と同様な効力を認める構成をとっている点で、旧民法の本質論は、現在の議論にとって参考になると思われる。

(63)　Exposé, t. III, Art, 94; Boissonade: Projet, t. III, nº 333 は、フランス民法典では売渡物の隠れた瑕疵が担保の特別な場合を構成するものとされているが、その理論は不正確であるとする。

(64)　以下で論じること以外にも興味ある問題として、「賣買廢却訴權」と危険負担の関係がある。旧民法は、「賣買廢却訴權」を行使する以前に売買目的物が「意外ノ事又ハ不可抗力」により半分以上滅失したときには買主は「賣買廢却訴權」を行使できないとする（第一〇一条）。そうすると、隠れたる瑕疵により買主が契約を解除できる場合では、半分以上滅失のときは買主の危険負担、半分未満のときは売主の危険負担になる。この処理は、所有権の移転時期→危険の移転時期、瑕疵担保責任の発生時点とするフランス民法とは異なっている（C. c., art. 1647, 1138. 伊藤道保「瑕疵担保の研究＝フランス」比較法研究二四号六五頁以下を参照）。

(65)　フランス民法典は瑕疵の存在時点について何も述べていないが、標準時は契約時とされている。ただし、種類物の場合には債務不履行責任と担保責任の選択が許され、担保責任の場合、瑕疵の存在時点は通常引渡時とされている（北川・前掲注(3)一二三頁、柚木・前掲注(18)一一三頁以下、伊藤・前掲注(64)七一頁以下）。

これに対し、旧民法では明文で瑕疵の存在時点を契約時としている。旧民法においても、種類物売買の契約成立時点を特定時とは解せないだろう（梅謙次郎・日本賣買法全（東京八尾書店　明治二四年）三四頁以下）。そうすると「隠レタル瑕疵ニ因ル賣買廢却訴權」は種類物売買に適用がないことになる。

(66)　修補不能は契約解除の要件になるが、代金減額の要件になるかは問題であるとする見解もある（北川善太郎・日本法学の歴史と理論（日本評論社　昭和四三年）一一八頁、星野・前掲注(3)一八四頁）。確かにこの点は問題になり得るが、第三章第二節Ⅱに挙げた理由書の説明からすると、修補不能は代金減額の要件にもなっていると解される。

(67)　このことにより、種類物にも適用されるとする見解として、柚木・前掲注(18)一六〇頁、星野・前掲注(3)一八二頁がある。

(68)　Exposé, t. III, Art. 94, pp. 183-184.

(69)　理由書には「賣買廢却訴權」という言葉を法定担保の場合に限定して使っている所がある。それは、試験売買、試味売買（財産取得編第三一条）の説明で、この場合に問題となる瑕疵は「賣買廢却訴權」の理由となる瑕疵を除いたものであるとしたうえで、試験売買、試味売買では買主の個人的な需要についての瑕疵だけを想定すべきであり、誰もが苦情を言える絶対的な瑕疵を想定すべきではないとする所（Exposé, t. III, Art. 31）である。そこで述べられた絶対的な瑕疵とは、客観的瑕疵を意味すると思われる。

(70)　性質上の用方についても担保の合意があったとみることは可能であろう。なお、この点につき前掲注(8)民法草案財産取得編再調査案議事筆記八三頁を参照。

(71)　Exposé, t. III, Art. 96. 善意の売主に損害賠償義務を免除したのはフランス民法典（第一六四五条、第一六四六条）とイタリア民法典（第一五〇二条、第一五〇三条）に倣ったのである（Boissonade: Projet, t. III, n° 340）。

(72)　理論的には、売主が善意の場合に過失のあるときと無いときがあるはずである。しかし後に検討するように、旧民法では、担保責任を認める場合には（法的あるいは物的）瑕疵を知らないことはすなわち過失であるとしている。

(73) ボアソナード、森・前掲注(12)三四八頁～五〇頁

(74) 梅・前掲注(65)二九九頁～三〇〇頁、なお、Exposé, t. III, Art. 96. p. 187 もこのように読める。

(75) 前掲注(６)参照

(76) 第三章第二節Ⅱ③損害賠償の要件―帰責事由

(77) Exposé, t. III, Art. 96. そこでは拡大損害を生じる例として、買受けた家畜が伝染病に罹患しておりその病気を買主の家畜に感染させた場合、売渡された壺や樽が酸を含んでおり、そこに入れた葡萄酒や油が傷んだ場合を挙げている。

(78) Boissonade : Projet, 2e ed., t. III, n° 334.

(79) Exposé, t. III, Art. 94.

(80) 伊藤・前掲注(64)七一頁、北川・前掲注(３)一二三頁～四頁

(81) 梅・前掲注(65)三〇三頁は、売主が瑕疵を知りつつ無担保の約束をすること自体が詐欺にあたり、免責を認めるべきでないとする。なおフランス民法典も、善意の売主にしか無担保の特約による免責を認めていない（ボアソナード・前掲注(８)賣買篇講義三二九頁、三三〇頁、C. c., art. 1603 を参照)。

(82) 熊野・前掲注(25)五三二頁は、無担保の特約により売主は「全ク責任ヲ免カルヘシ」とする。

(83) 第三章第二節Ⅱ③損害賠償の要件―帰責事由、注(74)参照

(84) しかし実際には、客観的な瑕疵については品質の錯誤に該当することが多く、主観的な瑕疵の場合は品格の錯誤に該当することが多いという程度ではなかろうか。但し、ここではこの分類に意味がないことは前述した通りである。

(85) 梅・前掲注(65)二九二頁以下

(86) Exposé, t. III, Art. 94. p. 184. この部分は以下の通りである。この解除は買主にとっては「契約条件の不履行による解除の一種である。なぜなら、売主は賃貸人のように売却物の将来の継続的使用及び収益をもたらす義務を負わないが、少なくとも将来の収益のための現在の要素を供給しなければならないからである。すなわち、

その物が通常の使用に適する状態になければならず、あるいは少なくとも、重大な瑕疵があればそれが（買主に）知られ、受け入れられたことが必要である。」この説明から旧民法（ボアソナード）は、「賣買廢却訴權」を債務不履行責任としていたと理解する見解が多数である（星野・前掲注(3)一八二頁、一八六頁、北川・前掲注(66)一〇六頁、一一九頁、柚木・前掲注(18)一六〇頁、一六二頁）。しかし、この部分の説明は他の部分と調和しないこと、一部追奪の際にも同様の説明がなされたが後に訂正されたこと（注(47)参照）を考え合わせると、この部分から「賣買廢却訴權」の性質を結論づけるのは妥当ではないと考える。

(87)　Exposé, t. III, Art. 95.

(88)　第三章第一節第一項Ⅱ参照

Ⅲ　売却不動産の面積不足

売主は契約で定めた数量を過不足なく買主に引渡す義務を負い（第四八条一項）、買主はそれを強制できる。しかしそのことは常に可能なわけではない。特に特定物が約束され明言された数量あるいは範囲をもたなかったときに、そのことが言える。その場合、代金減額等の特別の規制が必要になってくる。[89] フランス民法典は不動産に関してのみ売却物の面積に関する困難を予想し規定（C. c., art. 1606-1623）を設けたのに対し、動産に関しては何の規定も設けなかった。[90] しかし旧民法は、売却不動産の面積の不足に関する規定（第四九条～第五二条）を設けただけでなく、動産についても同様の困難が予想されるとして、第五三条で買主が容易にかつ即時に調査することのできない「日用品及ヒ動産物」の売買にこれを準用した。[91] これらの規定は、現行民法の第五六五条の数量の不足の場合の売主の担保責任につながるものである。しかし旧民法はこれを「賣主ノ義務」の「第一則　引渡ノ義務」のなかに規定している。

旧民法典は、不動産の面積の不足の際の代金減額、解除、損害賠償の救済を担保とは呼ばないが、これらの救済が面積の「擔保」、無「擔保」の特約により影響を受けることを規定する。しかし面積等の不足の場合は、例外的に他人の物の売買となる場合を除いて、第三者からの訴訟の危険はない。そうするとここで規定している「擔保」は、担保の総則で定めた言葉の用法に反する一例といえよう。

まず関連条文を挙げておく。

第四十九條　賣渡物カ特定不動産ニシテ契約ニ其全面積ヲ明言シ且各坪ノ代價ヲ指示シタル場合ニ於テ現實ノ面積カ指示ノ面積ニ不足アルトキハ賣主ハ面積ヲ擔保セサル旨ヲ明言シタルトキト雖トモ割合ヲ以テ代價減少ノ要求ニ服ス

現實ノ面積カ指示ノ面積ニ超過アルトキハ買主ハ割合ヲ以テ代價補足ノ要求ニ服ス

第五十條　全面積ヲ明言シ唯一ノ代價ヲ以テ不動産ヲ賣渡シ其面積ノ不足ノ場合ニ於テ賣主ハ悪意ナルトキ又ハ善意ナルモ面積ヲ擔保シタルトキ又ハ不足ノ坪數カ少ナクトモ二十分一ナルトキニ非サレハ代價減少ノ要求ニ服セス

面積ヲ擔保セス又ハ面積ハ概算ナリトノ附記ハ悪意ナル賣主ノ責任ヲ減セス

超過ノ場合ニ於テハ買主ハ其超過カ二十分一ニ及ヘルトキニ非サレハ代價補足ノ要求ニ服セス

第五十二條　買主ハ面積不足ノ爲メ代價減少ニ付キ權利ヲ有スル場合ニ於テ尚ホ損害ノ賠償ヲ要求スルコトヲ得又買主ハ約シタル面積カ其用法ニ必要ナルコトヲ證シテ契約ノ解除ヲモ請求スルコトヲ得但面積ヲ擔保セサル旨ヲ明言シタル賣買ハ此限ニ在ラス

超過ノ場合ニ於テ買主ハ二十分一以上ノ代價補足ヲ辨償スルコトヲ要スルトキハ單純ニ契約ヲ解除スルコトヲ

得

旧民法は特定不動産の代金の定め方につき二つの場合を区別している。その一は、契約でその全面積を明言しかつ坪当たりの価格を指示した場合である。この場合は面積に不足があれば、売主が「面積ヲ擔保セサル旨ヲ明言」したときでも代金の減額が認められる（第四九条）。代金減額に関して無担保の約定の効果が認められないのは、その約定が、当事者が坪当たりいくらとして代金を定めたことと相容れないからであるとされる。(92) その二は、契約でその全面積を明言しかつ全体の価格のみを指示した場合である。この場合は面積に不足があっても、売主が悪意であるか、善意ならば「面積ヲ擔保シタルトキ」（約定担保）か不足の坪数が二十分の一以上のときでなければ代金減額は認められない（第五〇条）。また、無担保の特約は売主が悪意の場合を除いて効力を有する。この場合には代金減額が認められる要件は第一の場合よりも厳しい。それは、当事者が第一の場合よりも面積の正確さに重きをおかなかったと推測されることによる。(93)

以上が代金減額であるが、次に解除と損害賠償についてみてみたい。代金減額が認められる場合に買主はさらに損害賠償と、約束した面積が買主の予定した用法に不適当であることを証明して契約の解除を請求することができる。しかし、「面積ヲ擔保セサル旨ヲ明言」したときはこれらの救済は認められない（第五二条）。これは、無担保の約定により買主は面積に不足があるかもしれないとの注意を十分受けていたことを理由とする。(94) これに対して、第一の場合には、無担保の約定があっても不当利得になるとして代金減額が認められることは前述した通りである。おそらく法は、代金減額について解除や損害賠償よりも買主を一層保護する必要を認め、このような差異を設けたのであろう。

後にみるように損害賠償の根拠は不法行為となるが、条文は、代金減額と同様に要件として帰責事由を求めていない。これは、追奪担保責任と同様に、理由書が売主に常に過失があるとして実質上、結果責任を認めていることによる。[95]

なお、損害賠償の範囲に関して契約後の値上がり益を損害として認めていない点は注目すべきである。例えば千坪あると告げられたが実際には九五〇坪しかなかった土地が売渡されたところ、契約後一坪当たり一円の値上がりがあった場合、買主は不足した面積の五〇坪分の値上がり益の五〇円を売主に請求できないとする。なぜなら不足した分は存在しておらず、価値を増すことはありえなかったからであるとする。これは買主が五〇坪の追奪を受けた場合と異なっている。追奪を受けた場合は追奪分は存在し、返還請求をする第三者を利するので、もし買主が所有者であれば同様に増額の利益を受けたであろうから、買主はその分を損害として売主に賠償請求できるとする。[96]

最後に面積に不足があった場合の解除、代金減額、損害賠償の根拠をみてみたい。なお、これらの権利が、担保約束の法律行為的効果として生ずる場合は問題がないので、ここではそれ以外の場合を問題にする。[97]ボアソナードは、第四九条以下の面積に不足があった場合の諸規定を性質に関する錯誤の規定ととらえている。そうすると解除、代金減額は「賣買廢却訴權」と同じく錯誤に根拠をもつことになる。[98]また損害賠償については、ボアソナードがそもそも面積の不足分を補う義務を考えていないこと、[99]損害賠償義務が無担保特約により免除されるとの規定があることから、合意の効力外、すなわち他の担保責任と同様に不法行為に根拠を有すると言えるだろう。[100]したがって、旧民法典は、数量不足による責任を債務不履行責任とはとらえていなかったと考えられる。

（89）　Exposé, t. III, Art. 48.

(90) Boissonade: Projet, t. III, n°s 212 et 221.
(91) Exposé, t. III, Art. 53.
(92) Exposé, t. III, Art. 49.
(93) Exposé, t. III, Art. 50.
(94) Exposé, t. III, Art. 52.
(95) ibid.
(96) ibid. 一部追奪で解除されない場合は、追奪部分の現在の価格が賠償（代金減額機能を兼たもの）の基準となる。このため値下りの場合は、代金減額よりも買主にとって不利になる。この場合、数量不足の責任の要件も満たしていれば、代金減額の請求もできる。このように両責任が競合するときは、買主は自分に有利な方を選択して主張できる（Exposé, t. III, Art. 63 et 64, pp. 116-118）。なお、このような規制はフランス民法と同様のものである（ボアソナード・前掲注(8)賣買篇講義三三一頁以下参照）。
(97) ボアソナード、森・前掲注(12)二八一頁　なお、そこでは性質（qualité）のことを「品質」と呼んでいる。それは、不動産の面積の過不足に関する最後の規定の用法に倣ったものである。
　財産取得編第五十五條　動産又ハ不動産ノ賣買ニ於テ錯誤カ其物ノ品質（筆者注：「品質」に対する仏語はここでは qualié）ニ存スルトキハ財産編第三百十條条ノ規定ヲ適用ス
　理由書は、不動産の面積、範囲の錯誤、及び代替物（筆者注：但し特定物としての売買　なお Exposé, t. III, Art. 53 を参照）である動産の重量、数量、寸法における錯誤は、本来「品格」の錯誤であるとする。したがって、合意の普通法に従えば、契約の解除若しくは取消原因にならず、他方当事者の詐欺がないかぎり、損害賠償の請求もできないとする。しかし法はこれらの性質の重要性の故にある程度、「品質」もしくは「主タル品質」として扱わねばならなかったとする（Exposé, t. III, Art. 55）。なお、ここでの「品質」は、性質が二次的な重要性しかもたない場合を意味するものと思われる（第三章第二節I参照）。
(98) 代金返還の根拠が錯誤であるとすると、旧民法の論理では契約は全部有効であることになる。したがって、解除されないかぎり契約費用の返還は認められないことになる。このことは、第四九条、五〇条が代価減少のみを述べ、第六四条第二項のように契約費用のことは述べていないことからも推測される。また、旧民法の論理からすると、無担保の特約により損害賠償義務だけでなく代金返還義務まで免除されることになるはずである。この原則は、契約でその全面積を明言しかつ全体の価格のみを指示した場合には貫かれている（第五〇条第二項）。しかし契約でその全面積を明言しかつ坪当たりの価格を指示した場合（第四九条）は、無担保の特約に代金減額免除の効力を認めていない。だが、この点により旧民法は一貫性を欠くと解すべきではない。この場合は、他の性質の瑕疵の場合と異なり、当事者が、性質（この場合は面積）により代金額が決定されることを明示に合意したのである。したがって、これと矛盾する無担保の特約の効力に一定の制限を加えることには十分な理由があるのである。

(99)　ボアソナード、森・前掲注(12)二七八頁〜八〇頁

(100)　フランスではこの場合を錯誤の問題としながら、担保責任は生じず、債務不履行責任のみが生じるとしている（伊藤・前掲注(64)六六頁、六七頁）。なお、フランス民法典の不動産の面積不足の規定は、旧民法典と異なり、損害賠償や担保については規定していない。

第三節　契約の目的物を買主が取得できなかった場合

「当事者が予定した目的物」が売買契約の目的物になっても、買主が実際にそれを取得できるとは限らない。目的物の取得という結果は、当事者が売買という法形式を選択したことにより、所有権、占有の移転により実現されることになる。そしてそのための行為が履行義務の内容になっている。それは前述したように①種類物についての所有権移転義務、②引渡義務、③特定物についての保存義務である。ところが、引渡前に特定物である目的物が滅失・毀損してしまった場合には、所有権、占有の移転による「予定した目的物」の取得は不可

能になる。そのような場合などのために、法の予定したサンクションが、債務不履行責任である。そして、債務不履行責任を問えない場合にも売主が責任を負うとする合意が、危険及び災害の「擔任」である。

Ⅰ　債務不履行責任(101)

まず、債務不履行による損害賠償責任全体の特徴をみてみることにする。

財産編第三百八十三條　債務者カ義務履行ヲ拒絶シタル場合ニ於テ債権者强制執行ヲ求メサルカ又ハ義務ノ性質上强制執行ヲ爲スコトヲ得サルトキハ債権者損害賠償ヲ爲サシムルコトヲ得債務者ノ責ニ歸ス可キ履行不能ノ場合ニ於テモ亦同シ

又債權者ハ履行遲延ノミノ爲メ損害賠償ヲ爲サシムルコトヲ得

第三項　省略

第三百八十五條　損害賠償ハ債權者ノ受ケタル損失ノ償金及ヒ其失ヒタル利得ノ塡補ヲ包含ス

然レトモ債務者ノ惡意ナク懈怠ノミニ出テタル不履行又ハ遲延ニ付テハ損害賠償ハ當事者カ合意ノ時ニ豫見シ又ハ豫見スルヲ得ヘカリシ損失ト利得ノ喪失トノミヲ包含ス

惡意ノ場合ニ於テハ豫見スルヲ得サリシ損害ト雖モ不履行ヨリ生スル結果ニシテ避ク可カラサルモノタルトキハ債務者其賠償ヲ負擔ス

まず、要件面の特徴をみてみる。債務不履行の分類については、旧民法は、履行拒絶、履行不能、履行遅延（遅滞）の三類型を予定していた。現行民法のように「債務ノ本旨ニ従ヒタル履行ヲ為ササルトキ」という一般的な不履行の規定がないため、この三類型は限定的なものである。

帰責事由については条文上、履行不能の際に「責ニ歸ス可キ」事由を必要としているのみである。しかし、不可抗力（戦争、洪水、ペスト）による遅滞については遅滞による損害賠償責任は免責されるとしている。[102] ただし、金銭債務については「意外ノ事又ハ不可抗力」を抗弁となし得ないとしている（財産編第三九二条）。これらの関係について、まず、「懈怠」（過失）と「悪意」（故意）で損害賠償範囲に差を設けていることから、「責ニ帰ス可キ」事由＝「懈怠」（過失）と「悪意」（故意）と一応言えそうである。また、「責ニ帰ス可キ」でないこと＝「意外ノ事又ハ不可抗力」と言えることは後に述べる通りである。[103]「意外ノ事」(le cas fortuit) と「不可抗力」(la force majeure) との関係は、少なくとも「不可抗力」の方が「意外ノ事」よりも一層異常な出来事を意味すると解して良いだろう。[104] そうすると、旧民法は、不履行の類型に応じて債務者が責任を負う場合に差異を設けていることになる。すなわち、①金銭債務の不履行については常に責任を負う（絶対的な責任）、②履行遅滞（履行拒絶も含む）については「責ニ帰ス可キ」事由と「意外ノ事」によるときに責任を負う（無過失責任）、③履行不能については「責ニ帰ス可キ」事由によるときにのみ責任を負う（過失責任）、という差異があることになる。

つぎに効果面であるが、損害賠償の範囲について前述したように債務者の「悪意」（故意）、「懈怠」（過失）で差を設けている。すなわち、債務者に「懈怠」がある場合には、損害賠償は契約時に予見可能な範囲に制限されるのに対して、「悪意」がある場合には予見可能性を超えて不履行による損害で避けられないものも賠償範囲に含まれる。なお、不法行為の賠償範囲についてもこの規定が準用されている（財産編第三七〇条）。

次に売買契約の解除についてみてみる。「財産取得編第三章賣買第三節賣買ノ解除及ヒ銷除第一款」に「義務ノ不履行ニ因ル解除」が規定されている。

財産取得編第八十一條第一項　當事者ノ一方カ上ニ定メタル義務其他特ニ負擔スル義務ノ全部若クハ一部ノ

履行ヲ欠キタルトキハ他ノ一方ハ財産編第四百二十一條乃至第四百二十四條ニ従ヒ裁判上ニテ契約ノ解除ヲ請求シ且損害アレハ其賠償ヲ要求スルコトヲ得

売買の解除規定は、普通法（財産編第四二一条～第四二四条）の適用にすぎない(105)。それによると、双務契約には、一方当事者の義務の不履行により解除されるという黙示の解除条件が含まれている（第四二一条）。そしてその条件の成就により解除されることになる。

解除の特徴として、まず、一部の不履行についても常に全部の解除ができることが挙げられる。一部の不履行により契約の目的を達成できないときといった限定はない。それは一部の解除は契約当事者の目的に合致しないことを理由とする(106)。

また、解除をした場合には、得べかりし利益の賠償請求ができなくなってしまう。得べかりし利益は第三者との新たな合意により得ることができるのだから、これをみとめると解除者に二重の利益を認めることになってしまうことをその理由とする(107)。

ここでの問題である売買目的物が引渡前に滅失・毀損した場合について、以上のことをまとめてみる。買主は、滅失・毀損が売主の責めに帰すべき事由に基づくときに損害賠償、解除の救済を受けられる。その際、①損害賠償が代金減額機能を兼ねていること、②瑕疵の寡多にかかわらず契約を解除できること、③解除をすると得べかりし利益の賠償が受けられなくなることが、特徴として挙げられる。なお、履行不能は種類物にはあり得ないので、以上の問題は特定物に関するものである。

目的物の瑕疵が原因で「予定した目的物」を取得できなかった場合の救済のうち、以上のような債務不履行責任は、①履行義務の発生、②履行不能（目的物の滅失・毀損）が、売主の責めに帰すべき事由に基づく場合を処理するものである。この①と②が、債務不履行責任と他の法制度を分かつものであると言える。①の履行義務が発生しない場合は第一節、二節で検討した。そこで次に②の帰責事由の無い場合、すなわち売主の無責による後発的不能の場合をみてみたい。

(101) 旧民法の債務不履行責任を論じた文献として、北川・前掲注(66)がある。
(102) Exposé, t. II, Art. 391, 392 et 393.
(103) Ⅱ危険及び災害の「擔任」、注(111)参照
(104) フランス民法典は、不履行が債務者の責めに帰すことのできない外来の原因に起因したことを、債務不履行による損害賠償の免責事由として規定する（C. c., art. 1147）。そして、この債務者の責めに帰すことのできない外来の原因とは、「不可抗力又は偶発事故」であるとする（C. c., art. 1148）。この免責事由は、債務不履行、履行遅滞に共通のものである。そのため、旧民法と異なり「不可抗力」（une force majeure）と「偶発事故」（un cas fortuit）を分ける必要はない。このためか、フランスでは「不可抗力」と「偶発事故」は一般に類似のものとして区別されていない（山口俊夫・フランス債権法（東京大学出版会　昭和六一年）二二〇頁を参照）。
(105) Exposé, t. III, Art. 81.
(106) Exposé, t. II, Art. 421, p. 598.
(107) Exposé, t. II, Art. 422, 423 et 424, pp. 601-602 et t. III, Art. 81. このため財産編第四二四条は、「受ケタル損害ノ賠償」（obtenir la réparation du préjudice éprouvé）として、得べかりし利益を含む dommages-intérêts という言葉を避けた（Exposé, t. II, Art. 422, 423 et 424, pp. 601-602）。なお、財産取得編第八一条第一項の「損害」に対応するフランス語は、perte である。

Ⅱ　危険及び災害の「擔任」

特定物（制限種類物も同様）の引渡義務を負担する債務者はその「責ニ帰ス可キ履行不能」の場合に損害賠

償責任を負う（財産編第三八三条）。これに対して、無責の履行不能の場合、引渡義務は消滅する。

財産編第五百三十九條第一項第一文　義務カ特定物ノ引渡ヲ目的トシタル場合ニ於テ其目的物カ債務者ノ過失ナク且付遅滞前ニ滅失シ紛失シ又ハ不融通物ト爲リタルトキハ其義務ハ履行ノ不能ニ因リテ消滅ス

目的物が滅失、紛失又ハ不融通物[108]になった場合に、それが履行遅滞前に債務者の過失によらず[109]に生じたときには、引渡義務は消滅する。その結果、債務者は損害賠償等一切の責任を負わないことが原則となっている。また危険も買主が負担することになっている（財産編第三三五条）ので、代金返還（減額）も請求できない。しかし財産編第五四〇条は、合意により債務者が危険及び災害の「擔任」をすれば、債務者は責任を免れないと規定する。[110]

第五百四十條　債務者カ意外ノ事又ハ不可抗力ニ因ル危險及ヒ災害ヲ擔任シ若クハ第三百三十六條及ヒ第三百八十四條ニ從ヒテ遲滯ニ付セラレタルトキハ其債務者ハ前條ノ原因ニ由ルモ其義務ヲ免カレス

ここでは債務者には防ぐことのできない偶発事故、不可抗力[111]の責任を引受ける契約が問題になっている。この場合、債務者は全責任を負担する（à ses risques et périls）という形で契約をしているのであり、その合意は、射倖の性質を有している。またこの場合、債務者は債権者に対して偶発の危険に対する保険者に類似する役割を果たしている。[112]

(108)　不融通物になることによる履行不能は、種類物についても認めることができる（Exposé, t. II, Art. 539）。

(109)　過失のない場合には、やむを得ない原因あるいは不可抗力（cause ou force majeure）により不融通物になったときと、「意外ノ事」あるいは「不可抗力」により滅失あるいは紛失したときがあるとする（ibid.）。

(110)　財産編第三三五条、C. C., art. 1302, al. 2 も参照。

(111) 前条と照らし合わせると、旧民法では無過失＝「意外ノ事又ハ不可抗力」ということができる（第三章第三節Ⅰ、注(104)参照)。

(112) Exposé, t. II, Art. 504, pp. 790-791 et Art. 335, p. 417.

第四章　旧民法のまとめ

本稿は、目的物の瑕疵により買主が「予定した目的物」を取得できなかったときの救済を、旧民法についてみた。その際、「予定した目的物」を取得できなかった原因が①「予定した目的物」と「承諾」で定めた目的物の齟齬にある場合、②「承諾」で定めた目的物と契約の目的物の齟齬にある場合、③契約成立後の事情による場合の三つの場合に分けて、買主の保護がどのように図られるかをみてきた。

まず①の「予定した目的物」と「承諾」で定めた目的物に齟齬が生じるのは、特定物の性質・数量が意思表示の内容に入らないことによる。このため特定物の性質・数量に瑕疵があっても「承諾」内容に合致してしまう。またこの場合、契約は全部有効である。この性質・数量は契約の動機であり、契約の解除の根拠は性質の錯誤となる。代金減額は錯誤の特則として認められる場合があるが、これは契約の一部解除（無効）ではないので契約費用の一部返還は認められない。損害賠償（代金減額が認められない場合はその機能も兼ねる）の根拠は不法行為である。無担保の特約があるとこれらの救済は全て排除されるのを原則とする。売買目的物の分割の部分が他人に属する場合で解除されないとき、「隠レタル瑕疵ニ因ル賣買廢却訴權」、売却不動産の面積不足の場合の規定がこれにあたる。

②売買契約の目的物と「承諾」で定めた目的物に齟齬が生じるのは、「承諾」で定めた目的物の瑕疵により

契約が「原因」「目的」を欠くため、契約が成立しないか一部無効になることによる。契約は（一部）無効であるから、代金返還は無担保の特約があっても認められる。契約費用の返還も同様の理由により認められる（但し損害賠償とするものもある）。一部無効の場合の全部解除は個々の規定を根拠に行なわれる。損害賠償の根拠は不法行為である。他人の物の売買（但し分割の部分が他人に属する場合で解除されないときを除く）、不融通物の売買、売買目的物の原始的（一部）滅失の場合の規定がこれにあたる。

なお、①②の救済のうち他人の物の売買の場合のみが担保と呼ばれている。

③契約成立後、特定物たる売買目的が滅失・毀損すると買主は売買目的物を取得できない。滅失・毀損が売主の責めに帰すべきときには、買主は債務不履行による損害賠償の請求、契約の解除ができる。「意外ノ事又ハ不可抗力」によるときには、危険及び災害の「擔任」がない限り、売主は免責されるのを原則とする。このとき、危険は買主が負担するので、代金の返還も請求できない。

特定物売買の場合、①②③のすべての問題が生じうる。これに対し、種類物売買では不融通物の売買による②の齟齬の問題が生じうるだけである。

不法行為責任、「担保」責任と債務不履行責任の関係

最後に「予定した目的物」を買主が取得できなかった場合の三種類の救済方法について、その区別の基準をみたあと損害賠償の点で比較をしてみたい。なお、約定担保については、救済はすべて合意の効果として生じるので、ここでは省略する。

まず債務不履行責任は、債務者が一次的義務である履行義務（契約で目指した結果を生ぜしめる義務）を尽くさなかったときの責任（二次的義務）である。これに対して、担保責任と不法行為責任は、履行義務を前提と

しない一次的義務である。ところで、担保義務の中の損害賠償義務は、不法行為に根拠をもつものである。旧民法は、訴訟上の保護義務をこの不法行為に根拠をもつ損害賠償義務と合わせて「担保」と名づけようとしたのである。そうすると債務不履行責任と担保責任、不法行為責任との違いは、履行義務が発生するか否かであり、不法行為責任と担保責任の違いは、訴訟上の保護義務があるかどうかということになる。しかしこの区分は絶対的なものではなく、旧民法でも必ずしも守られていない（担保責任と不法行為責任の区分）。このため現行民法は大幅な修正をなし得たのである。

次に損害賠償の点で三者を比較したい。

まず損害賠償の要件である帰責事由だが、不法行為責任、担保責任では契約締結時の売主の態様が帰責事由として問題となるのに対し、債務不履行責任では履行義務の履行の態様が問題となる。したがって、両者で帰責事由の問題となる場面が異なると言える。帰責事由の内容は、不法行為の場合は「過失又ハ懈怠」、債務不履行の場合は履行不能につき「責ニ帰ス可キ」事由となっている。担保義務の中の損害賠償義務は本来不法行為に根拠を持つので、帰責事由は不法行為と同様である。「過失又ハ懈怠」と「責ニ帰ス可キ」事由は同じと考えて良い。そうすると、帰責事由の内容は三者とも本来共通であることになる。ところが、帰責事由の認定の点で差異が生じている。担保責任、売却不動産の面積不足の際の責任では、帰責事由は制度の根拠となり、もはや個別的に帰責事由の存否の判断をしなくなっている。つまり、これらの場合、売主には常に過失がある（完全な物として売ったこと自体が過失である）とされるのである。そうすると、担保責任の場合に損害賠償は帰責事由を要件とするのかという現在の議論に当てはめると、担保責任は無過失責任（正確には結果責任）であることになる。なぜなら現在の議論は、旧民法と異なり特別な過失を問題にしているからである。なお「隠レタル瑕疵ニ因ル賣買廢却訴權」の場合は、善意の売主に損害賠償責任を免除している。この点については、追奪担保の場合と権衡を失すると梅博士により批判がなされ、(113)現行民法の成立段階で修正される。

損害賠償の範囲については、不法行為責任と債務不履行責任に同じ規定が適用される（財産編第三八五条）。担保責任も特別の規定のない限り同様である。このため本来、三者間に差は生じないはずである。すなわち、債務不履行責任だから履行利益まで認められて、担保責任（および不法行為責任）だから認められないということはなく、原則として常に得べかりし利益も賠償範囲に入る。しかし、履行義務を前提としない担保責任と売却不動産の面積不足の際の責任において、履行が原始的客観的不能の場合（売却不動産の面積不足の場合）は値上り益は認められないが、原始的主観的不能の場合（一部追奪の場合）は認められるという異なった処理をしている。旧民法では、責任原因は賠償範囲とは関連しないが、原始的客観的不能な事柄については得べかりし利益は認められないという様に原始的客観的不能が賠償範囲に一定の影響を与えているのである。現在の議論に新たな観点を付け加えるものといえよう。なお、原始的不能な給付を目的とする債務（履行義務）は成立しないので、債務不履行責任の賠償範囲と原始的不能の関係は問題にならない。

(113)　梅・前掲注(65)三〇一頁

むすび

以上のような旧民法典の立場を現行民法典は大幅に修正した。まず、訴訟上の保護義務を担保の要件から外し、旧民法において担保とされなかった瑕疵担保などを担保とした。そのうえで、担保責任を権利移転義務違反による債務不履行責任として構成する。これまでの検討から、このような修正は意思表示の内容、契約の成立要件、債務不履行の帰責事由などの変更を土台にして行なわれなければならいことは明らかである。果たしてそれが成功したのであろうか。また瑕疵担保責任について二分説が主張するような代金減額（旧民法では錯誤を根拠）、損害賠償（旧民法では不法行為を根拠）の区別を現行民法は取り入れたのであろうか。現行民法典の検討は、これらの点を中心に、稿を改めて行なうことにしたい。

第二編　現行民法典の立場について

はじめに

本稿は、現行民法典起草者が売主の担保責任と債務不履行責任の関係をどのようにとらえていたかを論じようとするものである。筆者はすでに別稿で旧民法について検討をしたが[1]、その際の視点と結論をまず簡単に繰り返したい。

売買契約を締結しようとして了解に達した当事者は、法律行為以前の問題として、特定物、種類物を問わず一定の性質・数量を備えた物を売買目的物として予定し得る。これを「当事者が予定した目的物」と呼び、議論の出発点にした。そして買主（になろうとした人）がこれを取得できなかったときの救済を不法行為責任も含めてみることにより、なぜ同一問題に対して異なった救済方法が生じるのかを検討した。この視点は現行民法の検討においても採用する。

旧民法では、「当事者が予定した目的物」と「承諾」（=合意）で定めた目的物は必ずしも一致しなかった。これは特定物の性質・数量が意思表示の内容に入らないことによる。そのため、特定物の性質・数量の瑕疵は錯誤の問題となる。損害賠償は不法行為を根拠にする。「隠レタル瑕疵ニ因ル賣買廢却訴權」（現行民法第五七〇条にあたるもの）、売却不動産の面積不足の場合、売買目的物の分割の部分が他人に属する場合で解除されないときの救済規定はこれらの特則とされた。

「承諾」で定めた目的物もそのまま売買契約の目的物になるとは限らない。契約が成立要件を欠くときは、契約が不成立であったり一部無効になるからである。旧民法は財産編第三〇四条で、「承諾」以外に、「確定ニシテ各人カ處分權ヲ有スル目的」と「眞實且合法ノ原因」を契約の成立要件として規定する。目的物が原因で契約の成立要件を欠く場合として、不融通物の売買、他人の物の売買（分割の部分が他人物で解除されないときを除く）、原始的滅失物の売買等がある。この場合の買主（になろうとした人）の救済は、代金返還は不当利得（一部無効の場合の全部解除は規定による）、損害賠償は不法行為を根拠にする。

なお、これらの救済のうち他人の物の売買の場合のみが担保義務と呼ばれていた。

以上のような条件を満たして売買目的物となった物に関して、引渡義務、保管義務、所有権移転義務（種類物の場合）の不履行があったときにはじめて債務不履行責任が問題になるのである。

このように旧民法では、担保責任と債務不履行責任とは明確に区別されていた。

旧民法における担保義務は、売買契約ではなく売主の契約締結時の過失（不法行為）に根拠を有する。そのため本来、損害賠償の要件として売主の帰責事由が必要であるが、不法行為責任から制度が分化する過程で帰責事由は擬制された。損害賠償の範囲は原則として損害賠償の一般規定が適用される。このため信頼利益の賠償に限られることはない。しかし原始的客観的不能は賠償範囲に一定の影響を及ぼしている（例えば、売却不動産の面積不足の場合、不足部分の値上がり益は賠償範囲に入らないとする）。なお、旧民法は、担保の内容として、訴訟上の保護義務と補充的に損害賠償を考えていた。そのため訴訟上の保護義務が問題とならない瑕疵担保責任、数量指示売買における数量の不足による責任等は、担保義務とは呼ばれなかった（必ずしも守られなかったが）。

以上が、非常に簡単な概略である。この立場が、現行民法の成立過程でどのように修正されていくかをこれからみてゆきたい。

（1）　拙稿「売主の債務不履行責任と担保責任——旧民法典の立場について——」早稲田法学会誌三九巻（平成

元年）一三九頁以下（本書第一部第一編）

第一章　当事者が予定した目的物

本章では「当事者が予定した目的物」がどのような修正を受けて売買目的物になってゆくのかをみてみたい。

第一節　当事者が予定した目的物と合意で定めた目的物

売買目的物が特定物の場合、その性質・数量について表示がなされても動機にすぎず、意思表示の内容に入らないとすると、当事者が予定した目的物と合意で定めた目的物との間に齟齬が生じ得る。[2] 旧民法は特定物の性質・数量が意思表示の内容に入らないとしていたが、現行民法はこれを変更した。このことは直接には述べられていないが、担保義務を契約通りの権利を譲り渡さなかったときの責任であるとすることから、[3] 特定物の性質・数量が契約内容、合意内容に入ることが分かる。[4] したがって、現行民法では当事者が予定した目的物＝合意で定めた目的物となる。

（2）ここでは、権利移転義務の対象としての目的物を問題としている。当事者は、売買契約という法形式を選択したのだから、その目的物はまず権利移転義務の対象である。しかし同時にその性質・数量がなければ責任を負担するという合意の対象にもなりうる。後者の合意では当然、性質・数量が意思表示内容になる。なぜなら前者の場合「これ」しか権利移転しようがないが、後者の場合責任を負う範囲がこの合意により決まり、法律効果を個別化する働きをするからである。

（3）梅謙次郎講述、吾孫子勝講述・民法債権（自第二章第二節至同一四節）明治三七年度講義録（法政大学発行）八八頁。なお売買の部は梅博士が担当した。

(4)　梅博士は別のところで、数量指示売買における数量不足、売買目的物の原始的一部滅失の場合に、買主は売買目的物自体につきなんらの錯誤もなく、ただ数量につき錯誤があるので要素の錯誤にあたらないと述べる（梅謙次郎「法律行爲ノ要素ノ錯誤ト數量不足又ハ一部滅失ニ因ル賣買契約ノ解除」（法典質疑録民一七三八）法学志林一〇巻六号六〇頁以下。なお、横田秀雄「賣買ノ目的物ノ瑕疵ト法律行爲ノ要素ノ錯誤」（法典質疑録民一七八三）法学志林一三巻三号三五頁以下も同旨）。この説明は（瑕疵）担保責任を要素ではない錯誤に対する救済規定とするものである。だがもし特定物の性質・数量が引渡義務等の内容になっているとすると、錯誤の問題は起こらないはずである。この点については後に論じる。

なお、現行民法は、旧民法の規定（財産編第三一〇条）を修正し、物の品質・数量又は価格等の錯誤は要素の錯誤にあたらず、意思表示を無効にしないとした。その実質的な理由は、もし錯誤による無効を認めると「健訟ノ弊」を生じ、取引の安全を害することが少なくない、したがって錯誤無効を認めることは社会経済上の必要に適さないということである。そして、もし特に一定の品質があることが必要であれば、相手方に「特別ノ保證」をさせ、自らの利益を保護することができるのに、単に鑑定を誤ったことを理由に取引を無効とするのは甚だ不当であるとする。このように物の品質・数量の錯誤は要素の錯誤にならないが、当事者が一定の品質を指示した場合、事実の如何により① 法律行為の目的の錯誤により無効になることもあり、② 詐欺を理由に取消し得ることもあり、そして③ これらの理由に該当しないときは意思表示は有効とする（廣中俊雄編著・民法修正案（前三編）の理由書（有斐閣　昭和六二年）一四六頁）。①は物の本質（その性質が欠けることにより実際の取引上全く別物になる）の錯誤の場合であろう（梅・民法要義巻之一總則編（訂正増補第二七版）（有斐閣　明治四〇年　初版は明治二九年）二二八頁、二二九頁、富井政章・民法原論第一巻總論（有斐閣　大正一一年合冊版復刻　昭和六〇年）四四五頁、穂積陳重・富井政章・梅謙次郎校閲、松波仁一郎・仁保龜松・仁井田益太郎合著・帝國民法正解總則編（日本法律學校　第三版　明治三六年）五八六頁、五八七頁、仁井田「民第七十號問題」法典質疑録三号（法典質疑會）一八三頁以下、同「民第七十一號問題」一九一頁以下）。物の本質以外の性質については、たとえ相手方に通告してあっても要素の錯誤とはならない（富井博士は「縁由ハ之ヲ相手方ニ通告シタルカ爲メニ當然法律行爲ノ要件ト爲ルモノニ非ス唯其實行ヲ以テ法律行爲ノ内容（條件ノ如キ）ト爲ス意思ヲ表示シタル場合ハ此限ニ非サルナリ」とする（富井・前掲書四〇九頁）。この③の場合に買主に保護を与えるのが瑕疵担保責任（第五七〇条）、数量不足の場合の売主の担保責任（第五六五条）であろう。なお、「特別ノ保證」とは約定担保のことであると解される。これらの点についても後述する。

第二節　合意で定めた目的物と売買契約の目的物

合意で定めた目的物が売買契約の目的物になるには、その物が目的物になることで契約の成立要件を欠いてはならない。

前述したように、旧民法は契約の成立要件として、合意以外に「確定ニシテ各人カ處分權ヲ有スル目的」と「眞實且合法ノ原因」を規定する（財産編第三〇四条）。この規定を現行民法典の起草者はどのように修正したのだろうか。

富井博士は、法典調査会における説明で、[5] 契約の成立要件として、① 意思の合致、② 目的の二つを挙げる。「原因」を成立要件に挙げなかったのは、「原因」について諸学者が説くもの[6]は不明瞭であり、結局、目的、契約の要素である意思又は要素でない縁由と同じになってしまうので、「原因」を特別な成立要件とするのは不適当であると考えたからである。そして旧民法等が「原因」を成立要件に加えたのは、全く沿革上の誤解によるとして、フランス法系の法典にはみな規定されているが、新しいザクセン債務法やドイツ民法草案には「原因」を成立要件として認めていないことを引き合いに出す。[7] 結局、契約の成立要件は、意思の合致と目的の二つになるが、これらは明文を要しないことであるとして、規定を設けないことにしたのである。[8]

成立要件のうち、意思の合致はあることを前提としているので、ここでの問題は「目的」である。この「目的」の要件は、現在、法律行為（契約）の一般的効力発生要件[9]あるいは有効要件[10]とされている法律行為（契約）の目的（＝内容）が①可能であること、②確定し得べきものであること、③適法でありかつ社会的妥当性を有するものであること、にあたるだろう。[11]本稿は目的の確定も前提としているので、これについても扱わない。契約の目的の可能、適法かつ社会的妥当性については、本稿の目的上、売買目的物との関係に絞って論じたい。

旧民法は契約の成立要件の反映として、売買の通則の所に「賣渡スコトヲ得サル物」の規定（財産取得編第四一条～第四三条）をもつ。しかし現行民法典の起草者は、これらの規定を削除した。[12]

まず、不融通物の売買を無効とする規定（財産取得編第四一条第一項）は、公序良俗違反の法律行為として無効（草案第九七条、現行民法第九〇条）、あるいは特別法により無効とされるのだから不必要であるとする。同条第三項は詐欺によって売買が禁止されていることを隠した当事者に損害賠償義務を課しているが、これは不法行為一般の規定によっても明らかであるとして削除された。

他人の物の売買（財産取得編第四二条）、原始的滅失物の売買（同第四三条）に関する規定は売買の効力の所に規定すべきだとして売買の総則では削除された。そこで売買の効力の規定の説明をみてみることにする。[13]

まず、他人の物の売買は第五六〇条で有効とされた。[14]旧民法では、所有権が契約の効力として即時に移転することが特定物売買の要素であり、所有権の移転時期について特約を結ぶことも許されなかった。このため他人の物の売買は契約の「目的」「原因」を欠くことにより無効とされたのである。これに対し、現行民法は、特定物の売買では所有権が当事者の意思のみによって即時に移転するのを原則としながら、移転時期についての特約を認めた。これは、特定物の所有権が契約締結時に移転することは売買契約の要素ではないとしたことにより可能になったのである。そして当事者が他人の物の売買であることを知っていたか否かにかかわらず、所有権移転義務の内容として所有権者から所有権を取得して買主に移転する義務を売主に負わせたのである。このように売買契約に対する理解が変わったことにより、他人の物の売買は、契約の「目的」をもち有効となったのである。

原始的滅失物の売買は、第五六五条で扱われている。まず原始的全部滅失については、[15]契約の当時、目的物が既に無かった場合であるから、要素（目的）を欠くため契約は成立しない。そしてこのような規定を置く必要はないとする。旧民法には滅失につき悪意又は「知ラサル過失」のある売主の善意の買主に対する損害賠償を妨げないとする規定もあるが、これは契約ではなく不法行為の一般の規定で当然できるとして削除された。そうすると一部滅失についても同様になりそうだが、これは第五六五条の担保の範囲のものとした。このことについて梅博士は、原始的一部滅失はいわゆる担保問題ではないが一部追奪に酷似したものである、そこで沿革如何にかかわらず、担保として規定するのも不当ではないとする。[16]このように原始的滅失物の売買では、不統一な取扱いがなされている。[17]

以上のことから、「当事者が予定した目的物」が、契約の成立要件を満たすかのふるいにかけられる過程で、次のような修正（契約不成立を含む）を受けることが分かった。種類物についてはそれが不融通物にあたると、[18]特定物についてはそれが不融通物又は原始的全部滅失物（原始的不能）[19]にあたると、売買契約は全部あるいは一部無効となる。そして「当事者が予定した目的物」と売買契約の目的物に齟齬が生じる。この齟齬のため買主は「予定した目的物」を取得できなくなるが、このための買主の救済として、現行民法典は一般の不法行為責任を予定している。

（5）　法務大臣官房司法法制調査部監修・法典調査会民法議事速記録三（商事法務研究会　昭和五九年）六五四頁以下。なお前掲注（4）民法修正案理由書四九九頁以下も参照。

（6）　富井博士は「原因」の例として売買の場合を挙げている。学者の説明では、売買の「原因」とは、売主の方から見れば代金又は代金を得ることであり、買主の方から見れば、物又は物の所有権を得ることとなっている。これに対し富井博士は、それは売買をするという意思に帰するとして批判している。

（7）　原因については、富井「契約ノ原因」法学協会雑誌二二巻一号二二頁以下、富井・前掲注（4）民法原論第一巻四〇九頁以下、梅・前掲注（4）民法要義巻之一　二二二頁以下、同・民法原理總則之二（法政大学　明治三七年）三七五頁以下、仁井田「民第百三號問題」法典質疑録五号三二九頁以下を参照。

（8）　旧民法はまた、契約の有効要件の規定（財産編第三〇五条）ももっていた。そこでは①「承諾ノ瑕疵ヲ成ス可キ錯誤又ハ強暴ノ無キコト」と②「當事者ノ能力アルコト又ハ有効ニ代理セラレタルコト」が定められていた。しかしこの規定も現行民法典で削除された。富井博士は、契約の有効要件は意思表示に瑕疵があるかあるいは当事者に能力がないかのいずれかであり、これは法律行為一般に通用すべき規定であるから総則編に置くことにしたと説明している。

（9）　我妻栄・債権各論上巻（岩波書店　昭和二九年）八〇頁以下、同・民法総則（新訂版）（岩波書店　昭和四年）二四三頁、二四八頁以下

（10）　四宮和夫・民法総則（第四版）（弘文堂　昭和六一年）一五四頁

（11）　富井博士は法律行為の目的の要件として、①可能であること、②適法であること、を挙げる（富井・前掲注（4）民法原論第一巻四〇一頁以下）。「確定」は当然のことと考えたのであろう。なお、債権の目的の要件としては、①適法であること、②可能であること、③確定性を有すること、④債権者に利益を与えるものであること、の四要件を挙げている。しかし法律行為の目的の要件と異ならないと述べる（富井・民法原論第三巻債権總論上（有斐閣　昭和四年）四九頁以下、同・債権総論完（東大　大正四年講義録　獨協大学所蔵）

一七頁以下)。④は独自の要件のようだが、これを欠くことは、結局、債権を取得する意思がないか公序良俗違反となるので、意思表示か適法性の要件に解消されてしまうだろう。松波・仁保・仁井田・前掲注(4)二四頁以下は債権の目的の要件として本文の三要件を挙げる。

(12) 前掲注(5)民法議事速記録三　八六五頁、八五六頁(梅博士の説明)、前掲注(4)民法修正案理由書五三四頁

(13) 前掲注(5)民法議事速記録三　八九九頁以下(梅博士の説明)

(14) 他人の物の売買を有効としたことについて、梅・民法要義巻之三債権編(訂正増補第二五版)(有斐閣　明治三九年　初版は明治三〇年)四七八頁以下、同・前掲注(3)民法債権八九頁以下、同「他人ノ物ノ賣買ヲ論ス」法典質疑録二〇号一一九頁、同「新舊法典比較談　第三　他人ノ物ノ賣買」法典質疑録二五号五頁、穂積・富井・梅校閲、松波・仁保・仁井田合著・帝國民法正解債權編(日本法律學校　第三版　明治三六年)九八一頁以下、仁井田「民第二百六十三號問題」法典質疑録一一号九〇七頁以下、松波「民第四百三十號問題」法典質疑録一九号四〇二頁以下を参照。

(15) 前掲注(5)民法議事速記録四(昭和五九年)二三頁(梅博士の説明)、前掲注(4)民法修正案理由書四八八頁

(16) 梅・前掲注(3)民法債権一三三頁、一三四頁　同・前掲注(14)民法要義巻之三　五〇四頁、五〇五頁

(17) なお、旧民法では、債権の売主が「當然自己ノ債權ノ存立及ヒ其有效ノ擔保ノ責」を負うとされていた(財産取得編第六八条第一項)。しかし、債権がまるで存在しない場合は契約は目的を欠き成立しないので担保の問題は生じず、一部につき存在しない場合は第五六五条が適用されるとして、この規定は削除された(前掲注(5)民法議事速記録四　六二頁(梅博士の説明)、梅・前掲注(3)民法債権一七六頁以下、同・前掲注(14)民法要義巻之三　五二二頁)。

(18) ここではその種類物が存在していることを前提としている(以下の議論でも同じ)。なお、制限種類物が全部滅失したような場合は、特定物の不能と同様の取扱いになる。

(19)　契約の目的が可能であることが契約の成立要件になっていることから、原始的不能は、売買目的物の原始的滅失に限られない。債権の場合と同様に、目的物が初めから存在していないような場合も契約が無効となる（前掲注(5)民法議事速記録四六二頁（梅博士の説明）、梅・前掲注(3)民法債権一七六頁以下参照）。この場合、売買契約は要素を欠くため無効となるのであって錯誤の問題は生じない（法典調査會民法總会議事速記録（日本学術振興会）第五巻八〇丁、八一丁（梅博士の発言））。なお、富井博士は法律行為の目的の要件の説明で、不能の目的とは絶対的に発生し得ない事柄を言うとしている（富井・前掲注(4)民法原論第一巻四〇二頁）。

第三節　売買目的物と給付結果

「当事者が予定した目的物」が売買契約の成立要件を満たして売買目的物になっても、買主がこれを実際に取得できるとは限らない。本稿の目的上、履行遅滞の問題は扱わないので、これは特定物の場合にのみ問題となる。

まず、①売買目的物の性質・数量が契約締結時の実際の性質・数量と一致しない場合がある。これは、実際に目的物に一定の原始的瑕疵があっても、瑕疵の無い目的物として契約が成立したことによる。この場合は、売主が引渡義務等の義務を尽くしても常に買主は「予定した目的物」を取得できない。この場合、売主は担保責任（債務不履行責任の特則）を負う。これに対して、②権利に瑕疵のある場合には、完全な権利移転がなされることもある。売主は、権利を移転できないときに担保責任を負う。なお、権利移転のため尽力する義務が発生する場合に、この義務を尽くさないときは、一般の債務不履行責任の問題となる。

次に、③契約締結時から引渡等がなされて契約関係が終了するまでに、売買目的物が、滅失・毀損すると買主は売買目的物を取得できない。あとは帰責事由の存否に従い、債務不履行責任の問題か、危険負担の問題になる。

第二章　予定した目的物を買主が取得できなかったときの責任

本章では買主が「予定した目的物」を取得できなかったときの売主の責任をみていく。その際、取得できなかった原因により二つに分けて論じる。それは1「予定した目的物」（合意で定めた目的物）と売買契約の目的物に齟齬があった場合と2売買契約の目的物を買主が取得できなかった場合である。

第一節　予定した（合意で定めた）目的物と売買目的物の齟齬

前述したように、このような齟齬は、当事者が売買目的物として不融通物（特定物、種類物）または、原始的全部滅失物（特定物）を選んだときに生じる。この場合の買主（になろうとした人）の救済をみてみる。

契約の解消は、全部無効の場合は問題にならない。問題は、売買目的物の一部分が不融通物であった場合である。もちろんその部分の契約は無効となり、また違法性が契約全体に及ぶときは契約全部が無効となる。そうでない場合、売買契約の残余の部分についても契約を解消できるのであろうか。一部無効について、現行民法は、旧民法と同じく何の規定ももたない。富井博士は一部無効について、全部無効となるのが原則であるが、当事者が無効部分がなくとも契約を成立させる意思であったことを証明すればこの限りではないとする。そして、結局意思表示の解釈問題に帰着するとし、ドイツ民法第一三九条を挙げる。[20] わが国はドイツ民法典のような規定をもたないが、理論に依って同様の解決をすることになろう。

損害賠償については、旧民法の規定の削除の理由で述べられているように、不法行為（第七〇九条）によることになる。その内容だが、ここでは帰責事由と損害賠償範囲について述べるに止めたい。①まず、帰責事由としては故意または過失を必要とする。この点は条文上明らかなので、債務不履行責任のような争いは生じない。しかし、例えば原始的滅失物の売買の場合、どのようなときに売主に過失が認められるのかは問題となり得る。この点は原始的一部滅失物の売買における担保責任について法典調査会で議論となったところである（後述）。なお、不融通物の売買では、不融通物であることについて当事者は知るべきであるので（瑕疵は隠れたものではない）、旧民法のように売主が詐術によって不融通物であることを隠したような場合以外は、違法性がないあるいは帰責事由がないとされるであろう。②損害賠償の範囲について、起草者は債務不履行責任と明らかに区別をしていた。すなわち、制限賠償である第四一六条の適用はなく、不法行為による一切の損害の賠償をしなければならない[21]。賠償範囲は因果関係によって決定されることになる。しかし、不融通物の場合、不法行為がなくとも不融通物の取得は考えられないので履行利益は問題にならない。この場合はおそらく無効な契約を有効と信じたことによる損害の賠償が中心になるものと思われる。原始的滅失物の売買の場合についても同様に考えられそうだが、この点については担保責任（第五六五条）のところで検討したい。

(20)　富井・前掲注(4)民法原論第一巻五四一頁。一部無効の理論については、奥田昌道・注釈民法(4)（有斐閣　昭和四二年）二二三頁～二二六頁、四宮・前掲注(10)二二一頁、二二二頁を参照。なお松波・仁保・仁井田・前掲注(4)六七八頁は、法律行為の一部無効は通常全部無効を来たすと述べる。

(21)　前掲注(4)民法修正案理由書六七一頁、梅謙次郎講述・民法債権（自第一章第一節至同第三節　以後「総論」として引用）（法政大学発行　明治三七年度講義録）三七〇頁、同・民法債権（第三章第五章　以後「不法行為」として引用）（和仏法律学校発行　明治三五年度講義録）一四〇頁、富井・前掲注(11)債権総論八八頁、同・債権各論完（東大　大正四年講義録　獨協大学所蔵）二四七頁以下、同・前掲注(11)民法原論第三巻二二三

〇頁。法典調査会でも土方委員の反対があったが、穂積、梅起草委員は完全賠償の立場をとり、この立場に立つ原案が可決された（前掲注(5)民法議事速記録四　二九六頁以下、四四二頁以下）。

第二節　売買目的物を買主が取得できなかった場合——債務不履行責任——

第一章第三節でみたように、買主が売買目的物を取得できないのは、原始的な瑕疵による場合と後発的な瑕疵による場合とに分けられる。法は買主に売買目的物を取得させる手段として売主に様々な義務を課すが、瑕疵が義務違反の結果とされると売主は債務不履行責任を負う。本節ではまず売主の義務の内容とその違反がどの瑕疵に関係するのかをみる。そのあと、瑕疵の種類（と義務の種類）に応じてどのような責任が課されるのかをみてみたい。

第一項　売主の義務

Ⅰ　権利移転義務

旧民法は、売主の義務の規定（財産取得編第四六条～第七三条）をもち、冒頭の条文（同第四六条）で、種類物の所有権移転義務、引渡義務、保管義務、追奪担保義務の四つの義務を列挙するが、現行民法はこのような規定をもたない(22)。ただ売買の定義規定（第五五五条）で、売主が財産権移転義務を負担するとされているだけである。起草者は売主の義務としてどのようなものを予定していたのだろうか。

売買の部分の担当者とされる梅博士(23)は、「契約通リノ権利ヲ相手方ニ移轉スル義務」を売主の義務の中核に置き、他の義務は、この義務の結果にすぎないとしている(24)。この権利移転義務は、旧民法と異なり、特定物、種類物にかかわりなく発生する。特定物売買でたとえ当事者が契約時に権利を移転しようとする場合でも、いったんは権利移転の義務が生じて、その義務が当事者の意思によって直ちに履行されるとする。[25]

不動産売買における登記義務、引渡義務、保存義務（第四〇〇条）、担保義務（第五六一条～第五七二条）といった義務は、みな権利移転義務から導きだされる。[26] 引渡義務について規定を置かなかったのは、目的物の権利「行使」のためには買主は引渡を受けなければならないので、権利移転義務があれば多くは引渡義務があること、買主が占有する物の売買のように常に引渡義務は生じるわけではないことから、引渡義務を特別の義務として規定するのは当を得ないと考えたためである。[27]

担保義務（追奪担保、瑕疵担保）は、特別の義務ではなく、権利移転義務の一の適用、「重モナル結果」であるとする。つまり、売主の契約通りの権利を譲り渡す義務の不履行による損害賠償、解除の責任を規定したものだとする。ただ普通の不履行と趣が異なっているから、特別の規定を設けたのだとする。[28] そうすると、担保義務は、権利移転義務の結果生じるのだといっても、引渡義務などとは異なり、二次的な義務（一次的な義務に違反したときのサンクション）を規定したものになる。[29] このため、旧民法と異なり、本来、売主の義務として規定され得ないものである。旧民法における担保義務は権利移転義務を前提としない、売主に特別に認められた責任（一次的義務）であった。これに対し、現行民法は、広く権利移転義務を認めたため、担保義務を権利移転義務違反と構成できるようになったのである。

権利移転義務は契約通りの権利を買主に移転する義務であるので、買主が契約内容に合致した物を取得できないかぎりこの義務違反が問題になり得る。目的物の瑕疵は原始的後発的を問わない。権利移転義務はまた引渡義務等の履行義務（契約で目指した結果を生ぜしめる義務：担保義務と対比させる意味で以後この言葉を使ってゆく）の源泉になっているが、権利移転義務はこれらの義務に分解され尽くしてしまうのか、それとも権利移転義務が独自に機能する領域があるのだろうか。以下では売主の義務のうち、履行義務とされる引渡義務と保管義務の内容とその違反が関係する瑕疵をみてみたい。なお、他人の物の売買で権利者から財産権を取得するために尽力する義務も履行義務であるが、担保義務と密接に関係するので担保義務のところで論じたい。また、登記移転義務は本稿の目的上、省略する。

(22)　売主の義務の規定の削除の理由につき、前掲注(5)民法議事速記録三　八九六頁、八九七頁（梅博士の発言）、前掲注(4)民法修正案理由書五四〇頁、五四一頁

(23)　福島正夫編・明治民法の制定と穂積文書――「法典調査會穂積陳重博士關係文書」の解説・目録および資料――（有斐閣　昭和三一年）五二頁以下参照

(24)　梅・前掲注(3)民法債権八二頁、同・前掲注(14)民法要義巻之三　四八六頁

(25)　梅・前掲注(3)民法債権四八頁、四九頁、同・前掲注(14)民法要義巻之三　四七四頁、前掲注（5）民法議事速記録三　八六一頁、八六八頁、八七一頁（梅博士の発言）、しかし梅博士も述べているように（同八六八頁）、現行民法の編纂の方針は学説をどちらかに決定してしまおうとするものではないので、梅博士の見解が立法化されたというわけではない（「法典調査ノ方針」を参照）。起草委員、起草委員補助で、特定物の場合、権利移転義務が発生しないとする説として、富井・前掲注(21)債権各論二六五頁以下、二七一頁、売主の物であれば、特約のある場合を除き権利移転義務が発生しないとする説として、仁井田・債権各論完（早稲田大学明治三六年度講義録）六七頁、松波「民法第二十三號問題」法典質疑録一号（法典質疑會）五八頁以下、松波・仁保・仁井田・前掲注(14)九四六頁以下（文章は、松波「民法第二十三號問題」とほぼ同じ）がある。

(26)　特定物売買の場合は原則として権利移転義務は生じないとする見解は、当然このようには解さない。富井・前掲注(21)債権各論二七一頁は売主の義務を、財産権移転義務、引渡義務、保管義務、担保義務等と、並列に並べる。仁井田・前掲注(25)六七頁は、財産権が契約の効力として移転する場合には、売主は財産権の移転に伴う行為を為すべき義務を負担するに過ぎないとする。松波「民法第三百六十號問題」法典質疑録一六号（法

典質疑會）二〇五頁以下、松波・仁保・仁井田・前掲注(14)九四九頁以下（文章は、松波「民法第三百六十號問題」とほぼ同じ）は、所有権の売買と占有権の売買は別個のものであるが、物の売買は、通常当事者の意思として、所有権の他に占有権の売買をも包含するとする。

(27)　梅・前掲注(3)民法債権八二頁〜八八頁

(28)　梅・前掲注(3)民法債権四九頁、五〇頁、八八頁、八九頁

特定物売買の場合は原則として権利移転義務は生じないとする見解でも、もちろん他人の物の売買のときは、第五六〇条の義務が発生する。そして追奪担保責任はこの義務違反として構成される（富井・前掲注(21)債権各論二七一頁、二七二頁、松波・仁保・仁井田・前掲注(14)九八五頁も同旨か?、仁井田・前掲注(25)七〇頁、七一頁）。

(29)　しかし梅・前掲注(14)民法要義巻之三　四八六頁は、担保義務を「権利移轉ノ義務中ニ包含セルモノト認ムルナリ」とする。また同四七五頁は、「所謂追奪擔保ノ義務ナルモノハ其實此權利移轉ノ義務ニ過キス」とも述べる。担保義務が権利移転義務に根拠を持つのは確かであるが、梅博士は担保義務を一次的な義務と区別される二次的な責任と明確に考えていたかは疑問である。

Ⅱ　引渡義務

ここでは、売主はどのような物を引渡す義務を負うのかということを問題にする。本稿の目的上、時間、場所の問題は捨象する。

まず、種類物では、売主は契約で定めた性質・数量をもつ目的物を引渡さなければならない。しかし、契約では種類と数量だけが定まっていることが多い。そこで、現行民法は第四〇一条第一項で、品質について法律行為の性質や当事者の意思によって定めることのできない場合、債務者は中等の品質の物を引渡す義務を負う

と規定した(30)。

問題になるのは特定物である。この点について、民法第四八三条(31)は「引渡ヲ為スヘキ時ノ現状ニテ」引渡せば弁済、すなわち引渡義務を尽くしたことになると規定している。この点につき詳しくみてみたい。梅博士は、特定物をどの状況で引渡せば良いかについて三つの主義が考えられるとする(32)。それは、①債務発生当時の状況で引渡すべきであるとの主義、②債務履行のあるべかりし時の状況で引渡すべきであるとの主義、③債務が実際に履行された時の状況で引渡すべきであるとの主義である。この三つの主義の間にどのような違いがあるのかについて、梅博士は例を挙げて説明している（なお以下の例は整理のため筆者が少し変えたことをお断りしておく）。

例(33)　契約により、家屋の引渡義務が一二月一日に発生し、その引渡期日は翌年の一月一日と定められた。ところが一二月二〇日に家屋が火災（債務者は無責）により一部滅失してしまった場合を考える。

①の主義では修繕をして債務発生時の状況に復元して引渡さなければならない（あるいは修繕に必要な費用を債権者に支払わねばならない）。これに対して②③の主義では履行期にそのまま引渡せば良いことになる。

②③の違いは履行期を徒過した後に状況が変わった場合に生じる。この例で、火災があったのが一月三日（履行期を徒過）であった場合を考える。この場合、②の主義では修繕をして履行期日の現状（焼失前の状況）に復元して引渡をしなければならない（あるいは修繕に必要な費用を債権者に支払わねばならない）。これに対して③の主義では履行期にそのまま引渡せば良いことになる。

なお、その物が期日に債権者に引渡されたとしても焼失したことを証明すれば、②の主義でも債務者は損害を賠償しなくて良い。但し、債権者も引渡を受けていれば火災前にこれを他人に売却して相当の代価を得たであろうことを証明すれば、債務者は、その責任を免れないとする。

我が民法は第二の主義を採用した。当事者は債権発生時と履行期の間に特定物の状況に変化が生じるかもしれないことを契約時に想像したであろうから、履行を為すべき時の状況で引渡す意思であることは多くの場合に疑いのないということをその理由とする。[34] そうするとこの規定は当事者の意思の解釈規定にすぎないことになる。

ここで注意すべきなのは、この規定は債務者が保管義務を尽くした場合の引渡義務の内容を定めたものだということである。[35] 引渡義務は契約成立時に生じ、その対象は契約成立時の状態での目的物である。そしてその目的物に債務者の責に帰すべからざる滅失・毀損あるいは自然に生じた価値の増加があれば、それは債権者に帰する（危険負担の債権者主義）、すなわち引渡義務の対象がそのような物に変更されるのである。したがって、滅失・毀損が債務者の責に帰すべき事由によるときは、引渡義務の履行不能として債務不履行責任が問えるわけである。もちろん第四〇〇条の保管義務違反としても責任を追及できる。[36]

以上は契約締結時から履行期までの引渡義務の内容であるが、契約締結時において、売買目的物と引渡義務の目的物はそもそも一致しているのだろうか。種類物の場合は、契約（権利移転義務）の目的物と引渡義務の目的物は一応一致すると言える。これに対して、特定物の場合、契約（権利移転義務）の目的物と引渡義務の目的物は一致しない。引渡義務の目的物は、契約成立時の状態での目的物であるのに対し、権利移転義務の目的物は、一定の原始的な瑕疵がないことも含んでいるからである。上の例では原始的な瑕疵については挙げられていないが、当然、原始的な瑕疵のないことは引渡義務の内容にはなっていない。このため瑕疵担保責任（第五七〇条）、数量不足・物の一部滅失の場合の担保責任（第五六五条）を引渡義務違反として構成することはできない。修補義務は引渡義務から派生するが、その内容は目的物を履行期日の状態に復元する義務であって、あるべき状態にする義務ではない(37)。したがって、原始的な瑕疵の修補請求は原則として認められないことになる。一定の原始的瑕疵の無いことが契約内容に入るからといって、それが直ちに引渡義務・修補義務等の履行義務になるわけではないのである。

(30)　旧民法はフランス民法第一二四六条に倣い、財産編第四六〇条第三項で、「代替物ヲ目的トセル債務ニ於テハ債務者ハ最良品ヲ与ヘ債権者ハ最悪品ヲ受取ル責ニ任セス」と規定していた。起草者は、この主義と中等以下でない品質を選定すべき主義とドイツ民法草案等のとる中等の品質を選定すべきとする主義とを検討した。その結果、最後の主義が他の二者に比べ最も妥当し、かつ当事者の意思にも適合するとして旧民法の主義を変更した（前掲注(4)民法修正案理由書三九一頁、三九二頁、前掲注(5)民法議事速記録二（昭和五九年）九八五頁、富井・前掲注(11)民法原論第三巻九九頁以下、松波・仁保・仁井田・前掲注(14)四四頁以下。なおこの部分の担当者は穂積博士とされる（福島・前掲注(23)五四頁））。なお、この点につき梅博士は反対で、立法論としていかなる品質の物でも良い（最下等でも良い）とすべきであるとする。その理由は、債権者は契約で品質につきどのようにでも定めることができたのにそれを定めなかったのだから、債権者の別段の利益を保護する必要はないということである（梅・前掲注(21)民法債権（総論）一二九頁以下、梅・前掲注(14)民法要義巻之三　一三頁以下）。

(31)　本条は旧民法財産編第四六二条第一項本文に字句の修正を加えたものにすぎない（前掲注(4)民法修正案理由書四六〇頁）。なおこの部分の担当者は穂積博士とされる（福島・前掲注(23)五四頁）。

(32)　梅・前掲注(21)民法債権（総論）一二六三頁以下

(33)　梅博士はこの他に目的物が債権者に有利に変更した場合の例を挙げている。だが、本稿で問題とする売買には、引渡前の目的物の果実は売主に属するとの規定（第五七五条）が適用されるので、この例は省略する。

(34)　梅・前掲注(21)民法債権（総論）一二六五頁、一二六六頁、同・前掲注(14)民法要義巻之三　二六五頁、富井・

前掲注(11)民法原論第三巻　八一頁、同・前掲注(11)債権総論三二九頁

(35)　前掲注(5)民法議事速記録二　九七五頁（穂積博士の説明）。なお法典調査会提出案では、第四八三条と第四〇〇条は一条にまとめられていた。「第三百九十八條　債權ノ目的カ特定物ノ引渡ナルトキハ債務者ハ善良ナル管理者ノ注意ヲ以テ其物ヲ保存シ且其引渡ヲ爲スヘキ時ノ現狀ニテ之ヲ引渡スコトヲ要ス」。そしてこの条文の後半が、弁済のことを規定しているとして弁済の款に移され、本条のようになったのである（法典調査會民法整理會議事速記録（日本学術振興会）第三巻一二七丁、第四巻二七丁（穂積博士の説明））。

(36)　旧民法財産編第四六二条第二項は、債務者の懈怠による毀損についての損害賠償は不法行為の規定によるとしていた。これを現行民法の起草者は、「賠償ノ通則」によって明白であるとして削除した（前掲注(4)民法修正案理由書四六〇頁）。

(37)　梅博士は、債務者が保存の義務を怠ったため瑕疵を生じた場合、債務者は瑕疵ある物を引渡す外はないと述べる（梅・前掲注(14)民法要義巻之三　二五七頁）。そうすると修補義務は履行期後に毀損した場合に発生し、履行期前の毀損については不履行の場合でも修補義務が発生しないと解せることになる。しかし、梅博士が修補義務についてそのように意識して考えていたのかは不明である。

Ⅲ　特定物の保存義務

この義務は売買目的物が特定物あるいは特定した種類物である場合に、引渡時まで売主に課される義務である（第四〇〇条）。梅博士は、債務の目的物が特定物の場合、それがどのような状態にあろうとも他の物を以て代えることができないのだから必ずその物を給付しなければならない、それ故に債務者にはこれを保存する義務があるとする。(38)

保存に関する注意の程度については、旧民法は有償契約と無償契約で差を設けていた。すなわち、有償契約の場合は「善良ナル管理人タルノ注意」で保存しなければならないのに対し、無償契約の場合は「自己ノ物ニ

加フルト同一ノ注意」で保存すれば良かった（財産編第三三四条）。現行民法はこれを修正して、有償無償を問わず、債務者は「善良ナル管理人ノ注意」を払う義務を負うことを原則とした[39]。このことにより、わずかの利益の差異によって注意の程度を異にするといった煩雑さを避けたとする。また注意の程度の加重、軽減には明約をしなければならないが、容易になし得るので不都合はないとする[40]。

この保存義務は、契約成立時（特定時）の状態の保存である。したがって契約（権利移転義務）の目的物（一定の原始的瑕疵の無いことも含む）と保存義務の目的物は一致しない。保存義務違反は、後発的な瑕疵に関して問題になり、原始的な瑕疵については、別の義務違反を想定しなければならない。

(38)　梅・前掲注(21)民法債権（総論）一〇〇頁、一〇一頁

(39)　梅博士は、この注意の程度は保存義務の場合に限られずに、民法商法等の原則として、他人に対して義務を負担する者は常に善良な管理者の注意を払わなければならないとする（梅・前掲注(21)民法債権（総論）一〇五頁）。しかし、博士が債務不履行責任について履行不能以外は帰責事由を要しないという説をとっていることは後述する通りである。

(40)　前掲注(4)民法修正案理由書三九一頁。なお、前掲注(5)民法議事速記録二　九七八頁、九七九頁（梅博士の発言）、九七五頁、九七六頁（穂積博士の説明。本条の担当者は穂積博士とされる（福島・前掲注(23)五四頁））も参照。

第二項　債務不履行責任[41]の原則

ここでは債務不履行責任の原則規定（損害賠償、解除）について、①債務不履行の類型としてどのようなものを認めているのか、そしてその不履行の類型に応じて、②損害賠償の要件として帰責事由を必要とするの

かという点と、③ 解除の要件を論じたい。そのあとで、売買目的物の瑕疵と不履行類型の対応についてみてみたい。その際に担保責任の担当者である梅博士の見解に注目してみたい。

初めに損害賠償責任の規定を挙げておく。

原案第四百九條　債務者カ其債務ノ本旨ニ従ヒタル履行ヲ爲サヽルトキハ債権者ハ其損害ノ賠償ヲ請求スルコトヲ得但其不履行カ債務者ノ責ニ帰スヘカラサルトキハ此限ニ在ラス

修正案第四百十四條（現行民法第四一五条）　債務者カ其債務ノ本旨ニ従ヒタル履行ヲ爲サヽルトキハ債権者ハ其損害ノ賠償ヲ請求スルコトヲ得債務者ノ責ニ帰スヘキ事由ニ因リテ履行ヲ爲スコト能ハサルニ至リタルトキ亦同シ

まず、① 債務不履行の類型であるが、原案では「債務ノ本旨ニ従ヒタル履行ヲ爲サヽルトキ」という包括的なものだけがあり、履行不能もこれに含まれていた。ところが、「履行ヲ爲サヽル」とは履行ができるのにしないという意味に解されるので、履行不能を含めるのは無理であるという理由から、現行民法のように修正された(42)。このため条文上は「債務ノ本旨ニ従ヒタル履行ヲ爲サヽルトキ」と「債務者ノ責ニ帰スヘキ事由ニ因リテ履行ヲ爲スコト能ハサル」の二類型に分かれているが、前者の内容は包括的なものであり、履行不能以外の不履行、すなわち債務を全く履行しない、履行はしたが場所若しくは時間において違反がある場合、その他の不完全な履行をすべて包含している(43)。したがって、ドイツ民法典のように不完全履行について法の欠缺はないことになる。ただし後者は前者の一例にとどまらない。なぜなら帰責事由の点で両者は異なるからである。

つぎに、② 債務不履行責任の要件としての帰責事由をみてみたい。条文上、履行不能が「責ニ帰スヘキ事由」によらねばならないことは明らかである。問題となるのは「債務ノ本旨ニ従ヒタル履行ヲ爲サヽルトキ」

である。この点については評価が分かれる。

まず、この場合も帰責事由を要するとする説（北川説[44]）は、この条文の審議過程から判断する。法典調査会の原案ではすべての不履行につき帰責事由を要求していた[45]。これが修正され、債務の本旨にしたがった履行をしないことと責めに帰すべき履行不能とに分けられたのは形式的な字義論によってであるから、原案の立場は維持されているとする。

確かに原案から修正案の審議において、帰責事由について何も述べられてはいない。しかし修正案後、起草委員、起草委員補助の多くは履行不能にのみ帰責事由を要すると考えていたようである。起草委員の校閲を経ずに起草委員補助が執筆した民法修正案理由書では「本條ニ於テハ債務者カ債務ノ本旨ニ從ヒタル履行ヲ爲サヽルトキ及ヒ債務者ノ責ニ歸スヘキ事由ニ因リテ履行ヲ爲スコト能ハサルニ至リタルトキノ救濟方法ヲ定メ[46]」と、履行不能にのみ帰責事由が必要と解される書き方をしていた。民法典成立後、起草委員の校閲を受け起草委員補助が執筆した『帝國民法正解』では、このことが明確に述べられている。「債務者カ債務ノ本旨ニ從ヒ履行ヲ爲サヽルトキハ債務者ニ故意又ハ過失ノ責ム可キモノアルト否トヲ問ハス債權者ヨリ債務者ニ對シテ損害賠償ノ請求ヲ爲スコトヲ得ルモノナリ[47]」。その理由として、この場合に帰責事由を要求すると「難訴ノ弊」が生じ得ることと、債務者の故意又は過失に基づかない損害（原文では「基ケル」となっているが誤植であろう）を債権者に負担させるよりむしろ債務者に負担させるほうがよいことを挙げる。また債務者は特約により本条の適用を回避できるから不都合はないとする[48]。その他にも梅博士、起草委員補助である仁保、仁井田両氏は同様の見解をとっている。

ただこれらの見解も不可抗力による免責の点で意見が分かれる。旧民法は、① 金銭債務の遅滞の場合には

「意外ノ事又ハ不可抗力」も抗弁となし得ない絶対的な責任を認め、②それ以外の履行遅滞では「責ニ歸ス可キ」事由と「意外ノ事」によるときに責任（無過失責任）を認め、③履行不能では「責ニ歸ス可キ」事由によるときのみに責任（過失責任）を認めていた。(49) 仁井田説は、現行民法が旧民法の主義を引継いでいるとする。その内容は必ずしも明らかではないが、不可抗力により「債務ノ本旨ニ從ヒタル履行」ができなかった場合には賠償義務を負わないと考えていたようである（例　洪水により期日に履行ができない場合）(50)。これに対して、梅説、仁保説は、不可抗力により「債務ノ本旨ニ從ヒタル履行」ができなかった場合にも債務者は責任を負うとする。(51)『帝國民法正解』の立場は明らかではない。帰責事由不要の根拠からすると不可抗力による免責も認められないように思われるが、金銭債務の所の説明は「債務ノ本旨ニ從ヒタル履行」のない場合に不可抗力による免責を原則として認めるようにも解される。(52)

これらの帰責事由不要説に対し、第四一五条が過失責任主義を採っているとするのは富井博士である。博士は、過失主義は「羅馬法以來歐州諸國ノ採用セル原則ニシテ我民法ニモ踏襲スル所ナリ」と述べ、(53) 履行遅滞にも帰責事由を要すると明言する。

このように帰責事由については、起草者の間にも混乱がみられる。ただ担保責任部分の起草担当者であった梅博士が、「債務ノ本旨ニ從ヒタル履行」をしない場合に不可抗力による免責を認めない絶対的責任の立場を採っていたことには注目される。(54) なお、帰責事由の問題では「債務ノ本旨ニ從ヒタル履行」をしないとは、履行ができるのにしないことを想定している説が多いことを付け加えておく。

③の契約の解除について、起草者は、履行遅滞による解除を第五四一条、履行不能による解除を第五四三条に規定しようとしたのではない。「債務ノ本旨ニ從ヒタル履行ヲ為サザルトキ」の解除を第五四一条、「債務者

ノ責ニ歸スヘキ事由ニ因リテ履行ヲ爲スコト能ハサルトキ」の解除を第五四三条に規定したのである。[55] したがって、解除においても不完全履行について法の欠缺は認められない。ただし、解除をするためには履行の催告を要する（第五四一条）。このため、追完が考えられない不完全履行には適さない規定となっている。

次に、売買目的物の瑕疵と不履行の類型の関係をみてみる。なお、履行遅滞は、目的物の取得が依然として可能であるので、本稿の目的上取り上げない。

種類物売買では、特定がなされない限り、不能とはならない。そのため原則として、引渡義務の不履行の一態様である履行遅滞として処理される。異種物、品質の劣る物の給付については一定の要件の下、追完請求を認めない見解もあるが、後の議論であるのでここでは論じない。

特定物売買では、原始的な瑕疵と後発的な瑕疵とで処理が異なる。後発的な瑕疵の場合、第四一五条後段、第五四三条の履行不能として、（一部）不能が「責ニ歸スヘキ事由」によるときには、損害賠償を請求でき、催告をすることなく契約解除[56]もできる。この場合は、売主に保存義務の違反そして引渡義務違反があることになる。これに対して、売買目的物に原始的な瑕疵がある場合、すなわち担保責任の場合は二類型のどちらに当てはまるのであろうか。法典調査会ではこのことは審議されなかったが、『帝國民法正解』は、他人の物の売買で売主が買主に所有権を与えることができなかったときの責任（第五六一条）、瑕疵担保責任（第五七〇条）を「不完全ナ履行」として「債務ノ本旨ニ従ヒタル履行ヲ爲ササル」に分類している。[57] また、履行不能は債務者の帰責事由に「因ル」ことが必要であり、帰責事由は債務の存在を前提にしていることから、履行不能は後発的なものに限られると言えよう。そうすると原始的な瑕疵による不履行は「債務ノ本旨ニ従ヒタル履行ヲ爲ササル」に当たることになる。そしてこの場合、買主は第四一五条前段、第五四一条の「債務ノ本旨ニ従ヒタル履行ヲ爲サヽルトキ」として、（常に、）損害賠償請求、催告した後に契約の解除ができることになる。この場合、何の義務に違反したのかは問題である。引渡義務は履行期の状況で引渡すことを内容としており、保存義務は契約締結時に発生するので、特定物の原始的な瑕疵の責任は、両義務の違反とは解されない。また、権利の瑕疵の担保責任は、売主が他人から権利を取得するために尽力したが移転できなかったときに問題になるので、この義務の違反ではない。そうすると担保責任は、引渡義務、保存義務、権利移転のため尽力する義務に分解されない権利移転義務違反ということになる。この権利移転義務については担保責任のところで詳しく論じることにしたい。このように現行民法典は、特定物の原始的な瑕疵と後発的な瑕疵とを統一した処理は予定していなかったのである。

旧民法は債務不履行の類型として、履行遅滞（履行拒絶も含む）と履行不能の二類型を認めていた。これに対し現行民法は、履行不能以外に債務不履行一般の規定である「債務ノ本旨ニ従ヒタル履行ヲ爲サヽルトキ」を設けた。これには履行遅滞以外に「不完全ノ履行」が含まれることになり、債務不履行の範囲は拡大した。しかし、起草者はこの類型では、主に債務者が履行できるのにしない場合（履行遅滞）を想定して規定を作っている。[58] そのため不完全履行のうち、担保責任のように追完を予定していないものに適用するのは不適当な部分もある（例　催告）。これが、債務不履行責任の特則として担保責任の規定が要請される一つの要因にもなっている。そこで次に、担保責任がこのような債務不履行責任に対してどのような特則となっているのかをみてみたい。

（41）　債務不履行責任のうち損害賠償規定の成立過程を論じた文献として、福島正夫「明治民法典における損害賠償諸規定の形成」損害賠償責任の研究（上）（我妻先生還暦記念）（有斐閣　昭和三二年）二五頁以下、北川善

太郎・日本法学の歴史と理論（日本評論社　昭和四三年）三四頁以下、平井宜雄・損害賠償法の理論（東京大学出版会　昭和四六年）一四六頁以下等がある。
(42) 前掲注(5)民法議事速記録三　六四一頁（富井博士の説明）
(43) 梅・前掲注(21)民法債権（総論）三六二頁、松波・仁保・仁井田・前掲注(14)一三九頁以下。しかし、富井・前掲注(11)債権総論一二九頁以下は、不履行の種類として履行不能と履行遅滞の二種類に分けて論じている。
(44) 北川善太郎・注釈民法⑽（有斐閣　昭和六二年）三一九頁、三三〇頁
(45) 原案についての趣旨説明で穂積委員は、但書について「如何ナル原因ニ依リマシテモ其不履行ト云フモノガ債務者ノ責ニ歸スベカラザルトキハ此損害賠償ノ責ヲ生ジナイト云フコトヲ此處ニ廣ク斷ツタ丈ケノコトデゴザイマス」と述べる（前掲注(5)民法議事速記録三　六四頁）。
(46) 前掲注(4)民法修正案理由書四〇五頁
(47) 松波・仁保・仁井田・前掲注(14)一三九頁
(48) 松波・仁保・仁井田・前掲注(14)一四五頁、一四六頁
(49) 拙稿・前掲注(1)（本書第一部第一編）を参照。なお、旧民法は債務不履行について履行遅滞（拒絶も含む）と履行不能の二類型しか認めていなかった（財産編第三八三条）。
(50) 仁井田「民第三百五十八號問題」法典質疑録一六号一九三頁以下。なおこの「解答」について、宮田四八「民第四百九十一號問題」法典質疑録二三号五九八頁以下参照。
(51) 梅・前掲注(21)民法債権（総論）三六六頁、三六七頁、同「民第七百三十七號問題」法典質疑録二五号三一九頁、三二〇頁、仁保「民第四百四號問題」法典質疑録一八号三三六頁以下。梅博士は無過失責任の根拠として、債務者が遭遇した不幸（無責の債務の本旨に従わない履行）は、債務者自身の不幸でありそれを故なく債権者に転嫁すべきではない（債権者の損害を賠償すべきである）と述べる。なお、梅博士は不可抗力による債務の本旨に従わない履行の例として金銭債務の場合を挙げるが、過失責任主義の下では免責されるとするの

で、これは四一九条がないものとしての不履行一般の議論である。また、仁保氏の「解答」については、加藤正治「民第四百八十六號問題」法典質疑録二二号五八二頁以下も参照（洪水により期日に履行ができない場合にも責任を負うとする）。

(52)　松波・仁保・仁井田・前掲注(14)一一二頁

(53)　富井・前掲注(11)民法原論第三巻二一五頁以下（なお、博士は過失主義を採るものとしてフランス民法第一一四八条、第一三八二条を挙げる）。同・前掲注(11)債権総論八六頁、八七頁、一二五頁以下

(54)　梅博士は、帰責事由の点にとどまらず損害賠償の範囲についても債権者寄りの態度をとる。つまり、賠償範囲の制限には反対で、自らは修正案は出さないが自分の意見としては「債務ノ不履行ヨリ生スヘキ一切ノ損害ノ賠償」をさせるべきだとする。そして「債権者マデガ豫見シナカツタ事柄デアツテモ構ハヌ権利ヲ得テ居ル以上ハ其権利ノ結果ヲ得ナケレバナラヌ権利ガアツテモ其結果ヲ得ラレヌヤウナ権利デアルナラバ不完全極ツタル権利デアリマスカラ夫レデハ法律ノ保護ヲ受ケル所ノ権利トハ言ヘヌト云フ考ヘデアリマス」とも述べる。そのため、損害の予見時期を債権発生時からそれ以降でも良いと変える修正案に損害賠償の範囲を拡大するものとして賛成した。そしてその修正案は可決された（前掲注(5)民法議事速記録三　七四頁以下。なお福島・前掲注(41)五〇頁以下も参照）。

(55)　前掲注(5)民法議事速記録三　八一四頁（穂積博士の説明）。解除規定の成立については、北川・前掲注(41)八六頁以下を参照。

(56)　起草者は、旧民法と同じく、一部不履行と全部不履行とで解除の要件を分けて考えていない（前掲注(4)民法修正案理由書五二〇頁）。この点、起草者の考えは今日の通説とは異なる。

(57)　松波・仁保・仁井田・前掲注(14)一四〇頁、一四一頁

(58)　前掲注(4)民法修正案理由書五二〇頁

第三項　担保責任

旧民法は、財産編に簡単な担保の総則規定（財産編第三九五条〜第四〇〇条）を設け、売買のところに詳細な規定（財産取得編第五六条〜第七三条）を設けていた。起草者は、これをどこか一か所にまとめて規定しようとしたが、契約の総則に設けると抽象的な表現を使用しなければならず、解釈上の疑いが起こってくることから、適用の多い売買に規定し、これを他の契約に準用することにした（第五五九条）。これは、ドイツ民法が、第一読会草案では担保義務を法律行為により生じる債権の総則に入れていたのに、第二読会草案以降は売買のところに規定し、これを他の有償契約に準用したことに倣ったものである。(59)

また、旧民法は訴訟上の保護義務を担保義務の中心に置き、損害賠償義務を二次的な義務としていた。しかし現行民法典は、訴訟法に関したものはなるべく掲げないという主義から、訴訟上の保護義務は訴訟法に規定する方が良いとして、民法の規定から除いてしまった。その結果、権利移転義務に違反して権利を移転しなかったときの制裁を規定するのが、担保の規定の目的になった。(60)

担保の種類では、旧民法は、瑕疵担保、物の数量の担保を担保の問題としていなかったが、現行民法は、ドイツ民法草案等に倣いこれらを担保の問題とした。(61)これは訴訟上の保護義務を担保の要素としなくなったことにより可能となったと言えるだろう。

以上の修正は形式的なものであるのに対し、本質上の最大の修正は、前述したように、担保責任を権利移転義務違反の責任として構成したことである。だがこのことは、担保責任が引渡義務等の履行義務違反の責任であることを意味しない。権利移転義務は、引渡義務等の履行義務の源泉になっているが、両義務の目的は異なっているからである。特定物売買において、原始的物質的瑕疵のない目的物の履行義務（引渡義務等）が発生しないことは前述した通りである。権利の瑕疵については、瑕疵を除去する義務（第五六〇条）が発生するが、その履行義務を尽くしても瑕疵が除去できない場合が生じる。権利の瑕疵の担保責任はその場合の責任なのである（後述）。担保責任は履行義務に分解されない権利移転義務違反の責任である。そこで、担保責任の履行義務違反の責任に対する特殊性が問題となる。

担保責任を論じる際には、追奪担保責任（権利の瑕疵の担保責任）と瑕疵担保責任を分けるのが一般的であり、現行民法典の起草者もそれに従っている。[62] そこで本稿でも分けて論じることにするが、その前に両者の違いを簡単にみておきたい。

現行民法は、担保義務を契約通りの権利を譲り渡さなかったときの責任、すなわち権利移転義務の不履行責任として構成する。その場合に、物の瑕疵の責任は瑕疵のない物の権利を移転できなかったときの責任として、権利の瑕疵に還元して理解するのである。このように権利移転義務違反となる点では、物の瑕疵も権利の瑕疵も同じである。だが、瑕疵の性質に起因する違いはある。両者とも瑕疵は原始的なものであることを原則とするが、[63] 権利の瑕疵は物の瑕疵と異なり、治癒の可能性が法律上認められている。それには、(a)他人の権利を取得して買主に移転する義務の履行による場合と、(b)売主の義務の履行によらない場合とがある。(b)は売買目的物に設定された抵当権が被担保債権の弁済によって消滅するような場合である。この治癒の可能性は、権利の瑕疵の担保責任にどのような特徴を与えているのだろうか。その点に注目して権利の瑕疵の担保責任を検討するが、その前に(a)の他人の権利を取得して買主に移転する義務（履行義務）の内容とその違反に対する責任（通常の債務不履行責任）をみることにする。

（59）　梅・前掲注（3）民法債權七七頁〜七八頁、前掲注（5）民法議事速記録三　八九四頁〜八九五頁（梅博士の

説明）
(60)　前掲注(5)民法議事速記録三　九一七頁～九一八頁（梅博士の説明）。なお、前掲注(4)民法修正案理由書五四四頁も参照。
(61)　前掲注(5)民法議事速記録三　八九六頁、八九四頁（梅博士の説明）
(62)　前掲注(5)民法議事速記録三　九一七頁（梅博士の説明）、梅・前掲注(3)民法債権八八頁～八九頁
(63)　例外として、権利の瑕疵は一定の後発的なものも含む（第五七二条参照）。

Ⅰ　権利の瑕疵についての責任

Ａ　履行義務違反の責任

ａ「其権利ヲ取得シテ之ヲ買主ニ移転スル義務」

前述したように、現行民法は他人の権利の売買を有効とした。そして第五六〇条で、他人の権利を売買の目的とした売主に「其権利ヲ取得シテ之ヲ買主ニ移転スル義務」を課した。この義務があることにより、条件付売買とは異なり、売主は第三者から権利を取得するために尽力しなければならないのである(64)。

この義務は財産権移転義務から派生する。すなわち、不特定物の供給契約と同様に、買主に財産権を移転するためには売主が一度これを取得する必要があるので、このような義務が課されるのである(65)。当事者は特定物をただ売買する意思さえあれば良いのであり、「其権利ヲ取得シテ之ヲ買主ニ移転スル」ことを合意する必要はない。その結果、権利が第三者に属することにつき、当事者の主観的態様は問題にならない(66)。売主、買主の双方が善意でも悪意でも、一方だけが悪意でも構わない。例えば売主が自己の財産だと思い自己の財産として売買したときにも、この義務は生じるのである。この点でこの条文は、当事者の意思の解釈規定にとどまらな

いのである。(67)

しかし、常に第五六〇条の義務が発生するとは限らない。まず起草者は、「冒認」(68)（売主が他人の物であることを知りつつ自分の物であるかのごとく見せかけて売った場合）は、詐欺による取消を待たずに契約が不法により無効になるとする。(69)この場合は当然義務は発生しない。また、両当事者が他人の物であることについて悪意である場合には、第五六〇条の適用がきわめて少ないとする。この場合は大抵、事情によって、売主が第三者から権利を取得するために十分尽力することが直接に契約の目的になっている。(70)(71)これは当事者の意思解釈によるものであり、売主が相続により取得したならばという条件付売買と解されることもある。第三者から権利を取得するために十分尽力することが契約内容である場合、これは一種の作為義務を生ぜしめる契約である。この契約では売主は尽力だけはしなければならず、尽力さえもしなかった場合であれば、第五六一条ではなく、第五四一条が適用され解除、損害賠償請求ができるとする。(72)尽力した場合は、尽力しても取得できない場合は違約の責めを負うとする特別の合意の無いかぎり、免責されることになろう。

本条の規定ができたことにより、旧民法にどのような修正が加えられたのであろうか。前述したように、旧民法は他人の物の売買契約を「目的」「原因」を欠くことにより無効としていた。しかし、他人の所有権を「買主」に取得させる義務を負担する旨の契約は有効であるとしていた。(73)ただしこの義務は、売買の合意からは発生しないのであった。これを現行民法は変更した。売買の合意をすれば、売買目的物が第三者の権利の対象であった場合には、当然に売主が他人の財産権を買主に取得させる義務を負担することになった。そしてまた、契約の効力として所有権がただちに移転することを特定物売買契約の要素としないことにより、他人の物の売買契約は有効になったのである。要するに、旧民法で他人の所有権を売主が取得するために尽力する契約と、売主がその所有権を取得することを権利移転の停止条件にした売買契約とで成し得たことが、現行民法では単にその物の売買契約によって達成できるようになったのである。

(64)　前掲注(5)民法議事速記録三　九〇八頁~九〇九頁（穂積博士の発言）を参照。

(65)　前掲注(4)民法修正案理由書五四二頁、梅・前掲注(14)民法要義巻之三　四八九頁~四九〇頁、同・前掲注(3)民法債権九九頁~一〇〇頁。なお、第三者から直接買主に権利を移転する契約は有効であるが、これは売買には入らない（前掲注(5)民法議事速記録三　九一三頁~九一四頁（梅博士の発言））。

(66)　松波・仁保・仁井田・前掲注(14)九八二頁、仁井田「民法第二百六十三號問題」法典質疑録一一号（法典質疑會）九〇七頁

(67)　前掲注(5)民法議事速記録三　九〇六頁~九〇七頁（梅博士の発言）を参照。なお、松波・仁保・仁井田・前掲注(14)九八四頁（仁井田「民法第二百六十三號問題」法典質疑一一号（法典質疑會）九〇九頁もほぼ同じ文章）は、当事者の一方又は双方が善意の場合、両当事者は、売主が他人の権利を取得して買主に移転する義務を負担するとの意思は有しないが、「其目的タル權利ヲ移轉ス可キ義務ノ發生ヲ來タサントスルモノ」なので、少なくとも売主にそのような義務を負担させるのは「當事者ノ意思ニ適合スル」と言わねばならないとする。富井・前掲注(21)債権各論二七二頁も同趣旨か？　他方、仁井田・前掲注(25)六九頁は、権利が他人に属するのを売主が知らないのは過失なので、第五六〇条の義務を課すのは至当だとする。

(68)　旧刑法第三九三条を参照。

(69)　前掲注(5)民法議事速記録三　九〇四頁、九一五頁（梅博士の発言）。なおこの点については、反対意見もあり議論になったが、結論の出ないまま「原案ニ決シ」た。

(70)　前掲注(5)民法議事速記録三　九一九頁（梅博士の説明）、九〇四頁、九二〇頁~九二一頁（梅博士の発言）

(71)　旧民法財産編第三二二条第二項以下は、契約が他人の行為を目的とする場合、原則として契約が不能によ

り無効となると規定していた。しかし起草者は、この規定を不適当だとして削除した。他人の所有物や人の行為を契約の目的とした場合、当事者の意思としては、①第三者にその行為をさせるように尽力する義務を負うとするもの（尽力しさえすれば、第三者が行為をしなくとも義務を履行したことになる）か、②尽力しても第三者がその行為をしないときは違約の責任を負うとするもの、のいずれかである、そしてこの契約は不能を目的としていないのだから有効であるとする（前掲注(５)民法議事速記録三　六四七頁～六四八頁（富井博士の説明））。

(72)　前掲注(５)民法議事速記録三　九〇四頁、九二〇頁～九二一頁（梅博士の発言）

(73)　熊野敏三・民法正義財産取得編巻之壹（新民法註釋會）二四六頁

b　履行義務が課される場合

第五六〇条の第三者から権利を取得するために十分尽力する義務が、「純然タル」全部（一部）追奪[74]である売買の目的たる権利の全部若しくは一部が他人に属する場合に課せられることは疑いがない。これらの場合は、担保義務の成立要件として「売主カ其売却シタル権利ヲ取得シテ之ヲ買主ニ移転スルコト能ハサルトキハ」（第五六一条）、「売主カ之ヲ買主ニ移転スルコト能ハサルトキハ」（第五六三条）と規定され、履行義務の存在が当然の前提となっている。では、純然たる追奪担保の問題でない売買目的物に負担のある場合等はどうであろう。

まず、売買目的物が用益的権利により制限されている場合、売買目的不動産にあるとされた地役権がない場合（第五六六条の場合）についてみてみたい。この場合、担保責任の要件として「用益的権利の除去ができないとき」といった規定はなく、買主は負担の存在を理由に直ちに担保責任の追及ができる。また、買主がこれらの負担を知らないことが、賠償請求のみならず解除の要件にもなっている。梅博士は、その理由として「権利ノ一部カ他人ニ屬スル場合ニ於テハ當事者ハ往往ニシテ賣主先ツ之ヲ取得シ以テ之ヲ買主ニ移轉スヘキモノトスル意思ヲ有スヘキカ故ニ悪意ノ買主ト雖モ代金ノ減額ヲ請求スルコトヲ得ヘキモ本條ニ規定セル權利ノ欠缺アルコトヲ知リテ賣買ヲ爲シタル買主ハ必ス其欠缺ニ相當スル廉價ヲ以テスルニ非サレハ賣買ヲ爲ササリシナラン故ニ悪意ノ買主ハ毫モ之ヲ保護スルコトヲ要セス」と述べる。(75) また博士は、これらの負担につき悪意の買主が売主は多分その負担を無くしてくれるだろうと想像して買うことは考えられない(76)、買主は負担があっても差支えがないという意思であるはずだから(77)、一切の救済の認めないのだとも述べる。これらの説明は、買主が悪意のときには負担除去の期待は許されないので一切の救済を認めないというものだから、買主が悪意のときは負担除去の履行義務は発生しないことになる。そして、履行義務の存否は当事者の善意・悪意とは無関係であること、本条の履行義務を前提としない規定の仕方を考え合わせると、この場合は常に履行義務が発生しないと考えられる。結局、この場合に尽力する義務を売主に負わせるためには、単に売買契約を締結しただけでは足りず、別に尽力することを合意しなければならないことになる。

売買目的不動産が担保的権利により制限されている場合（第五六七条の場合）はどうであろう。この場合、売主は、前条と異なり、負担の無いことではなく負担の結果として買主が所有権を失わないこと（全部追奪を受けないこと）を担保している。そこで、担保権の実行により買主が所有権を失ったときに、売主はその所有権を取得して買主に移転する義務を負うのかが問題となる。まず、担保の要件として「担保権の実行により失われた所有権を買主に回復させられないとき」といった規定はない。買主は、抵当権など担保権の行使によって所有権を失えば担保責任の追及ができるのである。これは、所有権を失えば売主の権利移転義務は履行不能になると立法者が考えていたことによる。[78] そうするとこの場合は、履行義務は発生しないことになる。

ところで、買主が所有権を失ったとき、売主が負担を除去していれば追奪は避けられたと言える。そこで、所有権移転義務の内容として負担除去義務が発生するのかが問題となる。梅博士は「賣主ハ速ニ債務ヲ辨濟シ（假令自己カ債務者ナラサルモ）以テ買主ヲシテ安全ニ其權利ヲ得セシメサルヘカラス然ルニ賣主カ此義務ヲ盡サヽリシ爲メ買主ハ竟ニ其所有權ヲ奪ハレ又ハ出捐ヲ爲シテ僅ニ之ヲ保存スルコトヲ得タルモノカ故ニ其過失アル賣主ニ對シテ損害賠償ノ請求ヲ爲スコトヲ得ルハ固ヨリ當然ナリ」[79] として、一般に売主に負担除去義務があるような説明をしている。だが博士は別の所で、買主が悪意でも担保の請求ができるのは、被担保債権が弁済されずに抵当権、先取特権が行使されるのは希であり、多くは弁済期に債務が弁済され担保権は消滅するからだとも述べている。[80] また負担除去義務を認めると、前条で悪意の買主は負担（留置権、質権）があっても差支えないという意思だとして何の救済も認めず、売主に負担除去義務も認めなかったことと矛盾する。そうすると、悪意の買主に負担除去の期待が許されるのは、担保権を消滅させる義務が売主にあるからではなく、売主の義務とは関係なく被担保債権が弁済され担保権が消滅するのが一般的であるからと考えられる。上記の引用文は、負担を除去しなかったことが所有権移転義務違反の過失にあたると述べているもので、そこでの負担除去義務は、買主が履行を請求できる義務（給付義務）ではなく、過失判断の前提となる注意義務と解すべきだろう。従って、本条の場合には負担除去義務も発生しないと言える。

(74)　梅・前掲注(3)民法債權一一四頁、一三二頁

(75)　梅・前掲注(14)民法要義巻之三　五〇八頁

(76)　前掲注(5)民法議事速記録四　三〇頁（梅博士の発言）。この原文は「地上權ノアルト云フコトヲ知リツツ

地上権ハ賣主ガ多分無クシテ呉レルデアラウト云フコトヲ想像シテ買ウト云フコトハ私共ハ想像ハ出來ナイト思ヒマス」というものである。

(77) 梅・前掲注(3)民法債権一四一頁～一四二頁

(78) 松波・仁保・仁井田・前掲注(14)九九三頁は、買主が目的物を失えば「買受ノ目的ヲ達スルヿ能ハサル」とする。

(79) 梅・前掲注(14)民法要義巻之三　五二二頁。なお、前掲注(5)民法議事速記録四　三五頁（梅博士の発言）も参照。

(80) 梅・前掲注(3)民法債権一四七頁～一四八頁

c　履行義務違反の救済

他人の権利の売主が所有者から権利を取得するために十分尽力する義務に違反した場合は、「債務ノ本旨ニ従ヒタル履行ヲ為ササルトキ」として、一般の債務不履行責任（第四一五条、第五四一条）を負う(81)。買主は、催告をした後に契約を解除、損害賠償の請求ができる。このため起草者は、特に規定を設けることはしなかったのである。

(81) 梅・前掲注(3)民法債権一〇四頁、前掲注(5)民法議事速記録四　六頁（梅博士の発言）

B　担保責任

a　権利の全部が他人に属する場合（第五六一条、第五六二条）

この場合には、売主に履行義務（権利移転のため尽力する義務）が発生する。法典調査会の審議では当初、この義務違反の責任と担保責任との関係が問題になった。

原案第五百六十二條　買主カ契約ノ當時其買受ケタル權利ノ賣主ニ屬セサルコトヲ知リタル場合ニ於テ第五百三十九條ノ規定ニ從ヒ契約ヲ解除シタルトキハ其買主ハ賣主ニ對シテ損害賠償ノ請求ヲ爲スコトヲ得ス

修正案第五百六十二條（現第五六一条）　前條ノ場合ニ於テ賣主カ其賣却シタル權利ヲ取得シテ之ヲ買主ニ移轉スルコト能ハサルトキハ買主ハ契約ノ解除ヲ爲スコトヲ得但契約ノ當時其權利ノ賣主ニ屬セサルコトヲ知リタルトキハ損害賠償ノ請求ヲ爲スコトヲ得ス

原案では、売主が履行義務を尽くさなかった場合も担保責任の問題になると規定されていた。このため長谷川委員から、悪意の買主は、売主が権利移転のため尽力しなかった場合にも損害賠償請求ができないとするのはおかしいとの意見が出された(82)。梅博士もこの意見を受け入れ、本条は修正されることになった(83)。そして修正案では、担保責任は売主がこの履行義務を尽くしたが権利移転が「能ハサル」ときにはじめて問題になることが明示された。これにより、売買目的物の権利が全部他人に属する場合の売主の責任には、①権利移転のため尽力する義務（履行義務）の不履行責任と、②尽力しても権利移転できなかったという結果に対する責任（担保責任）の二種類があることになった。①の場合の責任（通常の債務不履行責任）は既にみたので、ここでは②の責任をみることにしたい。

②の場合、権利移転は「不能」であるが、売主は担保責任という名の債務不履行責任を負う。なぜ「担保」かと言うと、売主が「此權利ハ瑕疵ノナイ權利デアル、自分ノ權利デアルト云フコトヲ請合ヒ、或ハ屹度貴殿ニ權利ヲ移轉スルト云フコトヲ請合ッタ」からだとする(84)。この「請合ヒ」という考え方もまた、一般の不履行責任に対する担保責任の特徴を作り出している。

i　契約解除

本条の規定が無ければ、債務不履行による解除の原則規定である第五四一条が適用される。そのため、買主は相当の期間を定めて催告をした後で無ければ解除できないことになる。原案は、「第五百三十九條ノ規定ニ従ヒ契約ヲ解除シタルトキ」として、催告を要件としていた。ところが、修正案は解除の要件として「賣却シタル權利ヲ取得シテ之ヲ買主ニ移轉スルコト能ハサルトキ」を採用した。この場合、売主にとって権利移転は不能なので、買主が催告をするのは無意味である。そこで、催告を不要とするため第五六一条本文の規定を設けたとする。(85) この点が解除の一般原則に対する特則になっている。解除に関するその他の点は、一般原則の規定（第五四〇条以下）によることになる。(86) このため、代金を受け取った売主は、受領時から利息を付して返還しなければならない（第五四五条第二項）。なお、善意の売主にも解除権が認められる（第五六二条）が、省略する。

ii　損害賠償

第五六一条は、売主の損害賠償義務について積極的には規定していない。但書で悪意の買主は損害賠償請求ができないと規定しているだけである。立法者は、損害賠償は一般規定により認められると考えていた。(87) すなわち、買主が契約を解除したときは、(88) 第五四五条第三項「解除權ノ行使ハ損害賠償ノ請求ヲ妨ケス」が適用される。(89) この規定は「妨ケス」となっているので、債権者は契約を解除したら常に損害賠償請求できるのではなく、他の規定で損害賠償の権利があるとされたときにだけ請求できるのである。(90) 全部追奪の場合は「債務ノ本旨ニ従ヒタル履行ヲ為ササルトキ」にあたるので、最終的には第四一五条を根拠にすることになろう。そして第五六一条但書の制限を受けるのである。

では次に、買主が契約の解除ができても損害賠償請求ができない場合をみてみたい。買主が悪意の場合（第五六一条但書）とは別に、売主に帰責事由のない場合が損害賠償の免責事由として存在するのかが問題となる。

要件——帰責事由

全部追奪があると、売主が「債務ノ本旨ニ従ヒタル履行ヲ為ササルトキ」になり、契約解除は第五四一条の特則である第五六一条本文により、損害賠償は一般規定である第四一五条により認められる（第五六一条但書については暫く置く）。第五六一条本文は、買主の解除の要件としての催告を不要とした点が特則になっている。したがって、債務不履行の帰責事由の点では、契約解除も損害賠償も異ならないことになる。そして、債務不履行の類型のうち「債務ノ本旨ニ従ヒタル履行ヲ為ササルトキ」は、無過失責任あるいは絶対的責任であることは前にみた通りである。ところが法典調査会などでは、売主に過失がない場合には免責されるといったことがしばしば論じられていた。そこで問題となる帰責事由は、第四一五条の履行不能の場合に問題となる「責ニ帰スヘキ事由」と同じなのだろうか。

梅博士は、第五四五条第三項の解除と損害賠償の関係について、解除の相手方に過失がなければ、或いは不履行の責を解除の相手方に帰すことができなければ、解除権者は解除はできても損害賠償の請求はできないとする。そして追奪の場合、この帰責事由の無いときとは、売買契約時に買主が他人の物の売買であることを知っていたとき（第五六一条但書）であるとする。[91] 博士は、他人の権利の売主は善意であっても「必ス過失アル者トスルヲ原則トスル」ので、損害賠償責任を通常免れることができないとする。[92] しかし、買主が契約締結時に権利が売主に属さないことを知っていた場合には、買主は売主が権利者から権利を取得して自己に移転できないことも予期している。したがって、売主がその権利を取得して買主に移転できなくとも売主に過失があるとは言えないので、損害賠償請求はできないとするのである。[93] そうすると、梅博士の述べる帰責事由のない場合とは第五六一条但書の場合であり、これとは別個に帰責事由が問題になることはないと言える。『民法修正案理由書』、『帝國民法正解』は、悪意の買主に損害賠償請求権を認めない理由として、悪意の買主は売主の不履行をある程度予期していることを挙げる。[94] 売主に過失がないとは述べないが、考え方は梅博士のものと同様だと思われる。

法典調査会では、瑕疵についての買主の善意、悪意に応じて救済内容に差を設けるべきかということに関して、帰責事由が問題にされた。まず、原案では、悪意の買主に損害賠償を認めないとする梅博士と、悪意の買主にも損害賠償を認めるべきだとする土方委員とが対立する。梅博士によれば、[95] 悪意の買主は売主が権利を取得して自分に移転できるかどうか分からないということを知っている。だから、売主が権利を移転できなかったときに、買主は売主を責めることはできないとする。このような理由から、悪意の買主は損害賠償請求はできないとした。ただ、買主が悪意でも、他人の物の売買は有効であるから、この場合買主はいつも担保権を完全に放棄した、すなわち当事者の意思で解除に伴う代金返還請求権もないと初めから決まっていた、と見るのは無理であろうとする。そこで契約解除はできるとしたとする。もっともこれは、当事者の合意により変更可能である。当事者が特別の合意をして「賣主ノ方デ屹度請合ツテ私ガ手ニ入レテあなたニ御渡シヲ致シマス若シ自分デ出來ナイヤウナコトデアツタナラバ損害賠償ヲ拂ヒマセウ」ということを定めたならば、悪意の買主も損害賠償請求が出来ることになる。また、無担保の特約により代金返還までも免除するということであったなら、有効であるとする。[96] これらの特約は、原案第五七〇条の適用により当然認められるとする。これに対して土方委員は、売主が他人の物を売るという約束をした以上は自分が取得できる見込みがあるということを買主に信用させたのだとする。そして、それを信用して買主も約束をしたのだから、買主が損害を被ったなら、買主があらかじめ他人の物であると知っていても、解除権以外に賠償請求権も与えてよいとする。またこのことは、売主が他人の物であることを知らなくとも変わらないとする。なぜなら、売買目的物が他人の物であることを知らないのは「非常ナ過失」であるから、この過失を以て自分が義務を免れるのは到底できないからであるとする。(97) このため、土方委員は高木委員の原案第五六二条の削除意見に賛成する。これに対して梅博士は、次のように反論している。「唯私ハ疑ヒニ止メテ置キマスガ先刻申シタ如ク賣主ハ知ラナイ場合例ヘバ相續人ノ如キ者ハ先人ノ占有シテ居ツタ物ガ果シテ其所有物デアルカ又ハ他人ノ所有物デアルカ知ラナイ夫レヲバ過失トハ言ヘナイ現ニ前主ノ占有シテ居ツタ物ヲ承繼スルコトガ出來ル夫レデ其物ガ他人ノ所有物デアルト云フコトヲ知ラナカツタノハ夫レハ過失デアルト云フコトハ随分酷ナ解シ方デハアルマイカ知ラント考ヘマス然ウ云フ場合ニハ買主ノ方ハ先人ノ友人カ何カデ以テ夫レハ他人ノ物デアルト云フコトヲ却テ能ク知ツテ居ル夫レデ其物ノ價デモ安イト云フコトヲ見込ンデ買ハウト云ツテ契約ヲ結ンダ然ウシテ後ニナツテ契約ヲ解除シタ場合ニ損害賠償迄モ拂ハセルト云フコトハ如何デアリマスカ(98)」。

ところが、梅博士は修正案の議論で、過失についてのこの見解を変えている。それは、土方委員の前回とは異なった発言に対する答に表われている。土方委員は、売主と買主の双方が善意のときに、売主に損害賠償責任を負わせない方が良いとする。その理由は、売主には売買目的物の所有権の帰属について知らなかった過失があるのでいくらか責任を重くしなければならないが、損害賠償までさせると責任が重くなりすぎるということである。これに対して梅博士は、次のように反論する。「此前土方君ハ頻リニ此自己ノ有ニ屬セザルコトヲ知ラザリシ者ハ過失デアルカラ損害賠償ノ責ヲ負ハセテ宜イト云フ御論デアツタヤウデアリマスガ今日ハ正反對デ賣主ガ知ラナカツタ場合ハイツモ過失ガナイカラ損害賠償ヲシナクテモ宜イト云フヤウナ御論ヲ承ハリマシタ或ハ其方ガ宜イカ知レマセヌガ私共ハ原則トシテ此前土方君ガ御述ベニナツタコトガ正シイト思フ自分ノ權利ヲ他人ニ賣ルニハ先ズ自分ガ取調ベナケレバナラヌソレヲ調ベヌデ賣ツタノハ過失デアルカラソレデ損害賠償ノ責ガ生ズルノデアリマセウソレデ普通ノ解除ノ場合ト違ウカラ明文ヲ要スルコトニシマシタサウ致シマスト此買主ノ方カラ解除ヲ乞フコトハ出來而テ損害ノ賠償迄モ請求ガ出來ル買主ノ善意ナル場合ハ賣主ノ善意ト悪意ヲ問ハナイ方ガ正シイノデ之ヲ餘リ細カク分カツノ理由ガナイト信ジテ居ル[99]」。

　起草者の帰責事由についてのこの見解の変更は、売主の責任についてなんらの修正も行なっていない。起草者は、悪意の買主に損害賠償を認めないという立場で一貫しているのである。この立場に対して、まず、悪意の買主にも損害賠償の救済を認めるべきだとの意見には、売主が善意の場合に帰責事由の無いときがあるから、買主が悪意のときに損害賠償責任を認めるのは不適当だと述べているのである。また、善意の売主には損害賠償責任を免除すべきだとの意見に対しては、善意であっても売主には過失があると見解を変え、売主、買主が善意の場合に売主に損害賠償を免除すべきではないとしているのである。

　このように損害賠償責任の存否は、契約締結時の当事者の主観的態様（売主の善意・悪意、買主の善意・悪意）に従って決まるのであり、帰責事由は、この処理の正当化、制度の根拠として持ち出されているのである。したがって、ここでの帰責事由は、第四一五条の責めに帰すべき事由とは異なるものだということが分かる。なお、買主が善意の場合の善意の売主の解除権について、第五六二条第一項が売主の帰責事由を問題とせずに損害の賠償を解除の条件としていることもこの証といえよう。現行民法の立場は結局、善意の買主は、損害のある限り常に損害賠償請求ができるということになる。

賠償範囲

損害賠償の範囲は、一般の債務不履行の規定に従うことにした。このため旧民法（財産取得編第五九条）とは異なり、売主の善意、悪意に応じて賠償範囲に差は生じないことになった。[100] 梅博士は、解除時までの値上がり益（正確には時価―代価）は損害賠償名義で通常得ることができるとする。[101] その他にも、商売をするつもりで家屋を買おうとしたが入手できなかった場合に、他で店を開くまで商売ができないことにより被る損害も賠償範囲に含まれるとしている。[102]

(82)　前掲注(5)民法議事速記録三　九二〇頁、九二四頁（長谷川委員の発言）
(83)　前掲注(5)民法議事速記録三　九二六頁～九二七頁、九二九頁（梅博士の発言）
(84)　梅・前掲注(3)民法債権一〇二頁～一〇三頁
(85)　前掲注(5)民法議事速記録四　二頁（梅博士の説明）、六頁（梅博士の発言）、前掲注(4)民法修正案理由書五四三頁、梅・前掲注(3)民法債権一〇八頁～一〇九頁、同・前掲注(14)民法要義巻之三　四九〇頁～四九一頁
(86)　前掲注(5)民法議事速記録四　二頁（梅博士の説明）、梅・前掲注(3)民法債権一〇四頁～一〇五頁、同・前掲注(14)民法要義巻之三　四九二頁、前掲注(4)民法修正案理由書五四四頁
(87)　前掲注(4)民法修正案理由書五四四頁
(88)　買主は解除をしなくとも損害賠償請求ができる。しかし梅博士は、解除をしてから損害賠償を請求した方が買主にとって有利なことが多いとする。博士は、売買目的物の価格が契約締結時よりも上がった場合には、両者に差はないが、価格が下がった場合には、損害賠償のみを請求するときには値下がりした物の価格が損害賠償の範囲となるのに対し、解除をすれば少なくとも代金返還を請求できるので有利だとする（前掲注(5)民法議事速記録三　九一八頁（梅博士の説明））。
(89)　梅・前掲注(3)民法債権一〇五頁、同・前掲注(14)民法要義巻之三　四九二頁、前掲注(5)民法議事速記

録四　一頁～二頁（梅博士の説明）も参照。
(90)　梅・前掲注(３)民法債権一〇七頁
(91)　梅・前掲注(３)民法債権一〇七頁～一〇八頁。なお同所は、解除の相手方に過失がないため損害賠償請求ができない場合は幾らでもあるとする。そして例として、手付けの場合（第五五七条第二項）を挙げる。
(92)　梅・前掲注(14)民法要義巻之三　四九三頁～四九四頁。なお同四九二頁は、このような売主には「自己ノ賣ラントスル權利カ果シテ自己ニ屬スルヤ否ヤヲ究メスシテ之ヲ賣リタル過失アル」とする。
(93)　梅・前掲注(３)民法債権一〇七頁～一〇八頁、同・前掲注(14)民法要義巻之三　四九二頁～四九三頁
(94)　前掲注(４)民法修正案理由書五四三頁～五四四頁、松波・仁保・仁井田・前掲注(14)九八五頁、同旨のものとして、仁井田・前掲注(25)七〇頁。なお民法修正案理由書（五四五頁）は、第五六一条（現第五六二条）の解説で、売主は善意でも他人の物であることを知らない過失があるので、損害賠償責任を免れることができないとする。
(95)　前掲注(５)民法議事速記録三　九一九頁、九二〇頁（梅博士の説明）
(96)　原案第五百七十條「前九條ノ規定ハ契約又ハ慣習ニ別段ノ定アル場合ニハ之ヲ適用セス但第五百六十四條第四項及ヒ第五百六十六條第三項ノ規定ハ此限ニ在ラス」。この規定は原案第五八〇条に吸収され（前掲注(５)民法議事速記録四　七四頁）、原案第五八〇条もまた、民法整理会で削除された（法務大臣官房司法法制調査部監修「法典調査會民法整理會議事速記録」日本近代立法資料叢書14（商事法務研究会　昭和六三年）二八五頁の箕作麟祥議長の発言を参照）。
(97)　前掲注(５)民法議事速記録三　九二二頁、九二三頁（土方委員の発言）。なお、九二四頁、九二五頁の土方委員の発言も参照。
(98)　前掲注(５)民法議事速記録三　九二七頁
(99)　前掲注(５)民法議事速記録四　四頁
(100)　前掲注(５)民法議事速記録三　九一八頁、九一九頁（梅博士の説明）

(101)　梅・前掲注(3)民法債権一〇五頁～一〇六頁。同所は「通常取レル」損害として売買目的物の代価、時価を挙げるが、具体的には時価の方が高いときその差額が賠償範囲になるとする。契約を解除しないときは、注(88)でみたように、代価ではなく時価が賠償範囲になるだろう。なお、仁井田「民第二百九十三號問題」法典質疑録一三号（法典質疑會）二〇頁以下（一部追奪の議論）も、追奪部分の時価は、第四一六条の通常損害になるとする（代金減額請求をしないとき）。

(102)　梅・前掲注(3)民法債権一〇六頁

b　権利の一部が他人に属する場合（第五六三条、第五六四条）

一部追奪の場合の担保責任は、(a)代金減額の救済を認めたこと、(b)契約解除を善意の買主が残存部分だけなら買い受けなかったことを証明した場合に制限したこと、(c)除斥期間を設けたことで、全部追奪の場合と異なる。ここではまず代金減額の性質をみたあと、解除、代金減額、損害賠償の要件について、法典調査会の議論を中心に検討したい。(c)の除斥期間については本稿の目的上省略する。

i　代金減額の性質

梅博士は、代金減額を債務の一部不履行による契約の一部解除だと解する(103)。すなわち、当事者はある権利をある代価で売買することを約したのだから、契約を解除しない限り買主は約束した代金を払う義務がある。したがって、買主が代金支払義務を免れるためには、契約の（一部）解除しかありえないのである。条文で、「一部解除」とせずに「代金減額」としたのは、ここで「一部解除」と書くと、全部解除の場合には「全部解除」と書かねばならず煩雑になるからであるとする(104)。

ii　契約解除、代金減額の要件――契約締結時の買主の主観的態様一部追奪の場合の悪意の買主の救済について、法典調査会に提出された第一原案は、現行法とは異なった内容をもっていた。

原案第五百六十四條　賣買ノ目的タル權利ノ一部カ他人ニ屬スルニ因リ賣主カ之ヲ買主ニ移轉スルコト能ハサル場合ニ於テ買主カ之ヲ知ラサリシトキハ其足ラサル部分ノ割合ニ應シテ代金ノ減少ヲ請求スルコトヲ得

前項ノ場合ニ於テ殘存セル部分ノミナレハ買主之ヲ買受ケサルヘキトキハ買主ハ契約ヲ解除スルコトヲ得代金ノ減少又ハ契約ノ解除ハ損害賠償ノ請求ヲ妨ケス　第四項　省略

原案では、悪意の買主は代金減額の救済も受けられないことになっていた。梅博士は、売買目的物の一部が他人に属していることを買主が知りつつ特約なしに買った場合には、「買主ガソレヲ賣ラレル覺悟デ買ツタモノトハ解釋上思ハレマセヌ」(105)とする。この特約とは、「當事者ノ意思ガ若モ買主ガ是非其部分ヲ得ヤウサウシテ買主ハ賣主ガ其部分ヲ一旦自分ニ取得シテサウシテ自己ニ移轉スルト云フコトヲ望ンダノデアル斯ウ云フコトデアツタナラバソレハ其方ノ意思解釋デ其通リニ行ハレルデアリマセウ」(106)との説明から、売主が権利移転のため尽力するという内容のものであろう。そうすると買主が悪意の場合には、特約がないと第五六〇条の義務さえ発生しないことになる。悪意の買主に代金減額の救済も認めないと、全部追奪の場合と均衡が取れない。だが梅博士は、全部追奪の場合には当事者がそのような特約をすることはあり得るが、一部追奪の場合には普通そのような特約をすることはない、そこで一部追奪の場合には、普通は法律が保護しなくともよいとする。(107)(108)

これに対して、重岡、土方委員から反論がなされた。重岡委員は、買主が悪意であることを罪にして何の救済も与えないのは、他人の物の売買を有効とした原則に抵触する嫌いがありはしないかと述べる。(109)そして最終的に、悪意の買主に代金減額の救済を認めることを主張する。土方委員は、一部追奪の場合も全部追奪の場合と同様にならなければならないとして、悪意の買主に保護を認めないことに反対する[110]。そして最終的に、悪意の買主に代金減額と解除の救済を認めることを主張する。この土方委員の意見に対しては、悪意の買主は若し他人の部分が得られなければ解除すると売主に一言断っておけば良い、断らないのに解除を認めるのは不都合であると、梅博士により再反論がなされた[111]。

採決の結果、悪意の買主に代金減額の救済を認めることになり、起草委員により修正案が作成されることになった。

修正案第五百六十四條　賣買ノ目的タル權利ノ一部カ他人ニ屬スルニ因リ賣主カ之ヲ買主ニ移轉スルコト能ハサルトキハ買主ハ其足ラサル部分ノ割合ニ應シテ代金ノ減少ヲ請求スルコトヲ得

前項ノ場合ニ於テ殘存セル部分ノミナレハ買主カ之ヲ買受ケサルヘキトキハ善意ノ買主ハ契約ノ解除ヲ爲スコトヲ得

代金ノ減少ノ請求又ハ契約ノ解除ハ善意ノ買主カ損害賠償ノ請求ヲ爲スコトヲ妨ケス

前回の採決に従い、修正案は、他人の権利であることについて悪意の買主にも代金減額の救済を認めることになった[112]。また、買主が悪意でも売主に第五六〇条の履行義務が発生することになった。解除、損害賠償の救済は買主の善意を要件としたが、「買主カ之ヲ知ラサリシトキハ」の文言に代えて「善意」という言葉を使ったことにより、前回の議論が蒸し返されることになった。それは、磯辺委員が、「善意者」を権利が他人に属することを知らない人と解さないで、他人に属することを知っていても、売主が一旦権利を取得して自分に移転してくれると信じた人は「善意者」にあたると述べたことに端を発している。磯辺委員はこう解することにより、買主は「賣主其ノ人ヲ信ジテ買フタ」のだから権利移転が出来ないときには解除が出来るはずだとして、結局「善意」という文字を置いても置かなくとも同じになるとする。[113] これに対して梅博士は、売主の物でないことを知っているのが「悪意」、知らないのが「善意」というのが法律用語としての多くの用い方であると反論する。また、「磯辺君ノ御述ベニナツタヤウナ場合デ卽チ當事者ノ意思ガ所有權ヲ移轉スルト云フコトガ條件ニ爲ツテ居ツテ移轉シマス間違イマセヌト保證」したときは、原案第五七〇条の別段の定めにあたるのであり、本条は、買主には期待があっても当事者にそのような合意の無い場合を定めたものだとする。[114] これに対して尾崎委員は、売主がある物を売るということを約束した以上は、真の所有者から権利を取得して移転することを「請合フ」と言っても、言わずにただ売り渡すと言っても、義務は同じにならなければならないとして、第二項の「善意」の文字を削る案を提出した。[115] この削除案は前回の蒸返しであったが、土方委員の賛成もあり、採決がとられることになった。採決の結果、削除案は否決され、修正案通り悪意の買主には解除が認められないことになった。

以上のようにして、一部追奪の場合に悪意の買主は、代金減額請求はできるが契約解除はできないことになったのである。

この点につき、民法修正案理由書等は、悪意の買主は初めから追奪の行なわれる可能性を予期していたと認められるから、解除権は与えずに代金減額のみを認めれば良いのだとする。[116] 梅博士は、代金減額が悪意の買主にも認められるのは、代金減額を認めないと売主は権利の一部を譲渡して代金全部を受け取ることになり、不公平な結果を生ずるからであるとする。[117] 代金減額（一部解除）は全部追奪の原則を一部追奪に適用したにすぎないが、全部解除は一部追奪に認められる特別な救済[118]なので、代金減額よりも要件を厳しくするというのであろう。

iii　契約解除の要件「残存スル部分ノミナレハ買主カ之ヲ買受ケサルヘカリシトキ」

契約解除の原則は、一部不履行でも全部解除が出来るというものである[119]。それに対して、担保責任では、買主が追奪を受けなかった部分だけなら買わなかったことを証明したことを、解除の要件としている。このような解除権の制限については、法典調査会でも批判があった。それは、このような特別の立証をするのは買主にとって負担であるから要件とすべきではない[120]、一部の不履行も不履行に変わりはないのだから解除権を与えるのは当然である[121]、土地の一部追奪に対して全部解除が認められるのが民間の習慣である[122]、といったものである。それに対して梅博士は、ほんのわずかの部分の追奪を理由に解除を認めると、買主を保護しすぎることになり、また、買主に契約解除の口実を与え、契約の安全を害することになるとする。そして「自分ノ土地デナイモノヲ自分ノ土地デアルト見誤ツタノハ多少過失アルニ違ヒナイ」が、だからといって五百坪の土地を一坪見誤ったような場合に解除を認めるのは売主に酷だとする。また、常に全部解除を認めるような例は外国にはないと述べる[123]。

採決の結果、「残存セル部分ノミナレハ買主カ之ヲ買受ケサルヘカリシトキハ」の削除案は否決され、修正案が維持されたのである。

iv　損害賠償請求の要件

全部追奪の場合と同様に、買主は、契約を（一部）解除した場合でも損害賠償請求できないときがある。つまり、一般原則で損害賠償請求できるときでなければ請求できないのである[124]。本条第三項はこの意味を明らかにするために、代金減額請求又は契約解除は善意の買主が損害賠償請求をなすことを「妨ケス」と規定する。本項は「善意ノ買主」が「妨ケス」となっているから、買主が善意でも（一部）解除はできても損害賠償請求ができないときがあると解する余地がある。しかし梅博士は、「買主カ善意ナルトキハ其一部解除ヲ爲ス場合ト全部解除ヲ爲ス場合トヲ問ハス總テ買主ニ對シ損害賠償ノ請求ヲ爲スコトヲ得ヘシ是レ前二條ニ付テ説明セシ所ニ依リテ略〻明カナル所ナリト雖モ…」として、全部追奪の場合と同様に、善意の買主は常に損害賠償請求できるとする。(125) また起草者は、解除だけならこの規定を置かずに第五四五条第三項「解除権ノ行使ハ損害賠償ノ請求ヲ妨ケス」の適用でよいが、本条では代金減額（一部解除）の場合もあるから、疑いを避けるため一部重複になるが規定を設けたとしている。(126) これらのことから、契約解除と損害賠償の関係は全部追奪の場合と同じであると言えよう。すなわち、善意の買主は常に損害賠償請求ができるが、悪意の買主は代金減額請求ができても損害賠償請求はできないのである。

(103)　梅・前掲注(3)民法債権一一六頁～一一三頁、同・前掲注(14)民法要義巻之三　四九六頁～四九八頁、前掲注(5)民法議事速記録四　一四頁（梅博士の説明）

(104)　第五六三条で「代金ノ減額」としたのは梅博士自身だとする（梅・前掲注(3)民法債権一一九頁）。

(105)　前掲注(5)民法議事速記録四　一六頁（梅博士の発言）

(106)　前掲注(5)民法議事速記録四　一七頁（梅博士の発言）

(107)　前掲注(5)民法議事速記録四　一六頁（梅博士の発言）

(108)　梅博士は、買主が一部他人の物であることを「知ツテ居ツタガ多分得ラレルト思ツテ代價ヲ餘計拂ツタト云フコトガ證明セラレレバ其方ノ意思解釋デ處置シテ往ク積リデアリマス」（前掲注(5)民法議事速記録四　一九頁）と述べていることから、特約は容易に認められるとも考えられる。なお、梅博士は「當事者ノ意思解釋デイケル」ものは権利行使の期間制限（第四項）以外の代金減額、解除、損害賠償の救済であるとする（前掲注(5)民法議事速記録四　二〇頁）。

(109)　前掲注(5)民法議事速記録四　一七頁（重岡委員の発言）

(110) 前掲注(5)民法議事速記録四　一八頁（土方委員の発言）

(111) 前掲注(5)民法議事速記録四　一二一頁（梅博士の発言）。なお、前掲注(5)民法議事速記録四　三九頁（梅博士の発言（修正案の審議））、梅・前掲注(3)民法債権一二五頁も参照。

(112) この変更は明示されていない。梅博士は、修正案の議論で、買主が悪意でも売主に真の所有者から権利を取得して買主に移転する義務が生じるのは「既ニ議決ニ為ツタ所ノ五百六十一條デ極ツテ居リマス」（前掲注(5)民法議事速記録四　四〇頁（梅博士の発言））と述べるのみである。

(113) 前掲注(5)民法議事速記録四　三九頁～四〇頁。なお、同所で磯辺委員は、悪意の買主とは「賣主ニハ到底屬サナイト云フコトヲ知ツテ居ル者」であるとする。

(114) 前掲注(5)民法議事速記録四　四〇頁（梅博士の発言）

(115) 前掲注(5)民法議事速記録四　四一頁～四二頁（尾崎委員の発言）

(116) 前掲注(4)民法修正案理由書五四六頁～五四七頁、松波・仁保・仁井田・前掲注(14)九八八頁、梅・前掲注(14)民法要義巻之三　五〇〇頁

(117) 梅・前掲注(14)民法要義巻之三　五〇〇頁

(118) 梅・前掲注(14)民法要義巻之三　四九八頁

(119) 注(56)参照

(120) 前掲注(5)民法議事速記録四　四二頁（鳩山委員の発言）

(121) 前掲注(5)民法議事速記録四　四三頁（磯辺委員の発言）、四四頁（鳩山委員の発言）

(122) 前掲注(5)民法議事速記録四　四四頁～四五頁（尾崎委員の発言）

(123) 前掲注(5)民法議事速記録四　四三頁、四四頁（梅博士の発言）

(124) 梅・前掲注(3)民法債権一二五頁～一二六頁

(125) 梅・前掲注(14)民法要義巻之三　五〇〇頁。また、同・前掲注(3)民法債権一二六頁も、「妨ケス」とは他の原則で出来ることを注意的に規定したものだとした後、「全部追奪ノ場合ノ如ク悪意ノ買主ハ賠償ヲ求ムルコ

トハ出來ヌ、善意ノ買主ダケハ賠償ヲ求ムルコトガ出來ル」と述べる。
(126)　前掲注(5)民法議事速記録四　一六頁（梅博士の発言）、前掲注(4)民法修正案理由書五四七頁、梅・前掲注(3)民法債権一二五頁～一二六頁、同・前掲注(14)民法要義巻之三　五〇一頁。なお、民法要義は同所で、「善意ノ買主ニ限リ此權利ヲ有スルコトヲ明言スルヲ可トス」ことも、この規定を設けた理由だとする。

ｃ　用益的権利による制限のある場合（第五六六条）

売買目的物に地上権、永小作権、地役権、留置権、質権、登記した賃借権（目的物が不動産のとき）の負担のある場合と売買目的物たる不動産にあるとされた地役権がない場合も、広い意味で一部追奪の場合にあたる。[127]しかしこれらの場合は、売主に負担を除去したり、地役権を設定する義務が課されていない点で、純然たる一部追奪とは異なっている。[128]

本条の負担等は、或種の地役権を除き物の占有を要素とする物権又は債権（賃借権）である。負担の多くはいつかは消滅する（特に留置権、質権は被担保債権の弁済により直ちに消滅する）が、消滅までの間、買主は所有者として目的物を十分に使用・収益できない。このため本条は、負担等により使用・収益できないことを瑕疵として売主に担保責任を課したのである。[129]またこの場合、負担除去義務等は生じないから、瑕疵除去の可能性はないと言える。そこで、負担等について善意の買主は直ちに担保を請求でき、悪意の買主は瑕疵を認容したものとして一切の救済を受けられないことになる。[130]

効果の点で純然たる一部追奪と異なるのは、代金減額を認めていないことである。だが、これは計算の便宜によるものにすぎない。すなわち、この場合、例えば地上権の負担のあった場合には、純然たる一部追奪とは異なり、地上権の価格が完全な所有権の価格の何分の一にあたるといったことは分かりにくい。そこで、理論上は代金減額とした方が一貫するが不便なので、損害賠償という形でまとめて評価した方がよいという考慮から、本条のような規定になったのである。[131]

(127) 前掲注(5)民法議事速記録四　二九頁（梅博士の説明）、前掲注(4)民法修正案理由書五四九頁、梅・前掲注(3)民法債権一三九頁、一四三頁、一四四頁、同・前掲注(14)民法要義巻之三　五〇六頁～五〇七頁

(128) 第二章第二節第三項ⅠＡｂ参照

(129) 梅博士は、賃借権の登記のある不動産を黙って売った者は、たとえば賃借権の登記を知らなくとも買主よりも過失があるため、買主と売主とでは売主の方に責任が多く、そこで担保問題が起こるとする（梅・前掲注(3)民法債権一四三頁。なお、前掲注(5)民法議事速記録四　二九頁～三〇頁（梅博士の発言）も参照）。ここでは、過失が担保責任の根拠として持ち出されている。

(130) 梅・前掲注(3)民法債権一四一頁～一四二頁（第二章第二節第三項ⅠＡｂ参照）、同・前掲注(14)民法要義巻之三　五〇八頁（第二章第二節第三項ⅠＡｂ参照）、前掲注(5)民法議事速記録四　三〇頁～三一頁（梅博士の発言、前掲注(76)参照）

(131) 前掲注(5)民法議事速記録四　二九頁（梅博士の説明）梅・前掲注(3)民法債権一四四頁。同・前掲注(14)民法要義巻之三　五〇七頁～五〇八頁は、「理論ヲ舎テテ便益に従ヒ」損害賠償に代金減額機能を兼ねさせることにしたとする。なお、前掲注(4)民法修正案理由書五四九頁、仁井田・前掲注(25)七九頁も参照。

d　担保的権利による制限のある場合（第五六七条）

売買目的物たる不動産に先取特権または抵当権の負担のある場合は、これらの担保権の実行によってのみ買主は所有権を失う（追奪を受ける）。そこで梅博士は、この場合を条件付全部追奪と言っても良いとする。[132] これ

らの負担は占有を要素とはしないので、負担があっても不動産の使用・収益には何の妨げにもならない。そのため、これらの負担の存在のみを理由にして担保を請求できないことにした[133]。すなわち、これらの担保権の実行により買主がその所有権を失ったときに初めて、担保の請求ができるとしたのである。

売主はこれらの負担を除去する義務は負わない[134]。だが、被担保債権の弁済があれば、これらの負担は消滅し、買主は完全な所有権を取得する。立法者は、この被担保債権の履行があることは多いと考えた。そのため、買主はこれらの負担があることを知っていても、担保権の実行による損害を甘受する意思で買ったのではなく、債務者にも資力があるから多分担保権の実行はされないだろうという考えで買ったとみなければならないとする。そこで、買主の善意、悪意にかかわらず担保の請求を認めたのである[135]。

効果の点での特徴は、買主が出捐をして所有権を保存したときには、その償還の請求ができるとしたこと（同条第二項）である。この出捐の償還は、不当利得ではなく契約上の関係から請求できる。そのため、費用についても償還を請求できることになる[136]。

なお、所有権以外の権利を売買の目的とした場合[137]と不動産質の場合はミスで本条に入っていないが、一般原則（所有権を失ったときは履行不能[138]による解除と損害賠償、権利の保存をしたときは不当利得[139]と債務不履行による損害賠償）により買主は同一の権利をもつので、格別の不都合は無いとする[140]。

(132)　梅・前掲注(14)民法要義巻之三　五一〇頁。同所はまた、担保権の実行があるまでは買主は純然たる所有者として目的物を使用できるのだから、この場合を「他人ノ物ノ賣買」と同一視することは出来ない、そこでこの場合を一部追奪に含めることもできるとする。しかし、これらの負担があるだけでは買主は何の担保の請求も出来ないので、一部追奪担保責任とするのは妥当ではないだろう。

(133) 梅・前掲注(3)民法債権一四六頁～一四七頁。なお、注(132)も参照。
(134) また、追奪された所有権を取得して再び買主に移転する義務も負わない。これらの点については第二章第二節第三項ⅠAbを参照。
(135) 梅・前掲注(3)民法債権一四七頁～一四八頁、一五八頁～一五九頁。梅・前掲注(14)民法要義巻之三　五一一頁は、買主は悪意でも「完全ナル所有權ヲ取得スル意思ヲ以テ賣買ヲ爲スコト最モ多シ」とする。なお、同所は続けて（～五一二頁）、売主には速やかに被担保債権を弁済する義務を尽くさなかった過失があるから、損害賠償義務が課されるとする（原文は第二章第二節第三項ⅠAbを参照）。この「過失」は、買主が追奪を受け、或いは所有権を保存すれば常に認められるものであり、第四一五条の帰責事由とは異なる。何故なら、被担保債権は金銭債権なので、仮に被担保債権を弁済して負担を除去する給付義務があるとしても、売主はその不履行について絶対的な責任を負うことになるからである。
(136) 梅・前掲注(3)民法債権一五五頁～一五八頁、松波・仁保・仁井田・前掲注(14)九九三頁～九九四頁
(137) 梅・前掲注(3)民法債権一五一頁～一五三頁は、この場合に本条の準用を認める。
(138) 梅・前掲注(3)民法債権一四九頁は、多くの場合は履行不能なので催告をせずに直ちに契約解除、それが確かでない場合は催告をしたのちに契約解除ができるとする。そうすると、一般原則では失った所有権を回復させる義務が売主に発生することになる。
(139) 梅・前掲注(3)民法債権一六一頁は、出捐額を損害賠償名義でとれるとする。
(140) 梅・前掲注(14)民法要義巻之三　五一三頁～五一五頁

e　小括

権利の瑕疵について悪意の買主は、権利移転の不能を予期しうるので、瑕疵による損害を認容したとの評価もできる。法典調査会等では、悪意の買主の救済内容を決定するため、瑕疵のない目的物を取得できることへ

の信頼がどこまで許されるのかが問題とされていた。そこで「買主の信頼」という視点で、権利の瑕疵の担保責任を整理してみたい。

A　契約締結時に瑕疵の存在について買主が善意の場合（売主が契約締結後に瑕疵を生ぜしめた場合も含む（第五七二条参照））には、売買目的物に瑕疵の無いことの信頼は許される。そのため、権利移転が不能の場合には、売主に担保責任が発生する。

B　悪意の買主には売買目的物に瑕疵の無いことへの信頼はない。その代わり、瑕疵除去への信頼があることがある。この瑕疵除去への信頼が一般に許されるのかを判断するために、瑕疵除去の可能性が問題とされる。（i）瑕疵除去の可能性があると、買主の信頼が許され、瑕疵除去が不能になったときには担保責任が発生する。瑕疵除去がなされる場合としては、①履行義務（第五六〇条の義務）の履行による場合と、②履行義務の履行によらない場合とがある。①の可能性があった場合、買主は履行不能の可能性をある程度予期していたとして、救済内容が制限される（権利の全部（一部）が他人に属する場合の担保責任）。②の可能性があった場合は、瑕疵が除去されることは多いとして、善意の買主と同様の保護を受ける（担保的権利により制限のある場合の担保責任）。なおこの場合、担保物権の実行の結果、所有権を失ったことが瑕疵なので、担保物権の消滅は正確には瑕疵の不発生と言える。（ii）瑕疵除去の可能性がないと、瑕疵除去への信頼が許されないとして、一切の救済は認められない（用益的権利による制限のある場合の担保責任）。用益的権利の多く（特に留置権、質権）はいつかは消滅するものである。だが、この場合の担保責任は、（i）②の担保責任と異なり、用益的権利が消滅するまでの間、買主が使用・収益できないことを瑕疵としているので、この場合には瑕疵除去の可能性はないと言える。なお、担保権の実行により所有権を失ったときは、（i）②の担保責任類似の問題として悪意の買主も保護を受けられる。

法典調査会等での過失の議論は、この買主の信頼が一般にどの程度まで許されるのかを判断するため、瑕疵があるのに無いものとして契約をしたことに売主と買主のどちらに責任があるのかという形で行われた。それにより、売主、買主の善意と悪意の組合せにより、買主にどのような救済を認めるべきかの立法判断を行ったのである。なおこの過失は、解除を含め担保責任全体の根拠としても問題とされたが、多くは損害賠償責任に関して問題となっていた。

立法者の基本的立場は、売主が他人の権利であることを知らずに約束するのは過失であるというものである。だが、それだけでは担保責任は発生しない。それは、買主の主観的態様との関係で決まる。すなわち、買主が善意の場合には担保責任が発生するが、悪意の場合には発生しないか、制限を受けるのである。悪意の場合の説明には、買主は担保権を放棄（瑕疵を認容）したとするものと、売主には過失がないとするものの二種類がある。このように、帰責事由の議論は立法の正当化、制度の根拠として持ち出されているのであり、第四一五条の責めに帰すべき事由とは異なるのである。

以上のことから、権利の瑕疵の担保責任は、買主の瑕疵のない目的物を取得できることへの信頼を保護する制度だと言える。そのため、履行義務の不履行責任と異なり、契約締結時の瑕疵についての当事者の主観的態様が責任の存否、内容と関係をもつのである。このことを念頭に置き、次に物の瑕疵の担保責任をみることにしたい。

Ⅱ　物の瑕疵についての担保責任

a　数量の不足又は物の一部滅失の場合（第五六五条）

フランス法系の国は、数量指示売買における数量の不足、売買目的物の原始的一部滅失を、大抵担保の問題とはしていない。だが、ドイツ民法（草案）、オーストリアやイギリスの法律などは、数量不足については物の隠れた瑕疵とみるか、あるいはそれと同一視している。梅博士も理論上はそれが正しいとする。(141) 他方、売買目的物の原始的一部滅失は「所謂『擔保問題』デハナイ」とする。だが、売買目的物の原始的一部滅失は、一部追奪、数量不足と実質的にほとんど違いはない。それ故、従来の沿革にかかわらず担保として規定するのも不当ではないとして、数量不足と合わせて本条に規定することにした。(142) なお、売買目的物の原始的全部滅失・不存在の場合は、「目的」の欠缺によって契約が無効となるのは前述した通りである。(143) 本条は効果につき、瑕疵担保ではなく一部追奪の規定を準用する。その理由は瑕疵担保のところで述べる。

ここでは要件を問題にする。(144)

i　買主の主観的態様

本条の場合は、一部追奪の場合と異なり、悪意の買主は代金減額の救済も受けられない。(145) 梅博士はその理由として、数量不足・一部滅失を知りつつ黙って買っておきながらあとから負けろというのはほとんど詐欺に等しいこと、(146) 買主が悪意のときの売買目的物は一部滅失後の残部、不足後の数量であると言っても良いことを挙げる。(147) 契約締結時に悪意の買主が何も言わずに買ったのなら、瑕疵を認容したと見做されるのは、瑕疵が無くなることの期待も許されないからであろう。従って、（一部）追奪とは異なり、本条の場合には、瑕疵の除去義務は発生しないと考えられる（第五六六条の場合と同じ）。

ii　数量不足、数量超過

旧民法は、土地の売買で坪あたりの代価を指示した場合としない場合とを区別し、後者の場合には、不足部分が全体の二〇分の一以上でなければ、買主の救済を認めなかった（財産取得編第五〇条第一項、第五二条第一項）。また、面積超過の場合にも、この区別に従い代金増額を認めていた（財産取得編第四九条第二項、第五〇条第三項。なお、買主の解除権については第五二条第二項を参照）。だが、現行民法はこの区別を廃した。数量不足については、たとえ坪当の代価を指示しない場合であっても、坪数が少しでも不足していれば代金減額をするのは当然であるとして、全ての場合に不足数量を問わずに保護を与えることにした(148)。数量超過については、代金増額をするといった当事者の特別の意思がない限り(149)、売主に代金増額、超過部分の返還請求を認めないことにした。売主には坪数を調べないで売った過失があるのだから、法は保護を与える必要がないというのがその理由である(150)。

iii　損害賠償の要件――帰責事由

法典調査会では、損害賠償の要件としての過失が論じられた。

梅博士は初め、売主には常に過失があるとしていた。旧民法では、数量不足の場合は、買主が代金減額を請求できるとき、常に損害賠償請求もできた（財産取得編第五二条参照）が、原始的滅失の場合は、売主に「特別ノ過失」が無ければ、賠償請求ができなかった（財産取得編第四三条参照）。だが博士は、売主が一部滅失を知らずにあるものとして売ったことは「既ニ過失」であり、「何ウ云ウ恕スベキ事情ガアラウトモ買主ニ較レバ賣主ニ過失ガアルノデアリマスカラ若シ然ウデアレバ賠償ヲ許サナケレバ不都合ト思ヒマス」とする。また、面積不足、権利の一部が他人に属する場合と過失の点で区別をする理由がないので、同じにしないと権衡を得ないと考えて一緒にしたとする(151)。つまり、損害賠償の要件として過失は必要だが、売主には「何時モ過失ガアル」(152)として常に損害賠償責任を負わせようとしたのである。これに対して土方委員は、長い航海中にある船の売買を例に挙げ、契約締結前に大洋の真ん中で当該船が沈没していた場合、売主が滅失を知らなかったのを過失とするのはあまりに酷であるとする。そしてこのような場合、代金減額、解除を認めるのは適当だが、損害賠償については、売主に過失のある場合と無い場合の区別がなければならない（過失の無い場合は損害賠償は認められない）とする。[153] 梅博士は、この土方委員の見解に譲歩を示す。博士は、このような特別な場合（一部滅失の問題として船荷に例を変える）であれば、（売主に過失はないので）買主は賠償請求ができないとする。条文上も、準用する第五六三条は、「損害賠償ノ請求ヲ妨ケス」と、常に賠償義務があるとはなっていないから不都合はないとする。このように博士は、売主に過失のない場合があることを認めたのだが、その場合は「契約ノ性質ガ何時無ク爲ツテ居ルカ知レヌト云フヤウナ物ヲ目的トシテ居ル」ことに注意すべきだろう。これに対して、普通の場合――家を二棟一緒に売ったが一棟は契約締結時に既に焼けていたとき――は、売主が「夫レヲ知ラナカツタト云フノハ概シテ過失ト見ル卽チ知ルベキ筈デアルノニ知ラナカツタノナラバ過失ト見ルノデアリマス」とする。また、権利の瑕疵についても、権利が自分に無いのを知らないことを「何時モ過失」とみるので、買主は常に損害賠償請求ができるとする。[154]

その後も土方委員と梅博士の間で、同様の質疑が繰り返された。[155] まず、土方委員は原始的一部滅失を「知ラナカツタト云フコトガ過失ガアツタト見ルコトノ出來ナイト云フヤウナ事情ガアツタナラバ矢張リ損害賠償ヲ拂ハヌデモ宜シイト云フコトニ見ナケレバ爲ラヌ其一ツノ標準ト爲ルノハ詰リ賣買契約ヲ結ブ當時ノ意思如何ニアラウト思ヒマス」（傍点引用者）として、売主に過失があるとみられない場合があるとする。これに対し梅博士も、「卽チ其積リデ先刻申上ゲタノデアリマス權利ノ方ニ付テ過失ノ無イト云フコトハ殆ンド見出シ難イト思ヒマスケレドモ物ノ一部ノ滅失ニハ或ハ然ウ云フコトガアルカモ知レマセヌ『損害賠償ノ請求ヲ妨ケス』ト云フコトハ何時モドンナ場合デモ損害賠償ノ請求ガ出來ルト云フノデナイ損害賠償ノ請求ガ出來ルトキニ夫レガ出來ルト云フコトデアリマス解除ノトキデモ然ウデアリマス損害ガナケレバ賠償モてんデ取レマセヌ」と答えている。

学説の中には、以上の議論を物の瑕疵一般に通じるものとしてとらえ、立法者も、代金減額とは異なり、損害賠償では帰責事由（第四一五条）が要件になると考えていたとするものもある。[156] 梅博士は、損害賠償の要件として売主の過失を考えていたが、初めは常に過失があるとして実質上は無過失責任を認める結果になっていた。ところが、土方委員との議論の過程で、売主に過失の無い場合を認めたため、独立の要件として過失を考慮する必要が生じた。問題はこの「過失」と第四一五条の「責ニ帰スヘキ事由」との関係である。前記の説は、「責ニ帰スヘキ事由」が債務不履行責任一般の要件になっているとしたうえで、ここでの「過失」を「責ニ帰スヘキ事由」と同視する。しかし、第四一五条は履行不能についてのみ「責ニ帰スヘキ事由」を要件としており、それ以外（担保責任も含む）は無過失責任（又は結果責任）となっていることは前述した通りである。では、ここでの「過失」は何かが問題となる。ここで「過失」の無い特別な場合とされたのは、売買契約が滅失の可能性のある物を目的物とした場合である。土方委員は、「過失」がない場合を決める「一ツノ標準」は契約締結時の当事者の意思だとする。そうすると「過失」の無い場合とは、滅失の危険を買主が引き受けた場合（無担保の特約（第五七二条）とは異なり、賠償請求だけはしないという意味）であると考えられる。なお、土方委員は英法学者なので、Couturier v. hastie[157]（売買契約締結時に目的物の船荷（航海中とされていた）が既に他に売却されていた場合に、裁判所は、代金請求の許否は契約内容の如何による（契約解釈の問題）とした）を念頭に置いていた可能性があることを指摘しておきたい。

なお、旧商法第五三四条（買主による目的物の点検後の売買における「欠缺若クハ瑕疵」の担保責任）は、売主に過失がなければ買主は代金減額請求ができるだけだと規定していた。この規定について、梅博士は、「商品ニ付イテハ尤モカモ分リマセヌガ、一般ノ規定トシテハ穏カデハナイ」として、採用しなかったとする。(158)

(141) 梅・前掲注(3)民法債権一三三頁、前掲注(5)民法議事速記録四　二二頁～二三頁（梅博士の説明）。なお、梅博士は、法典調査会では、数量不足は物に関する疵に相違ないが瑕疵と言うのには躊躇する、だが担保の問題であるのは明らかだとする。前掲注(4)民法修正案理由書五四八頁も同旨。

(142) 梅・前掲注(3)民法債権一三三頁～一三四頁、同・前掲注(14)民法要義巻之三　五〇四頁、前掲注（5）民法議事速記録四　二三頁（梅博士の説明）、前掲注(4)民法修正案理由書五四八頁

(143) 第一部第一編第二章第二節。なお、注(19)も参照。

(144) 効果では、特に賠償範囲が問題だが、起草者らによる説明はない。第四一六条が適用されることは間違いないが、不動産の面積不足のように不足・滅失部分の取得が原始的客観的不能の場合、その部分の値上がり益（履行利益）が認められるのかは問題である（旧民法は否定。拙稿・前掲注(1)一八五頁（本書第一部第一編第三章第二節Ⅲ）参照）。

(145) 民法修正案理由書（前掲注(4)五四九頁）は、買主が「悪意ノ際ニハ單ニ代金ノ減少ヲ請求シ得ルモノトシ」とするが、誤りである。

(146) 梅・前掲注(3)民法債権一三五頁

(147) 梅・前掲注(14)民法要義巻之三　五〇四頁

(148) 前掲注(5)民法議事速記録四　二四頁～二五頁（梅博士の説明）

(149) 梅博士は、当事者の意思解釈として、代金の増額をされるのなら買わなかったようなときは、買主は契約を解除できるとする（前掲注(5)民法議事速記録四　二四頁（説明））。

(150) 前掲注(5)民法議事速記録四　二四頁（梅博士の説明）、二六頁～二七頁、四八頁～四九頁、五一頁（梅博

士の発言）。なお、数量超過は要素の錯誤にあたらないので、売主は第九五条の保護も受けられない（同・四八頁（梅博士の発言）。注（4）も参照）。

(151)　前掲注(5)民法議事速記録四　二五頁（梅博士の説明）

(152)　前掲注(5)民法議事速記録四　二七頁（梅博士の発言）。なお、博士は同所の議論で、原始的全部滅失の場合も同様であって、売主は常に損害賠償義務を負うとする。

(153)　前掲注(5)民法議事速記録四　二七頁～二八頁（土方委員の発言）

(154)　前掲注(5)民法議事速記録四　二八頁（梅博士の発言）

(155)　第八六回の調査会でも二人の間で同様の質疑がなされた。梅博士は、準用する第五六三条は賠償請求を「妨ケス」となっているから、「要素」が備わっていないと損害賠償請求できないので、土方委員の述べたような場合（売主に過失がない場合）には賠償請求は認められないとする（前掲注(5)民法議事速記録四　四七頁～四八頁）。

(156)　好美清光「判批」金判六五〇号（昭和五七年）四八頁以下、円谷峻「民法制定過程における瑕疵担保責任論」判タ五五八号（昭和六〇年）一四頁以下

(157)　8 Ex. 40, 11 Eng. Rep. 1250 (1852), 9 Ex. 102, 12 Eng. Rep. 43 (1853), 5 H.L.C. 673, 10 Eng. Rep. 1065 (1856). 裁判では、本件契約が、①（譲渡可能な）存在する特定動産の売買か、②その chance 又は adventure の売買かが争われた。一審は②としたが、二審、貴族院は①として、売主の代金請求を認めなかった。なお、本件判旨の定式化とされる動産売買法第六条（解釈法規）も参照。

(158)　前掲注(5)民法議事速記録四　二五頁（梅博士の説明）。梅博士は、第五七〇条の説明でも、「民事ノ賣買デハ斯ウ云フ重イ責任ヲ買主ニ持タセルト云フコトハ到底出來マイト思ヒマス」（傍点引用者）として、民法の規定としては本条を採用しないことにしたとする（前掲注(5)民法議事速記録四　八〇頁）。

b　瑕疵担保責任（第五七〇条）

まず要件の分析、次に効果をみた後、責任の性質について検討する。

要件――「隠レタル瑕疵」があること

i　特定物の原始的瑕疵に限られるのか？

明示的な説明はないが、以下のことから当然の前提になっていると考えられる。

まず、梅博士の瑕疵担保責任と危険負担の関係についての説明[159]をみてみる。旧民法財産取得編第一〇一条は、瑕疵ある目的物が売主の責めに帰すべからざる事由により滅失した場合に、「賣買廢却訴權」（瑕疵担保責任）が不発生又は制限されると規定していた。ところが現行民法はこの規定を削除した。博士は、「滅失ノ危險ト云フモノハ買主ガ負擔スル代リニ夫レヲ買受ケタ時ニどれ丈ケノ價ガアツタト云フコトガ一ツノ標準ニナラナケレバナラヌ」などと述べ、目的物が滅失しても売主は瑕疵担保責任を免れないとする。その理由は、滅失により瑕疵の証明は困難になるが、証明ができたら売主に責任を負わせないと公平でないということである。この説明では、原始的瑕疵は瑕疵担保責任、後発的瑕疵（毀損・滅失）で売主が無責の場合は危険負担の問題であることが前提となっている。その他にも博士は、後掲の瑕疵担保責任の根拠の説明で「賣買當時ニ現ハレテ居ラヌ疵ガアルナラバ其疵ガナイモノトシテ契約ヲシタノデアル」とし、また何が隠れた瑕疵かについて、家畜売買の例を挙げ[160]、家畜が「賣買ノ當時既ニ病氣ラシイ様子ヲシテ居ッタナラバ、ソレハ隠レタル瑕疵デハナイ」とする。

これらのことから、瑕疵の存在時点は契約締結時だと推測される。そうすると売買目的物は、契約締結時に特定していることが必要であり、従って特定物でなければならないことになる。なお、現行民法が、特定物に限るとする旧民法の立場を積極的に変更しようとしていないことも、根拠として挙げられよう。

ii　瑕疵概念

この点は旧民法に変更はない。すなわち、瑕疵には客観的瑕疵だけでなく主観的瑕疵も含まれる。財産取得編第九四条の「其瑕疵カ物ヲシテ其性質上若クハ合意上ノ用法ニ不適當ナラシメ」ということは、契約の目的を達成できないことに帰着するので、現行民法では掲げなかったのである。(161)

iii　「隠レタル」(買主の主観的態様)

売主は「露レタル」瑕疵については責任を負わない。これは、「露レタル」瑕疵に気づかないで買ったことは買主の過失・懈怠にあたるから、法は保護する必要がないとの判断による。(162)また、隠れた瑕疵であっても、買主が契約時に悪意であれば担保責任は発生しない。(163)従って、本条の瑕疵は、買主が契約締結時に善意無過失で知らなかった瑕疵ということになる。

iv　売主の主観的態様(損害賠償の要件)

旧民法は、(代金減額機能を除く)損害賠償の要件として売主の悪意を規定していた。ところが、現行民法はこの要件を削除した。その理由は、権利の瑕疵について善意の売主には「何處迄モ皆損害賠償ノ責ヲ負ハセル」のに、物の瑕疵については善意を理由に損害賠償義務を免責するのは、はなはだ権衡を得ないということ、より実質的には、「賣主ト買主ト其位置ヲ較べて見ルトどちらガ可哀想デアルカト云フト買主ノ方ハ丸デ知ラナイ物ヲ買フ賣主ノ方ハ自己ノ所有物デアツテ見レバ元來ハ知ツテ居ルベキノデアルカラ多クノ場合ニ於テハ卽チ知ラザル過失ガアル夫レデアリマスルカラシテ何ウモ此場合ニ損害賠償ノ責ガナイ斯致シタノハ穩カデナカラウト考ヘマス」ということである。(164)ここでの「知ラザル過失」は、善意の売主にも損害賠償義務を負わせる立法の根拠として持ち出されたもので、結局、隠れた瑕疵である限り、売主は常に損害賠償義務を負うことになる。[165]

次に効果をみてみたい。

i　救済方法[166]

旧民法、ドイツ民法、フランス民法は、瑕疵担保責任の救済方法として、契約解除、代金減額、損害賠償の三種類を認める。これに対し現行民法は、契約解除と損害賠償の二種類しか認めていない（第五六六条の準用）[167]。起草者は、理屈から言えば瑕疵担保も担保なのだから、純然たる代金減額を認めた方が良く、そうすると大いに衡平に適うとする。だが、瑕疵担保責任の場合に、代金減額のため瑕疵により便益を失う割合を定めるのは、多くの場合、地上権等の権利が付着している場合以上に困難である。そこで止むを得ず、代金減額とそれ以外の損害賠償に分けるのをやめ、損害を全部一緒に評価することで証明を容易にしたのである[168]。他方、理論的には瑕疵担保の問題とされる数量不足の場合（第五六五条）は、全体に対する不足部分の割合が容易に分かるので、代金減額がしやすい。そこで、ただ理論に拘泥して規定を設けるのではなく実際の便宜を考える立場から、瑕疵担保ではなく、代金減額を認める一部追奪の規定を準用することにしたとする。従って、救済方法の差は計算の便宜によるものであり、救済内容は同じであると言える。

ii　損害賠償の範囲

損害賠償額を定めるにあたり、まず瑕疵の存在による価格の減少分（代金減額）が標準になる。[170] しかし、前述のようにその算定が困難なことが多いので、その場合は損害を全部一緒に評価して賠償額を決定する。梅博士は、売買目的物たる器械に瑕疵がある場合を例として、その修補費用、修補しても到底無瑕疵の物ほどには価値が無い場合には、修補費用と修補後の損害を見積もったものを賠償額とする。[171] また、担保義務一般の議論として、売買による得べかりし利益も賠償範囲に入るとする。[172]

現行民法は、担保責任を債務不履行責任と構成するので、第四一六条の適用がある。従って、同条の制限内であれば、履行利益も瑕疵惹起損害[173]も賠償範囲に含まれることになる。なお、同条に関しては、瑕疵が除去不能（原始的客観的不能）の場合にも、履行利益の賠償が認められるのかという問題がある。

瑕疵担保責任の性質

前述したように、現行民法は瑕疵担保責任を権利移転義務違反の責任とする。

梅博士は、瑕疵担保責任の性質について次のように述べる。「表面ニ現ハレザル所ノモノヲ賣買スルノハ即チ疵ノナイ無事ナモノヲ賣買スルモノト見子バナラヌ、其積リデ直段モ定メルデアラウ、買主モ其積リデ買取ルノデアル、従テ賣主ニハ無事ナ物ヲ與ヘルト云フ義務ガアル、然ルニ其疵ノアルト云フコトヲ知ッテ言ハナイ場合ハ勿論、知ラズニ之ヲ賣ッタ場合ト雖モ賣主ハ契約通リノ物ヲ與ヘタノデナイ、即チ初ニ申上ゲタ契約通リノ權利ヲ讓渡シタトハ云ヘナイ、契約ハ左樣ナ疵物ノ賣買ヲ契約シタノデハナイ、ソレ故ニ是ハ賣主ニ責任ガアルノデアル[174]」。「賣買當時ニ現ハレテ居ラヌ疵ガアルナラバ其疵ガナイモノトシテ契約ヲシタノデアル、若シ疵ガアルトシタナラバ賣買ノ契約通リノモノヲ賣主ガ與ヘタト云フコトハ出來ヌ、疵ガナイト思ッテ千圓デ契約ヲ結ンダト云フナラバ其千圓ニ相當スル物ヲ買主ニ給付スル義務ガアルト、斯ウ云フコトニ解釋スルノガ穩當デアラウト思フ[175]」。これによると、まず、特定物の性質も契約内容、義務内容になる。すなわち、売主には「無事ナ物ヲ與ヘルト云フ義務」、瑕疵がないものと思って定めた代金に「相當スル物ヲ買主ニ給付スル義務」が生じる。ところが、瑕疵があると、売主は「無事ナ物ヲ與ヘタ」つまり「契約通リノ權利ヲ讓渡シタ」ことにはならない。そこで売主は、債務不履行責任の特則である瑕疵担保責任を負うのである。なお、梅博士は、「賣主ハ告グル義務ガアッテ買主ニ探ス義務ガナイ」ことが瑕疵担保責任の根拠としてよく挙げられるが、これは「賣主ガ告ゲナカッタラバ責任ガアル、表面ニ現ハレテ居ラヌケレバ買主ガ其疵ヲ知ラナカッタト云フコトハ買主ノ責任ニ歸スル譯ニイカヌト云フ有ノ儘ヲ言ッタバカリデアルカラ」、「一向學理ノ説明ノ助ケニハナラヌ」と述べる[176]。このことから、博士は付随義務違反という構成を否定、若しくは考えていなかったことが分かる。現行民法は、特定物の性質・数量が契約内容、主たる義務である権利移転義務内容になることを認めたので、付随義務という考えを持ち出す必要はそもそも無かったのである[177]。

なお、梅博士は、瑕疵担保責任の権利移転義務違反構成の他に「保證」構成による説明もしている。「通常賣主ハ買主ヨリモ善ク其賣ラント欲スル物ヲ知レルカ故ニ之ニ隱レタル瑕疵アルトキハ之ヲ買主ニ告ケ而モ之ヲ買フヘキヤ否ヤヲ確メサルヘカラス然ラスンハ賣主ハ其物ニ瑕疵ナキコトヲ保證シタルモノト看做スモ敢テ過酷ト爲スヘカラス是レ瑕疵擔保ノ由リテ生スル所以ナリ」[178]。この構成の方が、当事者の主観的態様と責任との関係をうまく説明できると思われる（後述）。

特定物の売主は、物的瑕疵のない目的物を現実に買主に取得させる義務は負わない。このことをもう一度確認しておきたい。まず、特定物の売主は履行期における現状で引渡せばよい（第四八三条）。次に、物の瑕疵の担保責任では、修補のための催告あるいは修補不能は要件となっていない（第五六一条、第五六三条とは異なり、第五六六条と同じ）。さらに、権利の瑕疵の担保責任では、瑕疵の除去義務（第五六〇条）があったときは悪意の買主も瑕疵除去への信頼が許されるとして代金（一部）返還の救済が認められ（第五六一条、第五六三条）、瑕疵の除去義務がなく除去の可能性もないときは悪意の買主には一切の救済が認められない（第五六六条）こととの比較。以上のことから、特定物の売主には、物的瑕疵のない目的物を現実に供給するという履行義務（瑕疵除去（修補）義務）は発生せず、物の瑕疵の担保責任は、このような履行義務に分解されない権利移転義務違反の責任と考えられるのである。なお、旧民法（財産取得編第九四条）は、容易に修補可能な瑕疵については売主に修補させるべきだということから、修補不能を担保責任の要件としていた。[179]だが、現行民法はこの要件を削除した。その理由は、修補可能な場合でも、損害賠償（代金減額機能）は認める必要があること、解除も修補に莫大な費用がかかったり永い時間がかかるときには認める必要がある、といったことである。[180]旧民法はさしたる根拠もなく修補義務を認めたが、現行民法でも信義則等により修補義務が認められるのかは不明である（なお、引渡義務の説明箇所（第一部第二編第二章第二節第一項Ⅱ）を参照）。

(159)　前掲注(5)民法議事速記録四　七九頁（梅博士の説明）

(160)　梅・前掲注(3)民法債権一八五頁

(161)　前掲注(5)民法議事速記録四　七六頁（梅博士の説明）、前掲注(4)民法修正案理由書五五二頁

(162)　梅・前掲注(3)民法債権一八四頁～一八五頁、松波・仁保・仁井田・前掲注(14)一〇〇一頁、仁井田・前掲注(25)八二頁

(163)　仁井田・前掲注(25)八二頁（「解除を爲さしむ可きものに非す」とするが、損害賠償も同様に解すべきだろう）。同所は、買主が悪意であれば、瑕疵に相当するだけ安く買ったか、瑕疵があっても契約の目的を達せられると考えたかのどちらかだとする。

(164)　前掲注(5)民法議事速記録四　七六頁（梅博士の説明）。前掲注(4)民法修正案理由書五五三頁、仁井田・前掲注(25)八三頁も同旨。なお、数量指示売買で数量の超過があった場合に、代金増額、超過分の返還を認めるかの立法判断（結論は否定）に際しても、売主と買主の「何レカ氣ノ毒ノ地位ニ立ツテ居ルカ」、「ドチラガ能ク知ツテ居ルカ」といった同様の衡量がなされていた（民法議事速記録四　四八頁～四九頁（梅博士の発

言))。

(165) 民法修正案理由書（前掲注(4)五五三頁）は、このことを明言して「自己ノ賣渡物ノ瑕疵ヲ知ラサルハ賣主ノ過失ト認ムヘク之ニ因リテ他人ニ損害ヲ加ヘタルモノハ之カ賠償ヲ爲スハ至當ナリ」とする。なお、契約の解除をしても「尚ホ多クノ場合」に損害賠償請求ができ、解除しない（できない）場合は、損害賠償で解決するとの記述（梅・前掲注(3)民法債権一八九頁～一九〇頁）もあるが、解除をすると損害賠償請求ができない場合とは、代金とその利息以外には損害がない場合であり、両者は主観的要件を異にすると解すべきではなかろう（前掲注(5)民法議事速記録四　二九頁（梅博士の発言）、七九頁（梅博士の説明）を参照）。

(166) 梅・前掲注(3)民法債権一三五頁～一三八頁、一八七頁～一八九頁、同・前掲注(14)民法要義巻之三　五〇四頁～五〇五頁、五二五頁～五二六頁、前掲注(5)民法議事速記録四　七六頁～七七頁（梅博士の説明）、前掲注(4)民法修正案理由書五五二頁～五五三頁。なお、仁井田・前掲注(25)八三頁～八四頁も参照。

(167) 第五七〇条が第五六六条を準用したのは、旧民法（財産取得編第九四条～第一〇三条）や諸外国の法典が瑕疵担保責任について定めた細目を検討した結果、他の担保の規定を準用するのが実際、公平かつ簡便であると考えたことによる（前掲注(5)民法議事速記録四　七五頁（梅博士の説明）、前掲注(4)民法修正案理由書五五二頁）。

(168) 旧民法の代金減額を定めた規定（財産取得編第九五条）では、「便益ヲ失フ割合」を定める時点が契約締結時か瑕疵が顕れた時点か明らかでないことも、代金減額の形をとらない理由として挙げられた（前掲注(5)民法議事速記録四　七六頁（梅博士の説明）、前掲注(4)民法修正案理由書五五二頁）。

(169) 損害賠償としたことによる買主の不利益は、損害賠償債権と代金債権を同時履行の関係においた（第五七一条）ことにより補われる（前掲注(5)民法議事速記録四　七七頁、八三頁（梅博士の説明）、梅・前掲注(3)民法債権一九八頁～二〇一頁）。

(170) 梅・前掲注(3)民法債権一八八頁、一八九頁

(171) 梅・前掲注(3)民法債権一三六頁、一三七頁

(172)　梅・前掲注(3)民法債權五〇頁

(173)　旧民法財産取得編第一〇一条第三項は「如何ナル場合ニ於テモ賣主ハ隱レタル瑕疵ヨリ生スル全部又ハ一分ノ滅失ノ責ニ任ス」と規定していたが、「知レ切ツタコト」だとして現行民法では削除された（前掲注(5)民法議事速記録四　七九頁（梅博士の説明））。

(174)　梅・前掲注(3)民法債權一八六頁

(175)　梅・前掲注(3)民法債權一八七頁

(176)　梅・前掲注(3)民法債權一八六頁〜一八七頁

(177)　だが、松波・仁保・仁井田・前掲注(14)は、瑕疵担保責任を契約の瑕疵（錯誤）についての責任とする。「其瑕疵ニシテ隱レタルモノナルトキハ買主ノ懈怠ニアラスシテ寧ロ賣主ノ悪意若クハ不注意ヨリシテ之ヲ告ケス買主ヲシテ錯誤ニ陷ラシメタルモノナレハ之レニ擔保ノ責ヲ負ハシメ以テ買主ヲ保護スルハ至當ナリト云フヘシ」（一〇〇一頁）、「本條ノ所定夫レ覚ノ如ク又當然ノ理ト云フヘシ蓋シ通常契約ノ原因上ヨリ觀察スルモ苟モ合意ノ決定ヲ促セシ目的物ニシテ買主ノ不注意ニ原ツクニ非スシテ錯誤アリタルトキハ銷除ノ原因タルハ爭フヘカラサル理ナリ」「又其物ニ付テハ賣主ハ買主ヨリモ能ク知悉セルモノナルカ故ニ瑕疵アルトキハ豫メ之ヲ告知スルノ義務アルハ固ヨリニシテ之ニ擔保ノ責ヲ負ハシムルハ毫モ間然スル所ナカルヘシ加之公益上ヨリ論スルモ賣主ニ此義務ヲ負ハシメサレハ吾人ノ間ニ安堵シテ物ノ賣買ヲ爲スヲ得サルニ至ルヘシ」（一〇〇二頁〜一〇〇三頁）

(178)　梅・前掲注(14)民法要義巻之三　五二五頁

(179)　民法修正案理由書（前掲注(4)五五二頁）は、旧民法の「修補スルコトヲ得ス」とは買主が瑕疵を修補できないことと誤解する（或いは誤植か）。

(180)　前掲注(5)民法議事速記録四　七五頁〜七六頁（梅博士の説明）。民法修正案理由書（前掲注(4)五五二頁）は、修補不能は「概ネ賣主（「買主」の誤りであろう）カ契約ノ目的ヲ達スルコト能ハサルノ一例」となるとする。

Ⅲ　約定担保、担保の特約

担保義務の規定（第五六九条を除く）は、当事者の特約がなくとも売主が法律上当然に負う義務を定めている[181]。だが、これらは公益規定ではないので、これらと異なる責任を定めたり、責任を加重又は軽減したりする特約は、原則として有効である（第九一条参照）。責任加重の特約の例としては多額の違約金の定めをすること、責任軽減の特約の例としては損害賠償義務の免除が挙げられる[182]。

ここでは、約定担保（法定担保とは異なる事柄の担保を売買契約に付加するという意味で特約と言えよう）と、無担保の特約についてみてみたい。

(181)　梅博士はまた、売主の担保義務は「賣買契約ノ普通ノ解釋カラ出テ來ル所ノ義務」であるとも述べる（梅・前掲注(3)民法債権二〇一頁）。

(182)　以上、梅・前掲注(3)民法債権二〇一頁～二〇二頁、同・前掲注(14)民法要義巻之三　五二八頁～五二九頁による。

Ａ　約定担保

ａ　債権の売主の資力の担保[183]（第五六九条）

本条は、他の担保の規定とは異なり、約定担保についての解釈規定である。債権の売買において資力担保は随分頻繁に行なわれるので、各国は規定を設けている。わが国もそれに倣ったのである。この資力担保とは、債務者が必ずその債務を履行する資力をもっていることを「保證」すること、すなわち、もしその資力がなかったら不足分を代わりに払うと約することである[184]。このような担保の契約は他の契約とともに自由であり、その内容はどのように定めてもよい。例えば、年数を限って、一年間だけ資力を担保するというように定めてもさしつかえない。本条はこのような明確な取り決めの無い場合に、債務者の何時の資力を担保したかについて、当事者の意思を推定したのである。[185]

資力担保義務の給付内容は、債務者が無資力のため債権者（買主）が弁済を受けられない債務の部分を、担保義務者（売主）が代わって弁済することである。これに加えて梅博士は、通常の場合、債務不履行により生じる利息その他の損害賠償といったものも給付内容に含まれるとする。[186]これらの義務は、合意の効果として発生するのであるから一次的な義務であり、債務不履行責任とは明らかに異なる。

b　その他の約定担保

梅博士は、資力担保の他に約定担保の例として、土地の将来の収量の担保を挙げる。不動産の売買に際して、その土地は毎年少なくとも一石の米の採れる土地である、もし一石採れないことがあったら契約後十年間は不足分を売主が償おう、という契約を結ぶことは当然許される。だが、このようなことは極めて希である。売主は、今まで土地がどの位の収入を生じたというようなことを、参考のために言うかもしれないが、それから先は、買主自ら地味を検査して自己の責任で買うことが多い。このため、資力担保以外の約定担保については、規定を設けなかったのである。[187]

(183)　旧民法では、債権の売主は「自己ノ債権ノ存立及ヒ其有効」を担保する義務を負っていた（財産取得編第六八条第一項）。だが、現行民法の起草者は、目的物が物の場合と同様に、債権が存在しなければ契約は要素（目的）を欠き成立しないので、担保の問題は生じないとして、この規定を削除した（前掲注(5)民法議事速記録四　六二頁（梅博士の説明）、梅・前掲注(3)民法債権一七六頁～一七八頁、同・前掲注(14)民法要義巻之三五二二頁）。

(184)　担保約束は明示的になされなければならないのかは、必ずしも明らかでない。売主は明示的に債務者の資力を担保しなければ責任を負わないという旧民法財産取得編第六八条第二項の規定を、現行民法は削除したが、その理由は、担保しなければ責任がないのは当然だということにすぎない（前掲注(5)民法議事速記録四　六二頁（梅博士の説明））。梅博士は、担保約束となるには「取レルダラウト云ツタ位デハ往ケナイ屹度あの人ハ必ズ取レル資力ガアルト擔保シナケレバナラヌ」と発言する（前掲注(5)民法議事速記録四　六八頁）が、民法修正案理由書（前掲注(4)五五一頁）は、担保の意思表示は黙示でも構わないとする。

(185)　以上、梅・前掲注(3)民法債権一七九頁～一八一頁による。

(186)　梅・前掲注(14)民法要義巻之三　五二四頁～五二五頁

(187)　梅・前掲注(3)民法債権一七九頁～一八〇頁。なお、前掲注(5)民法議事速記録四　六二頁（梅博士の説明）も参照。

B　担保の特約

無担保の特約（第五七二条）

本条は、無担保の特約によっても売主が免責されない二つの場合[188]を規定する。

まず、売主が目的物の瑕疵について悪意で無担保の特約をした場合、この特約だけが「目的不法」（公の秩序に反すること）により無効となる。売主の行為は広い意味での詐欺にあたるので[189]、買主を欺いた罰として、その他の契約部分は有効としたのである[190]。

本条はまた、売買契約成立後に売主が自ら設定し又は譲渡した権利については、無担保の特約の効力は及ばないと規定する。このことから、契約成立後に発生した一定の瑕疵が、法定担保責任の問題になることが分かる。梅博士は、この場合の責任は「理論カラ言ヘバ賣買契約トハマルデ別物」だとする。すなわち、契約締結時には完全な権利はあったので、合意により権利は既に移転してしまっている。そのため「賣買契約トシテハ賣主ニ別ニ責任ハナイ」。売主はただ、譲渡した権利を後日さらに別の人に譲渡したりその上に権利を設定したことにより、不法行為を行なったのである。それにもかかわらずこれらを担保責任としたのは、不法行為の救済よりも買主に有利だと考えたためである。博士は、担保責任とすることの利益で最も争われないものは、買主が時価よりも高く買った場合に生じるとする。例えば、時価一万円のものを一万二千円で買ったところ売主がそれを二重に譲渡したような場合に、不法行為責任では、現に被った損害が賠償の対象となるので、一万円しか取れない。ところが担保責任では、売買契約を解除して支払った一万二千円を取り戻すことができる。また、利息も受け取れ、なおその上に損害賠償も取れることがある。また博士は、理論的にも「決シテ不當デハナイ」とも述べる。売主が権利を買主に取得させる義務を完全に履行したと言えるには、その権利を永久に与えなくてはならない。一旦与えてもすぐそれを奪えば、売主はその義務を完全に履行したとは言えない。また、合意により権利が移転しても、登記義務、引渡義務、債権譲渡の通知義務を履行していない間は、売主は義務を十分履行したとは言えない。従ってこの場合は、まるで無関係な人の物を奪った場合とは同一視できないのである。むしろ、初めから権利の無かったのを告げずに売った場合と事情が同じなので、それと同様に取り扱うほうが却って穏当である。このような趣意から本条の規定ができたとする。(191)

無担保の特約が有効な場合、売主は代金減額（返還）もする必要がない。旧民法では、他人の物の売買は無効であったので、追奪担保責任の場合、無担保の特約があったとしても代金減額（返還）はしなければならなかった（財産取得編第七一条）。ところが現行民法では、他人の物の売買を有効としたこと、日本語で無担保と言えば代金減額（返還）も免除をするのが普通の意味（従って普通の当事者の意思）であることから、別約がない限り代金減額（返還）も免除することになった。このため梅博士は、無担保の特約のある場合は「普通ノ賣買デナイ或ハ賣買デナイ一種ノ僥倖ヲ購フタ」と言えるかもしれないとする。(192)

(188) 帝國民法正解（松波・仁保・仁井田・前掲注(14)一〇〇五頁～一〇〇六頁）は、本条の二つの場合であっても、担保責任の「輕重大小ノ範圍ハ當事者ノ合意ニヨリ有効ニ變更スルヲ得ヘシ」とする。

(189) 旧民法は、瑕疵を知って告げなかっただけでは詐欺にならず、詐術により瑕疵の発見を妨げて初めて、無担保の特約が無効になるとしていた（財産取得編第九七条参照）。現行民法はこれを拡張して、瑕疵を知って告げなければ瑕疵を隠蔽した（詐欺をした）ことになり、無担保の特約は無効になるとした。

(190) 以上、梅・前掲注(3)民法債権二〇二頁～二〇四頁、同・前掲注(14)民法要義巻之三　五二九頁～五三〇頁、前掲注(5)民法議事速記録四　八六頁（梅博士の説明）、前掲注(4)民法修正案理由書五五五頁による。

(191) 梅・前掲注(3)民法債権二〇四頁～二一〇頁（外国の規定も大抵同様になっていることも引き合いに出す）、同・前掲注(14)民法要義巻之三　五三〇頁～五三三頁

(192) 前掲注(5)民法議事速記録四　八五頁～八六頁（梅博士の説明）、前掲注(4)民法修正案理由書五五五頁

第三章　現行民法典のまとめ

本稿では、目的物の瑕疵により買主が「(当事者が) 予定した目的物」を取得できなかったときの救済を、現行民法についてみてきた。その際、「予定した目的物」を取得できなかった原因が、①「予定した目的物」と合意で定めた目的物の齟齬にある場合、②合意で定めた目的物と売買契約の目的物の齟齬にある場合、③売買目的物と給付結果の齟齬にある場合に分けて、買主の保護がどのように図られるかをみてきた。

①「予定した目的物」と合意で定めた目的物に齟齬は生じない。これは、現行民法が「特定物のドグマ」

を認めないため、特定物の性質・数量が意思表示の内容に入ることによる。

②　予定した（合意で定めた）目的物と売買目的物の齟齬は、予定した目的物により契約の成立要件である「目的」が欠けることにより生じる。具体的には、当事者が目的物として不融通物または原始的全部滅失・不存在物を選んだときに生じる。この場合、売買契約は（一部）無効であり、損害賠償が認められるとき、その根拠は不法行為となる。

原始的一部滅失物（特定物）の場合も理論的には同様になるはずだが、一部追奪の場合と酷似していることから契約は全部有効として、売主に債務不履行責任の特則である担保責任（第五六五条）を課すことにした。その他の原始的瑕疵（数量不足、隠れた瑕疵）があるときも同様である（第五六五条、第五七〇条）。このように現行民法は、「原始的不能の理論」を一部否定するので、売買目的物は現にある物ではなく、一定の原始的瑕疵のないあるべき物となる。また、権利に原始的瑕疵があっても契約は完全に有効である。

③　売主は売買目的物の権利移転義務を負う。

(i)　種類物売買の場合、この権利移転義務は約定の種類に属する一定品質の物の供給義務となる。理論的には、同種（同品質）の物がすべて消滅しない限り履行は不能とはならない。買主が売買目的物を取得できないときは、一般の債務不履行責任の問題となる。

(ii)　特定物売買の場合、この権利移転義務は、履行義務と「履行義務に分解されない権利移転義務」とに分けられる。

履行義務は契約で目指した結果実現のため尽力する義務、すなわち行為義務である。この義務が発生するかどうか、その目的物の範囲は民法の規定により決まる。民法は、売買目的物の瑕疵除去が客観的に不能か、可能であっても瑕疵を除去するのに単純な権利移転行為（他人からの権利取得）では済まない場合（修補、他物権の除去）には、その範囲で履行義務を生ぜしめない。それ故、履行義務が発生しても、その目的物は権利移転義務の目的物と同じとは限らないのである。なお、当事者が特約により瑕疵除去義務を発生させることはもちろん可能である。権利に関する履行義務は、売買目的物の所有権が他人に属するときにそれを取得して買主に移転することを内容とする（第五六〇条）。それは原始的瑕疵を除去することであるが、他物権を除去することは含まない。なお、権利の瑕疵は自然に治癒すること（第五六七条参照）もある。権利の瑕疵は、治癒の可能性が法的に認められている点で物質的瑕疵とは異なる。物質に関する履行義務は、契約締結時の状態を維持し、占有を買主に移転することを内容とする（第四〇〇条、第四八三条）。瑕疵の除去は義務内容でなく自然の治癒も通常考えられないので、原始的後発的を問わず、瑕疵は一度発生すれば買主は売買目的物を取得できないことになる。

これに対し「履行義務に分解されない権利移転義務」は、行為義務ではなく、履行義務違反以外の原因による売買目的物の取得不能[193]を債務不履行とするための――担保責任を債務不履行責任とするための――前提にすぎない。この義務の目的物は売買目的物＝権利移転義務の目的物と一致する。

買主が売買目的物を取得できないときは、履行義務違反と評価されるとき（（一般の）債務不履行責任）と、「履行義務に分解されない権利移転義務」違反と評価されるとき（債務不履行責任の特則である担保責任）と、権利移転義務違反と評価されないとき（売主は免責）に分けられる。

権利の疵による場合は次のようになる。

原始的瑕疵について、瑕疵の除去義務（履行義務（第五六〇条））が発生する場合、(a)義務を尽くさなかったため除去されなければ、売主は債務不履行責任を負う。(b)義務を尽くしたが除去されなければ、売主は担保責任を負う（第五六一条〜第五六四条）。瑕疵の除去義務が発生しない場合、(c)自然の治癒が予定されていたとき、治癒が不能となれば売主は担保責任を負う（第五六七条）。(d)自然の治癒も予定されていないとき、買主が善意であれば売主は担保責任を負う（第五六六条）。後発的瑕疵について、(e)権利は原則として契約時に移転するので、問題が生じることは少ないとも言える。だが、買主が対抗要件を備える前に、売主が二重譲渡したり他物権を設定したとき（売主には故意・過失がある）、現行民法は後発的瑕疵の問題としてかつ担保責任として処理する（第五七二条参照）。この場合は本来不法行為責任の問題だが、買主に有利だという理由で担保責任を課したのである。なお、理論的には、後発的瑕疵の発生につき売主が無過失の場合も考えられるが、ここでは省略する。

物質的な疵による場合は次のようになる。

(a)原始的瑕疵（一部滅失・数量不足、隠れた瑕疵）について買主が契約時に善意（無過失）であれば、売主は担保責任を負う（第五六五条、第五七〇条）。後発的滅失・毀損が(b)売主の責めに帰すべき事由により（履行義務を尽くさなかったことにより）生じた場合、売主は債務不履行責任を負う。(c)売主の責めに帰すべからざる事由により（履行義務を尽くしたが）生じた場合は、売主は免責される。

約定担保、担保の特約については省略する。

(193)　この「不能」は、担保責任を発生させる瑕疵の一定の状態を指す。具体的には個々の担保責任の説明を参照。

第四章　債務不履行責任と担保責任

旧民法は（現在の意味での）担保責任の根拠を、損害賠償については不法行為（契約締結時の過失）、代金返還・減額については契約の（一部）無効又は錯誤に求めていた。損害賠償の要件の過失は、不法行為から制度が分化する過程で、多くは擬制されていた。

現行民法は、この過失の擬制を瑕疵担保責任と物の一部滅失の場合の担保責任にまで広げると共に、権利移転義務を広く認めることにより担保責任を債務不履行責任と構成しようとした。すなわち、権利の即時移転を売買契約の要素としないこと、「特定物のドグマ」の否定、「原始的不能の理論」の一部否定により、一定の原始的瑕疵のないあるべき物が売買契約の目的物になるとした。売買目的物については権利移転義務が発生する。この義務は、特約のない限り民法の規定により、履行義務（目的物は売買目的物とは必ずしも一致しない）と「履行義務に分解されない権利移転義務」に分けられる。買主が売買目的物を取得できない場合、前者の義務違反があれば債務不履行責任、後者の義務違反があれば担保責任が売主に生じる。

担保責任は債務不履行責任（「債務ノ本旨ニ従ヒタル履行ヲ為ササル」）の特則である。特則が必要となった理由としては、まず一次的義務の違いが考えられる。債務不履行責任の一次的義務は行為義務だが、担保責任の一次的義務は行為義務ではない。このため、契約解除の際の履行の催告は、本旨不履行の要件（第五四一条）にはなるが、担保責任の要件にはならない。担保責任の一次的義務では、現実の履行は考えられないからである。帰責事由（第四一五条）は、本旨不履行責任でも担保責任でも要件とされない（但し異論もある）。帰責事由を、なすべきことをしなかったため買主が契約通りの目的物を取得できなかったという「具体的義務違反」(194)

と理解すれば、行為義務違反でない担保責任に帰責事由を問題とすることがそもそも出来ないことになる。これに対し、履行義務は行為義務なので、行為を尽くさなかったことを帰責事由として問題にすることは可能である。だが、立法者は債権者保護の立場から、履行不能以外では帰責事由を不要としたのである。

催告を不要にすること以外の特則は、一次的義務の違いから説明できない。このうち、一部不履行（瑕疵）の際の契約の全部解除、責任期間の差異は両責任の本質に根ざすものではないが、契約締結時の瑕疵についての買主の主観的態様（善意、悪意）が担保責任の要件になっていることは、責任の本質に関係する。この点は後述する。

「担保責任＝権利移転義務違反の責任」批判

以上のような担保責任の債務不履行責任構成は成功したのだろうか。まず、担保責任を直截に約定担保と構成すべきではないかとの疑問が生じる。すなわち、損害担保の明示的合意がなくとも、売買契約締結により、一般に原始的瑕疵のない目的物の取得が出来なければ損害賠償等の責任を負うとの合意があったとみれば、（黙示の）約定担保と構成することが出来る。そうすることにより、「履行義務に分解されない権利移転義務」という介在物を置く必要がなくなる。現行民法が約定担保構成を採らなかったのは、当事者の合意内容はあくまで権利移転を内容としていると考えたからかもしれない。いずれにせよ、売買目的物の取得不能という結果に責任が直結しているという意味で、合意が最終的に責任の根拠となることに違いはない。だが、権利移転義務違反構成、約定担保構成の双方に問題がある。

担保責任では、契約締結時の瑕疵についての買主の主観的態様（善意、悪意）が責任の存否、内容と関係する。この主観的態様は合意とは本来無関係のはずである。瑕疵を除去する義務（履行義務（第五六〇条））が発生する場合、買主は瑕疵について善意でも悪意でも構わない。約定担保の合意も、第五六九条（債権の売主の担保責任）が買主の主観的態様に関し何も規定していないこと、担保の特約が公序良俗に違反し無効となるのは、規定では売主が悪意で無担保の特約をした場合（第五七二条）のみであることからして、当事者の主観的態様にかかわらず原則として有効となるだろう。ところが、第五六五条、第五六六条、第五七〇条の瑕疵について買主が悪意（第五七〇条は＋善意有過失）のときは、「履行義務に分解されない権利移転義務」も発生しないとされている。起草者らは、担保責任一般の議論では権利移転義務違反という構成を示すが、個々の担保責任では、もっぱら当事者の瑕疵についての善意、悪意の組合せに応じてどのような責任を課すべきかの議論をしていたにすぎず、両者を理論的に関連づけようとはしなかった。

法典調査会での議論の焦点は悪意の買主に救済を認めるかであり、そこでは瑕疵のない目的物を取得できることへの買主の信頼がどこまで許されるかが問題とされた。そこで、「買主の信頼」という視点で担保責任全体を整理してみたい（権利の瑕疵の担保責任だけでは既に行なった）。

A　契約締結時に瑕疵の存在について買主が善意（瑕疵担保は＋無過失）の場合（売主が権利の瑕疵を契約締結後に生ぜしめた場合も含む（第五七二条参照））には、売買目的物に瑕疵がないことの信頼は許される。そのため、（原始的）瑕疵のない目的物の取得が不能の場合には、売主に担保責任が発生する。

B　悪意の買主には売買目的物に瑕疵が無いことの信頼はない。その代わり、瑕疵が除去されることへの信頼があることがある。この瑕疵除去への信頼が一般に許されるのかを判断するために、瑕疵除去の可能性が問題になる。

（ⅰ）瑕疵除去の可能性があると、買主の信頼が許され、瑕疵除去が不能となったときに担保責任が発生する。瑕疵が除去される場合には、①履行義務（第五六〇条）の履行による場合と、②履行義務の履行によらない場合とがある。①の可能性があった場合、買主は履行不能をある程度予期していたとして、救済内容が制限される（権利の全部（一部）が他人に属する場合の担保責任）。②の可能性があった場合は、瑕疵除去の可能性は高かったとして、善意の買主と同様の保護を受ける（担保的権利により制限のある場合の担保責任）。

（ⅱ）瑕疵除去の可能性がないと、瑕疵除去への信頼が許されないとして、一切の救済は認められない（用益的権利による制限のある場合の担保責任、数量の不足又は物の一部滅失の場合の担保責任、瑕疵担保責任）。

以上のような起草者の実際の（規定内容となった）価値判断からすると、担保責任は瑕疵のない目的物を取得できることへの買主の信頼を保護する制度だと言える。ところが、起草者は担保責任を権利移転義務違反と構成しようとしたため、理論的に無理が生じたのである。私見としては、担保責任の権利移転義務違反構成をやめ、担保責任を、法が瑕疵のない目的物を取得できることへの買主の信頼を評価して、保護に値するとした場合に売主に課した責任と構成すべきだと考える。この意味で担保責任は法定責任となる。この構成は、瑕疵についての買主の主観的態様が責任と関係をもつことを、例えば当事者の合意を法が評価して、買主が悪意の場合は公序良俗違反等を理由に（一部）無効とするといった構成より、無理なく説明できる。当事者の目的物の性状を定めた「合意」は、担保責任の要件である瑕疵を判断する基準として用いられる。そのため「契約」の解釈として、この「合意」内容が探求されることはあり得る。この意味で瑕疵のない目的物は契約内容に入っていると言える。(195)「特定物のドグマ」「原始的不能の理論」は、特定物の物的瑕疵を除去する履行義務が発生しない以上、認めるか否かにより実際上の差異はない。それは、特定物の性状を定めた「合意」を契約内容と言うかどうかの差にすぎない。この場合、買主は契約締結時の瑕疵ある目的物を取得するしかない。このため、買主には錯誤（但し要素ではない）があるとされるのである。

担保責任では、原則として、買主の瑕疵のない目的物取得の期待が保護に値するのか（買主の主観的態様）だけが問題になる。その場合、売主の帰責事由は、瑕疵のない目的物として「合意」したこと以外に問題にならない。この「合意」は、買主の信頼を正当化する第一の要件である。売主の主観的態様が帰責事由として個別的に判断されることはない。だが、例外もある。本稿では取り上げなかったが、強制競売における担保責任では、売主側が悪意のときにのみ損害賠償請求ができるとする（第五六八条第三項）。売主側の主観的態様が責任に関係している点で、買主の信頼保護制度には取り込まれず、不法行為の側面を残していると評価できる。なお、梅博士は、強制競売では売主が悪意でも瑕疵担保責任は発生しないが、「純然タル詐欺トカ何ントカ云フモノ」があれば「普通ノ不法行爲トカ何ントカ云フ制裁」でいけるとする(196)。

民法典の成立から一世紀近く経過した現在においても、起草者の価値判断を維持すべきかは問題である。私は、現在のところ、担保責任は買主の信頼保護の制度だとの理解は変えずに、約定担保等の特約の認定、必要ならば履行義務内容の再検討、調査・告知義務等の付随義務を認めることにより、現実の要請に答えていくべきだと考えている。ここでは主要な問題点について、簡単に触れるに止めたい。

① 原始的全部滅失・不存在物の売買　理論的には「予定した目的物」のうち不融通物以外の売買はすべて有効とできたが、現行民法は原始的全部滅失・不存在物の売買も無効で、損害賠償は不法行為の問題とした。担保責任の問題（第五六五条）となる原始的一部滅失・不存在物の売買と質的な違いはないので、損害賠償において、帰責事由、賠償範囲を同様にすべきである。帰責事由については、現在のところ、原則として常に売主に過失があると解すべきと考えている。だが、その前提として、買主が悪意のときには違法性がなく、不法行

為は成立しない。また、滅失の危険がある物や売主にその存否の調査が期待できない物の売買では、買主による危険の引受があったと解釈されることもあろう。賠償範囲では、その物の取得が原始的客観的不能な場合に、履行利益の賠償を認めるべきではなかろう。なお、「契約締結上の過失責任」と構成しても、結論は等しくなるようにすべきである。

②　特定物の物的瑕疵の修補義務　瑕疵修補の要請は、特に消費者売買（消費者と事業者間の売買）において大きいと思われる。その際、事業者に商品の欠陥の修補義務を認めるべきだという価値判断に立つにしても、そのため民法の規定の解釈を変え、売主に一般的に修補義務（完全な物の履行義務）を認めるのか、それとも個々の売買において修補特約があったと解釈するのかといった問題がある。売買の多様性への対応を考えると、契約の解釈という方法を使う方が具体的妥当性が得られそうだが、解釈者の恣意が入り込む可能性もある。私は現在のところ、売主の義務としては占有移転行為に限定し、修補義務は、修補特約として売買契約の外に位置付けるべきだと考えている。売主が専門家の場合は、黙示的に合意があったと解釈されることもあろう。また、売主に修補能力がある場合には、信義則により、損害賠償の変形として修補義務が認められることもあろう。なお、現行民法は、権利の瑕疵の除去義務（第五六〇条）が発生する場合、瑕疵について悪意の買主にも完全な目的物の取得への信頼が許され、それが不能なときは、代金返還の限度で担保の保護を受けるとする。物的な瑕疵と権利の瑕疵は異なるが、もし物の瑕疵の除去（修補）義務を一般に認めると、同時に悪意の買主にも保護を与える必要が生じるのではなかろうか。

③　損害賠償の要件、範囲　担保責任を瑕疵のない目的物を取得できることへの買主の信頼を保護する制度だと解すると、損害賠償の範囲は、瑕疵のために被った損害であり、信頼利益に限定されることはない(197)。だが、

第四一六条を適用するかは別にして、瑕疵のない目的物の取得が原始的客観的に不能な場合（例　不動産の面積不足）には、履行利益の賠償を認めるべきではないと考えている。

瑕疵担保責任に関して、売主の「過失」の存否によって損害賠償範囲を区別する説（二分説）がある。私の立場でもし区別を認めるとすると、「過失」による責任は、付随義務（調査・告知義務等）違反の責任として、担保責任から切り離すことになるが、その必要性等については今後の研究に譲りたい。なおこの説は、売主が「無過失」の場合、賠償額は代金減額分に制限されるとする。瑕疵担保責任を有償契約の対価的均衡の維持のために認められた制度だと理解するからである。だが、対価的均衡の維持を制度目的とすると、瑕疵のない目的物が合意されているなら、なぜ（悪意はともかく）善意有過失の買主に救済を認めないのかという疑問が生じる。[198] 売主の主観的態様だけでなく、買主の主観的態様との関係も説明することが必要であろう。

(194)　北川善太郎「債務不履行における有責性」法学論叢一一八巻四・五・六号（昭和六一年）一〇〇頁以下を参照。

(195)　中松纓子「契約法の再構成についての覚書」判タ三四一号（昭和五二年）二三頁以下は、契約内容と債権・債務内容は範囲および実質を異にするとする。

(196)　前掲注(5)民法議事速記録四　八六頁～八七頁（梅博士の発言）。なお、梅博士は議論の中で「私一個ハ知ツテ告ゲザリシ場合丈ケハ強制競賣ニ付テモ擔保ガアルト云フコトニ為ツテモ異議ハアリマセヌ」と譲歩を示した（同八七頁（梅博士の発言））。だが、結局規定には取り入れられなかった。

(197)　柚木馨・注釈民法⒁（有斐閣　昭和四一年）一八九頁以下は、特定物のドグマを前提に、瑕疵なきことの買主の信頼を保護することが瑕疵担保責任の内容であるから、賠償範囲は信頼利益だとする。

(198)　例えば、加藤雅信「売主の瑕疵担保責任――対価的制限説再評価の視点から」学説と判例（民法Ⅱ）（日本評論社　昭和五二年）一八六頁は、「対価的均衡の確保自体は、売主の帰責という主観的態様にかかわりはないから、瑕疵担保が無過失責任とされることにも納得がいくのである」とするのみである。

おわりに

本稿では、典型的な売買契約に関して、特定物売買か種類物売買かについても目的物の性状についても、当事者の意思が明白なことを前提に議論を進めた。そこでは、具体的にどのような合意があれば特定物売買と認定するのか、広告や当事者の交渉過程で表示された目的物の性状等が「合意」内容に取り込まれる基準は何なのか、といった問題には触れていない。また、約定担保・担保の特約の合意と単なる目的物の性状等の「合意」の区別、修補特約の認定はどのようになされるべきなのかといった問題もある。これらは契約の解釈の問題である。またそれに関連して、売主と買主とで目的物の性状についての考えが異なった場合、どのような性状の物について売買契約が成立するのか、その結果一方当事者に錯誤の問題が生じるのか、あるいは契約は意思の不一致により無効になるのか等の問題もある。現実の問題への対処を考える際には、これらの点の検討が是非とも必要である。今後の研究はこれらの問題も含めて取り組むことにしたい。

附　契約締結拒絶の場合における信頼責任（東京高裁昭和六二年三月一七日判決＊批評）

＊損害賠償請求各控訴事件、昭六〇(ネ)二一二六号・二二二三号、一部変更（上告）、判例時報一二三二号一一〇頁、判例タイムズ六三二号一五五頁、金融・商事判例七七五号二二頁

一　事案および判旨

《事　案》

Xと商社Yは、Xが実質的に木材採取権を有するインドネシア林区の共同開発を目ざして交渉を重ね、基本的了解に達した。両者は、右了解を確認するための書簡の交換を経て、本件合弁事業のための契約書の最終的な案文を作成するに至った。双方は、右案文を法律的に検討するために持ち帰ることになったが、基本原則は変更しない旨を合意し、その旨記載のある議事録に署名をした。しかし、その後交渉は進展せず、右契約書案にも調印がなされないまま、最終的にYはXとの交渉を打切った。そこでXは、主位的に、本件契約が成立したとしてその債務不履行により、予備的に、Yは誠実に契約の成立に努めるべき信義則上の義務に違反したとして不法行為により、履行利益を含む損害賠償を請求した。第一審（東京地判昭六〇・七・三〇判時一一七〇号九五頁）は、主位的請求につき棄却、予備的請求につき一部認容をした。X、Y共に控訴。

《判　旨》　主位的請求を棄却した後、予備的請求について次のように判示した。

信義誠実の原則は、契約締結準備段階においても妥当するものと解すべきであり、「当事者間において契約締結の準備が進捗し、相手方において契約の成立が確実なものと期待するに至った場合には、その一方の当事

者としては相手方の右期待を侵害しないよう誠実に契約の成立に努めるべき信義則上の義務があるものというべきであって、一方の当事者が右義務に違反して相手方との契約の締結を不可能ならしめた場合には、特段の事情がない限り、相手方に対する違法行為として相手方の被った損害につきその賠償の責を負うべきものと解するのが相当である（最高裁判所昭和五八年四月一九日判決・最高裁判所裁判集民事一三八号六一一頁参照）。」本件では、書簡の交換をした段階でＹはＸに対して右義務を負うに至り、また特段の事情は認められないので、Ｘが「本件契約及び協定の成立を期待したことにより被った損害」を、Ｙは賠償する義務がある。

二　判旨の意義・問題性

本件のような契約締結拒絶の事例は、交渉当事者の契約成立への信頼の保護の問題、相手側からみれば、交渉が煮詰るにつれて、契約締結の自由がどのように制限されてゆくのかという問題としてとらえることができる。そしてこの問題については、すでに判例の分析により、当事者の接触開始から契約締結までを三段階に分けて締約拒絶者の責任を論じる試みがなされている（以下の分類は、松本恒雄「判批」判評三一七号二六頁によった。同様の分類は、今西康人「契約不成立に関する責任」神戸商科大学商大論集三七巻一・二号六二頁以下、宮本健蔵「契約締結上の過失責任法理と附随義務」『法と政治の現代的課題（明治学院大学法学部二十周年論文集）』六三頁以下によってもなされている。なお、警告義務、誠実交渉義務という名称は宮本論文に倣った）。それは、第一段階——当事者に接触はあるが、具体的な商談は始まっていない段階、第二段階——契約締結準備段階、第三段階——代金等を含む契約内容についてほぼ合意に達し、正式契約の締結日が定められるに至った段階、である。そして、各段階に対応する義務、責任は、第一段階——当事者は自由に交渉を打切ることができる。詐欺のような不法行為に該当しない限り、契約成立を見込んだ出費を相手方に賠償する責任を負わない。第二段階――警告義務、これは、契約締結の意思がないこと若しくは不確実であることを相手方に告げ、契約成立への信頼を与えない又は相手方の誤解を解く義務である。第三段階――誠実に契約の成立に努めるべき義務（誠実交渉義務）、この段階では正当事由のない限り、締約を拒絶すると損害賠償責任を負うことになる。判例はないが、損害賠償範囲として履行利益まで認める見解が多数である（松本・前掲「判批」、今西・前掲論文、宮本・前掲論文、円谷峻「判批」金判六八七号四六頁以下、なお、本田純一「判批」判タ五四三号一〇九頁以下、鎌田薫「判批」判タ四八四号一七頁以下も参照）。なお、第二、第三段階を通じて、調査告知義務、説明義務といった義務が課されるが、契約成立への信頼の保護との関係では、これらの義務違反は交渉打切りの正当事由となるにすぎないので、ここでは論じない。

本件では、契約書案の最終的な案文が完成し、契約の締結期限まで定められていたので、第三段階に該当し、当事者に課される義務は、相手方の契約成立への「期待を侵害しないよう誠実に契約の成立に努めるべき信義則上の義務」であるので、段階と義務との対応は前記学説に合致する。しかし、履行利益の損害賠償請求に対し、「本件契約及び協定が成立すると信じたことにより被った損害」（＝信頼利益）のみが賠償の対象となるとした点は新たな判断（原審も同じ）である。そこで、もし一般的に第三段階においても保護されるべき利益が信頼利益に限られるとすると、第二、第三段階で異なった義務構成をする理由がどこにあるのか問題となる。また、警告義務違反をしたが、締約拒絶をしたのが第三段階である場合はどうなるかなど、両義務の関係がそもそもはっきりしていない。本研究では、判例の分析を通じて、この両義務の関係を再検討してみたい。なお、主位的請求との関係で、契約の成立時期、契約締結上の過失論との関係で、法律構成（債務不履行構成か、不法行為構成か）といった点も問題となるが、本稿では割愛する。

三　研　究

契約不成立についての責任を扱った判例は、二〇件以上にのぼる。その詳細な分析は別稿を予定しているのでそちらに譲り、ここではその概要を述べてみたい。

これらの判例をみると、信義則に言及せずに、契約成立への期待を抱かせ過失により損害を被らせたなどとして、不法行為責任を認めるもの（東京地判昭四三・四・二六判タ二二四号二五〇頁など）、「相手方の人格、財産を害しない信義則上の義務」と述べるだけで、義務の具体化をすることなく責任を認めるもの（東京地判昭五六・一二・一四判タ四七〇号一四五頁）もあるが、多くは表現に差はあっても、警告義務と誠実交渉義務まで信義則上の義務を具体化して当事者の責任を認定している。それらは、①東京高判昭五二・一〇・六高民集三〇巻四号三三五頁、②東京地判昭五三・五・二九判時九二五号八一頁、③東京地判昭五三・九・一八判タ三七七号一〇二頁、④東京高判昭五四・一一・七下民集三〇巻九〜一二号六二一頁（⑥の原審）、⑤東京地判昭五七・二・一七判時一〇四九号五五頁、⑥最（三小）判昭五八・四・一九（本件判旨に引用）、⑦大阪地判昭五九・三・二六判時一一二八号九二頁、⑧東京地判昭六〇・七・三〇（本件の原審）、⑨京都地判昭六一・二・二〇金判七四二号二五頁、⑩東京地判昭六一・四・二五判タ六二五号一九一頁、⑪仙台高判昭六一・四・二五判タ六〇八号七八頁、⑫東京高判昭六一・一〇・一四金判七六七号二一頁、⑬本判決、である（誠実交渉義務の根拠として仮契約、協定を挙げるもの（⑤⑨）もあるが、これらは仮契約等を根拠としなくても信義則上同様の義務が発生すると考えられる事案であるので、含めて考察する。また、警告義務を認めた⑩は、信義則に言及しないが、同様に考えることができるので、含めて論じたい）。しかし、両義務の関係について述べた判例はなく、その関係が問題となる。前記学説が述べるように第二段階と警告義務、第三段階と誠実交渉義務が判例上対応しているかをみても、第二段階で警告義務を認めた判例は②⑦⑫、誠実交渉義務を認めた判例は①⑪、第三段階で警告義務を認めた判例は③⑩、誠実交渉義務を認めた判例は④⑤⑨そして本判決とその原審であり、その傾向はあるが決定的な結びつきはないように思われる。そこで、まず締約強制の問題（契約法上の義務ととらえた場合）と損害賠償の範囲の問題について、両義務の比較をしてみたい。

警告義務は、前述のように契約締結の意思がないことあるいは不確実であることを相手方に知らしめる義務である。したがって、この義務によって締約意思が拘束されるわけではないので、締約強制はもちろん契約成立を前提とした履行利益の賠償請求も問題とならない。学説も判例と同様に、賠償範囲として履行利益まで認める見解はない。

これに対し、誠実交渉義務（「誠実に契約の成立に努めるべき義務」）の内容は不明確である。締約強制の問題では、一般に契約は主要な部分が合意されていれば成立を認めてかまわないとされているので、誠実交渉義務の内容に承諾義務を含めることも十分可能である。この立場では予約との関係が問題となる。⑤の仮契約違反の事例では、締約強制が「公平の見地からみて妥当でないような事情が発生発見された場合には」締約拒絶が許されるという点で、無条件に承諾義務を負う予約と異なるとしている。このことから正当事由のない限り承諾義務を負うとも解せるが、⑨⑪では協定の破棄の通告、交渉の決裂により契約締結が不可能になったとしている。また⑥（④）は、売買交渉中の土地を他に売却した事件で、「契約の締結を不可能ならしめた」場合にあたるが、それを単なる締約拒絶の事例である本件に引用している。締約強制が直接問題となった判例はないが、締約拒絶により締約が不可能になったとの論理に立てば、締約強制が認められないことになろう。損害賠償の範囲に関しては、かつて⑨が、履行利益の賠償請求に対し、締約拒絶がなく誠実に交渉していれば必ず契約が締結されたと確信をもって認定できる証拠がないとして、これを退けた。これによると、証明によっては履行利益の賠償まで認められることになる。ところが本判決は、賠償範囲の問題としてこれを否定している。

私見としても、締約強制、履行利益の賠償を認めるべきではないと考える。契約内容を定める合意と契約そのものを成立させる合意とは分けて考えるべきであり、第三段階に至っても、後者は、別に本契約が予定されていることから、ないと言ってよい。締約義務にしても、それが主たる給付義務と同視されるので、その発生は当事者の合意によるべきであり、信義則によっては発生しないと考える（⑤は仮契約を根拠としている）。履行利益の賠償も、それが履行義務に代わるものであることから、給付義務が成立しない限り認めるべきではない。実質的にも、締約拒絶者は契約締結による不利益を回避するために交渉を中止するのに、履行利益の損害賠償を認めると、多くの場合、回避しようとした不利益を押しつけられる結果となるので、妥当でない。もし例外的に契約成立への信頼が、履行利益の賠償を正当化する程のものであれば、契約の成立か、予約を認めてしまうべきである。なぜなら、その方が理論的に簡明になるし、債務者としても、多くの場合、契約の履行か履行を拒絶して履行利益の賠償かの選択ができるわけで（強制履行が可能であっても現実にはその利用は少ない）、利益となるからである。特に本件のような合弁事業の場合、もし賠償金が何十億円にものぼることがわかっていたら、締約を拒絶しないことも十分考えられる。以上のように解すると、両義務は損害賠償の前提としてのみ意味をもち、賠償範囲も信頼利益で、両者は異なるところがないといえる。では、損害賠償の要件面（帰責事由）ではどうだろうか。

警告義務違反では契約成立への信頼惹起に帰責事由を必要とするのに対し、誠実交渉義務違反では必要としていない。その点で、誠実交渉義務の方が責任は重いといえる（正当事由の問題は割愛する）。そこで、前記学説のように交渉のより進捗した段階で誠実交渉義務が課されるのかというと、前述のように必ずしもそうではない。ここでは結論だけを述べると、裁判所は第二、第三段階にかかわりなく、契約成立への信頼を引起した時点で締約意思がない場合には警告義務を課し、その時点では締約意思があったが後になくなった場合には、信頼惹起という点に帰責性は見出せないので誠実交渉義務を課しているといえそうである。

もしそうだとすると、判例の価値判断は第二、第三段階を通じて一つであるといえる。それは、帰責事由の有無にかかわらず、契約成立への信頼を惹起した当事者が正当な理由なく締約拒絶、あるいは不可能にしたら、相手方が契約の成立を信頼して被った損害を賠償しなければならない、ということである。筆者もこれに賛成する。帰責性については、調査告知義務と異なり自らの締約意思の不知は考えられないこと、意思の伝達の際には相手方の一方的誤信について責任を負わないことから、不要としてよい。またそうしないと、翻意の場合の責任が根拠づけられなくなる。しかし、判例のとる法的構成には難点がある。誠実交渉義務の場合、義務に違反しなければ契約が成立したとすると、相当因果関係にある損害は履行利益まで及び、義務を尽くしても契約が成立しなかったとすると、信頼利益の賠償さえ得られないことになる。信頼利益の賠償を妥当と考えれば、別の構成が望ましい。おそらくそれ故に、判例も警告義務違反として構成可能なときは、誠実交渉義務違反としなかったのではなかろうか。筆者としては、アメリカの約束的禁反言に類似した法理として構成すべきであると考えているが（特に①が参考になる）、その検討は別稿に譲りたい。

本判決について結論を述べれば、**契約成立への信頼を惹起させかつ正当な事由なく締約を拒絶したYに、信**

頼利益の賠償責任を課したのは妥当であるが、誠実交渉義務違反の構成は賠償範囲との関係で問題が残るといえる。

第二部　対価的均衡の維持論と信頼責任

――性状錯誤と担保責任――

はじめに

私は、これまで、[1]（特定物）売買契約において「当事者が予定した目的物」（特定物のドグマを認めなければ「合意で定めた目的物」と同じ）を買主が取得できなかった場合の救済をみてきた。そこでは、当事者の「意思」が一致していることが前提になっていた。だが、売買目的物の性状をめぐる当事者の争いは、それだけに限られない（本稿では「予定」対象を特定物の性状に限定する）。「予定」外の一方当事者の性状への期待と、実際の性状との間に齟齬があった場合にも生じ得る。本稿では、契約締結時の性状について、当事者の期待が裏切られた場合の類型を析出・整理すると共にその救済をみることと、救済制度間の関係（特に担保責任と錯誤の関係）を検討することを目的としている。

分析方法としては、救済制度からのアプローチをとることはしない。本稿では、当事者の性状に関する期待の保護を考察することを目的としているので、期待を出発点にする。初めに、1性状に関するどのような期待が表示を通して契約内容になりうるのかを検討する。私的自治としてその効果発生が法秩序により容認されるものは、合意により契約内容とすることは可能である。問題は、性状が存在するとの「合意」の評価である。その合意が法律行為的効果に結びつくなら、契約内容に入るかどうかは重要な意味を持つ。だか、私は、履行義務（瑕疵除去義務）は発生しないとする立場を取るので、性状が契約内容に入るとする意味が問題となる。さらに、性状に関する合意相互の関係もみる。次いで、2性状に関する期待の保護を問題にする。性状が不存在の場合の処置の合意は、私的自治として、その効果発生を認めることで保護は足りる。問題は、この場合も性状が存在するとの期待である。まず、I契約内・外の当事者の性状が存在するとの期待と、実際の性状の関係の組み合わせのうち、問題になり得るものを選びだす。次に、Ⅱそのような期待と実際の性状に齟齬があった場合の救済を検討する。その際、当事者の期待に対する法的保護は、(a)期待が契約内容になっているかどうか以外に、(b)実際の性状に対する主観的態様に依存することに注目する。特定物売買では、たとえ性状が契約内容になったとしても履行義務は発生しないので、現実と意思（期待）の食い違いにつき悪意あるいは善意有過失であった場合には、その性状を備えた目的物を取得（移転）できないことを予想・覚悟すべきであると評価され、その意思（期待）について保護が与えられないことがありうるのである。そこで、個々の類型につき、実際の性状に対する当事者の契約成立段階における認識とその評価（過失の有無とその程度）により、さらに場合分けを行なう。そこでは、現実の性状について調査をしないことが、例えば重過失と評価されたりする。さらには、(c)当事者の認識・期待と相手方の関係（惹起、認識等）についても考えなくてはならない。以上のような利益状況・要保護性に応じて、性状が存在するという期待の保護を考えてゆく。その際、既存の制度を使うのがよいのか、あるいは別の制度を考えるのか、複数の制度の利用が考えられるとき、その制度間の調整をどうするのかの検討を行なう。

なお、本稿では紙面の関係上、問題類型の析出と若干の検討をするに止め、判例、学説の詳細な検討は、別稿に譲ることにする。

(1)　拙稿「売主の債務不履行責任と担保責任――旧民法典の立場について――」早稲田法学会誌三九巻（平成元年）一三九頁以下（本書第一部第一編）、同「売主の債務不履行責任と担保責任(一)〜(三・完)――現行民法典の立場について――」法研論集（早大院）四九号七九頁以下、五一号一三三頁以下（平成元年）、五四号一八七頁以下（平成二年）（本書第一部第二編）

第一章　前提的検討

——性状についてのどのような期待が表示を通して契約内容になりうるのか？——

第一節　性状が不存在等の場合の処置への期待

当事者の一方が、性状が存在しないかもしれないということ等を想定して、その場合の処置（契約の解消・代金の調整、損害賠償、修補等）を望むことがある。このような期待を効果意思内容として表示して、相手方の同意を得て、契約内容とすることはもちろん可能である。性状がなければ契約を解消する合意は、条件（但し既成）であり、売買契約の付款となる。代金の調整も付款としての合意になろう。性状がなければ損害賠償責任を負うとの合意は、損害担保契約であり、売買契約の付随的な契約となろう。修補義務を負うとの合意も同様である（損害担保契約と呼ぶかは別にして）。後二者の契約は、性状がなければ責任を負うという意味で、性状保証契約と言えよう。これらの合意は、特定物のドグマを認めるかどうかにかかわりなくなすことが可能である。合意をすればそれに従った効果が発生し、合意をしなければ何らの効果が発生をしないという点で、契約の有無が決定的である。

第二節　性状と代金を関係づける期待

売買代金を決定する際の最も重要なファクターは、目的物の性状であろう。この判断を当事者が共通に行ない、かつ契約内容にすることも可能である。例えば、X番地の土地の売買で、代金を一坪一〇万円で一〇〇坪あるとして一〇〇〇万円と定めたところ、実際は一一〇坪あった場合を考えてみる。この場合、X番地の土地を一坪一〇万円で買う合意と「解釈」できれば、代金は一一〇〇万円となろう。当事者が、面積が一〇〇坪ないことを想定して、実測の結果坪数の増減が判明したときには、代金の調整に代金の決定方法（一坪一〇万円）を利用することを合意したのならば、前節の代金調整の合意である。そうではなく、性状が存在しないかもしれないということは一応想定しているが、その場合の処置を決めていない場合や、当事者の意思としては代金の決定方法に重点があり、面積が一〇〇坪、代金一〇〇〇万円に重点がない場合にも、裁判所は、契約の「解釈」として、当事者の決めた代金の決定方法により、代金の調整を行なうことが許されるときがあろう。そのとき、代金の決定方法が合意内容に入っていると「解釈」することになる。そうだとすれば、この場合も契約内容に入るかどうかが決定的である。

なお、通常の数量指示売買（第五六五条参照）では、数量、代金額に重点が置かれているので、あくまで数量、代金額が意思表示・合意内容であり、一坪十万円で代金を決めたということは動機にすぎない（次節の問題）。

第三節　性状が存在するとの期待

この場合、表意者は性状が存在することを確定的なものと想定している。そのため、性状が存在しない場合の処置を考えていない。従って、期待が表示され「合意」内容になるとしても、性状が存在しない場合の処置は、「合意」内容から導き出すことはできない。この場合の処置は、法規により定められる。そこで、ある性状が存在すると表示をして相手方も承認したこと（「合意」）の意味が、法規の適用との関係で問題になる（後述）。

ある性状が存在するとの期待は、常に表示されるのであろうか。売買目的物が特別の性状を備えていることを、買主が欲する場合には、その確認の表示がなされるであろう。ところが、目的物の属する種類（家、自動車等）が通常有すべき性状については、当然のこととして、特に性状が述べられないのが通常であろう。このような場合、性状については表示がなされないと解する見解もある(2)。だが、目的物の特定の表示として、例えば「自動車」などの表示がなされるのであるから、その表示には「自動車が通常有すべき性質を備えている」ことが含まれていると解せられよう。従って、解体業者への売買等以外では、特に性状を排除する合意のない限り、通常有すべき性状を備えた自動車の売買の「合意」とされよう。もちろん、「通常有すべき性状」の解釈には、その種類に対する社会観念だけでなく、代金との兼ね合いなどその取引特有の事情も加味されて判断されることになる。

ところで、特定物売買において、性状が存在するとの表示があっても、法的には意思表示の内容とはならないという考え方がある。また、「瑕疵ある特定物の給付は瑕疵なき履行である」とも言われる。前者は後者の根拠（の一）である。普通、後者を指して特定物のドグマと呼んでいる。だが、私は、性状が合意（契約）内容になることと給付（履行）義務内容になることを分けて考えるため、便宜上、本稿では前者を指して特定物のドグマと呼びたい。一般に性状錯誤が動機の錯誤とされるのは、この意味での特定物のドグマを承認するためである。そこでまず、特定物のドグマと売買目的物の性状に関する錯誤の関係を検討したい。

＊以下、①契約時の実際の性状、②買主の期待した性状、③売主の期待した性状、④当事者が予定（「合意」）した性状、として論じる。

（2）いわゆる（瑕疵）担保責任の法定責任説はそうであろう。また近時の学説では、三宅正男『契約法（各論）上巻』（青林書院新社、昭和五八年）三一二頁、三二六～七頁、三四九頁（「契約の基礎ないし前提としての表示」がない）、高森八四郎「瑕疵担保責任と製造物責任」現代契約法大系⑵（有斐閣）一四五頁以下。同・一五八頁、一六〇頁、一六四頁は、目的物の特定の表示（例えば、「この自動車」）により、「自動車」の「本質的性質・属性」については、常に当事者によって「保証」がなされているとする。これに対して、「非本質的性質」で取引通念上、通常期待して妨げない性質については、合意内容になっていなくとも、法定の担保責任をもたらすとする。そうすると、「通常有すべき性状」のうち「非本質的性質」は、「自動車」のような表示だけでは表示されていないことになる。なお、同・一五八頁は、このような「付随的な性状・機能についても、多くは売主の「保証」ないし「担保」がある場合が多かろう」とする。

第一項　特定物のドグマの否定

錯誤は、一般的な定義からすると、内心の効果意思と法律行為（契約）内容の齟齬ということになろう。ところが、性状錯誤については、内心抱いた性状（②③）と実際の性状（①）の齟齬と説明されるのが通常である。これはなぜであろうか。

性状錯誤が動機錯誤であるという場合、性状に関する表示がなされて当事者の一致をみた場合も含む。それは特定物のドグマを承認するためである。特定物のドグマは、特定物売買においては、目的物はその特定されたものであり、ある性状があると表示されたとしても、それは法律行為の内容を変えるものでないが故に動機に止まるとする。従って、これを認める立場では、性状について「合意」がある場合でも、一定の性状を備えることは、動機にすぎないことになる。その結果、実際の性状（①）がどのようなものであっても契約に合致することになり（不正確ではあるが、）④→①により、④＝①となる）、性状錯誤について上記のような定義がなされ得るのである。

瑕疵担保責任に関する契約責任説は、特定物のドグマを否定し（性状も意思表示の内容になる）、特定物売買においても、一定の性状を備えた「この物」が契約内容になりうるとする。そして、瑕疵なき特定物の給付義務も認める。この立場の主なねらいは、瑕疵があった場合に、瑕疵の除去義務と履行利益の損害賠償を導き出すことにあった（そのためには、原始的不能の理論の否定も必要）。ところが、錯誤との関係では特定物のドグマを論じてはいない。[3] 性状錯誤の処理のためには、特定物のドグマを否定して考える必要はないのだろうか。

特定物のドグマを否定すると、Aという性状を備えた「この物」（特定物甲）とBという性状を備えた「この物」（特定物甲'）は、別の物とまではいえなくとも、少なくとも、同じ物ではあるがAとBの性状において異なると考えることになろう。そうすると、(a)甲を買うつもりで、甲'を買う意思表示をした買主には表示行為の錯誤があることになる。(b)性状に関する表示をなし、それが相手方も承認すれば、甲'について契約が成立する。もはや、表示と効果意思の不一致はないことになる。(a)(b)の場合とも動機の錯誤ではない。(c)内心抱いた性状を表示する意思がない場合、その性状と実際の性状の齟齬は、動機の錯誤になるにすぎない。特定物のドグマを承認する立場では、これらがすべて一緒になってしまう（(c)（動機の錯誤）に吸収）。だが、内心の性状に対する期待と実際の性状の齟齬を錯誤の問題として考えるとき、少なくとも大きく、性状が契約内容に入らない場合（(a)(c)）と、契約内容に入る場合（(b)）に分けるべきである。なぜなら、私は、性状が契約内容に入らない場合（特に(a)）にも錯誤無効の可能性を認めるが、性状が契約内か外かにより要件に差を設けるべきだと考えるからである（後述）。そのためにも、特定物のドグマを否定するのである。

――肯定説への批判――

ではなかろうか。

Ⅰ　瑕疵担保責任に関する法定責任説

特定物のドグマを承認する立場でも、瑕疵担保責任の主観的瑕疵を判断する基準として、「合意」を持ち出さなくてはならない[4]。それは思考の不経済であろう。性状は契約内容にはなる（特定物のドグマを否定）が履行義務の内容にはならないとして、契約と実際の性状の齟齬により瑕疵担保責任の瑕疵を判定すれば済むことではなかろうか。

Ⅱ　「前提」論、「(主観的) 行為基礎」論

少数説ではあるが、ドイツの議論の影響を受け、特定物のドグマを承認しつつ「前提」（の合意）という概念を使う説（三宅説）[5]がある。この説は、まず動機の錯誤は要素の錯誤（第九五条）とはならないという立場をとる。売買目的物の性状錯誤について言えば、「本質的性質の錯誤」以外は要素の錯誤とはならないこと（すなわち動機の錯誤）になる[6]。そして動機は、錯誤制度の外で「前提」論により顧慮されるとする。（契約の基礎ないし）「前提」（以下原則として括弧を外す）とは、動機と既成条件ないし解除権留保の中間に位置するもので、条件等と違う点は、性状があることを確定的なものと考えているので、ない場合の処置を取り決めていないことである[7]。前提は合意される必要がある。但し、通常の使用に適する性質については、（例外的に、）契約の基礎ないし前提としての表示がなくとも、「法律上当然基礎ないし前提とみなされる[8]」。これの欠缺の場合が第五七〇条の問題であるとする。その他の性状は、表示そして合意されることにより（顧慮される）前提となる。合意による前提の欠缺の場合は、「当然の事理[9]」として契約の解除、代金の補正が認められるとする。「主観的欠点」は、この理論により救済が与えられる。数量指示売買における数量不足の場合の担保責任（第五六五条）は、その一例である[10]。この説の特徴として、(i)動機の錯誤は前提理論によって救済され、担保責任は一

部の性状錯誤（＝動機錯誤）について前提理論を立法化したものであるから、担保責任が認められる場合に要素の錯誤（第九五条）が競合することはありえないこと、合意による前提の欠缺については、(ii)買主の善意無過失を要せず、単に善意であれば救済を受けられること、[11] (iii)代金の補正として代金減額だけでなく代金増額もなされる（但し買主に契約の解除（放棄）との選択を認める）こと、[12] 等が挙げられる。

この説は、瑕疵担保責任、錯誤の適用範囲を限定した結果、あいたところを前提論という条文上根拠のない法理に服せしめるが、その必要性・妥当性が問題である。

まず、法技術の問題がある。錯誤――意思表示者の意思（真意）の保護では、相手方の保護との兼ね合いから、その予見可能性、性状が一般に重要であるか等を要件となしうる。保護を認めるべきかどうかの価値判断を正面から行なうことができるのである。ところが、前提論では、合意された前提の欠缺があれば、自動的に代金の増・減額「請求」権、解除権が発生する[13]（権利を主張する当事者の善意・悪意は問題にするが）。そこでは、前提合意があったかどうかが決定的であり、当事者の利益衡量が入る余地はないはずである。ところが、前提合意の認定作業に、救済を認めるべきかの価値判断が混入しているのではないかとの疑問がある。まず、前提合意の認定基準をみてみると、上に紹介したことや、「契約の動機は、それを表示したときでも、契約の効力に無関係である。しかし動機のうち重要なもの（契約の基礎ないし前提）を重要なものとして表示したときは、条件あるいは約定解除権の留保に至らなくても、契約の効力につき顧慮するのが相当である。[14]」との記述から、重要な動機（前提）を、重要なもの（前提）として表示し、それを相手方も自己の前提として受け入れた（承諾した）ときに、前提合意が成立するものと推測される。ところが、表示の程度・要否については、客観的に重要な動機かで差を設けている。まず、物の売買で、物の性質以外は重要なものとして表示しなければならないが、物の性質は単なる表示でよいとする。後者は客観的に重要な動機だが、前者はそうではないからである。[15][16]また、物の性質の内、通常の使用に適する性質については、買主が前提とすることを売主は当然知るべきであるとして、表示（合意）がなくとも、法律上当然に基礎・前提として救済されるとする（第五七〇条の問題）。そして、表示を不要とした代わりに、瑕疵は客観的に隠れた性質のものでなくてはならないとの要件を付加する（売主側との利益衡量を行なう）。前提合意（前提としての表示）の解釈で、当事者の前提とする「意思」が不明確な場合に、動機が客観的に重要か否かで「意思」を事実上推定することは、もちろん許されるだろう。しかし、動機の客観的重要性を重視し、前提としての表示を軽視すると、前提は（前提として）合意されなければならないという原則に反することになる。もはや、表示（合意）レベルでは、単なる動機の表示（合意）との区別がつかなくなる。

表示（合意）の内容については、数量指示売買の一種として、「専ら売主が買主のために、少なくとも一定の数量であることを指示して売買する場合」[17]を認め、その場合、数量超過の場合に代金増額はありえないとする。「一方的数量指示」売買――一方的前提合意――を認めるのである。だが、保証ではなくて、相手方のためだけに数量を前提として表示することが果たしてあるのか、疑問である。教授の主張する前提論では、確実視された一定の事実を契約の前提（基礎）にするかどうかの意思は考えられても、「誰のために」という意思は考えられないのではなかろうか。仮にあるとしても、通常の前提合意と一方的前提合意の区別は、どのようになされるのであろうか。意思解釈といっても、どのような場合に意思があったものと解釈するのか、非常に曖昧である。

次に、（合意された）前提事項が欠缺した場合をみてみると、前提の対象（物の性質に関する動機か関しない動機か）によって効果が違ってくる。物の性質は、客観的にも重要な動機と解されるため、契約の目的を達せられないほどでなくとも、代金減額を認めるべきだとする。[18] このことも、前提論を不透明なものにするのではなかろうか。合意の性質は同じでも、客観的重要性により効果に差があるのはなぜなのか、「前提」（重要なもの（こと））として合意されること、客観的な重要性、契約の目的が達成できない（る）ことの三者の関係はどうなるのか、といった疑問が生じて来るからである。

この説は、特定物のドグマを肯定しても前提合意は可能であるとする。前提としての合意（表示）と単なる合意（表示）を区別するのである。しかし、性状については、「前提として」に一定の表示（外部から明確に識別されうるもの）を要求しないので、その区別は非常に曖昧である。この説の前提合意成立の判断は、性状があるとの合意＋錯誤無効を認める判断（要素である等）とほぼ同じと考えられる（注(16)を参照）。結局、救済を認めるべきときに、前提合意を認定することになる。このように、前提論では、妥当な結論は合意の認識作業を通して導く必要があるため、価値判断がその作業に混入し、その結果、多くの擬制が入らざるをえないように思われる。そうならば、判断を二段階にし、第一段階では、性状があるとの合意の成立及び合意（成立が否定された場合は、内心期待した性状）と現実との齟齬の認識を主に行ない、第二段階で当事者に救済を認めるべきかの利益衡量を行なうべきではなかろうか。そのため、私は、錯誤、担保責任、付随義務違反等の制度（理論）を用い、それらの要件の中で当事者の利害の比較衡量を行なうべきだと考える。なお、現在の多数説は、ドイツで「主観的行為基礎」の問題とされた「共通の錯誤」を、錯誤論の中で扱うべきだとしている（後述）。

実質的な問題としては、（ア）前提論では、保護さるべき動機の錯誤を、動機が意思表示の前提（重要な動機）となり、そのことが合意内容になっているときに限定するが、それでよいのか、（イ）（瑕疵）担保責任の効果として損害賠償を認めないのは妥当か（条文にも反する）、（ウ）三宅説で前提合意があるとされる場合に代金増額をも認めることは妥当か（もっとも解除との選択を認めるが）、等がある。私は、そのいずれにも反対である。その理由は後に又は別稿で論じる（た）が、結論としては、（ア）合意内容になっていない性状についても錯誤の成立が認められる、（イ）売主に無過失損害賠償責任が認められる、（ウ）代金増額が認められる場合は、基本的に、代金増額の合意がある場合（第一章第一節、第二章第一節第一項を参照）、代金の決定方法が契約内容に入っている場合（第一章第二節、第二章第一節第二項を参照）に限られる、と解する。

以上のように、私は、三宅教授の前提論に基本的には反対である。だが、本稿で代金の調整（損害賠償の形をとる場合も含む）を認める場合以外にも、合意された性状が欠けた場合に、一方当事者が代金の調整を望むときに、誠実な相手方ならばそれに応じるであろうという状況もあるだろう。この場合に、不誠実な相手方が代金の調整を拒否したら、契約の解消ではなく、信義則上強制的に代金の調整を行なうべきときもあるかもしれない（例外的な場合であろうが）。仮に、そのようなときがあるとすれば、それを類型化できるのか、さらに一定の法理を抽出できるのかといったことは、今後なお検討さるべき問題である。

（3）　星野英一「瑕疵担保の研究——日本」『民法論集⑶』（有斐閣　昭和四七年）二三二頁以下（初出　比較法研究二三号　昭和三八年）は、期間制限の点から瑕疵担保責任と買主の錯誤の競合問題を論じる（結論は、瑕疵担保責任優先）。しかし、性状に関する履行義務を認めると、債務不履行が買主の錯誤になるのかという問題になり、特殊な事情（たとえば、約旨の目的物を直ちに取得できるとの「合意」が無い限り、瑕疵担保責任（不完全履行の特則）のみが適用されると考えられる。教授の立場では、むしろ逆に、瑕疵担保責任と売主の錯誤の競合が問題になるのではなかろうか。

（４）柚木馨『売主瑕疵担保責任の研究』（有斐閣　昭和三八年）三一六頁以下、柚木馨＝高木多喜男『注釈民法⒁』（有斐閣　昭和四一年）二四二頁以下

（５）三宅・前掲注（２）には、「行為基礎」の言葉を「前提」と同じものとして使っているところがある。「前提ないし行為基礎の理論」（三〇〇頁）、「私は…動機の中で重要なもの＝行為基礎＝前提の概念を承認するが、それが表示されて合意上の前提となることを要件とし…」（三六三頁）

（６）三宅・前掲注（２）三五三頁（三四九頁以下）、三一二頁。

（７）三宅・前掲注（２）三二七頁、三四九頁　高森八四郎「数量指示売買と前提理論」『法律行為論上の基本的諸問題』（関西大学出版部　平成二年）一四七頁以下（初出『法と政治の理論と現実　下巻』関西大学法学部百周年記念論文集（昭和六二年））は、三宅教授の前提論とウィントシャイトの前提論との類似性を指摘する。だが、同論文も述べるように、三宅説は、前提は合意される必要があるとする点で、相手方の認識可能性で足りるとするウィントシャイトの前提論とは、大きく異なる。

（８）三宅・前掲注（２）三四九頁。なお、同・三六二頁には、「当然合意上の前提とみなされる」という、黙示の合意があるとするような表現もみられる。その他には、「推定的前提」という言葉も使われている（三四三頁、三五九頁。なお、三六二頁も参照）。

（９）三宅・前掲注（２）三〇三頁

（10）三宅・前掲注（２）三四七頁

（11）三宅・前掲注（２）三四九頁

（12）三宅・前掲注（２）三〇五頁以下、三四七頁

（13）三宅・前掲注（２）三〇三頁は、「数量指示の売買では、数量の過不足いずれの場合にも、担保責任とは無関係に、少なくとも代金額を補正すべきは契約の基礎ないし前提の欠落から当然の事理であり……」とする。

（14）三宅・前掲注（２）三五五頁～三五六頁

（15）三宅・前掲注（２）三五八頁　原文：「物の売買においては、物の性質に関しない動機は、主観的に重要でも

客観的に重要と認められず、従って、条件として、または少なくとも重要なこと（前提）として表示しなければ、契約の効力に無関係であるが、物の性質は、物が特定した以上意思表示の内容にはなり得ないが、通常は客観的にも重要な動機と解されるから、表示された性質を欠く場合には、買主が契約をした目的を達し得ないほどでなくとも、前提された性質の欠缺として代金減額を認めるべきである。」

(16) 但し、単なる性質の表示であっても、性質が主観的・客観的に重要であれば、前提として表示したと解釈するとの説明もみられる。三宅正男「瑕疵担保責任と錯誤」民法判例百選Ⅱ債権（第三版）（有斐閣　平成元年）一一五頁は、判例は、表示された売買目的物の性質が事実と異なる場合に、その性質が重要なものとして表示されたか、少なくとも主観的・客観的に重要であれば、瑕疵担保とは別に要素の錯誤により無効になるとしているが、「条件ないし前提として表示された性質の欠缺として扱うのが適切である」とする。また、同・前掲注(2)三五七頁は、（性質を）「重要だと表示しなかった場合にも、重要（前提）であることの表示があると解すべきかは、一般の意思表示解釈の問題である」とし、性質が重要だとの表示がない場合に、（判例が）「表示された性質と事実との不一致が主観的にも客観的にも重要だと判断することは、事柄自体としては、単に性質を表示したに止まらず、重要なこと（前提）として表示したと解釈することになる」とする。性質の重要性の問題を前提合意の成立の認定に組み込むものである。だが、合意と性質（の欠缺）の主観的・客観的重要性は別の事柄でなかろうか。また、三宅説では、欠けた性質がさほど重要でなくとも、代金の調整はなされるが、その場合にはどのような合意を認定するのであろうか。

(17) 三宅・前掲注(2)三〇一頁

(18) 注(15)を参照。

第二項　契約内容となった性状は履行義務内容にならない

次に、契約内容となった性状が、履行義務内容になるのかを考察する。一般に①契約時の実際の性状と④当事者が予定（合意）した性状に齟齬がある場合、性状自体の調整（①→④）がなされるのかがここでの問題である。瑕疵担保責任に関する契約責任説は、これを当然のこととして肯定したが（但し、原始的不能の理論の否定も必要）、両者は別であることに注意しなければならない。

契約内容となった性状が履行義務内容に入らないという立場[19]では、履行義務の内容は「この物」にすぎない（第四八三条）。すなわち、契約内容となった性状よりも実際の性状が良いときも悪いときも、あるがままの状態の「この物」を給付すれば、履行がなされたことになる。契約内容となった性状と実際の性状との齟齬の調整は、特約（例えば一定の性状がなければ修補するという担保約束）を必要とする。この場合、担保事由が発生したら（一定の性状がなければ）責任を負う（修補する）ということであるから、それ以外の場合（性状が契約よりも良い場合）には、あるがままの状態で給付すれば良いことになる。売主と買主の不公平の根拠は、私的自治に求められる。この説では、目的物と代金との対価的不均衡の危険は各当事者が負担し、担保責任、錯誤等といった対価的均衡の維持自体を目的としない法理により、結果として不均衡が調整されることがあるにとどまる（後述）。

これに対し、売主に瑕疵の追完・修補を認めるべきだとの価値判断から、契約内容となった性状が履行義務内容になるという立場が考えられる。瑕疵担保責任に関する契約責任説がこれにあたるだろう。この立場は果たして妥当なのだろうか。

まず、あるべき性状をもった「この物」の履行義務を認めることの意味を考える必要がある。もし、このような履行義務を認めると、その性状は、最低限でも最高限でもない確定的なものになる（ここでは、「ある用途に適する性状」という定め方ではなく、性状が確定的に定められた場合を想定する）。売主は、契約で定めた性状の物の給付をしなければならないが、それ以上の性状の給付をする必要がなく、買主も、それ以上の性状の給付を正当化できないからである。売主と買主は、平等に実際の性状との齟齬を問題にできる。実際の性状が契約の性状よりも買主にとって悪いとき、修補を請求できるという結論は、契約責任説が主張する通りである。だが、実際の性状の方が契約の性状よりもよいときはどうなるのであろうか。買主は、あるがままの「この物」の履行は請求できないのではなかろうか。なぜなら、履行義務の目的物とは別の物（「この物」には違いないが）であるか、又は債務の本旨に従ったものではないからである。従って、ⅰ売主としては、あるがままの「この物」の履行をするよりは、履行を拒絶して、契約の性状を備えた物を基準として損害賠償を支払った方がよいと考えれば、履行をしないだろう。さらに、たとえ履行したとしても、返還を請求できることになりはしないかという疑問も生じる。これに付随して、債務不履行の場合の帰責事由をどう考えるのかという問題も生じる。これに対して、ⅱ売主が、あるがままの「この物」の履行をしようとした場合は、大は小を兼ねるということで、買主は受領を拒絶できないとも考えられる。もしそうなら、その際、不当利得の問題が生じる可能性もある。また、ⅲ売主が目的物を毀損・分割しても、また不可抗力により毀損等しても、なお約定の性状を備えていれば、債務不履行の責任や、危険負担の問題は生じないことにもなりそうである。それとも、あるがままの「この物」について、「この物」を毀損すると、（依然としてあるべき性状を備えていても、）「この物」でなくなると考えるのだろうか（そうではなかろう）。

以上のように、契約内容となった性状が履行義務内容になるという立場では、売主に修補義務を認めるというその目的は達成されるが、それ以外の履行義務の具体的内容が複雑・不明瞭であり、場合によっては、買主にとって不利な結果を引き起こすことも考えられる。

さらにそもそも、特定物の売主一般に、修補義務を認めるのは妥当なのかという問題がある。この点は前稿である程度検討したので[20]、結論だけを示す。私は現在のところ、買主に修補費用の賠償を認めることで、ほとんどの場合は足りると考えている。売主に修補能力がない場合は修補義務を認めるメリットは少なく、修補能力がある場合には、信義則上あるいは当事者の合意により賠償に代えて修補をすることになると思われるからである。また、規定上も、悪意の買主に一切の救済を認めないという物の担保責任の構造から、瑕疵除去義務を予定していないと思われる。

結局、契約内容となった性状は、履行義務内容にならないと考える。

(19)　判例も、基本的にはこの立場に立っていると思われる。特定物売買において目的物の性状は動機だが、表示により契約内容に入り得るとする。だが、性状が契約内容に入っても引渡義務の対象は、現状有姿の「この物」である。

(20)　拙稿・前掲注(1)の論文、特に、法研論集五四号二〇九頁以下（本書第一部第二編第四章）

第三項　契約内容になることの意味

性状が存在するとの期待が、表示により契約内容に入っても、履行義務内容にならないとすると、性状が契約内容に入ることの意味が改めて問題となる。

性状は、履行義務内容に入らない点では、動機と同じである。だが、目的物がその性状を備えていれば、買主は、その性状を備えた物を取得するのであり、他方、売主は、その性状の価値を出捐することになるのである。契約内の性状については、その価値の移転を当事者（特に錯誤の相手方）が「容認」しているのである。なお、その「容認」の有無を、どのように評価し、法的にどのような違いを生ぜしめるべきかが問題である。現状有姿の目的物の給付により、不当利得返還請求権が発生することはない。

Ⅰ　担保責任の限界

まず、契約内容に入った性状についてだけ、担保責任による救済の可能性があることが挙げられよう。前述したように、担保責任の発生要件には、性状が存在するとの「合意」があるが、思考の便宜上、その「合意」が契約内容になると考えるのである。契約内容でない性状が欠ける場合は、たとえ売主の詐欺により買主がその性状を備えていると考えても、担保責任は発生しない。私は担保責任を信頼責任と構成するが、買主の信頼を正当化する第一の要件として、性状が契約内容に入っていることを考えるのである。

Ⅱ　錯誤との関係

判例理論によれば、性状錯誤は動機錯誤であるから、表示により意思表示（契約）内容に入って初めて無効の可能性が生じることになる。従って、性状が契約内容に入るか否かが、錯誤による救済にとっては決定的であることになる。

これに対して、最近の学説の多くは、動機の錯誤も要素の錯誤（第九五条）になりうるとして、意思の欠缺と動機の錯誤を区別せずに、統一的な要件を立てる（一元的構成）。その際、錯誤無効の範囲が広くなり過ぎることを抑えるため、相手方の認識（可能性）（認識対象は、錯誤に陥っていることとする説と錯誤対象が錯誤者にとって重要であることとする説に分かれる）を要件に付け加える。この立場では、錯誤の救済にとって性状が契約内容に入っていることは決定的でない。それでは、性状が契約内容に入っていることは錯誤にとり何の意味もないのであろうか。一元的構成をとる説は、ドイツで「主観的行為基礎」の問題とされた「共通の錯誤」も、錯誤（第九五条）の中で処理できるとする。ただし、錯誤の中で、共通の錯誤を一方の錯誤と区別するものもある。この共通の錯誤は、錯誤対象（性状）が私の立場で言う契約内容に入っていることを必要とするのであろうか。

（日本法で）共通の錯誤とは何かについては、学説上一致をみていない。「相手方に認識可能に表示された動機ないし基礎事情に関する錯誤の場合は、相手方が表示された動機ないし基礎事情の誤りを知らなかったのであれば共通錯誤」となると広く解する見解(21)もあれば、「当事者の一方が他方の内心の観念をただ単に認識している場合ではなく、両当事者の共通の認識として観念された一定の事実の存在（不存在）が当該種類の契約の性質上当然に、あるいは当該個別的な契約締結の際の諸事情から（たとえば、相応する代金額が約定されたことによって）いわば当為的性状を有する場合」（に、その観念と事実が一致しないこと）、あるいは「共通錯誤の場合には、…いかなる当事者の観念を契約の構成部分と理解するかによって説明の仕方は異なるにしても、両当事者が共に重要なものとして契約の前提とした共通の観念、あるいは、両当事者が重要なものとして契約の内容に受容した共通の観念と事実とが一致しないことが必要とされる」と狭く解する見解(22)もある。この二説とも、錯誤の相手方による認識可能性を一方の錯誤の要件とするので、それを要件としない共通の錯誤は一方の錯誤と区別される。前者では、性状（錯誤対象）が契約内容に入っている必要はない。だが、一方の錯誤にない要件が付加されている(23)。これに対し、後者では、性状が契約内容になっただけでは足りず、当事者双方にとって意思表示の基礎になっていることが必要であろう。その代わり要件が緩和され、第九五条但書の適用はないとされる(24)。判例・通説によれば、九五条但書は、表示上の錯誤のような意思の欠缺でも、相手方が悪意ならば適用されない。そうとすると、その不適用は性状が契約内に入っていることによるものとは言えないだろう。私は、第九五条但書の適用を受けない種類の錯誤の要件という意味で、後者の定義に一応従っておく。なお、この説は、一方的錯誤では、錯誤の認識（可能性）が要件となるとしながら(25)、「一方的（動機）錯誤」は、「共通

（動機）錯誤」と同じく、「当事者の観念が法律行為の内容に受容され、当為的性状を有する」ことを必要とするとする。(26) そうすると、この説は実質的には二元説であると考えられることになる。(27) そのため、性状が契約内容になっていることが、錯誤による救済にとって決定的であることになる。

このように（私のみた限りでは）、二元的構成では、性状（動機）が契約内容に入るということが、錯誤の救済にとり決定的であるのに対し、一元的構成では、決定的でないばかりでなく、契約外の性状と扱いに差はないことになる。なお、これらの立場では錯誤と（瑕疵）担保責任の競合問題が生じるが、担保責任の要件を充たす限り、担保責任が優先するとするものが多い。

私の立場では、前述のように、性状錯誤の多くは動機の錯誤ではなく、目的物の同一性の錯誤と連続した問題になる。これは意思の欠缺であるので、判例理論でも、性状が契約内容に入る必要がないことになる（判例理論の当否はここでは論じない）。だが、動機の錯誤、意思の欠缺のいずれに位置付けるかは別として、契約内容になった性状に関する錯誤と、ならない性状に関する錯誤を、同一平面で扱ってよいのかという問題は依然として残る。

性状に関しては、買主は欲する性状（錯誤に陥った事柄）を表示し合意内容にしようとするのが通常である。性状は目的物と一体不可分で所有者の財産的支配下にある。それ故に、売主は一般に目的物に関し知識があると考えられ、そのため売主に性状の存否の確認がなされるという意味だけでなく、その財産の譲り受けを（売主の錯誤等の問題を生ぜしめないという意味で）正当化する意味でも、買主には表示が求められる。なるほど、他の錯誤でも錯誤事項が表示されることがあるが、おおむね例外的と言える。この場合、売主の支配下にある、又は信義則上責任を負うような事柄でなければ、単なる表示・確認行為に法的な意味（例えば、判例理論で、動機が法律行為の内容になること）を認めることは難しいだろう。

契約内容に入った性状に関する錯誤と契約内容に入らない性状に関する錯誤は、共に内心期待した性状と実際の性状の齟齬であるという点で等しい。だが、性状が契約内容に入った場合は、表示行為として、表意者はすべきことは一応している（保証、条件等にまではしていないが）。これに対し、契約内容に入らない場合、表意者には、表示行為にミスがあると一応考えられる（相手方が錯誤を惹起した等の事情がない限り）。このため、両者を区別し、契約内容に入らない場合の要件を厳格にすることは、十分合理性のあることである。私は、両者の主要な差として、「要素」の認定の点での違いを設けるべきだと考えている。このことは後にも述べるが、買主の場合であれば、契約内容に入らない性状については、取得目的に合致しないだけでなく客観的に著しく対価的均衡が崩れるような場合でなければ、「要素」にあたらないが、契約内容に入っていれば、取得目的に合致せず、それが一般にも正当視されれば「要素」にあたると解することになる。

なお、私の立場で、欠けていた性状が契約内容に入っていたと言えるには、当事者が、性状が存在するという同じ錯誤に陥っていただけでは足りない。また、一方の錯誤を相手方が認識していた（可能であった）だけでも足りない。性状についての合意行為が必要である。だが、当事者が、その性状があるため意思表示をしたことまでは必要ではない。原則として、一方当事者が、その性状があるために意思表示をして、相手方が承認したということが必要であろう。だが例えば、ある商品が一定の強度を有すると、その説明書には書いてあったが、買主はその点に着目せずに買い受けた場合を考えてみる。買主がその商品を使っていたら、説明強度以下で壊れてしまったとする。その場合、買主は契約違反として売主に責任を追及できるだろうか。これは約款の問題にも関連するが、たとえ両当事者がその性質に着目しない場合であっても、性質が契約内容に入っているとされることも生じよう（そのときは契約違反となる）。このように、表示（合意）行為があれば、当事者の意思については擬制がなされることもある。そこで、本稿では、意思表示（契約）の解釈は、客観的な解釈を中心に行なってゆくことにする。

(21)　小林一俊『錯誤法の研究』（酒井書店　昭和六一年）（初出　亜細亜法学一六巻一・二合併号（昭和五七年）四三頁）三五一頁。これに対して、中松櫻子「錯誤」『民法講座第一巻』（有斐閣　昭和五九年）四三〇頁は、「相手方がその動機に法的意味を認めていなければ共通錯誤とは言えないだろう」と批判する（同所引用文献も参照）。

(22)　須田晟雄「「要素の錯誤」（八）—判例の分析を中心にして—」北海学園法学研究一三巻二号（昭和五二年）三六九頁、三七一頁。四宮和夫『民法総則（第四版）』（弘文堂　昭和六一年）も同様か。

(23)　小林説では、一般的には無重過失は錯誤要件にはならないが、双方錯誤（相互錯誤と共通錯誤を統合したもの）においては、「重過失により双方錯誤を惹起した当事者からの錯誤主張は許されない」（小林・前掲注(21)三六八頁）とされる（三六七頁、三四七頁以下も参照）。

(24)　須田・前掲注(22)(八)三七四頁

(25)　須田・前掲注(22)(八)三六七頁

(26)　須田・前掲注(22)(八)三七三頁。なお同論文(七)一二巻三号四八五頁以下も参照。

(27)　中松・前掲注(21)二四七頁以下は、須田説は「二元的構成が払拭されていないように思われる」と述べる。

第四節　性状に関する合意相互の関係

これまで、1性状が不存在の場合の処置の合意、2性状と代金を関連づける合意、3性状が存在するとの合意をみてきた。これらの各合意は併存しない。1では、性状の不存在を想定しているのに対し、3では、確実なものと考えている。２では、性状の存在に重きを置かないので、性状の不存在を漠然と想定しているとも言えるが、不存在の場合の処置は考えていない。「解釈」で、２の合意に１の合意の機能（代金調整）をもたせるのである。

例えば、土地の売買で、(a)Ｘ番地の土地（実際の坪数　一一〇坪）、(b)一〇〇坪（当事者が期待した性状）、(c)一坪一〇万円（代金の決定方法）、(d)一千万円（代金）、(e)一応想定した坪数が実測坪数と異なっていれば代金を一坪一〇万円で調整（一応想定した性状と実際の性状が食い違う場合の代金の調整方法）とする。特定物のドグマの否定により(a)と(b)は契約内容として矛盾しないことになる。だが、(b)、(c)、(e)の三者は契約内容としては矛盾する。このため、(b)、(c)、(e)の内の一者しか契約内容になることはなく、残りの二者は契約外に止まると考えざるを得ない。従って、契約内容により分類すると(1)(a)Ｘ番地の土地を(d)一千万円で買う契約、(2)(a)Ｘ番地の土地を(d)一千万円で買い、(e)実測坪数が一〇〇坪と異なれば一坪一〇万円で調整する契約（１の合意が含まれる）、(3)(a)Ｘ番地の土地を(c)一坪一〇万円で買う契約（２の合意が含まれる）、(4)(d)一〇〇坪ある(a)Ｘ番地の土地を(d)一千万円で買う契約（３の合意が含まれる）の四種類となる。性状についての期待は、(2)(3)は契約により保護され、(1)(4)は法律により保護される。このうち、(1)は内心の性状が合意内容に入らない場合で(4)は合意内容に入る場合である。

このような分類に従い、性状についての期待が裏切られた場合の当事者の救済をみてゆきたい。

第二章　性状についての期待の保護

第一節　契約による保護

第一項　性状が不存在等の場合の処置の合意

このような合意がある場合に、原則として合意内容に従った法的効果の発生（契約の解消、代金の増・減額、修補義務の発生、損害賠償義務の発生等）が認められるのは当然である。本稿では、これらの合意について詳しく論じることはしない。ここでは、注意点をいくつか挙げるに止めたい。１これらの合意は私的自治の原則により認められるものであるから、あくまで基準は当事者の意思である。従って、例えば一般的には重要でない性状についても当事者が合意すれば、契約の効力をこれにかからしめることができる。また、性状の存否に関する当事者の主観的態様（例　性状の不存在を知らなかったことにつき買主に重大な過失）は、公序良俗違反や信義則違反等の場合を除き、その効力に影響を及ぼさない。この点、法規である錯誤（第九五条）の適用とは異なる。契約内容に入った動機の錯誤を、「条件」の問題とするのと第九五条の問題とする主な違いはここにある（判例がこの点を意識して「条件」構成を避けているのかは不明）。２このような合意が認められるには、当事者が性状の不存在等の可能性を想定している事が必要であると言えるが、実際の認定に際しては微妙なこともあろう。一般的には、合意上の効果は、法定の効果よりも相手方に重い負担を課すことが多いので、黙示の合意の認定には慎重さが求められよう。３当事者は性状の不存在等の可能性を想定しているので、このような合意がある場合には、当該性状に関しては、錯誤、担保責任等の表意者保護や買主保護の規定は適用されない。

第二項　契約の解釈——代金の決定方法の合意

契約の解釈により代金額の調整がなされる場合もある。それは、代金を性状に関連づけて決定する方法が、契約内容になっていると解釈される場合である（例　土地売買で、一坪一〇万円で代金を決めることが契約内容）。この場合、当事者が想定した性状（例　一〇〇坪）と代金額（例　一〇〇〇万円）は一応のものにすぎず、契約内容にはならない。そして、実際の性状（例　一一〇坪）と代金の決定方法により算定された額（一一〇〇万円）が、契約内容となる。

このような合意がある場合、1実際の性状が一応想定した性状より良い悪いにかかわらず、代金の調整（増減）がなされる。[28] 2当事者は、性状の不存在等の可能性を、明確には想定していないので、契約内容となった性状、代金額と、一応定めた性状、代金額の齟齬につき錯誤等を問題とする余地がある（但し、想定した性状は契約内容に入っていないので、担保責任は問題にならない）。

（28）当事者は平等に扱われる。一方当事者の利益にのみ働くことはないという点は、（確定的に定められた）性状が履行義務内容になるとした場合と同じである。担保義務とは異なるところである。

第二節　法律による保護——性状が存在するとの期待、合意

以上のような合意がない場合は、たとえ代金額が性状と関連づけて定められていたとしても、定め方は動機にすぎず、当然には代金額の修正はなされない。別の制度により、結果として対価的不均衡の解消がなされることがあるだけである。

前述したように、性状が存在するとの合意は契約内容になるが、履行義務内容に入らないので、実際の性状

と契約内容となった性状とに食違いがあっても、履行義務は尽くされたことになり、性状自体の調整は行なわれない。また不当利得の問題も起きない。このため、契約の目的物と代金は対価的均衡がとれていたのが、履行義務段階では崩れてしまう。また、買主にとっては、必要な物件を取得できない事態が生じうる。そのために損害が発生することもある。純粋な損害賠償は別にして、この場合、契約自体を消滅させて、対価的不均衡を解消することも考えられる。買主にとってその目的物に利用価値がある場合等は、代金の調整をして契約を維持することも考えられる。また、内心期待した性状について表示がなく、性状が契約内容に入らない場合にも、内心期待した性状と実際の性状に齟齬が生じることがある。このときは、もちろん性状自体の調整はなされないし、契約として対価的均衡も保たれている。だが、当事者の一方としては、期待した性状のものを入手できなかったり、代金額に不満をもったりする。このようなときにも、契約の解消、損害賠償等による代金額の調整等の救済を認めるべきかが問題となる。本章では、このような対価的不均衡解消の機能を持つ制度、及びその際問題となる損害賠償について概観したい。

第一項　問題類型

売買契約時の目的物の性状(29)をめぐる当事者の争いは、①契約時の実際の性状、②買主の期待した性状、③売主の期待した性状、④当事者が予定（合意）した性状、に食い違いがある場合に生じうる。四つの組合せとして想定される場合は次のようなものである（買主にとって）価値がより高いことを∧の記号で表す）。

1無条件（75通り）

全部不等号（24）

①＜②＜③＜④　①＜②＜④＜③　①＜③＜②＜④　①＜③＜④＜②　①＜④＜②＜③　①＜④＜③＜②
②＜①＜③＜④　②＜①＜④＜③　②＜③＜①＜④　②＜③＜④＜①　②＜④＜①＜③　②＜④＜③＜①
③＜①＜②＜④　③＜①＜④＜②　③＜②＜①＜④　③＜②＜④＜①　③＜④＜①＜②　③＜④＜②＜①
④＜①＜②＜③　④＜①＜③＜②　④＜②＜①＜③　④＜②＜③＜①　④＜③＜①＜②　④＜③＜②＜①

イコールが1（36）

①＝②＜③＜④　①＝②＜④＜③　①＝③＜②＜④　①＝③＜④＜②　②＝③＜①＜④　②＝③＜④＜①
①＝④＜③＜②　①＝④＜②＜③　③＜①＝②＜④　④＜①＝②＜③　②＜①＝③＜④　④＜①＝③＜②
①＜②＝③＜④　④＜②＝③＜①　②＜①＝④＜③　③＜①＝④＜②　③＜④＜①＝②　④＜③＜①＝②
②＜④＜①＝③　④＜②＜①＝③　①＜④＜②＝③　④＜①＜②＝③　②＜③＜①＝④　③＜②＜①＝④

〜〜〜

②＜③＝④＜①　①＜②＜③＝④　②＜①＜③＝④　②＝④＜①＜③　②＝④＜③＜①　①＜②＝④＜③
③＝④＜②＜①　①＜③＜②＝④　③＝④＜①＜②　①＜③＝④＜②　③＜②＝④＜①　③＜①＜②＝④

イコールが2（14）

①＝②＝③＜④　④＜①＝②＝③　②＝③＜①＝④　①＝④＜②＝③　②＜①＝③＝④　①＝②＜③＝④
①＝②＝④＜③　②＝④＜①＝③　①＝③＝④＜②　②＝③＝④＜①　③＜①＝②＝④　①＜②＝③＝④
①＝③＜②＝④　③＝④＜②＝①

全部イコール（1）

①＝②＝③＝④

このうち、実際にありえないか、若しくは問題にならないものを除いてゆく。

(29)「性状」とは何かについては、ここでは、それが欠けることにより第五七〇条の瑕疵、第五六五条の不足になりうるものとしておくにとどめる。そして、ここでの性状は、ある用途に適する性状というような定め方（期待）（適合、不適合の二種類しかない）ではなく、例えば、一〇〇坪（数量）や一八金（品質）のように、確定的な定め方（期待）をするものとする。また、数量が多ければ（品質が高ければ）、それだけ買主にとって利益（売主にとって不利益）となり、少なければ（低ければ）、それだけ買主にとって不利益（売主にとって利益）となるものとする。そのため、合意若しくは期待との不一致が各当事者に不利な場合と有利な場合を生ぜしめる。ほとんどの性状は、このように考えてさしつかえないと思われるが、例外的なものについては、問題が生じた時点（本稿外）で検討したい。なお、前者の定め方をすると、売主の錯誤の可能性が後者の定め方よりも減るが、その検討は本稿では省略する。

Ⅰ　内心の意思

性状に対する当事者の内心の意思（期待）は、どのようなものであろうか。それは、予定（合意）した性状と必ずしも一致しない。まず、表示されない段階のものとして考える。買主の意思としては、多くの場合、実際の性状が認識以上のものである限りにおいて、「あるがまま」のものではなかろうか。すなわち、その性状は、最低限のものとして欲せられているのである。これに対して、売主の意思としては、多くの場合、実際の性状が認識以下のものである限りにおいて、「あるがまま」のものではなかろうか（保証の意思がある場合等を除く）。すなわち、その性状は最高限のものとして欲せられているのである。次に、その性状（通常は認識した性状が期待する性状として表示対象になる）が表示され、相手方との一致により予定（合意）した性状になり、さらに契約内容となると、確定的なものになる。そして、その性状は、両当事者に争いが起こった場合に、一つの基準として働く。

①契約時の実際の性状と④当事者が予定（合意）した性状は、一応客観的なものであるといえる（④につい

てはⅡを参照）。これに対して、②買主の期待した性状と③売主の期待した性状は、内心の事象である。その内心と、①契約時の実際の性状又は④当事者が予定（合意）した性状の齟齬を、相手方は問題にできないとすると、齟齬があってもそれが有利な限りは、救済を求めないという形で、事後的な調整がなされる。そう考えると、⑴ある当事者にとり、実際の性状が期待（認識）した性状より有利な場合、実際の性状が期待した性状であるとすることが許される。但し、期待（認識）した性状が合意内容になっているときを除く。すなわち、④≠②∧①、①∧③≠④はない。⑵ある当事者にとり、合意した性状が期待（認識）した性状より有利な場合、合意した性状が期待した性状であるとすることが許される。(30) すなわち、②∧④、④∧③はない。

（30）　一方当事者の性状についての認識（どのような性状として理解したか）は、他方当事者の錯誤（第九五条）の成立判断において、錯誤の相手方の要保護性の問題として考慮される。

Ⅱ　合意の解釈

合意の解釈方法には、様々なもののが主張されているが、ここではその当否については論じない。ここでは、当事者の意思表示を客観的にみて、合致があったとみられれば、その内容で合意が成立するとする立場をとる。いわゆる客観的解釈である。但し修正が二点ある。それは、客観的にみた合意内容が、当事者のいずれの内心とも異なる場合（②≠④かつ③≠④）、⑴当事者の内心に一致がないとき（②≠③）、両当事者がその合意内容で契約の成立を望まないときは、契約は不成立となる。そのため、契約が成立するには、最低限、一方当事者が客観的にみた「合意」内容を受け入れることが必要である（②→④、③→④または②③→④）。結局、④＝②、④＝③または④＝②＝③となる。⑵当事者の内心が一致し（②＝③）、そのことに了解があれば、客観的にみた合意内容と食い違っても、当事者の一致した内容で成立する（④→②＝③となり、結局④＝②＝③）。了解がなければ、合意内容が内心より有利な当事者は、信義則に反しない限り、客観的な合意内容での成立を主張できる（⑴参照）。

従って、客観的にみた合意内容と両当事者の内心とが一致しなくとも、（一方）当事者の内心又は合意内容に修正がなされ、結果として、合意内容と少なくとも一方当事者の内心とが一致することになる。

ⅠとⅡから、想定される場合は次のようなものになる。

条件

(a)　全部イコールは除く。契約締結時に問題は生じない。（残り　74通り　カット）

(b)　買主又は売主の期待した性状と当事者が予定（合意）した性状が一致する。②＝④か③＝④か②＝③＝④となる。（残り　22通り　カット）

(c)　合意した性状が認識した性状より有利な場合、合意した性状が内心の性状となる。②＜④、④＜③はない。（残り　12通り　カット）

(d)　実際の性状が認識した性状より有利な場合、実際の性状が内心の性状となる（内心の性状が合意内容になっているときを除く）。④≠②＜①、①＜③≠④はない。（残り　10通り　カット）

結局、次のものが残る。

⑴　①＝③＝④＜②　⑵　①＜③＝④＜②　⑶　③＜①＜②＝④　⑷　①＝③＜②＝④　⑸　①＜②＝③＝④

⑹　③＜①＝②＝④　⑺　③＜②＝④＜①　⑻　③＝④＜①＜②　⑼　③＝④＜②＝①　⑽　②＝③＝④＜①

第二項　各要素間の齟齬の場合の救済

上記の類型において、要素間の齟齬が問題になるのは、主に、内心期待した性状と実際の性状の齟齬で、かつそれが齟齬を生じた当事者に不利益となるという形（①∧②、③∧①）である。内心の性状と合意上の性状の齟齬で、かつそれが齟齬を生じた当事者に不利益になるという形（④∧②、③∧④）では、例外的な場合を除き、問題にならない。なぜなら、私は、履行義務は実際の性状について生じるとする立場を取るため、当事者の実際の不利益は、内心の性状と実際の性状の齟齬について生じることになるからである。但し、買主が合意上の性質に代る給付（履行利益の損害賠償）を請求でき、かつするときは、売主にとって、内心の性状と合意上の性状の齟齬が不利益となるので、その錯誤（③∧④）を問題としてよい（⑶⑷後述）。

前者（①∧②、③∧①）は、大きく二つに分かれる（第一章第三節第三項を参照）。それは、（ⅰ）①契約時の実際の性状＝④当事者が予定（合意）した性状≠②③買主又は売主の期待した性状の場合（⑴⑹、⑶⑻⑵⑺もこれに準じる））と、（ⅱ）①契約時の実際の性状≠④当事者が予定（合意）した性状＝②③買主又は売主の期待した性状の場合（⑶⑷⑸⑻⑼⑽、⑵⑺もこれに準じる））である。以下、この二つに分けて、当事者の救済をみてゆくが、要点及び問題点の指摘に止め、詳細な検討は別稿に譲りたい。

買主の錯誤

（ⅰ）⑴　①＝③＝④∧②

（ⅱ）⑶　③∧①∧②＝④（＋売主の錯誤（ⅰ））　⑷　①＝③∧②＝④　⑸　①∧②＝③＝④

（ⅰ）と（ⅱ）の中間形　⑵　①∧③＝④∧②

売主の錯誤

（ⅰ）⑹　③＜①＝②＝④
（ⅱ）⑻　③＝④＜①＜②（＋買主の錯誤（ⅰ））　⑼　③＝④＜②＝①　⑽　②＝③＝④＜①
（ⅰ）と（ⅱ）の中間形　⑺　③＜②＝④＜①

Ⅰ　内心の性状が合意内容に入らない場合（ⅰ）

この場合、一方当事者の期待した性状と実際の性状（合意内容）に齟齬がある。前述（第一章第三節第一項）したように、多くは表示行為の錯誤になる。例外的に、一定の性状を期待しながら、あるがままの物の売買という形を選択したとき(31)は、その期待外れは動機の錯誤となろう。このときは、通常、性状がない場合の危険を負担する意思があると考えられるので、救済が認められないのが一般であろう。そこで前者について検討を加える。なお、現在の判例理論は、基本的に、性状錯誤は動機錯誤であり、契約内容に入らなければ要素の錯誤とはなり得ないとする立場を取るので、この類型では錯誤無効とはなり得ない(32)。

性状錯誤が動機の錯誤ではないとすると、それは、目的物の同一性の錯誤と連続した問題となる。そして、性状の表示は必要条件ではなくなる。だが、性状錯誤は、同一性の錯誤に比べ、それほど重大でないことが多いのは確かである。そこで、救済にはなんらかの枠を設けることが必要となる。私は、この錯誤類型では、表意者が性状について表示しないことを、宥恕(33)または正当化する事情の存在が枠になると考える。そして、前者の事情として、１錯誤がかなり重大であること、後者の事情として、２相手方の関与（態様）（例えば、相手方が一定の性状があると表示、但し契約内容に入らないとき）を考えている。

錯誤（第九五条）の要件の一つに、錯誤が法律行為の「要素」に関するものであることがある。錯誤について相手方の関与がない場合は、例えば、錯誤により著しい客観的対価的不均衡が生じるといった、１一般的にみても、錯誤がかなり重大であるときに、「要素」に錯誤があると考える。かつては、「本質的性質の錯誤」に関しては、目的物の同一性の錯誤と同視して、例外的に救済を認める見解もあった（なお、この場合も表示を要するとするものもあった）。私は、その救済を拡張しようとするわけだが、具体的にどの程度までかについては、判例等の検討の際（別稿）に明らかにしたい。また、この場合、相手方に対する損害賠償が問題となる。その構成は、不法行為、付随義務違反も考えられるが、契約締結拒絶の場合の損害賠償との連続で考え[34]、契約の有効への信頼責任とすべきである（次稿で詳述）。その立場では、表意者の過失は要件とはならないが、相手方が表意者に錯誤の無いこと（契約の有効）を信じた又は信じうべきこと（善意無過失よりは広い）が要件となる。この場合、法秩序が錯誤無効による契約の解消を容認しているのであるから、履行利益の損害賠償は認められない。

次に、２錯誤の相手方の関与（態様）によって、上記の原則がどのように修正されるかをみてみる。まず、錯誤の要件としての無重過失が、相手方の態様により肯定されることがある。例えば、目的物の性状につき調査をしないことが、重過失と判断されるような状況があるとする（上記の場合のように、錯誤が重大であれば、それだけ重過失と認定されることが多いだろう）。だが、その場合でも、相手方の表示を信頼したときには、調査をしなくとも重過失とされないことが多かろう。また、相手方が錯誤について悪意であれば、錯誤者の無重過失は要件にならないと解すべきである[35]（**（ア）錯誤における重過失の否定、九五条但書の不適用**）。次に、錯誤無効が認められた場合の相手方に対する損害賠償責任が、相手方の態様により、その信頼が正当化されないことを理由に、成立しないことも考えられる（**（イ）相手方に対する損害賠償責任の不成立**）。さらに、相手方の惹起した錯誤により、契約締結の意思決定をし、かつその過程が一般的にも是認されるときは、錯誤がさほど重大でなくとも、契約の解消を認めるべきだと考えられる（**（ウ）契約解消の範囲の拡張**）。論理としては、(a)「要素」の錯誤に当たるとする（「要素」の拡大）か、(b)詐欺に当たるとする（「故意」の緩和）か、(c)付随義務違反による解除の問題とすることが考えられる。(b)詐欺の問題とすると、詐欺取消の制度から故意要件を外すことになり、日本民法の解釈としては抵抗がある（なお詐欺では、意思決定の過程が一般的にも是認されうるものである必要はない）。それならばむしろ、(b)(c)を使うべきだと考える。(a)錯誤の問題とすると、錯誤を利益衡量の場にしてしまうことになるが、民法の規定で解決するならそうなるのも止むを得ないかもしれない。理論的には、(c)相手方の付随義務（調査・告知義務）違反の問題とすべきだと考えるが、明確な規定がないので、私としては、錯誤の問題とすることを否定するところまで踏み切れないのが現状である。しかし、この調査・告知義務は、信義則（第一条第二項）に根拠を有するものであるが故に、専門家と非専門家を分けて考えやすいメリットがある。例えば、錯誤につき売主が悪意の場合や、善意であっても、単なる表示にとどまらずその性状があるとして契約締結の勧誘をした場合、特に専門家には、告知義務、善意の場合には調査・告知義務が発生することがあるだろう。また、調査・告知義務違反による錯誤者に対する損害賠償（債務不履行責任）を認めることにより、その性状の不存在が解除を根拠づけるほど「重要」とはされないときでも、それによって生じた客観的な対価的不均衡の是正がなされることもある（**（エ）相手方からの損害賠償**）。この点は、付随義務違反構成のメリットである（もちろん不法行為（第七〇九条）によっても可能であるが）。なお、債務不履行構成では、相手方の過失が要件となる（もっとも義務違反の判断と同時になされるであろう）。損害賠償の範囲では、因果関係の問題としても履行利益の賠償は認められないと考える（売主の義務違反の場合に問題になる）。

その他には、買主が契約時には想定していない性状（事項）について、調査・告知義務が発生することも考えられる。特に、性状が買主の生命・身体・財産を侵害する恐れのある場合に考えられる。なお、本稿では、給付利益を中心に論じるので、製品等の安全性、保護利益の問題は一応除外する。

相手方の偽罔行為により錯誤に陥り、契約を締結した場合、客観的重要性は問題とせずに、詐欺取消（第九六条）が認められるのは当然である。(36)

（31）意識的に選択する必要がある。単に「この物」という表示をしただけでは、性状が動機であるとは解されない。一定の性質を有するということを表示しなくとも、「この物」が一定の性質を有しているから、「この物」という表示で甲を買うつもりであったが、実際の物は甲′であり、甲′について売買契約が成立したときは、動機の錯誤ではないと言えよう。

（32）この立場に反する判例のあることにつき、別稿を参照。

（33）私的な法律関係は、「正常」な認識・判断を経て作られた意思によって形成されるべきだとの理想から、私は、一定の「非正常」（表示過程も含む）な意思表示については、それがたとえ表意者のミスであっても、法的拘束力を否認してもよいと考える。

（34）契約締結の直前になって、「買主」が錯誤に気づき契約締結を拒絶した場合を想起されたし。判例は、契約内容につきほぼ合意に達し、契約締結行為を待つばかりといった段階において、当事者に誠実交渉義務を課し、正当事由なく契約締結を拒絶した当事者に損害賠償義務を負わせている。拙稿「契約締結拒絶と信義則」法律時報六〇巻五号（昭和六三年）一〇三頁以下（本書第一部附）等を参照。

（35）判例（例えば、東京控判大正八年六月一六日法律新聞一五九七号一七頁）は、要素に錯誤がある場合に、表意者に重過失があっても、相手方が悪意であれば、錯誤無効を主張できるとしている。

（36）詐欺は故意を要件としているので、その主張・立証は必要である。なお、性状に関するものではないが、判例には、信義則上告知義務を課すことにより、黙秘による詐欺を認めたものがある（大判昭和一六年一一月

一八日　法学一一巻六号六一七頁)。

Ⅱ　内心の性状が合意内容に入る場合（ii）

前述したように、私は、契約内容に入った性状は履行義務内容にならないとする立場を取るので、修補特約等が無い限り、その性状が実際と異なっていても、性状自体の調整はなされないことになる。契約の解消・代金の調整（損害賠償の形をとるときも含む）は、錯誤、担保責任、付随義務の不履行責任によりなされる(37)。

この場合、（一方）当事者の期待した性状（合意内容）と実際の性状の齟齬という点において錯誤となる。錯誤者は、表示行為としてすべきことは一応している（相手方の了解もある）。目的物の性状の認識に誤りがあっただけである。そのため、錯誤者の保護は厚くすべきである。

まず、「要素」の認定については、内心の性状が合意内容となっていることから、その性状があると錯誤に陥った結果、契約締結の意思決定をし、かつそれが一般的にも是認されうるときは、その錯誤が「要素」に関するものとされよう。特にその性状がある目的に必要との表示もあれば、その事情も含めて、一般的に是認されうるかが判断されることになろう。錯誤者の重過失の認定についても、慎重にすべきであろう。特に買主の錯誤の場合、買主が専門家等で、特に目的物につき売主より知識があるような事情が無い限り、認めるべきではない。なお、共通の錯誤がある場合は、錯誤者の重過失を問題にすべきではない（第一章第三節第三項Ⅱを参照）。錯誤無効が認められたときの相手方に対する損害賠償も、この類型の錯誤では問題とならないと考える。

また、合意と現実との齟齬のための救済制度も問題になり、錯誤との競合問題が生じる。民法は、性状が存在するとの合意により、買主がその性状を備えた物を取得できると信頼するのを許し、その信頼保護のため担保責任（第五七〇条、第五六五条）を定めた（と私は解する）。信頼の正当化のためには、性状の不存在に関する買主の善意（無過失）も必要である。契約の解除には、「契約ヲ為シタル目的ヲ達スルコト能ハサル」こと（第五七〇条の場合）、「残存スル部分ノミナレハ買主カ之ヲ買受サルヘカリシ」こと（第五六五条の場合）、が必要である。

この場合にも、調査・告知義務違反が問題となりうる。契約の解除に関して言えば、担保責任による解除権も発生せず錯誤無効にもならない場合（例えば、要素ではない性状が欠け、かつそれを知らないことにつき買主に軽過失がある場合）に、売主が専門家であったり性状の欠缺につき悪意であったりすれば、売主に（調査・）告知義務が発生し、その違反として解除が認められることもありうるだろう。この点で、調査・告知義務違反による解除を認めることで、契約の解消の範囲を広げることになる（同様に、損害賠償を認めることにより、実質上代金減額の範囲を拡張することになる）。

性状が契約内容に入る場合、買主のためには、担保責任の規定が損害賠償を定めている。無過失責任であること、履行利益の賠償が認められることは前稿で示した（認められない場合については、前稿（本書第一部第二編）及び注(39)を参照）。また、付随義務（調査・告知義務）違反による損害賠償も問題となる（その他に不法行為も問題となる）。錯誤が認められた場合と、担保責任も発生せず錯誤無効にもならない場合に、売主が専門家であったり性状の欠缺につき悪意であったりすれば、売主に（調査・）告知義務が発生し、その違反として損害賠償が認められることもありうるだろう。この点で、損害賠償の可能性を広げることになる。損害賠償の範囲については、性状の不存在を告知しても、その性状を備えたものを取得できるわけではないから、因果関係の問題としても通常は履行利益の賠償は認められないと考える（売主の義務違反の場合に問題になる）。売主のためには、買主のための担保責任のような規定はない。だが、売主の錯誤が、買主の故意・過失により発生した場合は、買主に損害賠償を請求できる余地がある。但し、売主は一般に目的物につき知識を有すべきだと考えられるので、買主の詐欺によるとき等以外は、損害賠償は問題にならないだろう（合意内容に入らない場合も同様）。

詐欺に関しては、内心の性状が合意内容に入らない場合と同じである。

(37)　性状が契約内容に入ったからといって、契約違反につき常に救済が与えられるとは限らない（救済の判断にとって決定的ではない）。その点は、履行義務の内容であっても同様である（債務者の責めに帰すべからざる事由による履行不能においては、債権者は何らの救済も受けられない）。

第三節　錯誤と担保責任の関係の整理と若干の検討

瑕疵担保責任の要件には、瑕疵が「隠れた」ものであること（買主の「善意無過失」）、数量不足の場合の担保責任の要件には、「数量指示」と買主の「善意」、原始的一部滅失の場合の担保責任の要件には、買主の「善意」がある。このため、契約内容に入った性状が欠ける場合に、担保責任による救済を受けられないことがある。錯誤にも、それが「要素」に関すること、表意者の「善意無重過失」という要件があり、錯誤と担保責任の競合問題を複雑にしている。ここでは、これらのファクターだけを考慮して、競合、非競合が論理的に可能な組合せを考える。そして両者の関係について、若干の検討を行ないたい（その際、他の要件（特に期間制限）についても少し触れる）。

買主の錯誤

基本形(38)　(1)　①＝③＝④＜②　買主の錯誤

中間形(38)　(2)　①＜③＝④＜②　買主の錯誤　担保責任

契約不適合形(38)　(3)　③＜①＜②＝④　買主の錯誤　担保責任

売主の錯誤(39)

(4)　①＝③＜②＝④　買主の錯誤　担保責任

（売主の錯誤(39)）

(5)　①＜②＝③＝④　買主の錯誤　担保責任

A　錯誤、担保責任の要件を満たさない

B　非競合

「瑕疵」あり

i 瑕疵担保責任の要件は満たすが買主の錯誤の要件は満たさない

（例（要点だけを記す）　性状が要素でない）

ii 買主の錯誤の要件は満たすが瑕疵担保責任の要件は満たさない

（例　性状が要素　買主に軽過失）

数量不足

iii 数量指示売買の担保責任の要件は満たすが買主の錯誤の要件は満たさない

（例　性状が要素でない。（買主に重過失(40)））

iv買主の錯誤の要件は満たすが数量指示売買の担保責任の要件は満たさない
（例　性状が要素　数量指示なし）
v瑕疵担保責任の要件は満たすが数量指示売買の担保責任の要件は満たさない
（例　数量指示なし）
原始的一部滅失
vi原始的一部滅失の担保責任の要件は満たすが買主の錯誤の要件は満たさない
（例　性状が要素でない。（買主に重過失）[40]）

C　競合（の可能性）

買主の錯誤と担保責任の競合
i瑕疵担保責任の要件も満たすし買主の錯誤の要件も満たす（例　性状が要素　買主が無過失）
ii数量指示売買の担保責任の要件も満たすし買主の錯誤の要件も満たす
（例　性状が要素　数量指示あり）
iii原始的一部滅失の担保責任の要件も満たすし買主の錯誤の要件も満たす（例　性状が要素）
売主の錯誤と担保責任の競合（(3)(4)において）[39]
iv瑕疵担保責任の要件も満たすし売主の錯誤の要件も満たす（例　買主が無過失　売主に表示上の錯誤（(4)で）誤って高価なものとして表示、それが契約内容となる））
v数量指示売買の担保責任の要件も満たすし売主の錯誤の要件も満たす（例　数量指示あり　売主に表示上の錯誤（(4)で）誤って過多の数量を表示（指示）、それが契約内容となる））

vi原始的一部滅失の担保責任の要件も満たすし売主の錯誤の要件も満たす（例　売主に表示上の錯誤（(4)で）誤って一部滅失していないものとして表示、それが契約内容となる））

売主の錯誤			
基本形	(6)	③∧①＝②＝④	売主の錯誤
中間形	(7)	③∧②＝④∧①	売主の錯誤
契約不適合形	(8)	③＝④∧①∧②	売主の錯誤　買主の錯誤
	(9)	③＝④∧②＝①	売主の錯誤
	(10)	②＝③＝④∧①	売主の錯誤

＊①契約時の実際の性状、②買主の期待した性状、③売主の期待した性状、④当事者が予定（合意）した性状

(38)　基本形は、実際の性状＝合意した性状≠内心の性状、契約不適合形は、内心の性状＝合意した性状≠実際の性状、中間形は、実際の性状∧（∨）合意した性状∧（∨）買主（売主）の内心の性状を示す。なお、「契約不適合」という言葉については、中松櫻子「契約法の再構成についての覚書」判タ三四一号二五頁以下も参照。

(39)　担保責任において、原始的客観的不能の場合を除き、履行利益や修補費用の賠償を認める立場（私見。前稿（本書第一部第二編）参照）で意味をもつ。買主がこれらの損害賠償を請求した場合に、売主が錯誤無効を主張して、それが認められると、賠償額が信頼利益に制限されることを考えている。つまり、損害賠償の減額事由として売主の錯誤を考えるのである。なお、(3)では、③売主の内心の性状∧①実際の性状でもあるので、買主が担保責任や錯誤無効を主張しないときでも、売主が独自に錯誤を主張することも考えられる。

(40)　第五六五条の要件を満たす場合は、売主が買主と同じ誤解をしているときと、同じ誤解をしていないときに分けられる。前者は、共通の錯誤（第一章第三節第三項Ⅱを参照）となる。後者は、売主が、実際の数量等（さらには買主の錯誤）につき悪意であったり、数量等につき買主とは別の誤解をしているが、表示上の錯誤等

により、契約では買主が期待した数量等を基礎に代金を定めた形になっているようなときである。いずれにせよ、買主が錯誤無効を主張するときに、第九五条但書の適用はないと考える（従って「例」から外す）。なお、第五六五条は買主の善意を要件にしており、無過失を求めていない。だが、買主に重（軽）過失がある場合にも担保責任（その内、特に損害賠償責任）の発生を認めるのかは問題である。ここでは、私見については留保しておく。

Ⅰ　錯誤と担保責任の関係

従来、錯誤と担保責任の競合問題として論じられてきたのは、⑶～⑸のＣⅰ（ⅱ、ⅲ）の場合についてである。だが、買主の性状錯誤は、それ以外に（中間形⑵を別にしても）、⑴⑻（性状が契約内容に入っていない）、⑶～⑸のＢⅱ、ⅳ（入っている）において問題になる。さらに、売主の性状錯誤も問題になる（⑹～⑽⑶（④））。

担保責任の本質が錯誤であるとすると、①が②よりも良い場合（例えば、売買不動産の面積超過）にも、代金の調整がなされるべきことになる。錯誤は、意思決定・表示行為のミスから表意者を救済する制度なので、当事者に平等に働くはずだからである。なぜ、買主にとって不利な場合にのみ、買主の主観的態様を要件として、（損害賠償という形で）代金の調整を認めるのかというと、前稿で示したように、担保責任が買主の信頼を保護する制度だからということになる。両制度はその本質を異にし、そのため両者の競合を許して良いことになりそうである。

学説の多くは、錯誤無効の主張に期間制限がないことの不都合性ゆえに、取引の敏活安全を図るためにも、担保責任が優先するとする（あるいは担保責任を錯誤の「特則」とする）。取引の敏活安全を理由とすると、非競合の場合も錯誤無効の主張を認めないことになるであろう。だが、（特に契約内容となった）性状に関する錯誤の救済をこのように狭めることは、他の錯誤（同一性の錯誤等）とのバランスからしても問題である。一方、もし、非競合の場合に錯誤の主張を認めると、買主に落ち度があるときの方が保護が厚いことも生じてしまう。それは不都合であろう。錯誤無効の主張の期間制限は、錯誤の問題として解決をはかるべきである。確かに、錯誤無効の主張自体には期間制限はない。だが、不当利得返還請求権の時効（第一六七条第一項）はある。問題は、所有権に基づく返還請求権であるが、給付利得においては、物権的請求権が不当利得返還請求権に融合してその時効の適用を受ける（結果として所有権は相手方に帰属する）と解すれば、給付時から一〇年が期間制限となる[41]。また、買主が性状の不存在等を知った後に（場合によっては知らなくとも）、その物を一定期間使用していたような事情があれば、その錯誤は、もはや契約の要素に関するものとは解されまい（詳しくは別稿で検討）。

錯誤と担保責任の競合を認める結果、双方の要件を満たしている限り、どちらの制度を利用するかは主張者の選択によることになる。だが、履行利益の損害賠償請求は、担保責任では、一定の条件下で可能であるが、錯誤無効の際に問題となりうる相手方の調査・告知義務違反の責任では、原則として不可能と解するので、履行利益の賠償を欲するなら、担保責任の要件を主張・立証しなければならない。従って、履行利益の損害賠償を請求するには、性状が契約内容になっていること、性状の不存在につき善意無過失であること（瑕疵担保責任）といった、より厳格な要件の主張・立証を要する。信頼利益の損害賠償を請求するには、調査・告知義務違反を主張・立証すればよい。調査・告知義務は、契約内容に入らない性状についても発生することもあり、また、買主が瑕疵の存在の不知につき有過失の場合にも、その違反があれば、売主は損害賠償責任を負う（過失相殺の可能性はあるが）。

錯誤（第九五条）は、無重過失が要件であり、瑕疵担保責任よりも主観的要件は緩やかになっている（数量不足等の場合の担保責任（第五六五条）との対比は、注(40)を参照）。また、錯誤は、契約内容に入らない性状についても問題となる。だが、この錯誤により無効になる場合は、錯誤者は、相手方により錯誤が惹起された等の、相手方が契約の有効を信頼することは許されないとされる事情（相手方の調査・告知義務違反を基礎づける事情よりも広い）を主張・立証しなければ、逆に相手方のなす信頼利益の賠償請求に応じなければならない。（錯誤が）「要素」に関していることと、「契約ヲ為シタル目的ヲ達スルコト能ハサル」こと（第五七〇条）、「残存スル部分ノミナレハ買主カ之ヲ買受サルヘカリシ」こと（第五六五条）の判断基準の異同も問題であるが、これについては別稿で検討したい。

(41)　鈴木禄弥『物権法の研究』（創文社　昭和五一年）二二四頁以下（初出　大阪市大法学雑誌九巻三・四号　昭和四二年）、二三四頁以下（初出　『民法の基礎知識(1)』（有斐閣　昭和三九年））、同『債権法講義（改訂版）』（創文社　昭和六二年）五〇八頁以下、水本浩『債権各論』（民法セミナー7　下）（一粒社　昭和六〇年）五一頁

Ⅱ　担保責任の錯誤への類推

担保責任の規定を契約内容になった事柄の不存在等の場合に類推適用しようという見解がある[42]。だが、担保責任を買主の信頼を保護する制度と解すると、売買目的物の性状のように、売主の財産的支配下にあるため、一般に売主が知っているとみられるもの（詳しくは別稿で論じる）が類推の限界になる。それ以外のものは、たとえ契約内容になったとしても、錯誤により処理すべきである。代金の調整はなされないが、当事者の一方が反対しているのなら認める必要はない（但し、第一章第三節第一項Ⅱの最後の部分を参照）。但し、特に専門家

は、調査・告知義務（付随義務）違反の責任として、損害賠償義務を負うことがある。この場合には、実質的に代金の調整が行なわれることもある。そのためには、請求者が、付随義務の発生と内容を特定し、その義務違反の事実を主張・立証しなければならない。例えば、不動産の売買で、誤った額の譲渡所得税がかかるものと当事者が考え（契約内容）、代金を定めた（契約内容）ような場合、原則として錯誤の問題となり、当事者の一方が不動産業者のようなときは、付随義務違反としての損害賠償も問題となりうる。それを、担保責任の規定の（趣旨の）類推によって処理するのは無理がある。(43) なお、譲渡所得税を考慮した代金の決定方法が契約内容で、代金額が一応のものであるときは、当然に代金額の調整がなされる（そのうえで錯誤の余地あり）（第一章第四節を参照）。

このように考えると、（通常の売買契約において、）目的物に関する事柄は、その事柄自体の性格により、1条件等にしなくとも、契約内容になれば、担保責任や錯誤の救済の可能性があり、さらに契約内容にならないときにも、要件は厳格になるが、錯誤による救済の可能性があるもの（本稿の対象）、2条件等にしなくとも、錯誤の救済の可能性があるもの、3条件等にしない限り救済されないもの、のように分類しうることになる。これらの類型への帰属は、固定的なものではなく、売買の性格（例　射倖的売買）等により、変更がありうる。また、この他の類型も考えられないわけではない（例　条件等にしなくとも、契約内容になれば錯誤の救済の可能性があるもの）。これらについての具体的な検討は、別稿に譲る。

(42)　鹿野菜穂子「「動機錯誤」の効果に関する一考察――ドイツの判例・学説を手がかりに――」九大法学六二号一〇五頁以下　同・一八一頁は、「そもそも売主の担保責任に関する規定は、「契約に重要なものとして取り込まれた観念」と現実が一致しておらず、それによって当事者間の対価的均衡が崩れた場合において、まず第一に、給付の調整による対価関係の修復が検討されるべきであり（代金減額）、これによる修復が不可能な場合にのみ、契約全体の効力の否定が認められるべきだとして、調整的な解決を図っているのである」とする。そして、このような調整的な解決の趣旨を、担保責任の規定の適用を受けない場合にも生かそうとする。そして、例えば、株式の売買で「一株当たり相場価格である三五〇〇円で売却する」との「表示」がなされた事例で、「三五〇〇円」、「三五〇〇円が相場価格に相当する」（誤った観念）の「いずれか一方の取り決めのみが契約にとって決定的だとはいえないような場合」、すなわち、両者が「意味あるものとして契約に取り込まれていると解釈される場合」（一七三頁）の処理に、担保責任の規定を利用しようとする。

(43)　ここでは、鹿野説に対する疑問点を三点挙げるにとどめたい。1担保責任は、買主に、その主観的態様を要件として、一方的に有利な調整（代金減額、さらに損害賠償）のみを認めていることから、対価的均衡の維持を図る制度とは解されないのではないか。2売主に有利な調整が問題になる（例　数量指示売買で数量超過）場合に、売主の担保責任の解除と期間制限のみを類推（あるいは趣旨を類推）するが、これはもはや類推とは言えないのではないか。なお、解除しか認めないと、少しでも超過していれば、常に解除できるのかとの疑問もある。3調整的な解決で、代金減額は給付の削減となるだけだが、代金増額は合意していない新たな負担を強いるとして、代金増額を認めない。だが、売主にとっても、代金額が必要最小限の額かもしれない（例　相続税の支払い、買替え代金にあてるための売却）。代金減額も増額とあまり差はないのではなかろうか。代金額が契約内容になっているならば、強制的な代金減額を安易に認めるのは問題がある。そのためには、代金調整を拒むのが、信義則に反するとされるような状況が必要なのではなかろうか。

小　括

本稿では、売主又は買主の期待した性状と契約締結時の実際の性状とが食い違う場合に、どのような救済が与えられるのかという問題につき、基礎的な検討を行なってきた。

救済の根拠には、Ⅰ合意とⅡ法規の二種類がある。まず、救済方法・内容が合意されている場合は、合意通りの効果の発生を認めれば足りる。合意の有無が決定的であり、当事者の主観的態様（特に性状の不知についての過失の有無）により、救済が左右されることはない。基準は当事者であり、原則として、当事者間の利益衡量が入る余地はないはずである。これに対し、法規による救済の場合は、その要件が当事者間の利益衡量の結果であることもあり、また、その解釈に際して利益衡量を行なうことも可能である。特に、要件としての当事者の主観的態様は重要である。また、法規の解釈として、基準を一般人に置くことも可能である（例えば、第九五条の「要素」の解釈）。

救済につき特に問題になったのは、期待した性状が現実の性状と食い違うときの処置が、（明示的に）合意されていない場合である。特定の目的物が一定の性状を備えていると「合意」されているだけの場合、その扱いとしては、(a)それにより瑕疵なき性状の履行義務が発生し、性状が不存在のときには、修補義務等として具体化する（Ⅰを根拠：法律行為的効果であるから。なお、履行義務の不履行責任（損害賠償、解除）はⅡが根拠になる）、(b)性状保証、条件の合意と解し、性状が不存在のときには、合意上の効果が発生する（Ⅰを根拠）、(c)前提合意と解し、性状が不存在等のときには、前提論（若しくは主観的行為基礎論）という「法理」により、一定の効果が発生する（実質的には、Ⅰを根拠と類似）、(d)性状が不存在等のときには、錯誤、（瑕疵）担保責任等の民法上の制度により、一定の効果が発生する（Ⅱを根拠）、という四つが考えられる。そして、このうち(d)が妥当であるという結論に達した（なお、(b)の合意の認定には、最低限、当事者が性状の不存在を想定していることを必要とする立場を取った）。また、(a)以外では、特定物のドグマを否定する必要はないが、私は(d)を取りながら、技術的な理由から特定物のドグマを否定して考えることにした。その結果、一定の性状を備えているとの

「合意」により、その性状が合意・契約内容に入ることになる。また、性状錯誤の多くは、動機の錯誤でないことになる。

期待した性状が契約内容に入る場合（(3)(4)(5)(8)(9)(10)　契約不適合形）は、錯誤の問題となる。そして、契約内容となった性状が買主の期待した性状のとき（(3)(4)(5)）は担保責任の問題ともなる。両者は常に競合するのではなく、各制度独自の要件により制約を受け、競合、非競合関係は複雑になる。期待した性状が契約内容に入らない場合（(1)(6)　基本形）も錯誤の問題となる。多くは表示行為の錯誤となるが、動機の錯誤になることもある。この場合、錯誤に相手方の関与等がない限り、錯誤により客観的対価的均衡が著しく崩れるなど、一般的にみても錯誤がかなり重大であることが、「要素」の認定のために必要である。つまり、性状が契約の内か外かで、「要素」の判断基準に差異を設けるのである。なお、期待した性状が一部だけ契約内容に入る場合（(2)(7)　中間形）も理論上は考えられる。

救済制度の要件、効果、制度間の関係等も若干検討した。そこでは、担保責任を信頼責任、錯誤を「非正常」な意思表示をした表意者の救済制度と解し、両者を表意者（救済を求める人）の事情（態様）を主に考慮した制度として把握した。相手方の事情（態様）を主に考慮した（売買契約の解消の）制度としては、詐欺があるが、故意の要件を守ろうとするため、その利用には限界がある。そこで、信義則による各制度の拡張の他、調査・告知義務のような付随義務違反による損害賠償、解除で対応するのが望ましい――契約解消に関しては錯誤（の拡張）による処理も否定しないが――とした（他に不法行為による損害賠償の問題もある）。これらは、錯誤や担保責任による救済を拡張する機能も果たすことになるが、いかなる要件を付加することによりそれが可能になるのか――相手方の地位、態様や関与の有無とその程度により救済がどのように変わるのか――をさらに具体的に解明する必要がある。錯誤、担保責任自身の要件についても、検討し残したことがかなりある。例えば、性状錯誤を処理する上で、「要素」で絞りをかける以外に、相手方の予見可能性を要件とする必要があるのかは問題である。

契約の有効を信じた錯誤の相手方の保護については、性状が契約内容に入っていない場合、錯誤者が信頼責任として損害賠償義務を負うことがあるとした。

錯誤と担保責任の競合については、競合の問題が起こらない場合の処理とのバランスも考え、解決の方向性(選択的主張を許す)を示した。両者の関係を解明するためには、さらに、売買目的物に関する期待の保護は、売買の性格や期待の対象——性状や売買目的物に関する他の事柄の種類——により、なぜ・どう異なるのか、を検討する必要がある。後者(期待の対象による保護の違い)の検討は、性状以外の錯誤への担保責任の類推適用の可否を考える上で重要である(本稿でも少し触れた)。

残された問題は多いが、これらの解明は、判例、学説の分析・検討も含め、稿を改めて行なうことにする。

第三部　契約責任（損害賠償責任）の再構成と信頼責任

——責任原理論の展開と責任制度の見直し——

はじめに

本稿では、契約で予定した結果が発生しなかった場合（合意された結果と現実の結果の齟齬の場合）の損害賠償責任を論じる。私はこれまで契約（特に売買契約の目的物）をめぐる当事者の期待の保護を論じてきたが、その一環をなすものである。その位置づけから始める。

契約（を締結しようとする）当事者の期待は、「意思」の形をとることもある。その期待および「意思」は、大きく三つに分類できる。まず、［一］契約を成立させようとする意思・成立への期待がある。次に、契約の成立を前提として、契約によりもたらされる結果（例 ある物の取得）に関連して、［二］一定の事実（例 売買目的物の性状）があるとの「意思」・期待と、［三］その結果を生じさせるために、或いは結果が生じなかった場合に、どのような権利・義務を意思・期待するのか――契約（違反）によって発生する権利・義務（例 結果を実現させる義務、損害賠償義務）に関する意思・期待とがある。既に、［一］については契約締結への信頼の保護の問題を、[1] ［二］については売買目的物の性状への期待の保護の問題を論じたことがある。[2]

本稿で問題とする「契約で予定した結果」は「意思（合意）」内容（↑特定物のドグマを否定）になっている。結果までは最低限、合意がある。合意の瑕疵の問題は除外する（注(2)の論文で一部論じた）。だが、これだけでは結果不発生の責任の問題は決まらない。さらに責任まで合意が及んでいるかを問題としなければならない。すなわち、責任に関する**［三］**の意思・期待が問題となる。責任に（具体的）意思が及ばない（期待にとどまる）場合は、責任の発生に**制度**の存在を必要とする。責任制度として日本には、債務不履行責任、担保責任がある。これらについても、既に起草者の立場を批判的に検討したことがある。[3] だが、本稿では、契約で予定した結果が発生しないことにより契約当事者が損害賠償責任を負うとき、それはなぜなのか（根拠）を、根本的に、すなわち制度以前の問題として説き起こし論じる。すなわち、〔三〕の意思・期待を、①制度がないものとして（独自の）責任を設定する意思、②制度に取り込まれた意思・期待、③制度を前提としてこれを変更する意思に分けて論じる（具体的期待は、制度が期待を取り入れているとき（例えば、期待を評価して帰責事由の程度を変える）にのみ問題になる）。これは、単に私の関心からだけでなく、現在の契約責任論の理解・評価のためにも必要なのである。民法制定後の契約責任論の進展、特に外国法の導入に際し、民法の責任規定を入れ物として、そこに何を詰め込むべきかという、実質的には立法に等しい解釈論が展開されてきたからである。なお、契約目的に関係しない付随義務については、本稿の対象外である。また、結果を実現させる義務（債務）についても、損害賠償責任との関係でのみ論じる。

次に議論の進め方だが、まず、契約責任の構造の可能性（何が責任と結びつくか――結果不発生それ自体、結果実現へ向けての行為義務（本来の債務）違反）を考え、それと責任制度以前の意思との関係をみる。そして次に、責任制度の検討に移る。本稿では、まず債務不履行責任（第四一五条以下）に焦点を合わせ、そこから契約責任の全体像に迫っていく。その理由は、担保責任制度について、以前の稿（注(3)の論文）でかなり検討を進めたこともあるが、規定の位置（債権総則）からして、論理的に債務不履行責任の内容・範囲の確定を先行すべきだからである。そのことにより、担保責任に独自の責任としての存在意義があるのかが判明する。また、債務―不履行―責任という構造を示していることから、取りかかりやすいこともある。さらに、検討する近時の学説の多くは、債務不履行責任と担保責任を分けて論じるのではなく、主に責任統一の視点から、債務不履行責任の名の下に契約責任全体を論じるからである。債務不履行責任制度は、もちろん統一的な思想の下に作られたわけではないが、その骨組みは当初は単純なものであった。まずそれを確認し、意思との関係を検討した後、学説による修正を検討する。

次にもう一度、契約責任全体に視点を戻し、そこから諸制度による責任及び制度外の責任の再構築をする。その際、私は、制度からのアプローチはとらない。すなわち、債務不履行責任と担保責任の関係といった問題の立て方をしない。歴史的にとらえないのである。制度からアプローチすることは理論の中に歴史を受け入れることである。新たな学説の多くは、日本の法制度に該当する外国の法制度（の考え）を持って来て、それで日本法を読み替える。すなわち、近時、債務不履行責任について、英米法やその影響を強く受けた統一売買法の考え方の持ち込みや、結果債務・手段債務というフランス法の考え方の「導入」等が提案されている。これらにおいては、担保責任の債務不履行責任への統合が意図されているが、それにより「債務不履行責任」「担保責任」の概念自体が曖昧になっている。また、契約違反の責任と「債務不履行責任」の関係も曖昧になっている（混同・同視している見解もかなりある）。「債務不履行責任」「担保責任」の名称は法律（民法）の規定に基づくものであり、名称を動かすことはできない。各学説は、名称はそのままに内容を変えることで対応しようとしている。そこでは、もはや、「担保責任は債務不履行責任の特則である」とか、担保責任の「契約責任説」という表現は意味をなさない。「債務」「債務不履行責任」「契約責任」の内容について共通の理解があって初めて、上の立言は成り立つのだが、これらの概念内容は論者で異なるからである。そのような概念を使っても、議論は嚙み合わない。また、各学説において、立法者意思による、あるいは日本法は同法系であるとの根拠づけがなされたりはするが、なぜそのような説になるのか、なぜそうでなければならないのか（他よりも優れているということが示されていない。また、学説相互の関係・位置づけがなされていない。なされていたとしても、全く異なるものを同じだとする主張がなされている。このように、ばらばらの物差しで主張しあっている学説の混乱状況（現在の学説の状況を自信を持って解説できる人はいないのではないだろうか）を抜け出すには、視点と方法が重要になる。

本稿は、責任制度の背後にある基本構造に焦点を当てる。学説の債務不履行責任制度の説明もそのまま受け取るのではなく、各学説は何を問題にしてどう処理しようとしているのか、その原理を論者の表現にとらわれることなく、探っていく。そこまで下がって初めて、何が論点・対立点かが明らかになり、議論――学説の対比・批判をすることができる。いわば、各学説の背後の無意識の構造をとらえようとするのである。その構造が責任原理である。以後の検討で明らかになるが、責任制度と責任原理は異なる。またそれを支える責任思想、意思の認定の問題とも区別しなければならない。どのレベルの議論なのかを判断し、混然としている場合には抽出する作業が必要である。責任制度は純粋な考え方を体現しているのではなく、妥協の産物でもあり、また歴史的な残滓も含まれている（ことがある）。また、その運用に当たり、具体的な問題の解決のために拡張して使われたり、テクニックとして制度を修正する意思の認定がなされたりする。また、実質的には制度の一部である意思の認定（一般的に意思しているという形で）の問題もある。これらの問題を区別し、本稿では責任原理の問題として契約責任を考える。

それにより、契約責任（広義）には、（歴史的にではなく）いくつかの異なった性質のものがあることを示す。そして、それらの責任（原理）を民法上のどの責任制度に担わせるのか、或いは担わせないのかを、契約責任全体を視野に入れて検討する（ここで制定法との調和が問題になる）。いわば骨の部分を扱うのであり、責任原理からは導けない部分（肉の部分）――政策的な部分については基本的に対象外とする。それは次の段階の問題である。従ってまた、現在の特定の問題に答えることも直接の目的とはしない。例えば、テクニックの問題――制定法の不備を補うために、便宜的に制度を拡張することや擬制（たとえば黙示の合意）の問題も扱わない。裁判所に受け入れられることを主目的としないため、制定法（、判例）との調和は最低限、図られるに過ぎない。だが、実際には、制定法の芯に適合したすっきりした構成が示せたのではないかと思う。

分析には、認識概念（存否が認識の問題）と価値概念・道具概念（存否が価値判断により（効果との関連で）判断される）とを区別し、認識概念を（必要なら定めて）用いる必要がある。理論で用いられている価値概念・道具概念をそのまま用いて、理論の分析はできないからである。例えば、債務不履行責任制度の議論において、「債務」「帰責事由」も道具概念として、損害賠償を認める前提として操作の対象になっている。そのため、これらの言葉が使われていても、同じ構造の責任（行為責任）とは限らない。債務者の行為についての責任を超えて、なお責任を認めることになるのなら、その部分は異質の責任であると考えられる。その責任の性質・構造すなわち責任原理を探らなくてはならない。また、責任に関する合意（意思）についても、実質的に理論の一部になっているものもある。合意の認識を超えて合意があったとみることは、その部分は実質的には理論の一部と考えられる。その場合、真の意思と理論の一部である意思を区別し、後者を含めて理論の真の姿を捉える必要がある。

このような方法論は、立法論においても有効であると考える。各種、各国の責任制度を平面的に捉え、それの足し算、引き算により立法案を作る（また法の継受の問題が繰り返される）のではなく、他の制度を参考にする場合にも、一旦、責任原理等の考え方にまで還元し、そこから制度（条文）を組み立てていく。それにより、分かりやすい制度が出来ると考える。

（１）拙稿「契約締結拒絶と信義則」法律時報六〇巻五号（昭和六三年）一〇三頁以下（本書第一部附）
（２）拙稿「売買目的物の性状に関する当事者の期待の保護――性状錯誤と担保責任・序説――」民法学の新たな展開（高島平蔵先生古稀記念論文集）（平成五年）四四七頁以下（本書第二部）
（３）拙稿「売主の債務不履行責任と担保責任――旧民法典の立場について――」早稲田法学会誌三九巻（平成元年）一三九頁以下（本書第一部第一編）、同「売主の債務不履行責任と担保責任（一）～（三・完）――現行民法典の立場について――」法研論集（早大院）四九号七九頁以下、五一号一三三頁以下（平成元年）、五四号一八七頁以下（平成二年）（本書第一部第二編）

第一章　契約で想定した結果の不発生に対する損害賠償責任の論理構造

本稿では、契約で想定した結果が発生しなかった場合の責任を論じる。１結果について「合意」があることが前提となる。だが、この「合意」があるとは、ある事態（結果）が契約の目的（ここでは目指す結果という意味）になっているということに過ぎない。その事態（結果）が生じないことにより、契約違反の責任を問いうる可能性が生ずることから、出発点に置いたのである。[4]債務不履行責任（第四一五条）の構造という問題の立て方をしないことについては前述した。また、ここでの責任は、損害賠償責任を意味する。一応、買主が売買契約で定めた目的物を取得できなかった場合の売主の損害賠償責任を想定していただきたい。

損害賠償責任が発生する場合、まずそれは何に対する責任かが問題となる。もちろん、究極的には結果不発生に対する責任である。

結果（契約で予定した目的物の取得）の不発生――責任（損害賠償義務）

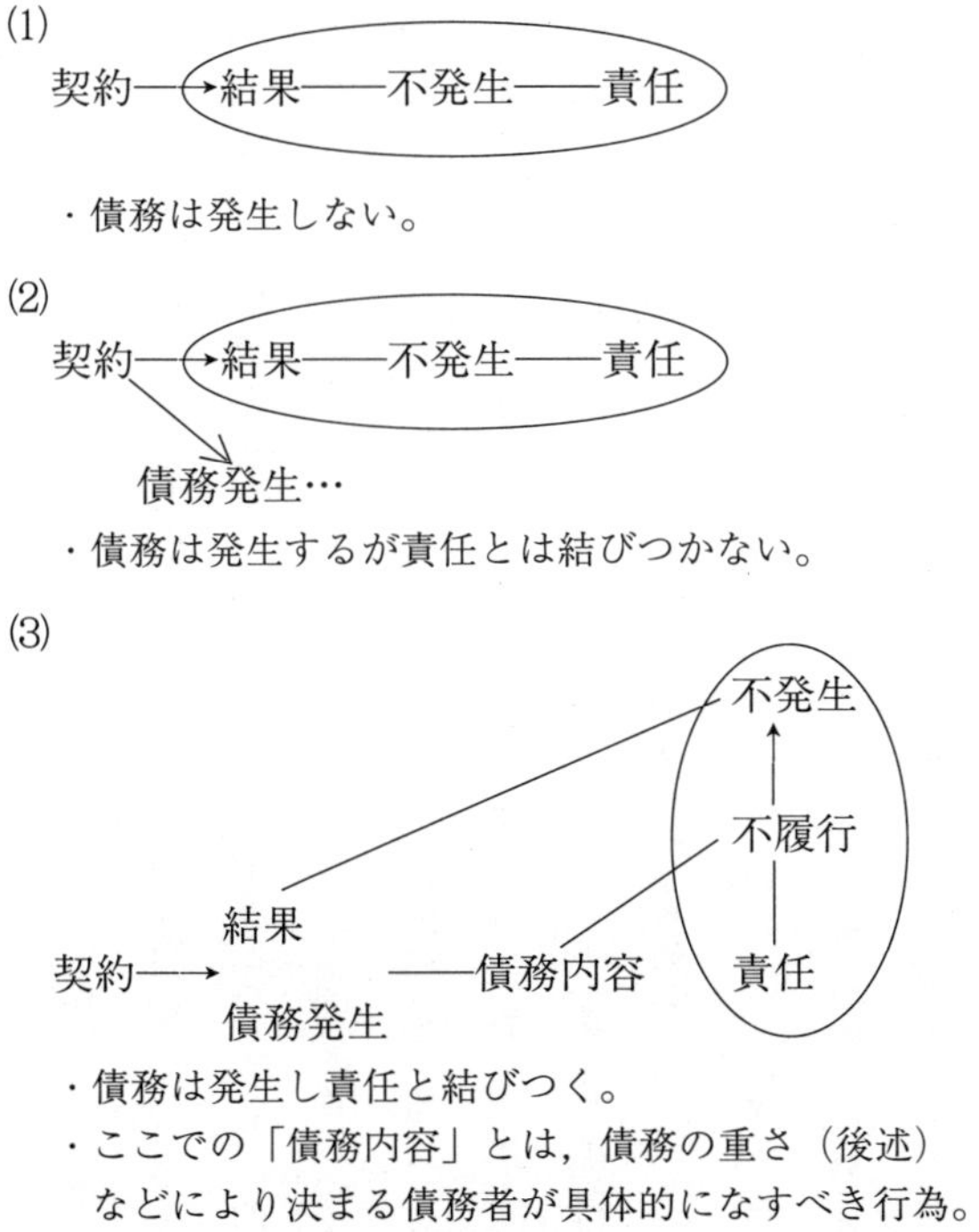

・債務は発生しない。

・債務は発生し責任と結びつく。
・ここでの「債務内容」とは，債務の重さ（後述）などにより決まる債務者が具体的になすべき行為。

だが、結果の不発生と責任とが直接結びつくとは限らない。契約により、多くの場合に結果を発生させる債務が発生するが、これと責任とを結びつけることも考えられる。すなわち、行為（結果を発生させるためにすべき行為（給付）をしなかったこと）に対する責任という構成である。このように、結果の不発生以外のものを責任と結びつけることも可能である。だが、何でも結びつくわけではない。まず、究極的には結果不発生の責任であるから、責任と結びつくものは、結果不発生の原因となる事項である必要がある。また、約束者の責任であるから、約束者と関連した事柄（それも支配下にある）が責任と結びつきやすい。そうすると、約束者の結果実現へ向けての行為以外に、現実的なものは考えられない（論理的には他の事柄と結びつける構成も可能であるが（当事者が明示的に合意すれば実際に可能）。例えば、結果の発生に必要な第三者の行為や約束者の「誠意」など）。

債務を考慮に入れた組合せは、図の三通りである（楕円で囲んだ部分は責任の構造部分を示す）。⑴⑵は、契約違反の責任、⑶は、債務不履行の責任と言える。

これらの責任の構造を責任制度の問題としてみてみる（責任制度が採用しているものと仮定）。両者の主な違いは、責任問題の処理範囲の広さである。契約違反が契約上の債務の不履行より広いとすると、⑶は、契約違反の中での、債務不履行責任についての構成となる（部分的責任）。それ以外の契約違反については、他の構成による責任を考える必要がある（契約責任は個別的責任の集合となる）。これに対して、⑴⑵は、契約違反一般の責任（包括的責任）であるから、他の構成による責任を必ずしも必要としない。契約責任の一本化が可能なようにみえる。だが、それには条件がある。これらの場合でも、結果の不発生があれば常に損害賠償責任が発生するのではなく、両者を結びつけるもの――責任の趣旨により制限を受ける（例　それが「合意」ならば、責任を負うと合意していない事柄による結果の不発生については損害賠償責任は発生しない）。仮に責任の趣旨の統一ができれば、契約責任の統一もできる。だが、それができなければ、複数の責任が併存することになる。その場合、ある責任で免責された場合に、他の趣旨による責任で賠償責任ありということもありうる。いずれにせよ、⑴⑵は契約責任の統一化を指向する構成であると言える。

次に、責任の構造と契約当事者の意思の関係をみてみる。

まず、責任についてすべて明確（明示あるいは黙示でも明白）な合意で取り決める場合、⑴⑵⑶の論理いずれをとることも可能である（左図参照。その責任を**完全な契約責任**と呼んでおく）。また、当事者が明確に合意すれば、これ以外の論理も可能である。これは、私的自治を認めている限り、どのような債務不履行責任制度（法規、判例法）をもっていても、共通するはずである。責任の構造は意思に従属するのである。

これに対し、それ以外の場合――部分的に明確な合意がある場合及び明確な合意がない場合は、責任制度の存在を前提とする。まず、責任制度がどの構造を採っているかを確定しなくてはならない。その上で、部分的に明確な合意のある場合にはそれにより、ない場合には法規による。だが、そこで問題は終わらない。当事者に明確な合意がなくとも、責任について一般に黙示の「合意」（契約の解釈により確定される）があるとみる説がある。この立場では、法規の解釈の仕方が異なる（構造までは左右されない――もっとも明確な合意との混同も見られる）。この問題は、言い換えれば、責任について法規がある場合に、それを意思の解釈（補充）規定とみるのか、法による規律とみるのかということである。

注意すべきは、明確な合意のない場合の一般的な意思の認定は、責任制度、構造の理解と密接に関連することである。これらの理解の前提となる認定の問題ともいえる（後に詳しく論じる）。また、個別的な意思の認定も、仮に容易になされるなら、実質的には責任制度の変更となる（こともある）。なお、「個別的な意思」の認定とはいっても、明確な合意はないのだから、法規の通常の解釈を修正する黙示の意思表示をどのような場合に認定するのかが問題となる。責任制度の考察は、これらも含めてなす必要がある。

次章では、債務不履行責任制度（第四一五条以下）

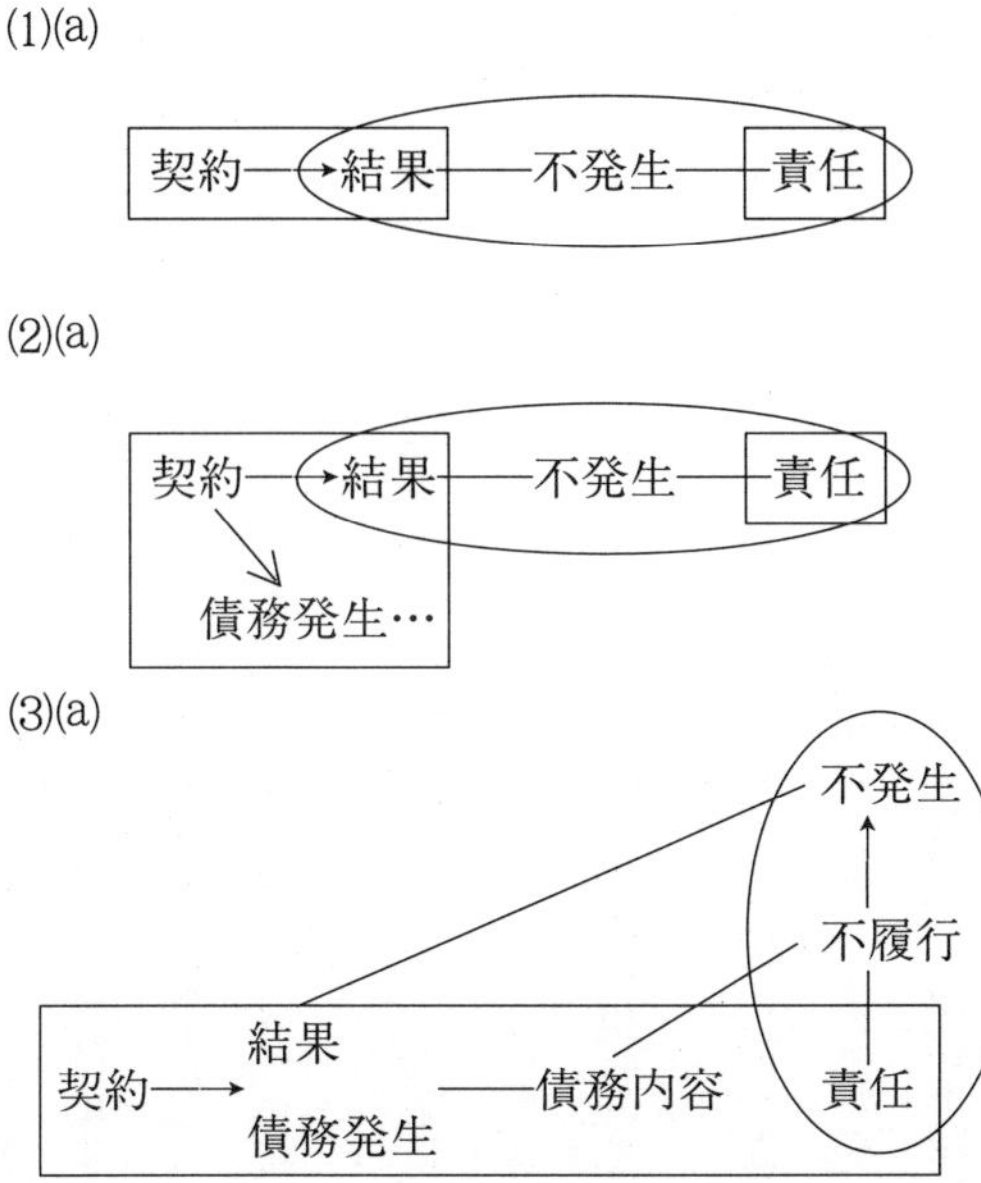

・四角で囲んだ部分は意思の及ぶ範囲を示す。

が、どのような構造を持ち、また一般に（個別的に特別な合意がない場合に）意思がどこまで及んでいるとみるのかを検討する。そして、法規による責任を修正する合意についてもみてみたい。

（4）　契約責任がこれに限定されるとするものではない。例えば、信義則上発生する安全配慮義務、契約締結拒絶の際の責任も、契約責任と考えることもできる。

第二章　債務不履行責任（第四一五条以下）の構造

第一節　「契約」「債務」「損害賠償責任」の関係

債務不履行責任は、債務者が債務の本旨に従った履行をしない場合に、債権者はそれによる損害の賠償を請求できるというものである（第四一五条）。債権が発生するから責任の構造は⑴ではない。また、この責任は、契約違反の責任ではなく（に限定されず）、債務不履行の責任であるとされている（債権総則に規定され、契約以外の債務不履行でもよいことからも分かる）から、⑵ではなく、⑶ということになる。これが条文の素直な理解である。

だが、近時、実質的に⑵のような解釈（⑵´）を主張する見解が現れている。それは「債務」概念の変更によるものである。そのような解釈をする必要性は、果たしてあるのだろうか。また、⑶と⑵のどちらが妥当であろうか。その判断のためにも、それぞれの構造の意味と違いを深く探らなくてはならない。まず、本来の構造⑶（に基づく従来の見解）からみることにしたい。

第一項　債務概念

債務（権）とはなにか、その目的は、債務者の給付（＝行為）であるというのが一般的な理解である。起草委員の一人である梅博士も、「債権（Créance, Forderung）トハ一定ノ人ヲシテ一定ノ財産上ノ行爲ヲ爲サシムルコトヲ得ル法律上ノ力是ナリ」[5]、「債権ノ目的ハ常ニ債務者ノ積極又ハ消極ノ行爲ニ在ル」[6]とする。すなわち、日本民法の債務は、本来行為義務と構成されているのである。

（5）梅謙次郎『民法要義　巻之三　債権編』（有斐閣　大正元年版（訂正増補三三版）復刻　昭和五九年）一頁、なお、同『初版　民法要義　巻之三　債権編』（信山社　復刻版（初版　明治三〇年）平成四年）一頁は、「債権（Créance, Forderung）トハ或人ヲシテ或事ヲ爲シ又ハ爲ササラシムル權利是ナリ」とする。表現は違う（後の版で訂正）が意図する内容は同じである。

（6）梅・前掲注（5）九頁（大正元年版も初版も同じ）

第二項　債務（＝行為義務）不履行責任の限界

債務を行為義務と解すると、結果（契約で予定した目的物の取得）の不発生についての責任をすべて債務不履行責任と構成することはできない。例えば、売買目的物に関しては、契約で定めた目的物を引渡さないことにより、買主に損害が生じ(得)る。その損害賠償責任が行為義務違反の責任と構成できる限界はどこなのであろうか。

④因果関係　　⑤因果関係

①行為義務（売主）→具体的行為（なし／あり）―②予定された結果の不発生―③損害（買主）→⑥賠償義務

予定された結果の不発生を理由とする損害賠償責任が売主に生じる場合、（ア）結果を発生させる行為義務がない（そもそも生じない、あるいは当事者が排除）（①行為義務なし→具体的行為の義務なし）か、（イ）行為義務を（仮に）尽くしても結果が発生しないとき（④なし）[7]、損害賠償責任は行為義務違反とは無関係だといえるだろう。さらに、（ウ）行為義務を尽くさなかったため結果が発生しないときであっても、結果不発生と損害との間に因果関係がないとき（⑤なし）も、その損害賠償責任は行為義務違反とは無関係だといえるだろう。これらを債務不履行責任と構成するには、債務を行為義務とは別の内容のものにする必要がある。逆に言えば、行為義務を尽くさなかったため結果が発生しない場合において、結果不発生と損害との間に因果関係があるときに、その損害賠償責任を行為義務違反の責任と構成することが可能である。これが、行為義務違反責任の外延である[8]。

ところで、損害賠償の免責事由とされる**不可抗力**と行為義務の関係はどうだろうか。不可抗力による免責が認められるのは、それが行為義務の限界を超えた力であるからなのだろうか。不可抗力の内容ついては、後にみる学説でも混乱がみられるので、ここでその理論的な位置づけをしておく。

不可抗力は、債務不履行責任では一般に帰責事由の中で論じられる（特に無過失と不可抗力の関係が問題とされている）。だが、それでは位置づけとしては不十分である。現在、帰責事由及びその前提となる債務について様々な見解があるからだ。このような状況では、不可抗力→帰責事由ナシ→免責という論理を絶対的なものとして用いる訳にはいかない。まず、この論理が可能となる条件をみる必要がある。

不可抗力は行為義務を前提にした概念である（とすべきである）。結果の発生については、発生に導く力と妨げる力が働く。結果の発生を妨げる力により、結果が発生しないのであるから、当然、結果の発生の可能性があったわけである。発生を導く力を超えて発生を妨げる力が働いている、つまり、行為義務との比較で不可抗力が決まるわけであるから、行為義務が前提になっている。

債務者が行為義務に違反しないのにもかかわらず、結果が発生しない場合には二種類ある。それは、前記のように（ア）結果を発生させる義務がない場合（結果の発生が不能であった場合（原始的不能）と可能ではあるが当事者が義務の発生を排除した場合）と、（イ）義務は尽くしたが（としても）、外部の力により結果の発生が妨げられた場合（本来行為により結果の発生が可能で義務の発生を排除しないことを前提）である。不可抗力は、（イ）の場合を指す。

従って、債務概念を拡張し、行為義務でない（こともある）とする学説が、不可抗力を当然に債務不履行責任の免責事由とするのは、誤りである。例えば、原始的不能の場合にも債務が発生すると考えると、その債務不履行責任については、不可抗力免責は問題にならない。結果を発生させる行為義務がないからである。

（ア）、（イ）と責任の関係を整理すると次のようになる。

不可抗力免責は、結果の発生の可能性及び結果を発生させる行為義務を前提とする。従って、行為義務違反の責任において問題になる。原始的不能の責任はそのような行為義務違反の責任ではないので、不可抗力免責は問題にならない。また、不可抗力免責は合意による結果責任（損害担保責任）とは当然には結びつかない。合意による責任では「不可抗力」でも責任が発生するのが原則である。なお、原始的不能の責任は合意による責任とすることはできる。

結果の不発生が不可抗力によるということは、結果の不発生が帰責事由によらないということである。そのため、不可抗力は帰責事由の問題とも言える。だが、正確には、帰責事由の有無とそれと結果不発生の因果関係は区別される。そして、不可抗力は**因果関係の問題**に位置づけられる。後述のように帰責事由（「過失」）を具体的行為義務違反と解すると、すべき具体的行為をしないことが帰責事由である。不可抗力の場合、その債務者の行為（有／無）と結果の不発生とは因果関係がない。言い換えると、債務者がすべき具体的行為をした（帰責事由ナシ）が、②予定された結果が発生しない場合及び、すべき具体的行為をしない（帰責事由アリ）が、仮にしたとしても②予定された結果が発生しない場合には、行為と結果の不発生との間に④因果関係はない（結果の不発生は帰責事由によらない＝不可抗力（等）[9]による）ことになる。このため債務者は免責される。なお、前者の場合には、帰責事由がないことによる免責も可能である。

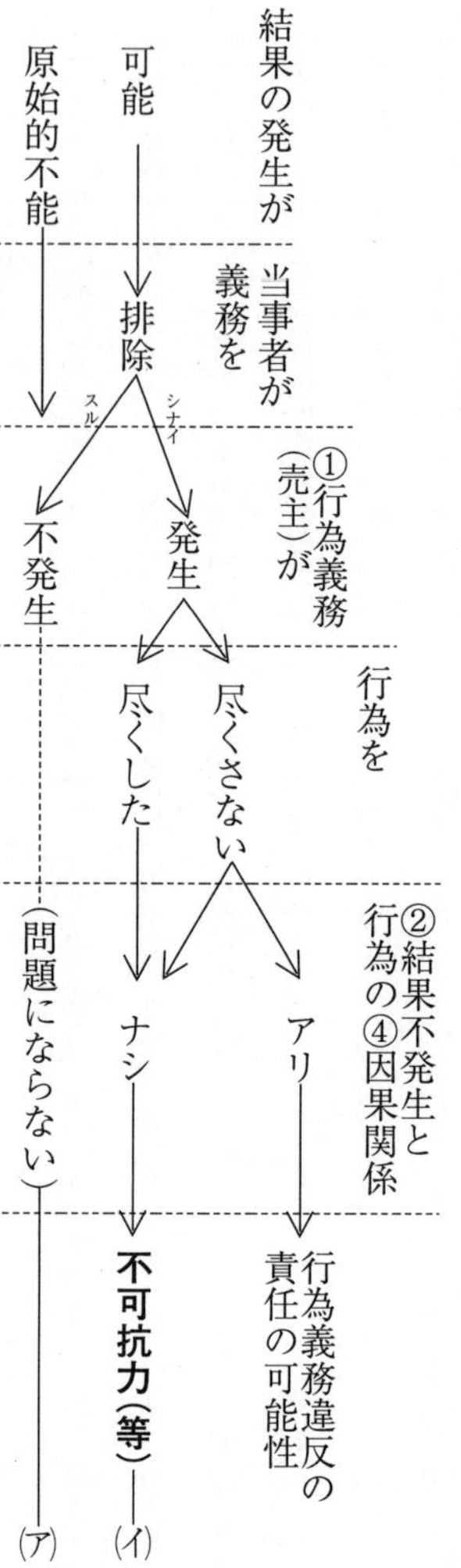

（7）　行為義務を尽くしたときは、結果発生へ向けてすべき具体的行為はすべて行ったことになる。その具体的行為を行ったことと結果不発生との間に因果関係がないのは当然である。

（8）　行為義務を尽くさないとき、例外的に、行為をしないこと自体による損害の賠償責任が問題になることもある。その場合、行為をしないことと結果不発生との間に因果関係がなくとも（理論的には結果が発生しても）、賠償責任が生じ得る。だが、ここではこれを除外して考える。なお、物の引渡義務に関しては、このような損害の賠償責任はまず問題にならないだろう（結果不発生による損害の賠償責任のみが問題）。

（9）　ここでは、結果の不発生が「過失」（帰責事由）によらないことが不可抗力によることとイコールなのか、あるいは前者の方が広いのかについては、論じない。

第三項　民法による債務（＝行為義務）不履行責任の制限

この行為義務違反責任の外延を、民法はさらに制限している。民法第四一五条、第四一六条（いずれも原則として任意規定）は債務不履行責任の要件、賠償範囲について規定し、債務者の損害賠償責任を制限している。行為義務違反があったと構成できる場合であっても、必ずしも債務者は損害賠償責任を負わないのである。

まず、（ア）結果の発生が可能な限り、そのために債務者はあらゆる行為をしなければならないのか、その行為をせずに結果が発生しなければ、債務不履行責任を負うのかという問題がある（①行為の範囲の問題）。民法第四一五条は、「責ニ帰スヘキ事由」によって不履行が生じたことを要件にしている（帰責事由を履行不能だけに要求する見解もあるが、多数説は、債務不履行すべてに要求している）。これは債務者のなすべき行為を制限しているとみて良いのだろうか。

ここでは、帰責事由についての一般的な理解に基づき考える。

＜我妻説＞

この説を通説として（最初の説という訳ではないが）、多くの批判が試みられてきた。我妻説は、第四一五条の「責ニ帰スヘキ事由」とは、「債務者の故意・過失または信義則上これと同視すべき事由」であるとする。同視すべき事由を含む点で、厳格な過失責任が緩和され、責任が拡大されているとする。(10) なお、これは、起草者（富井政章）が『「債務者ノ責ニ歸スヘキ事由」ト言ヘバ詰リ所爲又ハ過失夫レガ遲滯後カデアリマス(11)』とするのとほぼ同じである。

故意・過失については、次のように述べる。

「故意とは、債務不履行を生ずべきことを知って、あえて何事か（債務の目的物の破壊など）をすること、または何もしないでいること（債務の目的物を持参しないことなど）である。また、過失とは、債務者の職業、その属する社会的・経済的な地位などにある者として一般に要求される程度の注意（善良なる管理者の注意に同じ）を欠いたために、債務不履行を生ずべきことを認識しないことである。(12)」（傍線：戸田　参照の指示は省略）

故意、過失の区別は心的なものだが、両者の扱いに差はない。また、過失は標準人を基準に判断するので、個人の内心まで踏み込む必要はない。一定の行為をしたかどうかで判断することになる。つまり、給付結果発生へ向けての一定の行為（不行為も含む）をしないことが故意・過失となる。これは、実質的には、具体的（行為）義務違反(13)というのと差はない。なお、信義則上故意・過失と同視すべき事由も、究極的には行為の問題に還元できるか、あるいは主体が異なるだけで行為の問題であることに違いはない。

条文上、債務不履行責任の発生には、帰責事由に「因リテ」履行不能（不履行）が生じたことが必要である。すなわち、帰責事由がなければ給付結果が生じたことが必要である。そこからも、帰責事由が心的なものではないことが分かる。

帰責事由判断の基準となる行為は、実行可能な最高程度のものではなく、「標準人」に要求される程度のものである。予定された結果が発生しない場合でも、その程度の行為をしていれば責任を負わないことになる。

民法は、帰責事由を要件とすることで、債務者のなすべき行為を制限しているのである。

次に、（イ）債務者は債権者に発生した損害のすべてを賠償しなければならないのかという問題がある（賠償の対象となる③損害の範囲）。民法第四一六条は、結果の不発生と損害との間に「事実的」因果関係がある場合でも、それが通常損害及び債務者が不履行時に予見したもしくは予見可能な損害でなければ、債務者は賠償責任を負わないと規定する。一般に、第四一六条は債務不履行に基づく損害賠償の範囲を相当因果関係にある損害に制限したものだとするが、批判もある。いずれにせよ、本来、行為義務違反の責任と構成可能な損害賠償の範囲を制限している。

これらの民法の制限は何に基づくものであろうか。法政策に基づくのであろうか、あるいは当事者の意思に基づくのであろうか。次に、債務不履行責任において、当事者の意思の及ぶ範囲を考える。

(10) 我妻榮『新訂債権総論（民法講義Ⅳ）』（岩波書店　新訂版　昭和三九年（初版は昭和一五年））一〇五頁

(11) 法務大臣官房司法法政調査部監修『法典調査会民法議事速記録三』（商事法務研究会　昭和五九年）六四一頁

(12) 我妻・前掲注(10)一〇六頁

(13) 北川善太郎「債務不履行における有責性」法学論叢一一八巻四・五・六号（昭和六一年）一〇〇頁以下を参照。

第二節　損害賠償義務（責任）と意思

本節では、債務不履行（契約）責任についての合意の分析を行う。「合意」にはレベルの違いがあり、分けて考える必要がある。

まず、民法上の債務不履行責任の諸規定は、法律による規制なのかそれとも当事者の意思の推測（解釈規定）なのかが問題となる。これは、通常、当事者の意思がどこまで及んでいるのかという問題でもある。その前提として、諸規定を意思による規制とみるか法律による規制とみるかによる違いが問われなければならない。

次に、規定と異なる合意を検討する。債務不履行責任の諸規定は担保責任の諸規定と同様、原則として任意規定である（解釈規定なら当然そう）。そのため、異なった合意をすることを妨げない。但し、その合意は、ある程度はっきりしたものである必要がある。どのような場合にどのような内容の合意が認定されるのかも問題だが、ここでは次のことを知ることを目的とする。それは、債務不履行責任の限界（構造上の限界）と私的自治の限界である。規定を修正する合意に関する規定及び議論（主要なもの）から、修正（合意の認定）のし難さ・限界（制限）をみる。そして、それは債務不履行責任の限界か合意（私的自治）の限界に因るのかを考える。なお、ここでは、消費者保護の問題は除外する。

最後に、債務不履行責任を超え（責任制度とは関係なく）、責任についてすべて明確な合意で決めている場合を検討する。その責任を「完全な契約責任」（意思責任）とし、それを規制するものは、合意（私的自治）を限界づけるもの（例　公序良俗違反）しかないことを示す。

従来、債務不履行責任についての特約は、免責条項・責任制限条項、賠償額の予定などとして、個別に論じられてきた。その際、契約自由（私的自治）の原則が基本的に適用され、その制限は信義則、公序良俗、条項の解釈のもとに行われてきた。だが、これらの特約が債務不履行責任の性質・構造と関連づけて論じられることはなかった。例えば、債務不履行責任自体も合意に基づくとの見解もある（私は採らない）。その場合、「特約」と規定の解釈は連続したものになる。すなわち、契約の解釈の問題になる。だが、実際には、そのように統一的には論じられていないし、同じに扱えるのかは問題である。私の立場からは、債務不履行責任の構造上の限界（行為義務違反の責任の限界）が修正の合意に影響を与えるのではないかという問いになる。以下は、特約（合意）の面から債務不履行責任の構造に接近する試みでもある。

第一項　法律の規定による責任

まず、契約で予定された結果が生じなかったときの処置を明確に合意していない場合を考える。この場合でも、買主は、少なくとも、売買目的物の引渡がなければ、あるいは引渡があってもそれが契約内容に合致していないものであれば、代金の返還及び損害賠償を請求できるのは当然だと考える（法律があるからそう思うのかはここでは問題にしない）。規範に対する期待がある。売主も、この社会では必ず買主になり、その立場では同様のことを期待するであろう。そのことから、債務不履行の処理について、一般に黙示の合意があると「認定」できるのだろうか。すなわち、直接には法律の規定（ここでは債務不履行責任の規定）により責任が決まるが、その規定は（契約による債務の場合）「責任を設定する規定」か「責任についての合意の解釈規定」かということがなお問題となる。それにより条文の解釈が異なってくる可能性があるからである。さらに、（契約による債務の場合）債務の発生、重さ（結果実現のためどの程度の行為をなすべきかということ、従って債務不履行（の帰責事由）を判断する基準でもある）は、法律によるのか、合意によるのか（究極的には法律だが）という問題もある。つまり、意思がどこまで及んでいるのか、その範囲が問題となる。

契約により債務が発生しその不履行により損害賠償義務が発生する。契約では、一定の結果（例えば、売買では、代金の取得・契約で予定した目的物の取得）につき合意（予定）をしている。債務の発生自体（債務者が結果実現のため何らかの行為をする義務を負う）についても合意があるとみてよいだろう。[14] では、債務の重さ、不履行の場合の損害賠償責任については、合意をしている（ものとして扱う）のだろうか。明確な合意がないときに問題になる。可能性は四通りある。

結果、債務の発生	債務の重さ	不履行（契約違反）の場合の損害賠償責任
(a)　合意	合意	合意
(a)′　合意	法律	（合意）
(b)　合意	合意	法律
(c)　合意	法律	法律

このうち(a)′は、責任について合意があると扱う場合であるから、その前提となる債務の重さについても合意があると扱うことになるだろう（(a)に吸収）。もっとも、債務不履行につき、⑵（債務は発生するが責任とは結びつかない）の構成をとれば、(a)′ということもあるだろう。だが、前記のように、日本民法の第四一五条は⑶の構成をとっているので、本稿の検討からは除外する。

(a)(b)(c)のうち、いずれが妥当かを検討する前提として、債務の重さ（行為の程度）と不履行（契約違反）の場合の損害賠償責任が、（明示であれ黙示であれ）明確な合意がないときに、法あるいは合意により決まるという意味をみてみる。

債務の重さ（行為の程度）については第四一五条の「責ニ帰スヘキ事由」、損害賠償責任については第四一六条（以下）に規定がある。これらの規定があるにもかかわらず、明確な「合意」がない場合に「合意がある」という意味はどこにあるのだろうか。明示であれ黙示であれ、合意があるかどうかは認定の問題である。だがこの場合、問題は、事実の認定のレベルから法規の解釈のレベルに移っている。合意がないと扱うと、法規の解釈は法の趣旨に基づいてなすことになる。趣旨とは、法政策、例えば、債権者の保護、債務者の保護といったものである。当事者を必ずしも同じに扱う必要はない。具体的当事者の利益衡量ができるのである。これは、主体の抽象化（その人の属するグループの一員（標準人）、公平な当事者）によっても、行われうる。類型的に扱うのであり、契約当事者各人のレベルまで降りていかなくて済む（立証負担の軽減もなされる）。つまり、法が両当事者以外のものを基準にすることができるのである。これに対し、黙示の合意があると扱うと、法規の解釈に、「当事者の合意」という制約がかかってくる。明確な「合意」はないのだから、当事者の意思に近いもの・関連するものを基準にする（そこから意思を認定）。具体的個人に即して、通常合意するであろうものを合意内容＝法規が規定したものとして扱うことになる。「通常」のレベルである程度抽象化できても、基準はあくまで当事者であるから、契約当事者各人のレベルまで降りていく必要がある。また、意思の解釈＝法規の適用であるから、その結果がある契約当事者に不当であっても、当事者間の利益を比較衡量し、外部から調整する余地は原則としてない（当事者が良いとしているのだから）。

以上のことは、具体的にどのような違いとなって現れるのだろうか。

まず、債務の重さ（行為の程度）は、契約で定めた結果を実現させるために法が決めるとみると、その内容を画一化することができる。これに対して、私的自治の原則により当事者が合意で決めるとみると、具体的当事者ごとに個別に確定することになる。例えば、帰責事由の判断で、すべき行為が法律により決まるとすると、抽象的過失でも良いとなしうるが、合意により決まるとすると、具体的過失ということになろう（意思の支配下の行為によりできないことを約束しているとは通常解されない）。抽象的過失を判断基準にしたいならば、能力の保証といった擬制を持ち出す必要がある。

次に、損害賠償範囲（損害賠償責任）が、法により決まるとすると、法政策の見地から画定基準を定めることができる（第四一六条の解釈として）。これに対して、合意により決まるとすると、当事者の合意（実際には、当事者の意思に近いもの・関連するもの）が画定基準となる。その場合、解釈上のいくつかの問題は自動的に決まってしまう。それは、第四一六条の「予見可能性」は誰についてか、またその時期は何時かという問題で、予見の当事者は両当事者であり、かつ予見の時期は契約締結時（不履行時との合意をしているとは通常解されないだろう）ということになる。法により決まるとすると、そのような制限を受けない（もちろん結論が同じでも構わない）。

(a)(b)(c)のいずれが妥当かの検討・判断は、後に改めて行う。なお、一般には、(c)（結果・債務の発生まで意思が及んでいる）と解しているものと思われる（すなわち(3)(c)）。(c)では、契約当事者は最低限を決めるだけで、その余は法が一般的な基準に基づいて決定する（当事者の事情ももちろん評価の対象になるが）。責任の抽象度が一番高いといえよう。

(3)　結果（契約で予定した目的物の取得）の不発生←行為（給付）をしない――責任
（債務は発生し責任と結びつく）

	結果、債務の発生	債務の重さ	不履行の場合の損害賠償責任
(a)	合意	合意	合意
(b)	合意	合意	法律
(c)	**合意**	**法律**	**法律**

(3)(a)

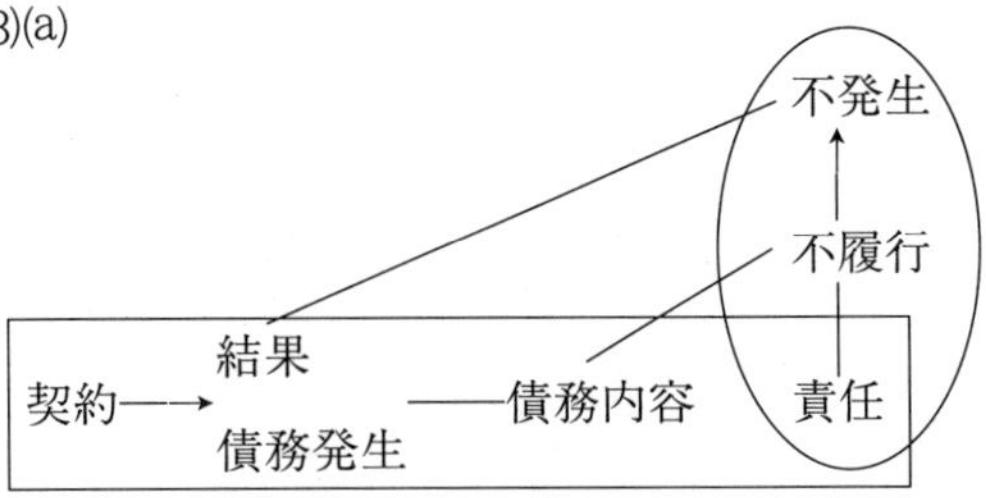

(3)(b)

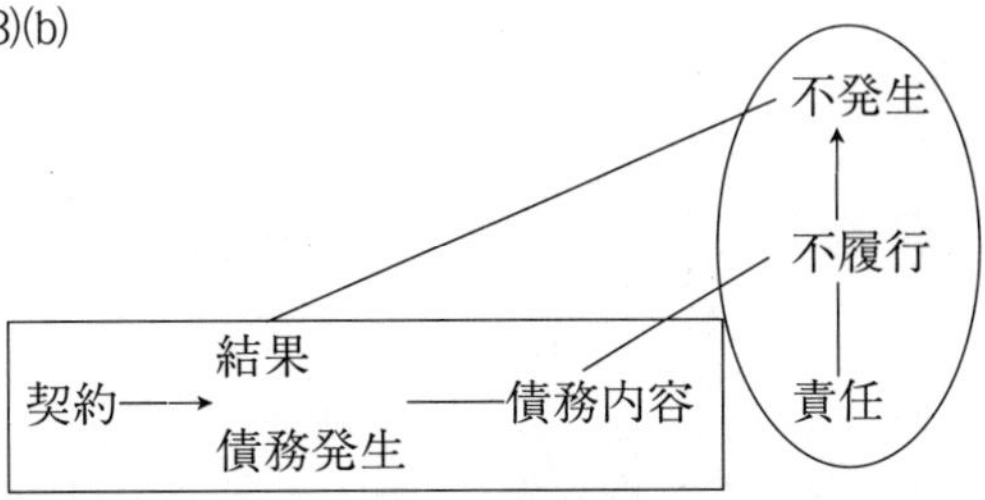

(3)(c)

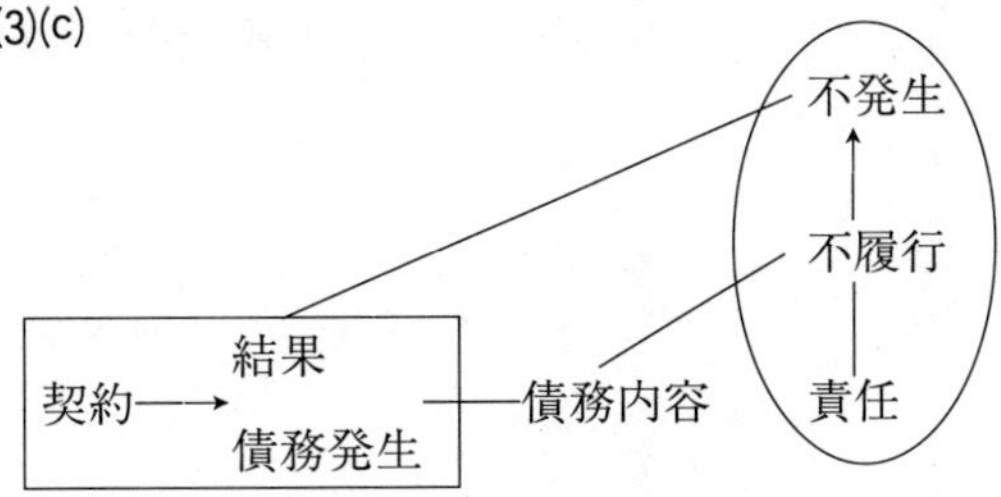

・契約、結果、債務発生、債務内容、責任
　——観念的な存在（合意、法により作られる・設定される）
　結果の不発生、債務の不履行——実在の事象

参考：(1)(2)についても、意思の及ぶ範囲により区別してみる。認定の可能性は、大きくは以下の五通りである（(3)も合わせると八通り）。

(1)(a)

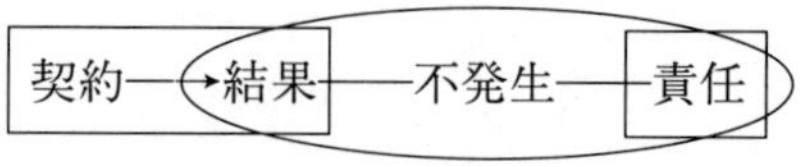

・契約が結果の実現を直接目指さないなら、責任についての合意があるとみるべきではないだろうか。

(2)(a)

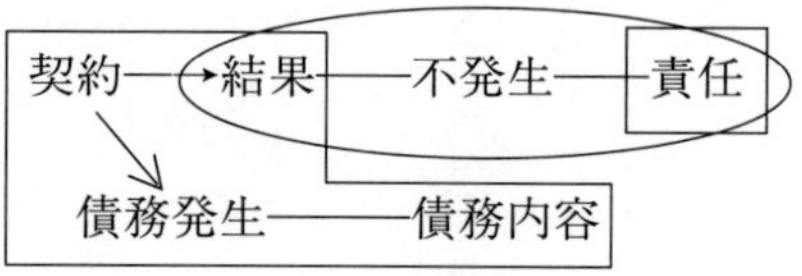

(2)(a)´

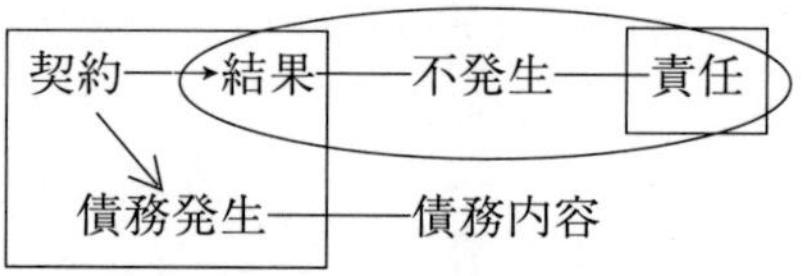

・責任に関しては上の三者は同じ

(2)(b)

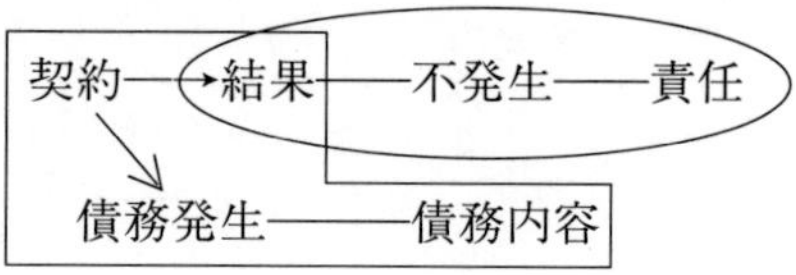

(2)(c)

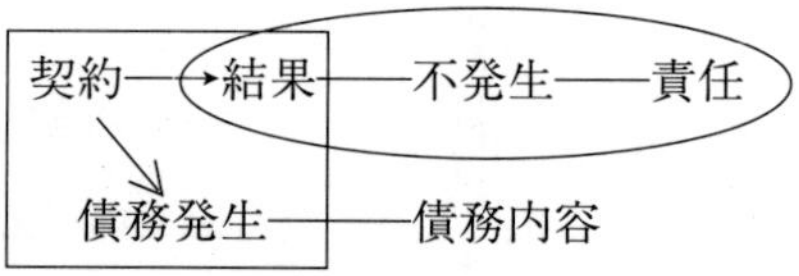

・責任に関しては上の二者は同じ

(14)　一定の結果および債務の発生につき合意があるとしても、常に、一定の結果を予定した契約、債務の発生がそのまま認められるわけではない。法の評価により、契約が無効になったり、債務が発生しないとされることもある（例　公序良俗違反、原始的不能）。

第二項　法律の規定による責任を変更する合意

次に、債務不履行責任について、一部合意がある場合を考える。合意の理論的な可能性は色々ある。先ほどみた債務不履行責任の構造図（本章第一節第二項参照）では、①行為義務（売主）、③損害（買主）、⑥賠償義務、④因果関係（①と②（予定された結果の不発生）の間）、⑤因果関係（②と③の間）が、考えられる。まず、①行為義務（売主）を第四一五条が帰責事由（債務者のなすべき行為）で制限したが、それを合意で変更することが考えられる（Ⅰ帰責事由についての特約）。次に、③損害（買主）について、第四一六条が損害賠償の範囲となるものを制限し、これを金銭評価したものが賠償額（⑥賠償義務の目的物）になるが、それを合意で変更することが考えられる（Ⅱ損害賠償についての特約）。これは、損害賠償の範囲の特約と賠償額の特約に分けられる。因果関係の特約は、実際には、④因果関係（①と②の間）については帰責事由についての特約、⑤因果関係（②と③の間）については損害賠償についての特約の形をとることが多いと思われる。そこで、これらの箇所で併せて論じることにする。

Ⅰ　帰責事由についての特約（①行為義務（売主）（含：④因果関係）についての特約）

民法第四一五条の帰責事由（「責ニ帰スヘキ事由」）を変更する合意について考える。

責任制限特約（約款）については、故意に対する免責は無効であること、軽過失に対する免責は原則として有効であることに、学説は一致している。重過失免責については、学説は分かれているが、無効説が最近有力になりつつあるとのことである。(15)

責任加重特約（約款）についても、原則として有効である。だが、帰責事由を不要とする特約があっても、「通常は、不可抗力の場合には免責されると解すべきであり、不可抗力でも免責しないとする特約は、通常無効であろう」とする見解がある。(16)

これらの制限は何に基づくものなのだろうか。まず、責任制限特約（約款）の制限については、債務不履行責任の性質というより、当事者間の利益衡量によるものであろう。本稿では詳細な検討はしないが、売主の担保責任の免責特約との対比で若干の指摘をしたい。民法は第五七二条（第五五九条で有償契約に準用）で、目的物の瑕疵について悪意の場合及び、契約成立後に売主が自ら権利を設定し又は譲渡した場合、無担保の特約は無効であるとする。これとの対比で、債務不履行責任の制限約款についても、有償契約と無償契約（有償の債務と無償の債務）とで分けるべきではないかという疑問が生じる。通常の債権を発生させた以上、履行に対する期待が生じるので、故意に対する免責は、有償無償を問わず、無効としてよいのかも知れない。だが、重過失免責は、少なくとも無償契約（無償の債務）では、有効としてよいようにも思える。だが一方、故意・過失（行為）の問題を善意・悪意の問題と同じように扱って良いのかという問題もある。故意についてだけ責任を負うとすると、責任を判断するには債務者の内心まで踏み込む必要が出てくる。故意責任も行為責任だが、抽象的な責任ではない。債務不履行責任を抽象的行為責任とすると、重過失免責特約とは相容れない。そこで、債務不履行責任は抽象的行為責任であるとの建前を守りつつ、無償契約（無償の債務）では責任制限特約を広く容認して良いという価値判断を取り入れると、有償契約と無償契約（有償の債務と無償の債務）とでは特殊な債務の認定に違いが生じるとすべきなのかも知れない。無償契約（無償の債務）で責任制限特約がなされた場合、有償契約（有償の債務）と比べて容易に「自然債務」「責任なき債務」「故意についてだけ責任を負う債務」等の認定がなされるとするのも一つの解決法である。特殊な債務であるから、通常の債務不履行責任と異なった扱いがなされても良いとするのである。

次に、責任加重特約（約款）――予定された結果が発生しなければ、不可抗力の場合にもなお責任を負うという合意（不可抗力免責を認めない合意）――を制限する説について検討する。まず、この特約の意味だが、不可抗力は④因果関係の問題であるので、これは厳密には因果関係についての特約と言える。この場合、債務者は不可抗力でも責任を負うのだから、責任発生に、すべき行為をしなかったため結果が発生しないという④因果関係は不要となる。そのため、債務者はすべき行為をしていても責任を負うことになる。すなわち、帰責事由がないという抗弁も認められなくなる。

これはもはや行為をしないことの責任ではなく、予定された結果が発生しないことそれ自体の責任である。このような責任の合意は、例外的に公序良俗違反にあたる場合を除いて、本来、有効なはずである。それにもかかわらず、不可抗力免責を認めない説があるのは、認めると債務不履行責任でなくなるからではないだろうか。つまり、債務不履行責任の枠内で合意がなされたため、債務不履行責任の性質による制限が働くのである。では、債務不履行責任の性質とは何か。それは、行為義務違反の責任ということである。論者の無意識において、このような論理（上記の逆の順序）が働いたとみるのは、穿ち過ぎであろうか。

(15)　奥田昌道編『注釈民法⑽　債権⑴』（有斐閣　昭和六二年）四四二頁以下（北川善太郎）

(16)　星野英一『民法概論Ⅲ（債権総論）』（良書普及会　昭和六三年（補訂版第五刷　初版は昭和五三年））六一頁

Ⅱ　損害賠償についての特約

②予定された結果の不発生を契機として、買主に③損害が発生したとしても、そのすべてが賠償されるわけではない。民法第四一六条は予見可能性のある損害のみが賠償範囲になるとしている。この基準による損害賠償の範囲そして賠償額等を変更する合意も原則として有効である。ここでは、公序良俗違反以外にこれらの特

約を制限するものはあるのか、あるとしたらそれはなぜか、特約以外の事柄はどうなるのか、といったことを、債務不履行責任の性質・構造との関係で考えることを目的とする。まず特約を概観する。

a　賠償範囲の決定基準の特約（賠償されるべき③損害の特約）

一般的な基準で賠償範囲を拡張・制限することは、あまり論じられないが、もちろん可能である。例えば、実際に予見した損害を賠償範囲にするとか、予見しなかった損害でも賠償範囲になるとか、あるいは、予見可能性の判断時・予見する人について、法（解釈に争いがあるが）と異なった取り決めをした場合がそうである。なお、第四一六条の賠償範囲の決定基準が当事者の合意に基づくとする説では、単なる契約の解釈の問題となるように思えるが、同一平面上の問題とすることはできないのではないだろうか（後述）。この特約には明示の合意を必要とするだろう。損害項目で賠償範囲を拡張・制限することもできる。賠償範囲の制限には、具体的な合意が必要である。例えば、目的物（の価格）に限ると合意した場合がそうである。このような合意をしても、それが公序良俗に反すると無効である。人身損害の免責は特に問題となる。なお、賠償範囲の拡張の合意で、因果関係外の「損害」を含む賠償範囲を設定した場合、その合意は⑤因果関係についての特約を含んでいると言えよう。

賠償範囲の拡張には、（一般の理解では）具体的な合意は必ずしも必要ではない。債権者は、不履行により債権者に当該損害が発生すること（特別の事情）を債務者に知らせれば良い（その時期が契約締結時か不履行時までかで争いはあるが）。これにより、債務者に「予見可能性」が生じるからである。だが、「予見可能性」の基準時を不履行時とすると、契約締結の後に損害発生の可能性を知らせることで、賠償額が不当に膨れ上がることも考えられる。そのため、この立場では、さらに賠償範囲を制限する原理・方策が必要になる。例えば、契約締結時に告げることが可能な特別の事情（損害）を後に告げた場合、その損害の賠償は信義則により制限される（ことがある）としたり、予見可能性の対象は特別の事情とされているが、賠償範囲はその特別の事情から通常生ずべき損害に限られるとすることが考えられる。もっとも、不履行時を基準時とする具体的な合意がある場合は、外在的な制限を加える必要性は、いくらか低くなるだろう。

これらの合意があったとき、要件面で変更はあるだろうか。例えば、帰責事由が必要であろうか。これについては、当然必要（変更はない）とされているように思われる。もちろん、合意の趣旨によるだろうが、基本的に債務不履行責任の枠内での特約なので、原則として合意のない点はそのままということになろう（ｂとの対比）。

ｂ　損害賠償額の特約（⑥損害賠償義務（含：⑤因果関係）についての特約）

当事者は、債務不履行につき損害賠償額の予定をすることにより、第四一六条の修正をすることもできる（第四二〇条第一項前段）。その場合、裁判所はその額を増減できない（後段）。例外として、過大な賠償額の予定、過小な賠償額の予定が、公序良俗違反で無効とされることがあるにとどまる。このため、場合により、実際の損害額を超える賠償金の支払が義務づけられることもある。超える部分は、厳密には、損害の金銭評価の特約か⑤因果関係の特約があったとして、なお「損害」の賠償と考えるか、あるいは損害の賠償ではなく違約罰の働きをしていると考えることになろう。

損害賠償額は、これを「予定スルコトヲ得」るのであるが、これには、具体的な額が取り決められている必要がある。そのため、賠償額の予定自体については黙示の合意はまずないと考えてよい。これに対して、予定賠償額請求の要件（帰責事由、損害の発生）については、明示の合意があるとは限らない（むしろない方が多いのではないか）。そこで、次のような問題が生じる。

②予定された結果の不発生があれば、常に約定した損害賠償額を請求できるのだろうか。明確（明示あるいは黙示でも明白）な合意があれば問題はない。問題は、単に「債務不履行」の際の損害賠償額が定められているだけの場合である。まず、(1)責めに帰すべき事由が必要であろうか[17]。判例は、一貫して帰責事由が必要だとしている。これに対して、有力説は、帰責事由のないことの反証を認めない。なぜなら、賠償額の予定は債務不履行から生じる一切の紛争を避けることを目的としているからであるとする。次に、(2)損害の発生を要件とすべきであろうか[18]。判例・通説は損害の発生を要件としていない。

なお、当事者は、損害賠償の方法（第四一七条、第四二一条参照）、違約金（罰）の合意をすることも認められる。

検討　abの違いはどうして生じるのであろうか。

aとbの特約は、債務不履行責任との距離が異なる。それはまず、特約以外の点での解釈の違いとなって現れる。aの特約は、それだけでは予定した結果が発生しない場合の処理になっていない。（基本的に）債務不履行責任の性質・構造を前提としそれを修正するものである。そのため、特約以外の点は、黙示の合意が認定されない限り、債務不履行責任の原則によって処理される（帰責事由）。それに対してbの特約は、それだけで予定した結果が発生しない場合の処理になっている。形の上では債務不履行責任の特約でも、独立の責任の合意（第四二〇条の合意ではない）と解釈することも可能である。その場合は、例外的に当事者が債務不履行責任の原則を借用（あるいは同内容の合意を）しない限り、帰責事由、損害の発生は不要になる。債務不履行の特約（第四二〇条）とされた場合でも、特約以外の点で、債務不履行責任の原則によるかが問題となる（帰責事由、損害の発生）。なぜなら、「債務の不履行」があれば一定額の損害賠償責任を負うという責任の合意は完結しているからである。ここでは、意思の推定・補充ではなく、「債務の不履行」の意思解釈が問題である。損害賠償責任に関して債権者に容易な救済（予定した結果が発生しなければそれだけで一定金額を請求できる）を認めようというのが当事者の意思であれば、帰責事由、損害の発生は不要となる。帰責事由についてａの特約と比較すると、ｂの特約（第四二〇条のものであっても）の場合の方が、必要とされる可能性は低いのではないかと思われる。なお、損害賠償以外の点では、第四二〇条第二項が、賠償額の予定は履行又は解除の請求を妨げないとしている。これは、意思の推定・補充の問題である。そのため、明確な合意で排除することができる。それがない限り、損害賠償以外の救済を排除しない意思だと推定されることになる。

では、特約内容を制限する規範は公序良俗違反以外にないのだろうか。公序良俗違反以前の問題として、公平という理念がどこまで規範として具体化されるのかが問題である。ａの特約では、賠償範囲の決定基準が決められているだけなので、「公平」を入りこませる余地が大きい。例えば、考慮さるべき「特別ノ事情」の決定基準が合意で定められている場合には、その事情から通常生じる損害が賠償範囲になるとか、賠償範囲となる損害（項目）が合意で定められている場合には、その金銭評価において、契約締結後の価格の異常な高騰については評価から除外するといった形である。さらに、信義則（第一条第二項）（公平の理念の規範化）による正面からの制限も考えられる。なお、その具体化である過失相殺（第四一八条）も、間接的ではあるが、特約の制限となる。それ以外にも、「妥当」な範囲に損害賠償を制限（拡張）する方策が問題になり得る。損害賠償の範囲については別稿を予定（何年後になるか分からないが）しているので、そこで詳しく検討したい。

これに対してｂの特約では、損害賠償額の予定として具体的な額が定められているので、この点に「公平」

を入りこませる余地はない（第四二〇条もある）。但し、過失相殺により具体的な額を制限することは可能である。

この過失相殺という規範が意思を制限するのはなぜだろうか。それは、債務不履行責任の特約であるということから生じるのではないだろうか。債務が行為義務で、債権者の協力を得て結果を実現させるという履行の構造から、上記のような特約があっても、債権者の「過失」が当然に責任制限事由になるものと推測される。では、過失相殺を正面から排除する合意をしても認められないのだろうか。過失相殺の性質自体も問題だが、少なくとも「債務不履行」責任である限りは認められないのではないだろうか。第四一八条は、債権者、債務者の関係（合意も含めて）を外在的に規制する規定だからである。例外的に、当事者の関係を、規定の適用範囲外のものにする合意――債務（不履行）関係とは別の特殊なものとする合意があれば、適用されないことになろう（別の形で信義則が働く余地はあるが）。なお、売主の担保責任には、免責特約をしても、売主が瑕疵について悪意であれば、その効力は認められないとする規定（第五七二条）はあるが、過失相殺の規定はない（あるいは第四一八条は適用されない）。基本的に原始的瑕疵についての責任なので、瑕疵についての善意、悪意は問題になるが、債務者の行為義務違反の責任ではないので、債権者の協力（行為）は問題にならないということではないだろうか。但し、担保責任について、別の点で信義則が働くことは否定しない（第五七二条も、その立法化であると言える）。この点は将来の検討課題とさせていただきたい。

(17)　前掲注(15)『注釈民法⑽』六八七頁以下（能見善久）による。

(18)　前掲注(15)『注釈民法⑽』六八七頁以下（能見善久）による。

第三項　「完全な契約責任」（意思責任）

契約で予定した結果が生じなかったときの処置を明確に合意してある場合を考える。この場合、損害賠償責任を負うとの合意があるときは、その要件・範囲まで決められている。この場合の責任の要件・内容は、当事者の意思が基準となる。責任について一切の疑義が生じないことは少ないかもしれないが、このような責任も考えることができる。この場合、問題となる「人」は、特定の個人（契約当事者）である。問題の処理は、当事者の意思の探求によりその規範が求められる。抽象化が一番低いといえよう。

この当事者の意思を制限するものは、基本的に公序良俗以外ない。責任に「債務不履行の」という制限がないため、債務不履行責任の性質・構造によって特約を制限する議論は、あてはまらないことになる。例えば、重過失あるいは故意免責を合意しても認められる可能性がある。債務でも「自然債務」「責任なき債務」といった議論があるが、本来の債務ではない特殊な債務ということで、成立には明示の合意あるいは特殊な事情が必要であろう。ところが、ここでは債務という枠を外しているので、そのような配慮は不要である。

また、この段階では、債務不履行責任と担保責任の区別は存しない。そのため、担保責任を債務不履行責任に統合しようという説には、(a)特定物のドクマを否定して、特定物に関しても完全物の給付義務を認める見解の他に（並んで）、(b)意思が損害賠償義務まで及んでいると解する見解もある。だが、それは、私の言う「完全な契約責任」（意思責任）ではない。具体的な契約当事者の個別的な意思を問題にするのではなく、基本的にこれらを抽象化して扱うからだ。実質的には、規定の解釈の問題になっている。この点は後述する。

第四項　責任の性質と意思の関係

前二項でみた責任の合意から、債務不履行責任の性質を考える。責任の合意と第四一五条以下の規定による責任との関係を整理すると次のようになる。

［１］第四一五条以下の責任

［２］第四一五条以下の責任を合意により修正した責任

［３］第四一五条以下外の合意による責任

論理的に、［１］［２］［３］を分けて考えることになる。形式的には、［１］［２］が債務不履行責任、［３］が債務不履行責任でない責任である。では、両者はどこで線が引かれるのだろうか。言い換えると、［２］における合意は、どこまでが「［１］の修正」と言えるのか、どこから実質的に［３］の責任の合意となるのかという問題である。

この問題は次のような意味を持つ。［２］では、あくまで債務不履行責任を前提とし、その修正をしているのであるから、合意の解釈には債務不履行責任の性質が影響を及ぼす。すなわち、債務不履行責任の特約とすることで、ａ明確に合意をしていない点については、「債務不履行責任の性質」に沿った処理（債務不履行責任の規定及び法理の適用）がなされることになる。また、ｂ明確な合意のある場合でも、債務不履行責任の特約であることから、その性質により制限が加えられることもありうる。それに対して、［３］では、債務不履行責任の前提を外しているのだから、このような制限を免れることができる。契約自由の原則の限界しか合意を制限するものはない。

なお、第四一五条以下の債務不履行責任は「意思による責任」だとする説でも、［１］［２］［３］は区別されるだろう。なぜなら、［２］［３］における合意は、具体的当事者が責任の発生や内容を取り決めているものであり、あくまで個別的な意思が問題となる。それに対して、［１］第四一五条以下の責任は、「意思による責任」とみる立場でも、規定による構造を前提とする。後にみるように、当事者の「意思」といっても、それは個別的な意思ではなく、抽象的（標準人が取り決めるとすれば持つであろう）意思、さらには政策的価値判断も込められた「意思」といったものである。そのため、要件については、せいぜい類型的な分類（例　手段債務、結果債務）がなされるにすぎない。損害賠償範囲についても、具体的状況で一般的（理想的）当事者ならどのような取り決めをしたのかが問題となる。人を抽象化して扱うのであり、私の基準では、法定責任である。いずれにせよ、両者の「意思」は異なるものである。そのため、そのような立場でも、実際に［1］債務不履行責任（第四一五条以下の責任）と［3］明確な合意による責任とを同質の責任として、第四一五条以下で扱うことはできないだろう。また、［1］とそれを合意により修正した責任［2］も区別されるだろう。

次に、実質面を絡めてみてみたい。ここでは、債務不履行責任は行為責任であり、第四一五条以下の規定は、このうち法定・抽象的・行為責任を規定したものであるという私の立場（一般の理解でもある）で考える。そして、後にみる見解と対比させるための準備としたい。

まず、［1］第四一五条以下の責任は抽象的行為についての法定責任である。基本的に第四一五条以下の規定に従って、責任の有無・範囲が決定される。［2］この責任を変更するには、ある程度はっきりした合意が必要である。例えば、債務者の能力を債権者が知っていただけでは、過失の前提となる注意義務を変える合意があったとされない。自信がある、自信がない等の発言も、それだけでは注意義務の程度を変えるものにはならない（抽象性を否定する合意）。また、合意がない事項については、法定・抽象的・行為責任の枠に沿った解釈がなされる。例えば、賠償範囲についてのみ合意がある場合には、要件（過失（帰責事由））は原則として変更されない。また、効果も過失相殺の適用がある。なお、賠償額まで合意（明確な合意である）があれば、帰責事由および損害の発生については不要とされる可能性がより高い。責任の合意として完結しているからである。［3］の合意に近いと言えよう。次に、［3］合意による責任（第四一五条外の責任）を認めるには、さらに明確な合意が必要であろう。容易に黙示の合意は認められない。合意による責任は、通常、結果についての責任（責任を導く筋道が異なる）となろう（行為性を否定する合意）。もちろん、「すべき」行為をしたことが免責事由になることはあるだろうが。

以上のことは、［2］で、合意により、第四一五条以下の責任を実質的に「抽象的・行為責任」では無くすることは容易に認めない学説が多いことから推測される。責任の軽減の面では、重過失免責を認めると、故意についてしか責任を負わないことになる。故意についての責任は、抽象的責任ではない（債務者の具体的な内心の態様の判断を必要とする）から、（無意識の判断として）重過失免責特約を原則として認めないのではないだろうか（あるいは単なる利益衡量によるものか）。責任の強化の面では、帰責事由を不要（不可抗力でも免責されない）と特約しても不可抗力免責を認めるべきだ（特約は無効）との見解は、不可抗力についての責任は完全に結果についての責任であり、それを認めるにはかなり明確な意思が必要であるという判断が（無意識に）働いたのではないだろうか。特約が認められる場合、理論的には、第四一五条以下の責任の「修正」の形を取っているが、［3］の責任についての合意があるとみるべきだろう。さらには、「行為」と因果関係のない事柄についての責任の合意（行為性の否定→［3］の責任）も、容易には認められない。例えば、滅失・不存在物の売買では、単にその物を売る合意をしただけでは、取得できなければ責任を負うとの合意があったとは解されない。原始的不能により滅失・不存在物を引き渡す債務は発生せず、そのため履行利益の賠償請求は認められない。不法行為責任あるいは契約締結上の過失責任による賠償が認められるだけである。

合意が［2］の合意か［3］の合意かは、実質的にはその合意内容により決まる。債務不履行責任（第四一五条以下の責任）は行為責任であるとの立場からは、行為責任の枠内の合意は［2］の合意、枠外の合意は［3］の合意ということになる。もちろん、行為責任の枠内（構造を崩さない）の合意であっても、債務不履行責任（第四一五条以下の責任）から独立した責任とするつもりなら［3］の合意であるが、そのような合意は実際には考えにくい。なぜなら、責任の規定上の位置付けを変えることでのみ実現されることはなく、そのような特殊な合意をする必要性は認められないからである。行為責任の枠内であれば、債務不履行責任の位置づけのままで、多くは明確な特約により実現できる。実現できない少数の事項についても、わざわざ責任の位置付けだけを変えるという形を取らなくとも、責任の性質を変えれば、実現は可能である。例えば、過失相殺等の適用の排除が目的なら、結果についての責任（［3］の責任）とすればよい。それに、行為責任のままで（法理の）適用の排除が可能か疑問でもある。［3］の独立した責任の合意が認められるには、責任設定の明確な意思及び内容についても明確かつ包括的な取り決めが必要だろう（ある程度は債務不履行責任の規定の「類推適用」も許されるだろうが）。合意が債務不履行責任の特約の形（例　帰責事由を不要とする合意）をとっている場合にも、［3］の合意（を含む合意）が認定されることはあるだろうが、容易には認められない。そのためには、［2］の合意を超える明確な意思や特別な事情が必要である。

第三章　学説による批判

以上のような債務不履行責任の構造に対して、異を唱える見解がある。それらの見解は、それぞれ問題意識あるいは目的（外国法の導入）をもって登場してきたのであり、相互の結びつきは少ない。

要件論について、１初期の学説は、具体的な問題の解決のため、債務の拡張を図っていた（債務不履行責任の範囲（広さ）の拡大）。関心は、原始的不能の給付を約束した売主の責任、瑕疵担保責任の債務不履行責任による処理にあり、責任の性質・構造にはあまり注意が払われなかった。これに対し、２現在の学説は、債務不履行責任全体に関心が移ってきている。そして、帰責事由の拡張（多様性を認めること）により、責任の範囲（広さ）の拡大と共に、重さ（深さ）の強化が図られている（例えば、手段債務・結果債務論）。債務（義務）は、その拡張と共に形式化が進み、問題の中心が帰責事由に移ったといえるかも知れない。

これから、それらの学説が当事者の「意思」をどのようにとらえているのかに着目して分析をする。なぜなら、多くは、責任の拡張・強化の根拠として契約（＝当事者の意思）を持ち出しているからである。効果論（損害賠償責任）についても、損害賠償の範囲が契約により決まるという形で、伝統的な考え方に批判が加えられている。そこで、損害賠償の範囲が合意により決まるのか、法律により決まるのか、またその意味を論じたい（具体的な範囲を定める基準を求めることは目的としない）。

検討の順序としては、まず要件論についての１の説と２の説をみたあと、効果論についての説を検討する。

第一節　債務の拡張を図る見解（要件論）

債務は行為義務である。これは、債務の履行（債権の実現）の場面では、異論がないといってよいだろう。そして、これが責任の場面でも貫かれるのが従来の見解である。ところが、（自覚的ではないにしろ）これを変更しようとする見解がいくつかある。それらは、原始的不能の契約締結の責任（例　売買目的物である特定家屋が契約締結前日に火事で焼失してしまっていたときの売主の責任）、そして瑕疵担保責任の性質論の問題を機縁と

して出てきたものである。(19)

まず、**原始的不能の契約締結の責任**であるが、これは従来「契約締結上の過失」責任として論じられてきたものである。多くは付随義務違反の責任、あるいは不法行為責任として構成されてきた。だが、給付義務違反の責任とするものも現れた。この立場は、給付義務違反とする契機として、「保証」を持ち出すものと「過失」を持ち出すものとに分かれる。

まず、奥田教授は、「原始的不能のすべての場合を一律に無効とすべき必然性は存しない」とする。そして、「当事者の一方又は双方が主観的には給付の可能なることを期待していたが、事実は原始的・客観的に不能であった場合の取扱い」を問題として、「不能なる給付の債務者が契約締結にさいして履行の可能性を保証するような場合には、原始的不能にもかかわらず給付義務を成立せしめ、有責の後発的不能の場合と同じく相手方に対し履行利益を賠償すべきものとするのが妥当であろう(20)」(傍線：戸田）とする。この「保証」は、不能の可能性を意識して、そのリスク配分を行う合意ではない。そのような合意があれば、債務者が責任を負うのは当然である。この「保証」は、債権者に履行利益の損害賠償を認めるための基準として持ち出したものではなかろうか。すなわち、債務者のある態様があれば、それを契機に給付義務の拡張を行い、その義務違反があったと構成しようとする、そしてその態様を「保証」（当然「黙示の」が付くだろう）と呼んでいるのではないか、と推測される。

次に、「過失」を契機にする説がある。この説は、「過失」と損害賠償責任の関係に関心を持つ。債務（義務）についてはは意識が薄く、触れないか若しくは前提としての意味しか与えない（重視しない）。それでも、第四一五条の枠（論理構造）で考えれば、債務の拡張になろう。

まず、星野教授は、原始的不能の契約を有効とし、後発的不能と同じく債務不履行の問題とする。[21] すなわち、原始的不能の契約を「過失」によって締結した当事者は、通常の債務不履行責任を負うことになる。この点、債務を行為義務と解する考え方からすると、「債務」概念の拡張がなされている（詳しくは後述）。次に、前田教授は、債務者に、[1] 原始的不能の内容を目的とした契約締結につき帰責事由がある場合は、信頼利益の賠償責任を認め、[2] 目的たる内容の実現自体を原始的不能にしたことにつき帰責事由がある場合には、通常の債務不履行と同様の責任を認める。[22] この説に対しては、前記のように帰責事由は義務の存在を前提とするのではないかという疑問がある。[1] については、付随義務（調査・告知義務）が考えられるが、[2] についてはどのような義務が考えられるのだろうか。[23] もし給付義務の成立を認めるなら、その拡張を行っていることになる。

瑕疵担保責任の性質論については、瑕疵担保責任を債務不履行責任と構成しようとする説（契約責任説）が、（結果として）債務の拡張を行っている。

星野教授は、契約上の債務とは何かにつき、「これが、各個の契約において明示的に約定された義務に尽きないことには、異論の余地がない。法律の明文がなくても、信義則上の義務といわれるものも含まれる点も異論がないであろう。そうだとすれば、明文で一定の法律効果が認められている場合にこれに対応する要件にあたる一定の事実を存在させる債務があり、その履行がないと構成することも、理論上は十分可能である。[24]」（傍線：戸田）とする。そこでの「明文で一定の法律効果が認められている場合」とは、「瑕疵担保のように、その効果が解除・損害賠償である旨の明文がある場合を念頭に置いていた[25]」ということである。教授は、特定物売買においても完全履行請求権の発生を認めるが、不代替的特定物が目的物となっており修補も社会通念上不可能な場合には、損害賠償・解除の前提としてだけ「債務」を認めることになろう。この点で、債務を行為義務と解する考え方からすると、「債務」概念の拡張がなされている（原始的不能の契約については前述）。

教授の立場では、債務は行為義務の場合とそうでない場合とを含むことになるが、責任の段階（特に帰責事由）で両者を同一に扱えるのだろうか。この点に、統一構成の成否がかかっている。教授は、売主の瑕疵担保責任は債務不履行責任の特則であるとする。そして、瑕疵担保責任は、無過失責任であるが、不可抗力によることを証明すれば免責されるとする。[26] 債務不履行一般と担保責任とで帰責事由が異なるようにみえる。だが、教授は、「フランスなどでは、いわゆる結果債務の履行遅滞については、遅滞のあることが直ちにフォート（faute）であるとされているようである。」とした上で、「売買において瑕疵あるものの給付は、通常は（不可抗力の場合を除いて）、ただちに『過失』ありということになりはしないか、ということこそ、筆者の提起した問題である。」と補足する。[27] そうすると、帰責事由については、「結果債務」の原則通りということになる。だが、「過失」＝「不可抗力によらないこと」とすること（帰責事由の拡張）で、結果債務不履行責任の名の下に、責任の統一がなされたことになるのかは疑問である。この点は後に論じる。

教授は、（契約上の）債務について、意思の及ぶ範囲を狭くみている。明示的な合意がない場合は、法律によりその重さや不履行の場合の処置が決まると考えているようである。[28] 教授の説は、フランスの結果債務・手段債務の影響をかなり受けているようにみえる。[29] だが、この債務の考え方は、（フランス直輸入の）日本の手段債務・結果債務論者のそれとは異なる（後述）。

（19）　それ以外に、外国法の導入を主張する見解にも、実質的に債務＝行為義務を変更しているものがある。

（20）　奥田昌道『債権総論〔増補版〕』（悠々社　平成四年（初版『債権総論（上）』（筑摩書房）は昭和五七年））

三〇頁～三一頁

(21)　星野英一『民法概論Ⅳ（契約）』（良書普及会　昭和六一年）五一頁以下は、（原始的不能の契約を過失によって締結した場合、）「自分の責に帰すべき事由によって履行すると約束しながらそれが不可能であったのだから、通常の債務不履行と同様に扱ってよいのではないか。」とする。

(22)　前田達明「原始的不能に関する一考察」林還暦記念『現代私法学の課題と展望［下］』七六頁～七八頁

(23)　同様の批判は、下村正明「原始的不能に関する一考察――西ドイツにおける近時の理論動向を手がかりとして――」阪大法学一三六号一〇七頁以下で、既になされている。

「過失の前提たる注意負担は単独に存する筈なく、更に（客観的）義務の存在を前提とする。」「考えられるのは、契約交渉上の信頼関係に基づき信義則上成立する法定債務関係中に認めうべき目的物保管等の義務に限られよう。」（一四三頁　傍線：戸田）

(24)　星野英一「瑕疵担保の研究―日本」『民法論集（3）』（有斐閣　昭和四七年）二一五頁（初出　比較法研究二三号　昭和三八年）

(25)　星野・前掲注(24)二四一頁（補論　昭和四五年）

(26)　星野・前掲注(24)二三五頁～二三七頁

(27)　星野・前掲注(24)二四五頁～二四六頁（補論）。なお、教授の「過失」については、同「標準動産売買約款の研究」『民法論集(3)』（有斐閣　昭和四七年）八三頁以下（初出　私法二五号　昭和三八年（一二五頁まで）、商事法務研究二七二号、二七三号、二八三号、二八四号　昭和三八年（一六八頁まで））を参照（特に、九六頁以下、一〇三頁以下）。

(28)　星野・前掲注(24)二四一頁（補論）は、「筆者は、多くの義務を契約＝意思に由来するものとする意思主義には疑問を持つものであり」とし、同「現代における契約」『民法論集(3)』（有斐閣　昭和四七年）一頁以下（初出『岩波講座　現代法8　現代法と市民』昭和四一年）の、四七頁を引いている。同・四八頁は、「契約と法律との関係についての理論的研究が進んでくると、種々のことが発見された。第一には、契約の結果両当事者間に発生する権利義務のうち少なくないものが、合意自体でなく法律によって発生させられるものであることが明らかとなる。たとえば、履行に関しどうしても予測できなかった場合についての履行の方法・態様については、弁済に関する規定、結局は「信義則」によるほかなく、債務不履行の場合の強制履行の方法、損害賠償の要件・範囲・解除の要件など、すべてきちんと契約で決めていない限り、民商法によることとなる。いや、特約があっても、それが無効とされることもある（免責約款など）。」（傍線：戸田）とする。なお、前記引用（本文で「(24)」が付いているところ）も参照。

教授が権利義務の「発生」の例として論じていることは、私の議論では、「債務の重さ」、「(損害賠償) 責任」に当たる。そのため、意思の及ぶ範囲としては(c)に分類できる。責任の構造は、「結果債務」については後記(2)′に分類できそうである。

(29) 星野・前掲注(16)五七頁以下は、フランスの「結果債務」「手段債務」の導入は、「全般的な方向としては妥当である」とする。

第二節　帰責事由の拡張を図る見解（要件論）

第一項　契約違反と債務不履行責任

第四一五条の責任は条文上(3)の構成をとっていると先程述べた。だが、近時、英米法又はフランス法の影響の下、実質的に(2)の構成を採る説が主張されている。それは、契約で定めた結果を実現させる債務が常に発生するとして、債務不履行＝契約違反にすることによってである。たとえば、原始的に不能な事柄であれ、結果の実現を約束したなら債務が発生するとする。そこでは、責任に関して、債務の行為義務を超えた拡張（債務概念の変更）が行われている。

(2)´　結果（契約で予定した目的物の取得）の不発生＝「債務」不履行――責任

（行為義務（債務）は発生するが責任とは結びつかない）

	結果、債務の発生	債務の重さ	不履行の場合の損害賠償責任
(a)	合意	合意	合意
(b)	合意	合意	法律
(c)	合意	法律	法律

(3)　結果（契約で予定した目的物の取得）の不発生←行為（給付）をしない――責任

（債務は発生し責任と結びつく）

	結果、債務の発生	債務の重さ	不履行の場合の損害賠償責任
(a)	合意	合意	合意
(b)	合意	合意	法律
(c)	合意	法律	法律

(2)´は(3)と比べ、契約責任の統一化を指向する。特に、契約の有効要件である目的の可能性を欠く場合（原始的不能の場合）にも、契約の有効＝債務の発生を導き、債務不履行責任の問題とする。(2)´では、契約締結上の過失責任の一部及び担保責任を債務不履行責任（の特則）として扱える。だがその場合、債務者はなぜ責任を負うのかという問題がある。その答えとしては、「契約」を結んだことが挙げられる。だが、「契約」が根拠であるといっても、その意味はなお問題となる。まず、結果についての合意に、担保約束＝結果が発生しなければ責任（損害賠償、あるいは修補）を負う約束が含ま

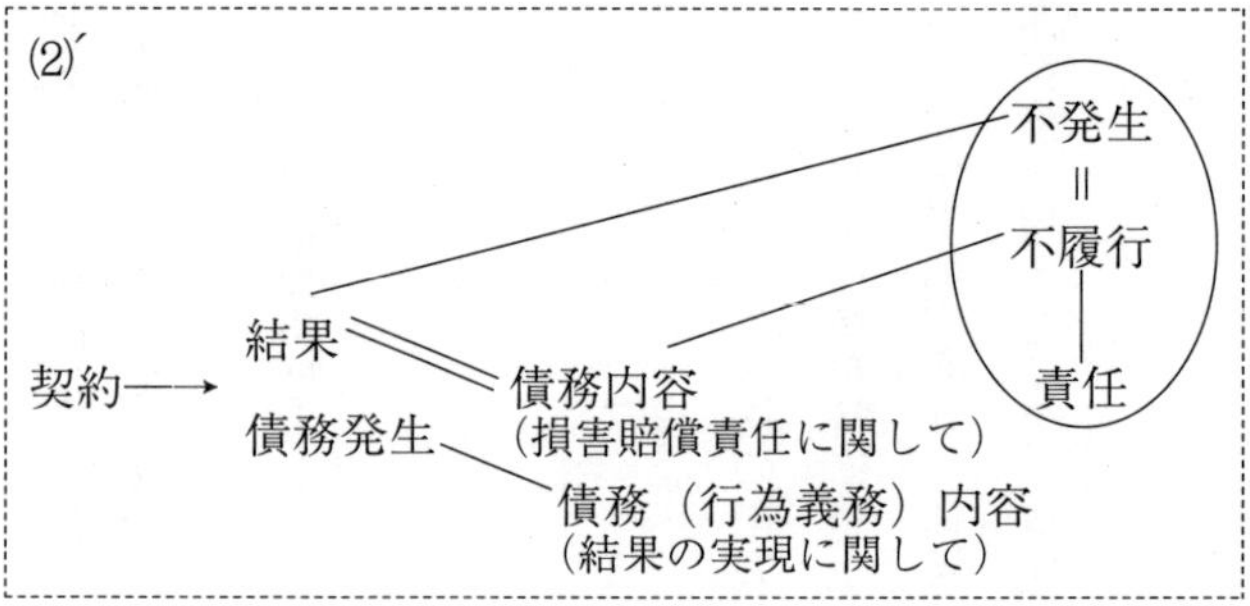

れているとみる見解がある。責任の根拠を意思に求めるのである。責任を統一的に扱うので、行為義務が発生する場合でも同じである。意思の及ぶ範囲は、(a)ということになる。これに対して、契約（約束）に対する債権者の信頼の保護のため法が責任を認めたとみることも可能である。これは、責任の根拠を法に求めるものである。実質的には、法定の担保責任（債権者保護のため）という説明になろうか。意思の及ぶ範囲は、基本的に(c)ということになる。だが、実際の説でこの考えに立つものはない。長尾説（後記）の「契約に対する期待の保護」の考え方は、行為義務違反の責任を超えて、(2)′(c)にも適用可能であるが、行為義務違反のみを問題とするため、(3)(c)に留まっている。

次項からは、(2)′の構成（契約＝債務と責任とを結びつける）を（一部）採る又は採りうる各説について、それぞれ詳しく検討してゆきたい。順序としては、責任の根拠を意思に求める説（及び吉田説）から始めて、次第に根拠を法に求める説に向かう。

第二項　手段債務・結果債務論（損害賠償責任の根拠を意思に求める説（森田説）、吉田説）

近時、フランス法の手段債務・結果債務を日本に導入しようとする動きがある。その主張を検討してみる。フランス法の手段債務・結果債務については、以前から紹介がなされており、その影響を受けた学説もあった（本稿で取り上げたものとしては、星野説）。だが、近時の説は、ほとんど修正をすることなく、日本法に取り入れることを主張する。その当否を論じたい。そのために、手段債務・結果債務論は、従来の考え方との関係でどこに位置づければよいのかを検討する。なお、ここで検討するのは、論者が日本で用いようとする「手段債務」「結果債務」である（もっとも、どこまでがフランス法の紹介でどこまでが日本の解釈かはっきりしないところもあるが）。

森田説、吉田説（論文はこちらが先）の順番でその主張をみた後、問題を抽出し、第四章での検討の準備とする。手段債務・結果債務論は曖昧な点も多い。理論的に固まっていないようなので、直接「手段債務・結果債務論」を対象にすることを避ける意図からである。

I　森田説

手段債務・結果債務論では、債務不履行責任（第四一五条）を結果債務の不履行責任と手段債務の不履行責任に分ける。これは各論者に共通する基本的な考え方である。では、結果債務・手段債務の違いはどこにあるのだろうか。

「結果債務と手段債務の概念は、債務不履行責任の成否、すなわち、債務者の「帰責事由」の存否を判断するさいに、慎重に一定の注意義務を尽くしたかという債務者の（具体的な）行為態様についての評価を必要とするか否か、をメルクマールとして区別すべきであると考える。したがって、結果の不実現があれば、それが不可抗力によらない限り、その不履行の事実の中に債務者の『帰責事由』が含まれていると判断される類型が結果債務であり、債務者に『帰責事由』がある認定判断するためには、結果の不実現のみならず債務者が一定の行為義務違反があったことの評価を必要とする類型が手段債務である。(30)」（傍線：戸田）

両者は、帰責事由の内容に違いがある。では、なぜ帰責事由の内容に違いが生じるのだろうか。

「『帰責事由』の要件は、債務者が契約上負っている債務の内容・射程を媒介として判断される。したがって、その実際上の判断においては、債務者が契約上負う債務を、契約上の債務の射程ないし厳格さの程度によって――すなわち債務者が結果の実現が確実であると**約束**したのか否か、という結果の確実性（射倖性）によって――結果債務と手段債務とに区別することが有意義であろう。[31]」（修飾：戸田）

差異が生じる原因は、当事者の**合意内容の違い**による。

つまり、当事者の合意により債務の重さに差が生じ、それが債務不履行責任の「帰責事由」の判断（内容）の違いとなって現れる。そしてその違いにより結果債務と手段債務が区別される。これが基本構造である。

そうすると、次に問題になるのは、結果「債務」の不履行責任と手段「債務」の不履行責任に**共通するもの**は何か、同じ債務不履行責任として一括りにするものは何なのかということである。つまり債務不履行責任は何責任なのかということである。この問いは同時に、森田説での帰責事由とは何かという問いでもある。

まず、同じ「債務」の不履行という点で共通しているのではないかと考えられる。手段債務・結果債務はどのような義務（債務）なのであろうか。

手段債務・結果債務は、共に行為義務であり、結果発生に向けてなすべき行為の程度に違いがあるというのだろうか。「結果の実現が確実であると約束」することも、あくまでも結果の実現へ向けての行為を約束することなのだろうか。これがはっきりしない。結果債務では、債務不履行の帰責事由の判断に際し、債務者の具体的な行為の評価を必要としないとする。証明の問題としてなら理解できる。だが、「不履行の事実の中に債務者の『帰責事由』が含まれている」とはどのような意味だろうか。認定（主張・立証）の問題と責任の性質の問題は区別されなくてはならない。結果債務においても何が帰責事由なのか依然として問題になる。そのためにも、結果債務は行為義務なのかをみる必要がある。

結果債務も行為義務か？

Ａ　行為義務とみられる説明

（フランス法において）「結果債務においても、すべての債務には結果を実現すべき債務者の具体的な行為が当然に想定されていることは、通説も否定しない。[32]」（傍線：戸田）

結果債務における「帰責事由」について、**「不可抗力の概念**は、結果債務における債務の射程ないし厳格さの限度を画するものとして理解することができるわけである。つまり、不可抗力免責と、結果債務においては債務者に「帰責事由」がないこととは理論的には同一のものである。[33]」（修飾：戸田）

これらから、結果債務も行為義務であり、その不履行責任は行為義務違反の責任で、形式的には無過失責任であると解される。行為義務違反としては最も厳しい責任である。すなわち、結果債務においては、債務者は社会通念上可能なことはすべてなすべき義務があり、結果不発生については、それが不可抗力や債権者の行為等による場合以外は責任を負うことになる。なお、不可抗力は、行為義務違反の責任の限界として、当事者の意思とは無関係に外側から画されるものである。

この考え方は、従来の「責に帰すべき事由」の解釈で、一定の債務（例えば引渡債務）においては、実質的に、原則として不履行＝責めに帰すべき事由ありとされていることと通じるものがある。理論的にそれを正面から認めている点は、むしろすぐれている（それが意思に基づくとする点は問題であるが）。

結果債務・手段債務は行為義務違反の責任であることから、契約責任において、扱う場面が限定されることになる。行為義務違反とはいえない場面——行為義務を尽くした場面での責任は債務不履行責任とはいえないことになる。また、原始的不能（特に修補不能）の場面での責任も、債務不履行責任とはいえないことになる。結果債務の免責事由は不可抗力（外来の原因）であるが、これは本来結果が発生したのに外来の原因のためその発生が妨げられたことを意味する。ということは、そもそも結果の発生が不能の場合には、結果債務の不履行責任を問いえないことになる。ところが、森田説は、瑕疵担保責任（修補不能の場合も含む）を結果債務の不履行責任としている。そこでの不可抗力の説明は、以上のものと異なる。

B　行為義務でないとみられる説明

「わが起草者の理解する現行民法典の過失（帰責事由）概念」では、「一定の瑕疵ある目的物の履行は原則的には売主の過失を包含するものであると理解される」。「かような債務不履行責任における帰責性には、双務有償契約において当事者は自らの履行の可能性及び不履行のリスクと契約において得られる利益を考量して合意しているのであり、そうだとすれば、不履行があればそれが不可抗力（**契約外のリスクの実現**）によるものでない限り不履行は債務者の責めに帰すべきであって、かかる場合には債務者は契約で引き受けたリスクの範囲で損害賠償責任を負うことになる、という契約責任の基本構造が前提とされているのである。」（修飾：戸田）という理解の下、瑕疵担保責任は売主の債務不履行責任（の特則）であるとする。(34)

これは結局、瑕疵担保責任は、結果債務の不履行責任であるという主張である。ここでは、不可抗力は外来原因ではなく、契約外のリスクの実現となっている。契約で結果不発生のリスクの負担を決めているとみるのである。そして、原始的な瑕疵についても売主が責任を負うというリスクの分配がなされたのなら、その瑕疵について「債務不履行責任」が発生するというのである。ここでは「債務不履行」はもはや行為義務（＝債務）違反ではない。「債務」は形式化して、実質的には（英米法的な、）債務を介在させない、契約違反の責任（保証責任）である。結果債務においては、結果不発生の内の一定の場合に損害賠償責任を負うという合意があり、その損害担保の合意が損害賠償責任を基礎づけていることになる。そうすることで初めて、瑕疵担保責任を「債務不履行責任」とすることができたのである。なお、不可抗力＝契約外のリスクの実現としているが、「契約外のリスクの実現」の広狭は契約により様々であるので、それを不可抗力と呼ぶのは不適当だと考える（誤解を招く）。

ところで、この論文（学会報告）は、Ａの論文より前のものであり、学会報告のもとになった論文は後に連載が始まったが、中断されたままである。そのため、Ａの論文により修正がなされたとも考えられるが、はっきりしない。だが、森田氏の諸論稿における論述――原始的客観的不能を含む担保責任を一貫して債務不履行責任の問題としているなど（以下にも検討する）――との関係でみると、Ｂの考え方が他の部分とより適合的である。そこで、一応その理解の下、話しを進める。

（責任の場面において）結果債務が行為義務ではなく、手段債務が行為義務であるとすると、両債務の違いは程度の差を超えている。同じ「債務」という言葉で一括りにするものがないからである。程度の違いとは、例えば、両債務とも同じ行為義務であるがその要求される行為が異なるといった場合に言えるのではないだろうか。従って、次のように、両債務は債務の「強度」に違いがあるとするのは不適当である（フランスでそのように言われていようとも同じ）。

「両債務の区別は、当事者が明確に定められた結果の実現が確実であると約束したか、それとも、それを実現すべく努力することしか合意していないのか、という『債務の強度（intensité）』による区別であるということができよう。[35]」

結果「債務」の不履行責任と手段「債務」の不履行責任は、同じ「義務（債務）」違反だから同じ責任だと言うことはできない。では、何が共通するのであろうか。

森田説の主張によると、帰責事由そのものではなく、**帰責事由の根拠**が共通するというのである。

フランス法では、「債務不履行責任における帰責性は、約束したことを履行しなかったこと、つまり、債務者が自らの意思（合意）によって設定した契約規範に従わなかったこと、という点に求めることができ、その帰責の根拠は、契約の拘束力にあると捉えられている。このような理解を前提とすれば、債務不履行における『帰責事由』の判断は、契約上の債務の内容・射程についての解釈に帰着することになる。[36]（傍線：戸田）

結果債務での「帰責事由」に関しては、次のような記述がある。「契約上の債務の内容・射程を決定することは、原則として当事者の意思にゆだねられていることを認めるならば、なにゆえに債務者が結果の実現それ自体を約束することを認めないのか、が問題となる。債務者が結果の実現が確実であると約束する場合には、債務者がそれを**なしうる**ということが当然に当事者の意思内容に含まれているといえるのではなかろうか。このように結果の実現そのものに契約上の債務の射程が及んでいる場合には、結果の不実現という事実は原則として債務者がその約束したことを履行しなかったことを意味し、不可抗力によらない限り、かかる不履行は債務者の『責めに帰すべき事由』によることを示している。[37]（修飾：戸田）

森田説は、債務不履行責任における帰責の根拠は契約の拘束力にあるとする。契約の拘束力は合意によって生じるのだから、債務不履行責任においては一般に、「債務（＝契約）不履行」があれば損害賠償責任が発生するという合意に基づき損害賠償債務が発生するとみるわけである。もっとも、森田説はここでは、「契約上の債務の内容・射程」「結果の実現それ自体を約束する」といった、当事者の意思が結果の実現に向かっているような表現を使う。だが、これらは、履行に関連するものとしてではなく、帰責事由の内容や判断の仕方に関連するものとして使われている。また、後者の「約束」は、結果が実現しなければ損害賠償責任を負うという責任面の意識なしに行うとは考えにくい。そのため、当事者の意思が損害賠償責任にも向かうという主張を当然に含んでいると考えられる。

このように、結果「債務」の不履行責任も手段「債務」の不履行責任も、意思に基づく責任という点では、同じである。では、その意思はどこまで及ぶのだろうか。

契約責任としての債務不履行責任において、当事者の意思はどこまで及ぶとみるのか？

当事者の意思により責任が発生するということは、責任発生の基準が当事者により定められていることを意味する。すなわち、契約で予定した結果の不発生があれば無条件に損害賠償責任が発生するというのでない限り、責任を負うべき結果不発生の原因・状況にまで意思が及んでいるとみることになる。なお、常にその原因（債務者がなすべき行為をしないこと）に意思が及ぶことになる手段債務でも、一定の結果[38]は契約内容となっている。その場合、結果不発生の原因・状況が、当事者の想定・合意したものであれば、債務不履行責任が発生し（帰責事由アリ）、そうでなければ免責される（帰責事由ナシ）。帰責事由（免責事由）の判断が契約（上の債務の内容・射程）の解釈に帰着するというのはそういう意味だろう。

但し、その内容には揺れがある。明確な合意がない場合に、意思の名の下に個別的な判断をする姿勢が一方でみられる。そこでは、責任の合意をしていないこと（契約外のリスクの実現）が免責事由であるとされる（Ｂの説明）。通常の意味での不可抗力免責は当然には出てこない。また、損害賠償の範囲が同じ結果債務の不履行責任でも意思により異なるとの主張（次述）、手段債務、結果債務にも多様性を認める主張はこれに属する。これに対して、類型的な判断をする姿勢が他方でみられる。そこでは、不可抗力が結果債務の不履行責任の当然の免責事由とされる（Ａの説明）など、意思は、結果債務と手段債務の区別を正当化する理由として持ち出されているにすぎない。

さらに、**損害賠償の範囲**についても、当事者の合意があるとみるようである。そのため、損害賠償の範囲の問題は契約の解釈問題になる。

「四一六条の趣旨によれば、債務不履行責任の賠償範囲は、契約において引き受けられた利益の範囲を基準として画定されるから…売買契約の内容によって賠償範囲に含まれる利益が異なってくるのは当然であろう（その意味で、債務不履行責任説は、つねに（値上がり利益を含む）履行利益説であるという理解は正確ではない）。」（数量不足の担保責任に関する論述[39]）

このように森田説では、すべてを契約（意思）の解釈問題に還元する。その検討は後にすることにして、契約責任の構造をみておく。

契約（債務）不履行責任の構造

手段債務の不履行責任では、(3)(a)、結果債務の不履行責任では、(2)´(a)の構造を採っていることになる。両者の構造は違う。責任発生にいたる道筋が異なる（証明の問題ではない）。手段債務の不履行責任では債務が行為義務として生きてくる。そして、この義務を怠ったことにより、責任が発生することになる。これに対し、結果債務の不履行責任では、債務＝契約であり、実質は契約違反の責任である。両者を同じ債務不履行責任とすると債権の内容が曖昧になる。

(2)´　結果（契約で予定した目的物の取得）の不発生＝「債務」不履行――責任

（行為義務（債務）は発生するが責任とは結びつかない）

結果、債務の発生　　債務の重さ　　不履行の場合の損害賠償責任

(a)　合意　　合意　　合意

(3)　結果（契約で予定した目的物の取得）の不発生↑行為（給付）をしない――責任

（債務は発生し責任と結びつく）

結果、債務の発生　　債務の重さ　　不履行の場合の損害賠償責任

(a)　合意　　合意　　合意

だが、森田説では、責任の構造は意思により設定されたものであり、意思に基づく責任として同じである。意思がすべてを決める森田説にあっては、構造は意思に従属するものであり、構造の違いは重要性を持たない

（はずである）。従って、構造が違うから責任の性質が違うということにはならない。両責任は、いわば意思・行為責任（行為保証責任）および意思・結果責任（結果保証責任）であり、意思責任という点で一括りにされるのである。

このような手段債務・結果債務論の優位性については、次のように述べる。

まず、債務不履行責任の規定は、フランス民法典の系譜に属するとする。そして、起草者の理解によれば、債務不履行における「帰責事由」概念は、「不可抗力によらず約束したことを履行しないこと」を広く含むものであったのであるから、「帰責事由」を債務者の一定の注意義務違反とする通説の解釈は、日本民法典における債務不履行責任の規定の構造に適合的なものではないとする。さらに、「過失責任と保証責任という二つの責任類型を併存的に認める見解との対比でいえば、結果債務・手段債務論は、右にいう二つの責任類型が、それらの帰責の根拠は契約上の債務の拘束力にあるという点では共通する帰責構造を前提としていることを明らかにすると同時に、そのなかで契約上の債務の重さ・射程によって帰責性の判断のあり方が異なってくることを説明しうるような枠組を提示している点で、理論的にもよりすぐれたものであると評価することができよう」（傍線：戸田）とする(40)。

債務不履行責任は意思に基づく責任であるから、意思の及ぶ範囲により分類をすべきであり（そのような説がすぐれている）、それが結果債務・手段債務論でなされているので、帰責事由を注意（行為）義務違反とする通説、過失責任と保証責任という分類をする説よりもすぐれている、という主張である。

検討は後に譲るとして、問題点を整理しておきたい。

１森田説の理論の当否は、その帰責事由概念の当否にかかっている。そしてそれは、一般に当事者が損害賠償責任の発生について合意をしているとみることの当否（**認識レベルの当否**）にかかっている。意思の及ぶ範囲について、森田説が比較する説は、森田説のような理解をしていない（後記）。問題は、一般に当事者の意思の及ぶ範囲をどうみるのかということになる。これが理論的検討の出発点であるべきだ。そして、もし森田説の見方が正しいということが示されれば、はじめて他の説と優劣の比較ができる。だが、森田説はこの点について説明がない。当然に損害賠償の発生についても合意があるとしている。理論的な検討はいまだなされていないと言えよう。私見（後に論じる）では、一般には真にそのような合意はないと考えられる。また、私の立場では、制度を前提とする限り、意思でその構造を変える（決める）には明確な合意を必要とする。なお、債務不履行責任制度の理解の当否も、そこでの理論の当否に関係しうる。実質的に内容が変わらないのなら、日本の制度に適合的な理論が優れていると判断される。

２次に、１の問題は置いておいて、森田説の結論の当否は、手段債務と結果債務に振り分ける基準（「合意」の認定）の当否にかかっている。同時にその基準により、他の説との実質的な異同が判断される。森田説にはこの点の自覚がない。例えば、過失責任と保証責任という分類をする説（潮見説）とは、用語（・位置づけ）以外、「あまり差異がない」とするが[41]、そうではない。結果債務の不履行責任≒保証責任、手段債務の不履行責任≒過失責任であり、それが第四一五条の枠内で処理されるとしても、（仮に）「保証」が例外的にしか認定されないのに対し、「結果債務」とする合意は容易に認定されるとすると、両説は実際の解決について大きく異なることになる。

なお、１の意思の及ぶ範囲が異なることによっても、差異は生じる。

森田説の議論は、**制度レベルの議論**である。日本の債務不履行責任制度をフランス法的に構成しようという意図からそうなったのだろう。そのため、実質的に系譜・起草者の見解が根拠の柱となっている。だが、日本法として主張するならば、理論面で明確化（誰でも議論できるようにする）をすると同時に、それが優れていることを主張する必要がある。理論面での深化を期待したい。

(30)　森田宏樹「結果債務・手段債務の区別の意義について――債務不履行における「帰責事由」――」太田知行・荒川重勝編『民事法学の新展開』（有斐閣　平成五年）一五六頁
(31)　森田・前掲注(30)一五八頁
(32)　森田・前掲注(30)一二四頁
(33)　森田・前掲注(30)一五九頁
(34)　森田宏樹「瑕疵担保責任に関する基礎的考察」『私法　第五一号』（日本私法学会　平成元年）一三四頁～一三五頁
(35)　森田・前掲注(30)一二五頁
(36)　森田・前掲注(30)一五七頁以下。この論文はフランス法の紹介部分と自説の区別がつきにくいが、その後「右のように解すると」と受けているので、この部分は森田説とも解してよいと思われる。
(37)　森田・前掲注(30)一六一頁
(38)　森田・前掲注(30)一二五頁は、「手段債務においても、一定の結果の実現が契約内容として想定されているともいえる」とする。
(39)　森田宏樹「判批（最（一小）判昭和五七年一月二一日）」星野英一・平井宜雄編『民法判例百選Ⅱ　債権［第四版］』（有斐閣　平成八年）一一五頁
(40)　森田・前掲注(30)一六二頁
(41)　森田・前掲注(30)一六六頁の注(132)、一六二頁

Ⅱ　吉田説

森田論文によると、債務不履行における帰責事由に関して、吉田説と森田説は、理論面以外ほぼ同じになるということである[42]。果たして、理論面が結論に差異をもたらさないのか、ここでは私の問題関心に従って、吉田説の特徴を挙げ検討したい。

吉田説では、まず、債務不履行責任の要件の一元化が目を引く。

「フランス式に『債務不履行』と『過失（フォート）』との**一元化**をはかりたい[43]。」（修飾：戸田）

「かかる二元論の背景には、ドイツ的な違法性・過失の対置峻別論及び債務（『給付』）概念の狭隘さがあったのであり、柔軟な債務不履行要件をもつ日本民法の下ではドイツ的に構成する必要はなく、むしろフランス的に、『債務の内容及びその違反』のレベルの議論への一元化がなされるべきであると考える[44]。」

「『帰責事由』（実際には、立証責任は債務者にあるから、『帰責事由の不存在』が問題とされる）として従来扱われていた事柄のかなりの部分は債務不履行の問題とされ（あるいは、既にされていた）、純化されることとなり、非帰責事由は本来の姿に戻り『不可抗力等』に解消できるのではないか、と思われる[45]。」（傍線：戸田）

吉田説では、債務不履行の判断に「責に帰すべき事由」の判断が含まれる。但し、免責事由はなお問題になり、それは「不可抗力等」になる。免責事由は、債務不履行がないということであるから、要件としては「債務の内容及びその違反」の一つになるのだろう。吉田説では、不履行は「違反」となっており、その基準となる「債務の内容」に問題のほぼすべてが押し込まれていることになる。そこで、吉田説における債務とは何かが問題となる。

吉田説の要は債務の内容の理解であるが、吉田論文はこれについて正面から答えていない。吉田説によると日本法は「柔軟な債務概念」を有する（後記注(49)引用部分も参照）。そして、①債務により「債務の強度」（森田論文の表現で言えば）に差があることを認めるだけでなく、②債務の範囲の拡張も結果債務・手段債務の導入により認める。これらをみることから始めたい。

まず、①であるが、

「主観化されすぎた契約責任法を部分的に客観化（**結果責任化**）させる方向性を持つ本稿の立場から見るならば…[46]」（修飾：戸田）

「『債務内容（契約内容）の設定及びその違反』のレベルの判断を重視し、またその意味での債務の種類の議論の重要性に注目し、フランス式の『結果債務』『手段債務』論の再評価を促した。そしてそのことは、過失主義が一般化された従来の状況に比すると、解釈論的には、一定の場合には結果責任的＝保証責任的処理がなされるべきことの主張をも含んでいる。[47]」（傍線：戸田）

債務不履行責任において、一定の場合には「結果責任的＝保証責任的処理」がなされるということである。「一定の場合」とは結果債務の不履行の場合（の一部）であろう。

この「結果責任的＝保証責任的処理」とは何かは問題である。まず、イコールの左側の結果責任とは、少なくとも、債務者の行為とは無関係の、結果と結びついた責任であると言える。そうすると、結果債務は行為義務以外のものを含んでいることになる。その場合には、結果が発生しなければ、債務者に過失がなくとも（すべき行為をしていても）責任が生じうる。その意味で結果債務は「債務の強度」が強いと言える。次に、右側の保証責任とは、少なくとも、責任の発生が意思に基づいた責任であると言える。

この結果責任と保証責任はイコールで結ばれるものではない。意思に基づかない結果責任も考えられるし、意思に基づいた行為責任も考えられるからである。では、どう理解すべきか。まず、吉田説の依って立つフランス法の立場は、アングロ・アメリカ法とも類似してむしろ普遍的であり、国際統一売買法もこの立場に立脚しているということである。(48) このため、吉田説は、責任原理として一般に保証原理を採用しているようにも読める（意思に重点）。だが、後に見るように、吉田説を意思より基礎づけることはできない。むしろ「的処理」であるから、責任の根拠（意思）ではなく処理（結果についての責任）に重点があるものとも考えられる。保証は通常結果についての保証と考えられるため、イコールで結んだのかもしれない。

次に②であるが、手段債務・結果債務という債務の分類を、債務を拡張する見解と対立させる。すなわち、給付義務・付随義務・保護義務論を克服するものとして手段債務・結果債務を持ち出してくるのである。

「…ドイツ特殊の構造から生まれた、給付義務（Leistungspflicht）か否かという形での整理を、柔軟な債務概念を持つ日本法に導入しようとすることには問題がある（いわゆる『学説継受』の嫌いがある）。つまり、『給付義務』を基軸とする分類は、やや抽象的・概念的にすぎ、また、『給付義務』自体、給付結果と関係づけて客観的・形式的に理解されている（略）ことに鑑みると、日本の債務不履行法の理解としてなじまないように思われる。従って、より実質的な――法的処理の相違と関連しているという意味で――分類なり基準が志向される必要がある…[49]」

「…債務が『給付義務（Leistungspflicht）』と理解されたために、債務不履行（債権侵害）概念が狭隘で客観的な性格を帯び（略）、『善管注意義務違反』を取り込みえなくなった…[50]」

「今後は、債務の内容に即した債務分類論が重要になると思われるが、その意味で、やや抽象的なドイツ式分類論（付随義務論・保護義務論）よりもフランス式の『結果債務・手段債務』論が――今日の学界では必ずしも好意的評価を得ていないが――有用であろうと思われる。[51]」

（安全配慮義務違反の責任について）「…ここでも多層的処理――すなわち、単なる過失責任と併せて、フォートの推定（中間的責任）、さらには、『結果債務』的責任（本稿に言う『帰責事由』（不可抗力等）がなき限り、不履行責任を負うと見る）――の可能性を、過失が独立要件とされない契約責任ゆえに柔軟に志向するべきではないか、と考える。[52]」

ここでは、契約上の主たる債務の不履行責任についての問題としてだけではなく、信義則上の義務違反（例えば安全配慮義務違反）も含めた義務論に対する批判をおこなっている。すなわち、付随義務違反が給付義務の不履行責任の要件である過失となる場合だけでなく、付随義務違反が独立に損害賠償責任を発生させる場合にも、付随義務が主たる義務に「付随」するという関係（に意味）を認めない。吉田説が意義を認めるのは、債務の「強度」による分類だけである。確かに、付随的な義務にあっても、帰責事由の程度＝義務（債務）の強度（重さ）に違いがあるとする点はよいと思う。だが、この分類の他に、債務の発生原因・契約目的からの距離による分類にも意味がある。そして両者は矛盾しないのではないだろうか。それをフランス法式とドイツ法式という形で対立させ、そのどちらが良いのかと問うのは、見当違いではないだろうか（後に詳しく論じる）。①②のように、吉田説では債務概念が柔軟（悪く言えば曖昧）であるから、その内容を決定する基準が重要になる。ところが、吉田説では、債務の「強度」に違いをもたらすものは何かという点にも、あまり関心が払われない。そのため、「結果債務」と「手段債務」の区別の根拠も曖昧である。

（フランスにおける結果債務と手段債務の決定基準をいくつか挙げた後、）「結局は個々の契約の解釈に帰着するのであり、一般的基準を掲げることは難しいとされるが、指針としての意義は認められるであろう。[53]」（傍線：戸田）

吉田説は森田説に比べ意思を強調しないが、フランス法に従うということであるから、「結局は個々の契約の解釈」により手段債務か結果債務かが決まることになる。だが、フランスでの基準とされるものは、客観的なものである。[54]それは、債務の種類（与える債務、特定物の引渡・返還債務、保存債務）であったり、なす債務（行為債務）における振り分けのメルクマールとしては、債務の射幸性、債務の履行における債権者の積極的関与・役割の有無、債務者の専門性、さらにはその使用技術・道具への信頼の程度、契約の有償性、被侵害利益の態様であったりする。契約の解釈としながら、このような基準を挙げるのは矛盾ではないだろうか。特に、債務の拡張の場面で、安全配慮義務が契約の解釈から出てくるのはおかしいのではないだろうか。吉田説では、信義則上の義務を契約上の義務と区別せずに扱うから、森田説のように区別の根拠を当事者の意思に求めることはできないはずである（契約上の義務についても）。手段債務・結果債務論では、類型的な思考と個別的な思考（意思の認定）との間に揺れがある。吉田説は前者に傾いており、意思は「色づけ」（飾り）の意味しかないという印象を受ける。

債務（不履行責任）とは何か？――その限界

吉田説の「結果債務の不履行責任」と「手段債務の不履行責任」を理論としてみると、両者を同じ債務不履行責任として一括りにするもの、両者に共通するものが必要になる。

まず、同じ「債務」不履行という点で共通ならば、改めて債務者が「履行」すべき債務とは何かが問題となる。吉田論文は、従来の説は債務を給付義務とすることで善管注意義務違反を取り込みえなくなったと批判する。注意義務違反は債務者の行為により判断されるので、債務は結局、行為義務かというと、ある場合には、「結果責任的＝保証責任的処理」をするということなので、行為義務以外のものも含むことになる。少なくとも、結果債務は行為義務ではない（面を含んでいる）。行為義務である手段債務とは異なる。両者は行為義務という点で等しいとはいえない。

「柔軟な債務概念」を日本民法は採っているから、異なったものを債務と称することが許される訳はない。結果責任を導くためには、「債務」とその「不履行」という判断を経る必要があるのだろうか。「結果債務の不履行責任」とは言わずに、例えば保証責任とした方がよいのではないだろうか。なぜ債務レベルで統一する必要があるのだろうか。吉田説において「債務」は無意味な概念である。それは、結果責任を債務不履行責任制度で処理するための便法にすぎない（債務不履行責任とは別の責任という発想はない）。

では、「結果債務の不履行責任」と「手段債務の不履行責任」は同じ「責任」という点で共通なのだろうか。債務不履行責任とはどのような責任なのか。同じ「責ニ帰スヘキ事由」（＝「過失（フォート）」）により債務者に帰責される責任ということだろうか。では「責ニ帰スヘキ事由」とは何か。これについては、不可抗力等がないことという消極的定義しかなされていない[55]。そして、「過失（フォート）」は「債務の内容及びその違反」に吸収されるとするので、不可抗力（＝「過失（フォート）」がないこと）免責が残る。だが、これでは責任の基礎づけにはなっていない。

そのため、「債務の内容及びその違反」と不可抗力免責が関連がはっきりしないまま、概念、規律が独り歩きをする。吉田説では、日本は「柔軟な債務概念」を取っているとして、結果責任の前提として結果債務を認める。だが、このような拡大を行いつつも、結果責任で当然に不可抗力免責が認められるとする。ここで、不可抗力免責を維持する理由は明らかでない。結果責任は、結果の不発生と責任が結びついているもので、不発生に至る事情は原則として考慮外である。そのため、特に合意で免責事由にしない限り、不可抗力免責もないはずだからである。不可抗力免責とは、本来、結果の不発生と債務者の行為義務違反との間に因果関係がないとして免責を認めるものであり、行為義務と責任が結びついた責任構造を前提とする。不可抗力免責を当然に認めるのは、行為責任的である。吉田説で唯一確定しているのは、不可抗力免責である。だがこれも、理論というよりドグマではないだろうか。なお、原始的瑕疵については不可抗力は問題にならないので、不可抗力免責を維持する限り、この責任を結果債務の不履行責任に含めることはできない。

では、森田説のように、当事者の合意に基づく責任として同じであるとするのだろうか。そうではないだろう。確かに、吉田説のよって立つフランス法は英米法・統一売買法と同じ立場に立つという表現からは、保証原理（当事者の合意により債務不履行責任（契約責任）が処理される）と考えているように思われるが、他方、意思尊重を批判する長尾説の考え方に共感を表明している[56]。また、吉田説の処理をみると、債務の範囲の拡張の面——安全配慮義務のような信義則上の（付随）義務についても、「手段債務」「結果債務」的区別を認めるが、これは当事者の意思によるものとは言えない。またこのような「債務の強度」を類型的に考えるというのも当事者の意思を基準にすることと矛盾する。従って、両者は意思責任という点で等しいともいえない。

結局、債務レベルでも責任レベルでも同じ責任として括れるものがない。

吉田説は、自説を理論で組み立てるというより、~法系であるとか立法者意思といったもので組み立てようとする。問題を債務不履行責任制度という制度レベルで論じている。日本の債務不履行責任制度をフランス法的に理解しようというのが目的で、そのため、沿革――「日本民法本来の立場（フランス法的立場）」を強調する。[57] そして、債務の分類論へと進んで行く。そこでは、債務あるいは債務不履行責任とは何かは問われない。[58]

「結果債務・手段債務」について、

「今日ではもはや、区分の存否及び両債務の内容それ自体よりも、その具体的適用（性質決定）の基準が重要である[59]」。

「その振分けの基準こそが今後探求されるべき課題となると思われる。[60]」

だが、それは無理論へとつながるのではないだろうか。理論とは、利益衡量や類型化をする前提としての考える枠組みではないだろうか。上記の「振り分けの基準」の大枠を設定するのも理論である。森田説では「当事者の合意」であるが、吉田説ではそれがない。今後の課題となっている。吉田説では、責任の構造、故意・過失、義務の発生原因としての当事者の意思や信義則などの大きな枠すら取り払ってしまう。強度の違いを示す「結果債務」「手段債務」という言葉だけがある。「債務」は無意味な概念なので、責任要件の軽重があるだけだ。その振り分け基準も示されていないので、結局、責任を認めたいときに認めるだけになってしまう。債務に「強度」があること、帰責事由の類型化が必要であることはいいとしても、理論を放棄するのは賛成できない。

(42) 森田・前掲注(30)一六六頁以下
(43) 吉田邦彦「債権の各種——「帰責事由」論の再検討——」星野英一他編『民法講座別巻2』（有斐閣　平成二年）四八頁
(44) 吉田・前掲注(43)四八頁
(45) 吉田・前掲注(43)四八頁
(46) 吉田・前掲注(43)五〇頁
(47) 吉田・前掲注(43)七〇頁
(48) 吉田・前掲注(43)七〇頁
(49) 吉田・前掲注(43)三二頁
(50) 吉田・前掲注(43)四六頁
(51) 吉田・前掲注(43)四九頁
(52) 吉田・前掲注(43)六〇頁
(53) 吉田・前掲注(43)五〇頁
(54) 吉田・前掲注(43)四九頁〜五〇頁
(55) 吉田・前掲注(43)四五頁、四八頁。なお、五一頁（注(2)）も参照。
(56) 吉田・前掲注(43)五〇頁。なお、二六頁も参照。
(57) 吉田・前掲注(43)四四頁以下、四八頁以下を参照。
(58) 同様に、債務不履行責任と他の責任（例えば担保責任）の統一あるいは区別という視点もみられない。既存のあるいは新たにある責任を認める場合に、それが債務不履行責任かという問いがない。基本的に従来の債務不履行責任とされているものをフランス法を参考にして再構成しようとする。但し、「結果責任的＝保証責任的処理」（傍線：戸田）を債務不履行責任制度内で認めるので、その点で債務不履行責任の拡張がなされている。吉田説は明示しないが、それにより、担保責任（の一部）も債務不履行責任として扱われることになるのかもしれない。

(59)　吉田・前掲注(43)四九頁

(60)　吉田・前掲注(43)五〇頁

Ⅲ　問題の整理

本章では、既存の契約責任論を理論的に検討している。だが、結果債務・手段債務論は制度論であり、沿革が主要な根拠になっている。一方、その理論・内容は、現在のところ明確になっているとはいえない。考え方まで純化されていない。そのため、「フランス法系」に身を置かない限り、受け入れ難いものになっている。それ自身を理論として考察の対象にはできないので、まず、制度的な辻褄合わせを排し、実際の理論（考え方）を抽出する必要がある。ここでそれを行い、第四章第三節で行う検討の準備としたい。

＜手段債務・結果債務論はなぜ分かりづらいか？＞

これは、１制度論（さらに外国法の導入論）であるため、理論とテクニックが混然としていることと、２歴史的な議論であるため、理論よりも歴史的な正当性を重視することによるのではないだろうか。

まず、１債務不履行責任の制度論であること、すなわち日本の債務不履行責任制度を「フランス法的」に構成しようという制度における議論であることから、問題になっている責任が債務不履行責任であるか否かを問うことをせずに、債務不履行責任であるとしてしまう。例えば、結果債務の不履行責任は、債務不履行責任ではないかも知れないという発想がない。債務レベルで無理やり統一しようとして、すべてを「債務」の「不履行」責任という枠にあてはめるため、「債務」「不履行」を抽象化（無意味なものに）することで、辻褄合わせを行わざるを得なくなる。この概念の抽象化が、分かりづらさの原因となっている。

具体的に述べると、手段債務・結果債務論は、債務論という形を取るが、実際には責任論である。手段債務では、債務（結果を発生させる面）と損害賠償の面が結びつく。だが、結果債務では両者は分かれる。損害賠償の面は、理論的には債務不履行と言わない方がよい。ところが、言葉の上で操作をして、債務レベルで議論をする。森田説は、結果の実現が確実であると約束すると、なしうることが意思内容になるとする。意思により、結果の問題が行為の問題に転化するという。約束者に結果の不実現について責任を負わせるべきかが問題であるのに、一旦、債務（債務者の行為）の問題に移し替えて、履行がないから責任を負うという論理を取る。そのため、何度も述べたように、債務概念が非常に曖昧なものになっている。結果債務も手段債務も同じ債務で「強度」（程度）が違うだけだとする。程度の違いであるからには、ある変わらないものがあるはずだ。それは何だろうか。言い方を変えれば、債務の何の程度が違うのだろうか。それが見つからなかった。債務概念に意味はない。それと同時に「履行」という行為を示す概念が抽象的なものになっている。また、「帰責の根拠は契約上の債務の拘束力」というが、損害賠償の発生が意思に基づくということであろうから、契約（意思）の拘束力だろう。債務概念をはさむ必要性は認められない。責任論を無意味な債務上で議論をしている。森田説も形式的には債務レベルで統一しているが、実質的には責任レベルで統一されるとする。すなわち、意思に基づく責任として、結果債務の不履行責任も手段債務の不履行責任も等しいとする（その当否は後述）。それなら責任論として正面から議論すべきである。

なお、吉田説は、沿革から日本民法は「柔軟な債務概念」を有するとして、形式的な債務概念の統一（結果債務も手段債務も同じ債務だという説明）を放棄している。さらに責任レベルでの統一（結果債務の不履行責任も手段債務の不履行責任も同じ責任であるという説明）もしようとしていない。そうすると、無意味な「債務不履行責任」という概念で形式的に責任の統一をする意義が問われることになる。吉田説は、債務不履行責任制度という枠を自明のものとして、責任の分類、それと同時に責任の拡大へと向かう。実質的には沿革のみが根拠であり、責任を認めるべきときに認めるということになってしまうのではないかとの危惧を覚える。利益衡量をするにしても、その指針となるあるいはその限界を設定する理論が必要ではないだろうか。

次に、2結果債務・手段債務論者は、理論よりも沿革を重視する。そして、日本の債務不履行責任制度がフランス法系であることを強調する。すなわち、「何法系」かが問題で、それが決まれば、その国の法（理論）をもって来ることが「同系」ということで正当化される。フランス法の結果債務・手段債務「制度の導入」を目的として、このような理屈をとっているように思われる。そのため、「ドイツ法系」か「フランス法系」かという対立でとらえ、理論的な問題――理論的にどちらが優れているか、そもそも理論的に対立するのか等、が解明されないままになっている。

まず、「～法系」ということで、なんらかの拘束を生じるという考えはおかしい。法制度以外で、この制度は「～国系」であるから、同じ運用をすべきであるといった主張はなされていないだろう。それに加え、フランス的解釈をする論拠になる拘束が起草者により加えられたことはない(61)。ましてやフランス「法系」の採用ということはありえない。例えば、責に帰すべき事由について、それが履行不能以外に要求されるのかという点は、起草段階でもはっきりしていない。だが、その内容としては、従来の通説と同様のものが考えられていたのではないだろうか。起草者（富井政章）の『債務者ノ責ニ帰スヘキ事由』ト言ヘバ詰リ所為又ハ過失夫レガ遅滞後カデアリマス」[62]との発言は、それをよく示している。私は、理論的に優れているとか解釈上の必要があれば、フランス法的読替えも許されると解するが、それは今のところ示されてはいない。

それに、そもそも「制度」の導入などできるのだろうか。物ではないから、正確には、制度はもちろん考え方の導入もできないと考える。外国の法に触れて、考えが触発されるにすぎない。その結果、同じような考えが生まれても、それは自身の考えであり、外国法の考えと別の展開を辿っても構わない（別の展開を辿れば、考え方が違うと評価されるのかも知れないが[63]）。「制度」の導入、「〜法系」という考え方は、母法による拘束を認める限りで、賛成できない。つながりの点では、影響を受けた国の法とは全く別の法である。

そこで、結果債務・手段債務論を理論的に位置付けてみる。理論的にみると、フランス法的な債務の分類方法（債務の「強度」（不履行責任における帰責事由の程度）による分類）とドイツ法的な債務の分類方法（従来の説）とはどのような関係にあるのだろうか。後者は、給付義務を中心にして、債務不履行責任の範囲の拡張により認められた契約（合意）に基づかない義務を、その周囲に位置づけるものである。

吉田説は、「ドイツ式」債務の分類論（給付義務・付随義務（保護義務）論）と「フランス式」債務の分類論（結果債務・手段債務論）を対比させて、「フランス式」の優位を説いている。だが、学説を沿革（何に対する説として主張されているか）としてみずに理論としてみると、両分類は対立するのだろうか。

思うに、「債務内容」による分類といっても、１債務（義務）の発生原因・契約目的からの距離による分類（給付義務・付随義務（保護義務）（それらに主従の区別が付く））――債務（義務）の範囲の拡張に際して問題になる（吉田説の「ドイツ式」債務の分類）、２債務（義務）の目的による分類（例　物を引き渡す義務、それ以外の行為をする義務）（4にも関係）、3履行強制が可能かどうかによる分類（1にも関係）、4帰責事由の程度（「債務の強度」）による分類——給付の変化（結果発生に向かう債務から結果不発生の場合の損害賠償義務への変化）の要件による分類（吉田説の「フランス式」債務の分類）など、様々である。4と1とは分類の視点が違う。両者の分類は両立しそうである。それにもかかわらず、もし「フランス式」一本で行けとするのなら、「ドイツ式」債務の分類には意味がない（手段債務・結果債務論が債務（義務）の範囲の拡張の問題も解決する）ことを示す必要がある。だが、それは示されていない。その点を少し検討する。

まず、債務（義務）の契約目的からの距離（契約における重要度）は、少なくとも、その違反が契約解除権の発生をもたらすかの判断に影響する。通常、付随義務（保護義務）は契約目的からの距離が遠いと判断され、原則として、その違反は解除権の発生をもたらさない。また、双務契約においては、これにより、相手方の債務（義務）と牽連関係を有する義務なのかが判断される。さらに、付随（保護）義務は、原則として訴求・履行強制ができないとされる。給付義務か付随（保護）義務かの分類は、まさに「法的処理の相違と関連している」のではないだろうか。次に、債務（義務）の発生原因による区別——当事者の意思により発生する債務（多くは給付義務）と法律（信義則）により発生する義務（付随義務（保護義務））の区別も、決して無意味ではない。前者では、当事者が直接にとり決めている場合はもちろん、そうでない場合でも当事者の意思・目的・動機が尊重される。これに対し、後者では、当事者の関係を外部的に評価して両者の利益衡量から義務の発生・内容が決まる。両者は扱いを異にする。なお、類似の理由から、当事者の意思により発生する債務と法律により発生する債務（両者は同じ給付義務である）を分ける必要がある。特に、契約責任としての債務不履行責任とそれ以外の債務不履行責任は扱いを異にするのではないだろうか。

従って、４と１の分類はそれぞれ意義があり、併存する（各分類には改善の余地があるが）。吉田説の「結果債務」「手段債務」についても、それが意思によって発生したものかどうか、その債務（義務）の主従が問題となる。なお、吉田説でも当事者が（明示に）責任の合意をすることが認められる。そのため「結果債務」「手段債務」の不履行責任につき、それぞれ意思に基づく責任かどうかの区別も要する。但し、合意は、通常「結果債務」についてであろう（保証責任）。なお、森田説では、結果債務・手段債務は、合意に基づく債務の分類である（吉田説では単なる債務（義務）の分類）。従来の考え方で言えば、これは、基本的に給付義務についての分類である。従来の説で付随義務（保護義務）違反の責任とされているものをどうするかは不明だが、論理的には債務不履行責任とはならない。不法行為責任として処理することになるのかもしれない。

本稿は、４の視点を契約責任の分類に持ち込み、帰責原理による（契約）責任の分類を問題にしている。

＜結果債務・手段債務論からの問題の抽出＞

結果債務・手段債務論の主張の核は、Ａ債務には「強度」の違いがあり、それにより債務の分類をすべきであるということである。「強度」とは、損害賠償の要件である帰責性の判断の厳格さである。そのため「債務」の強度は、実際には責任の強度である。その際、債務（責任）の強度に違いをもたらすものは何か（それによる分類）といったことには、あまり関心が払われない。だが一応、違いをもたらすものは契約当事者の意思だと説明される（森田説）。だが、後からの理由づけのように感じられる。そこから理論が組み立てられていないからだ。例えば、不可抗力免責が当事者の「意思」とどう結びつくのか、判例からの帰納により債務の分類を行うという思考方法が当事者の「意思」とどう結びつくのかなど、不明な点が非常に多い。それはともかく、Ｂ「強度」の違いは意思によりもたらされるという論理がある。但し、結果債務・手段債務論者が一致しているのはＡのみであり、Ｂは共通のものではない。それが理論内容に大きな違いをもたらしている。ところが、そのことについて論者に自覚がない。

結果債務・手段債務論は債務不履行責任の制度論であるので、「債務」から出発する。だが、制度と理論を分ける立場からすると、両者を分けてまず理論で議論をする必要がある。そのため、まず用語を思考に適した形に置き換える必要がある。

＜用語の問題＞

結果債務・手段債務という言葉を分析する。まず、「結果」「手段」は、強度を示すものである。次に、「債務」はその強度が債務に関するものであることを示している。だが、これは、実際の内容を適切に表していない。そこで、実際の内容を直截に反映した用語に変えてみる。まず、結果債務・手段債務論は責任の問題であるから、責任論ということを示すべきである。無意味な債務概念を用いるべきではない。そこで、結果債務・手段債務という言葉は、結果責任・手段責任とすべきではないかと考えられる。次に「手段」が債務者（側）の行為を指すとすれば、手段責任は行為責任とすべきではないだろうか。さらに、森田説では、その要である「意思に基づく責任」ということが表れていない。そこで、**意思・結果責任**、**意思・行為責任**とした方がよいのではないか。そうすると、「結果」「行為」および「責任」はＡを、「意思」はＢを表していることになる。

＜問題の再設定＞

まず、１責任に強度（発生面で）を認めるべきかという問題がある。これは、⑴結果責任と行為責任という二種類の責任を認めるべきかという問題と、⑵行為責任、結果責任のそれぞれの内部で強度の違いを認めるべきかという問題に分かれる。結果債務・手段債務論は基本的に前者を問題にし、肯定する。次に、１を肯定する場合、2その強度の違いは何によるのかという問題がある。結果債務・手段債務論は意思によるとする（特に森田説）。結果債務・手段債務論の妥当性は、この意思が常に認定できるのか（認定の問題）にかかっている。仮に、認定できるならば、結果債務の不履行責任と手段債務の不履行責任は、共に意思に基づく責任（意思責任）として共通しており、一つの責任として債務不履行責任制度内で処理することが可能となる。ところが、仮に、通常はそのような意思が認定できない（債務不履行責任は意思責任でない）とすると、森田説の「債務不履行責任」論の基礎が崩れることになる。そして、法定・行為責任、法定・結果責任というものを考える必要が出てくる。法定・行為責任が債務不履行責任であることは確かなので、例外的な意思・結果責任、意思・行為責任をどこに位置付けるのかが問題となる。また、法定・結果責任を認めるのか、認めるとするなら、それはどのような責任でどこに位置づけるのかが問題となる。

Ⅳ　展望

問題の検討は第四章に委ねるが、私見の方向を簡単に示したいと思う。手段債務・結果債務論の主張のうち評価できるのは、「債務不履行責任」の帰責事由に多様性を認める点（例えば、契約・義務により無過失責任を課す場合があることを正面から認めている点）である。言い換えると、責任の強度（発生面で）を認めること⑴⑵共）には、賛成である。

だが、その多様性が、意思に基づくとすること（森田説）には賛成できない。この意思の問題は、明確な合意がない場合に、当事者の意思はどこまで及ぶのかという問いに一般化できる。森田説は、「債務の強度」（帰責事由）はもちろん損害賠償の範囲まで意思が決定するとする。これに対し私は、意思の認定を厳格に解し、当事者の意思は債務の発生には及んでいるが、その重さ（行為の程度）にまでは及んでいないとみる。もちろん債務不履行の場合の処置にも及んでいない。このため、債務不履行責任は（基本的に）法定責任となる。帰責事由の多様性は法に基づくものである。「手段債務の不履行責任」と「結果債務の不履行責任」をあくまで意思責任と構成すると、それは例外的に責任について合意があった場合の責任となる。契約責任を一つの責任（意思責任）として括ることはできない。私の立場では、制度論としては結果債務・手段債務論は受け入れ難いことになる。

また、私は、債務不履行責任を行為義務違反の責任とする（結果責任を排除）。そして、その中で要求される行為の程度に差を設けるのである。従って、債務不履行責任は（基本的に）法定・行為責任となる。

なお、仮に意思の認定を容易にしても、意思責任として構成できない債務不履行責任がある。まず、契約によらずに発生する債務の不履行責任については、帰責事由や損害賠償の範囲などを当事者の意思により定める・説明することができない。これについては、別の説明が必要になる。また、信義則上の付随義務違反の責任（例　安全配慮義務違反の責任）も債務不履行責任とするならば、同様である。これらは、実際に手段債務・結果債務論（森田説）では処理しえない。そこで、契約責任論である手段債務・結果債務論（森田説）を債務不履行責任の制度論として論じるため、これらの問題を無視するか、「債務の強度」だけを持ち込むことになる。後者は、帰責事由に多様性があるとするだけで、説明・理論付けを放棄することとなる（吉田説）。それは責任を認めるべきときに認めるということになってしまう。

債務不履行責任は、契約当事者の合意（意思）に基づく責任として統一的に説明することはできない。これには二重の意味がある。まず、契約責任でない債務不履行責任（法定の債務の不履行責任）があるということ、次に、契約により発生した債務であっても、通常は責任にまで合意はないということである。債務不履行責任の制度論としては、これらすべてを視野に入れて考える必要がある。その検討は後に行う。また、債務不履行責任制度を契約責任を扱う場と考えることにも問題がある。日本民法第四一五条は債権総論に位置する。契約による債務の不履行責任に限定していない。ところが、手段債務・結果債務論（森田説）は、帰責事由の重さが、契約により決まるとすることからも分かるように、契約責任の分類である。そこでは、債務不履行責任と契約責任の混同がみられる(64)。

契約責任が問題であることを直視すると、債務不履行責任に無理やりまとめるための「強度」（同じ責任で程度が異なる）という言葉が不要となる。そして、責任の「強度」の問題は、責任の性質の問題と程度の問題に分かれる。責任は前者で区別すべきであり、それによって区別されたものが責任原理である（後述）。そうすると、問題は、**A契約責任にはどのような責任（責任原理）があるのか、Bその責任原理をどの責任制度の中で処理すべきなのか（あるいはしないのか）、C同じ責任原理内で、程度の違いがあるのか、あるとしたら何によって生じるのか**、と分けられる。

責任制度と責任原理を分けることで、債務不履行責任は一つの責任であると無理やりまとめる必要はなくなる。制度に複数の責任原理を入れることも可能になる。だが、位置づけの問題（責任制度による責任原理の分担の問題）の考え方は、基本的に、一つの責任制度には、一つの責任原理を割り当てるのが簡明で、望ましいというものである。そのため、いくつかの責任が主張されている場合に、一つの責任として括るものがあれば（責任原理が共通ならば）、一つの制度で処理しやすいといえる。その場合、各々の責任は、その制度＝責任原理の類型（程度の違い）として扱われる。一方、一つの責任として括るものがなければ（責任原理が異なれば）、一つの制度で処理しにくいといえる。一つの制度に複数の責任原理を入れる場合には、その理由が求められる。

(61)　注(3)の論文を参照。
(62)　前掲注(11)『法典調査会民法議事速記録三』六四一頁
(63)　森田・前掲注(30)一五五頁以下は、「結果債務・手段債務の概念をわが国の解釈論に導入しようとするならば、それらはこれまで明らかにしたような意味内容を有するものであることに留意する必要がある。勿論、ある意味では用語の問題であるから、それを明確に定義するならば、ある法概念をどのように用いるかは各人の自由であるともいえなくはないが、わが学説ではそのような前提が存していない。そうだとすれば、それらがフランス法に由来する法概念である以上は、少なくともその本来の意義を認識しておく必要はあり、さらに、無用な混乱を生じさせないためには、これと異なった意味に用いることは避けることが適切であろう。」(傍線：戸田）とする。

確かに、結果債務・手段債務概念のフラスンスでの使われ方を知らないよりは知っていた方がよい。だが、日本法の概念としようとするなら、「結果」「手段」「債務」という言葉から出発できなくてはならない。様々な使われ方をしたとしても、フランス法と同じだから正当化されるのではなく、ある問題を考える際にこれらの概念を使うことが有効であるといったことで、正当性が証明されるはずだ。

むしろ日本の結果債務・手段債務論者は、結果債務・手段債務を日本に「導入」するならば、日本語で「明確に定義」をする義務があるのではないだろうか。フランス法を知らなくとも、議論ができるようにする義務がある。だが、それは残念ながらなされていない（「本来の意義」も含めて)。本稿で検討した二説においても大きな違いがあるし、各説内でも不明確な点・疑問点は多々ある。それにそもそも、フランスにおいて「明確な定義」がなされているのだろうか。フランスにおいて確定しているのだろうか。今後、発展・変化しないのだろうか。変化するならば、それに伴って日本の概念も変化するのだろうか。日本の概念が変化すれば、逆にフランスの概念を変化させる（変化しないなら袂を分かつ）という発想はないのだろうか。

混同を避けるためには、フランス法のものは、片仮名で書くかフランス語を併記するかして、日本法のものは漢字で書くと言った区別をすべきであろう。ちなみになぜ、faute は片仮名（「フォート」）で表記するのだろうか。

(64)　契約責任は債務不履行責任に限られるのかという問題もある。これは後に検討する。

第三項　「保証」を帰責事由とすることで債務不履行責任の拡張を図る説（潮見説）

Ⅰ　潮見説

潮見説も、債務不履行責任を二本立てで考えている。すなわち、第四一五条は、過失責任と保証責任（無過失債務不履行責任）を合わせて規定していると理解する。そして両責任は、「どちらを原則とするのでもなく併存している」(65)とする。

両責任は、債務不履行責任という点で等しく、「過失」を要件とするかという点で異なる。まず違いからみていく。

「『過失においては、人の挙動の行為性と、認識能力・行為能力が吟味されるべきである』という点が、保証責任との領域を画する上での上限となる」(66)

（無過失債務不履行責任は、）「給付結果の実現その他一定の事態の発生についての保証（結果保証）の存在を前提として、保証された事態が発生しない場合に、債務者の具体的行為の当否を問題とすることなく、結果保証を帰責事由として債務者に責任を負わせるのである。その意味では、保証責任と称するのが妥当である。」(67)（傍線：戸田）

過失責任は、債務者の行為についての責任であるが、保証責任（無過失債務不履行責任）は、結果（事態）についての責任である。保証責任では、結果（事態）の実現が不可能な場合（例　原始的客観的不能、不可抗力）にも責任が発生することがある。債務不履行責任の範囲（広さ）・重さの拡大がなされている。

では、両責任の違いが生じる原因は何であろうか。それは、結果保証の有無である。そしてそれは、要件上、帰責事由の違いとされる。潮見説の特徴は、独特な「結果保証」とそれを帰責事由として位置づける点にある。その主張をみてみる。

まず、どのような場合に「結果保証」が認められるのだろうか？

潮見説によると結果保証は、①法律上結果保証が要求されている場合（第四一九条）、②当事者間で特別に保証約束がなされている場合、③給付の等価交換が認められる場合における対価と等価交換関係に立つ給付の提供の場合に認められる(68)。これら以外の場合は、過失責任となる。

では、結果保証の根拠は何だろうか。

②は、保証約束（合意）が根拠である。①は、法律が根拠である。③については、於保不二雄『債権総論〔新版〕』の「双務有償契約における等価値交換義務については、過失責任を問題とすべきではない(69)」（傍線：戸田）を引用し、「結果責任が正当化される」とする。③は、「等価値交換」（結局は法）が根拠ということであろうか。なお、この場合、等価部分を超える履行利益の賠償については、結果保証を正当化できないとし、②の保証約束が特別になされていない限り、過失責任であるとする。

このように、三者の根拠はばらばらである。では、三者を「結果保証」として括るものは何だろうか。三者（の責任）を結果保証（責任）として統一する意味が問題となる。潮見説では、「保証」は意思とは必ずしも結びつかない（①③）。そのため、意思以外に括るものを求める必要がある。もし、それが見つからないのなら、三者を「結果保証」と、「無過失債務不履行責任」全体を保証責任と言い換えるべきではないことになる。これらの検討は後に回す。今は、潮見説の主張を追い続ける。

次に、「保証責任（無過失債務不履行責任）」と（契約責任としての）「過失責任」に共通するもの、同じ債務不履行責任とするものを探る。

まず、両責任の記述をみても、そのことは明らかになっていない。「保証責任（無過失債務不履行責任）」の箇所では、形式的な統一（「結果保証」を帰責事由とする）について書かれているだけで、実質的に同じ責任とする理由は論じられていない。（契約責任としての）「過失責任」の箇所では、もっぱら不法行為責任との違いが論じられている[70]。だが、（契約責任としての）「過失責任」が不法行為責任と異なれば、それが契約責任において「保証責任（無過失債務不履行責任）」と共に債務不履行責任を構成するということにはならない。その積極的な理由が必要である。

そこで、瑕疵担保責任の記述を手掛かりにして考えてみたい。潮見説は、契約責任に、債務不履行責任である瑕疵担保責任とそうでない瑕疵担保責任があるとする。そこには、債務不履行責任とそうでないものとを分ける基準があるはずだからである。

潮見説では瑕疵担保責任は次のようになる[71]。

瑕疵担保責任には二種類ある。それは、契約から「瑕疵なき特定物の給付義務」が帰結される場合の責任と、帰結されない場合の責任である。各場合の責任は、内容が異なる。但し、後者の場合（帰結されない場合）はごく例外的である。

まず前者の場合、「『物の瑕疵担保責任』は、債務不履行責任として特徴づけられ、民法五七〇条所定の要件・効果は、債務不履行責任（不完全履行）の特則を定めたものとして理解される」[72]（傍線：戸田）とする。具体的には、買主からの瑕疵修補請求・代物交付請求（代替物の場合）は、「瑕疵なき特定物の給付義務」から当然可能となる。そして、売主の過失を問わずに、代金減額の形での損害賠償請求および「売買目的物の価値そのものを塡補する損害賠償請求」が認められる（③の結果保証の責任）。また、売主の過失を要件として、その余の履行利益の賠償請求が認められるとする。以上の責任には一年の除斥期間が適用される。さらに、契約解釈作業により、売主の修補権、買主の瑕疵検査・通知義務といった民法第五七〇条に規定されていない効果を導き出すことも可能であるとする。そして、「以上は、契約責任説の主張にほぼ対応するものである。」[73]（傍線：戸田）と結論づける。なお、種類物売買において、買主が瑕疵ある種類物を「給付の客体として承認して受領した場合」には、給付対象の特定が生じ、以上と同様の法理が適用されるとする（承認がない場合には「不完全履行の一般的法理」が適用される）[74]。

次に後者の場合（例「不要日用品即売バザーにおいて購入したテレビの画質が不良」）、「五七〇条を責任設定規範としてはじめて『特定物の担保責任』が帰結される」とする。具体的には、代金減額的損害賠償請求権と契約解除が一年の除斥期間内で認められるとする。この場合、「瑕疵なき特定物の給付義務」はないから瑕疵修補請求（完全履行請求）は問題とならず、売主が悪意・有過失であっても、履行利益賠償は認められないとする。[75]

以上のことから、潮見説における債務不履行責任とその他の責任を分ける基準を考える。特定物売買で、売主の瑕疵についての責任が債務不履行責任になるか否かは、「瑕疵なき特定物の給付義務」があるかどうかによる。そうすると給付義務違反が債務不履行責任ということであろうか。これは、従来の見解と一致する。だが、保証責任も給付義務違反の責任であり、「結果保証」を帰責事由とするところに特色がある。

契約内容→給付義務＊
- 発生しない→独自の担保責任
- 発生する→債務不履行責任
  - 保証アリ（その範囲）——保証責任
  - 保証ナシ（その範囲）——過失責任
  - （帰責事由の違いによる区別）
  - （保証の有無は意思、法律など）

＊発生するかは当事者の意思
（客観的不能は関係なし）

意思の問題

潮見説では、給付義務の発生・範囲は契約で決まる。一方、保証約束は帰責事由に位置づけられる。保証約束は、給付義務の発生・範囲などには関係しないようにみえる。だが、「瑕疵なき特定物の給付義務」を定める合意は保証約束ではないのだろうか。保証によってはじめて契約内容に入り、給付義務が発生するのではないのだろうか。そうではないようである。給付義務はとにかく発生させ、問題をすべて帰責事由の場にもっていき、責任の有無を決めようというのだろう。但し、契約で定めた結果について、常に給付義務が発生するとは限らない。「不要日用品即売バザーにおいて購入したテレビの画質が不良」の場合の契約では、「瑕疵なき特定物の給付義務」は発生しない。性状（瑕疵の基準）は契約内容だが給付義務は発生しないという例外的な合意において、独自の担保責任が問題となり得る。ということは、特に排除しないかぎり、給付義務が発生するということだろうか。

このように、帰責事由に位置づけられる保証の合意以外に、給付義務の発生の合意や瑕疵の基準を定める合意がある。また、過失の基準の設定についても、「能力の引受」「契約の解釈」（これは必ずしも当事者の意思の探求ではない）を持ち出す。これらは（意思によるなら）保証ではないのかとの疑問も生じる。これらの意思（合意）の関係もはっきりしない。さらに意思とは直接関係ない「契約の解釈」「結果保証」を用いることにより、曖昧さが増す。そこで、保証約束という名称は別にして、契約責任において意思がどこまで及ぶのかを考えてみたい。

＜契約の解釈＞

まず、前提として、潮見説における特殊な「契約の解釈」をみることから始める。それは、「過失責任」の説明に現れる(76)。

潮見説は、過失の前提となる注意義務の程度は「契約の解釈」により決まるとする。この「契約の解釈」は、注意義務について当事者の合意がある場合には当事者の意思の探求を意味することになろう。ここまでは理解できる。潮見説の特徴は、契約を広く解し、当事者の合意がない場合にも、「私契約規範」（両当事者が自律的に決定し基礎に置いた規範）があるとみるところにある。そして、それ――ここでは注意義務の程度――は「補充的契約解釈」、「契約の意味適合的解釈」という契約の解釈により探求されることになる。問題はここにある。当事者の合意がなくともある「私契約規範」とは何なのか。そのようなものはあるのだろうか。注意義務の程度を定める作業を契約の解釈と呼ぶ意味は何なのだろうか。

私は、本稿及び別稿で繰り返し述べているように、「契約の解釈」とは当事者を基準にするものをいうと考えている。従って、そこからは当事者の一方の保護という視点は出てこない。契約を広げる限界は、行為基礎・前提論まではないかと考えている（これらについては別稿で検討したい）。「契約の解釈」ならば、当事者の態様・発言から、「意思」の推測をすることになるが、それは債務者の責任を重くする方向だけでなく軽減する方向にも働く。例えば、債務者の「大丈夫だ、任せて下さい」の発言が注意義務を上げるのであれば、債務者の「自信がない」との発言が、注意義務を下げなくてはならない。潮見説は、そのようなものとして「契約の解釈」を考えているのであろうか。

潮見説では、契約の解釈と当事者の意思の探求は必ずしも結びつかない。だが、これは「契約の解釈」というあいまいな場で処理することになりはしないだろうか。意思による解決を行い、法理を立ててそれによる解決を図り、最後に残ったものを、信義則等の一般法理（曖昧さが残る）で処理すべきではないだろうか。

＜当事者の意思が及ぶ範囲――意思の認定＞

次に、潮見説が契約責任において一般に当事者の意思がどこまで及ぶとみているのか――意思の認定の問題をみる。通常、注意義務の程度について当事者は取り決めをしているとみるのか、通常、保証約束をしているとみるのかは、契約責任論の根底をなすものである。責任論を決定・特徴づけるものといってもよい。潮見説では、当事者の考えにもっと目を向けろとの方向性が強調されるのみ（もちろんこの指摘も重要ではあるが）で、この点、明確にされていない。おそらく、このような視点はないのではなかろうか。潮見説は森田説との類似性を表明する。だが、この視点から見ると、森田説との違いは明白である。

「こうした過失責任と保証責任の二本建てという構想は、アプローチの方向・素材と結論の細部こそ違え、フランス法における手段債務と結果債務の区別に関する分析の中から、森田宏樹教授により明らかにされている。森田「結果債務・手段債務の区別の意義について——債務不履行における『帰責事由』——」鈴木古稀〔一九九三年〕一〇九頁以下。[77]」

森田説とほとんど同じという主張である。だが、実際は似て非なるものである。まず、1森田説は債務論(手段債務、結果債務)であるのに対し、潮見説は責任論(過失責任、保証責任)とすることから生じ(う)る違いがある。例えば、瑕疵担保責任の理解は、森田説では、結果債務の不履行責任ということになろう。結果債務においては、結果の不実現があれば原則として「過失」があるとする。従って、従来の表現では担保責任は無過失責任(潮見説で言えば「保証責任(無過失責任)」)である。一つの場面における責任は一種類である(損害賠償の範囲は契約の解釈による——契約により異なるとするが)。森田説では、債務が決まればそれに対応する責任は一種類だからである。

だが、潮見説では、同じ場面で「保証責任」と過失責任の両方が問題になりうる。併存することもある。なぜなら、債務を複数認めることはできないが、責任を複数認めること(一つの債務に二つの責任)は可能だからである。具体的には、瑕疵担保責任では、代金と等価交換関係を維持するための損害賠償については、「結果保証」を正当化できるが(「保証責任」)、これを超える履行利益の賠償については、「結果保証」を正当化できないとする(これは過失責任)。但し、特別に保証約束がなされていれば、「保証責任」としてこの履行利益の賠償(以下「履行利益」とする)をしなければならないとする。潮見説では、基本的に賠償範囲と「保証責任」、過失責任の区分が結びついている(「保証責任」で過失責任と同じ賠償範囲が認められるためには特別の保証約束が必要)。だから、責任の併存を認める意味も出てくるのである。このように理論的には大きな違いがある。

2さらに、両債務（責任）の区分の仕方、意思の認定においても大きく異なる。森田説の手段債務・結果債務の区分は、当事者の合意により決まる。ところが、潮見説では、「保証責任」と過失責任の区分は、当事者の合意により決まるのではない。「保証責任」についても、保証約束がある場合以外に、「結果保証」が正当化される場合に「保証責任」が課されるとする。そして「保証責任」が認められない範囲が、過失責任だとする。

森田説では、瑕疵担保責任は結果債務の不履行責任（過失は不要）で、賠償範囲は契約の拘束力（契約の解釈）により決まる。このため、「履行利益」の賠償が認められるかは当事者の意思解釈による。これに対して潮見説では、原則として債務者に「過失」が必要で、特別の保証約束があれば不要ということだ。従って、形式的には、潮見説では、当事者の合意がなくとも、債務者に「過失」（何の義務についての過失かも問題になるが）があれば、「履行利益」の賠償が認められる点で違いがある。だが、実質的には、当事者の意思をどのような場合に認定するのか、その違いが一番大きな問題である（「過失」の認定も問題になるが）。潮見説では、「特別」という表現から、この「保証約束」は、通常は認められないものと考えられる。森田説の意思はもっと容易に認められるのではないだろうか。

＜まとめ——意思の及ぶ範囲＞

潮見説は、森田説と比べ、意思の及ぶ範囲が狭い。「過失責任」「無過失責任（保証責任）」の区分が合意を基準とするものではないのはもちろん、賠償範囲についても原則として合意がないとみるようである。だが、その一方、随所で「意思」的な説明をする。当事者の合意がない場合にも「契約の解釈」により確定される「私契約規範」があるとしたり、過失の標準の確定に際し「能力の引受け」が重視されたり、保証約束がない場合にも認められる「結果保証」があるとしたりする。辻褄合わせのために「意思」的なものが用いられている。

潮見説は、契約責任における意思の働きにつき、自覚的でないように思われる。

Ⅱ　検討

以上のことをふまえて、潮見説の基本的な枠組み——債務不履行責任は過失責任と保証責任（無過失責任）からなる——を検討する。

責任制度と「責任」の関係

潮見説の特徴は、瑕疵担保責任で主張されていたいわゆる「二分説」の発想を債務不履行責任に持ち込もうとするところにある。すなわち債務不履行責任には過失責任と無過失責任（もっとも保証責任とするが）があり、共に第四一五条が規定していると理解する。だが、それにより担保責任は完全に債務不履行責任とはならない。給付義務が発生しない場合の責任は、債務不履行責任の特則ではなく、独自の担保責任とする。そのため、債務不履行責任に二種類の責任があり、担保責任にも二種類ありその内の一つは債務不履行責任の特則である（結局、担保責任は三種類（1＋2）ということになる。責任制度と「責任」の関係が入り組んだものになっている。

債務不履行責任を二本立てで考えている点および債務不履行責任の拡張を帰責事由の拡張により図ろうとする点は、森田説と同じである。だが、森田説が「結果債務（手段債務）の不履行責任」のように債務の問題とするのに対し、「保証責任」「過失責任」のように責任の問題としている。債務論ではなく責任論とした点は森田説と比べ評価できる。だが、森田説と同じく、責任の多様性を認めてはいない。あくまで債務不履行責任という一つの責任にこだわる。

では、潮見説における債務不履行責任とは何か。「債務不履行責任と担保責任」の議論から考えると、給付義務が発生する場合の責任が債務不履行責任であるとするものと推測される。では、給付義務違反が債務不履行責任（「過失責任」、「保証責任」）なのだろうか。これがはっきりしない。「保証責任」においては、具体的行為の当否を問題としない。それでは、「保証責任」が給付義務とどう結びつくのだろうか。可能な限り修補義務を認めるというのならそれでもよい。だが、それは結果を発生させる面である。損害賠償の面でどう関係するのだろうか。責任と結果を実現させる面とを分けて考える必要がある。過失責任では両者は結びつく。責任の判断に際しても、債務者の結果発生へ向けての具体的行為が問題になるからである。だが、「保証責任」では両者は結びつかないのではないだろうか。「保証責任」は「結果保証」→事態の不発生→「保証責任」の発生という構造をとっている。「保証責任」の場面で、給付義務が発生してもよいが、責任の判断に関しては両者は本来無関係である。「結果保証」の場合に、不可抗力で結果が発生しなかったときや原始的に不能な事柄についても、給付義務違反と解せるのだろうか。解せないのではないだろうか。もしそのような論理をとろうとするならば、給付義務の抽象化をおこなう必要がある。責任の問題とすることで、債務不履行責任の拡張ができたのに、形式上、再び債務（結果を発生させる面）と責任とを結びつけようとする。すなわち、潮見説は、過失責任と「保証責任」の併存を唱えながら、実際は、過失責任（正確には行為責任）の枠組みに「保証責任」を嵌め込み、一つの責任とする。そのための前提が給付義務の抽象化である。そして、その接合部が帰責事由である。帰責事由の多様性を持ち出し、「結果保証」を帰責事由に位置づける。債務→帰責事由→不履行→責任という構造の帰責事由のヴァリエーションとするのである。

だが、この帰責事由の拡張は、辻褄合わせとしても成功していない。

＜「保証責任」――「結果保証」と帰責事由との関係＞

潮見説は、「保証責任」の発生要件として、帰責事由を必要としないとは言わない。「過失責任」において「過失」が帰責事由であると同じように、「保証責任（無過失債務不履行責任）」において「結果保証」が帰責事由であるとする。例えば、金銭債務の不履行責任でも、法律により「結果保証」が要求されていて、それが帰責事由となり、責任が発生することになる。

「保証約束」「法律」「等価値交換」→「結果保証」→帰責事由

だが、「結果保証」は、結果について責任を負うべき場合という意味しかない。帰責事由は結果について責任を負わせる理由でなければならないので、「結果保証」は帰責事由に該当しない。それでは、なぜ「結果保証」という言葉を使うのだろうか。おそらく、「無過失債務不履行責任」においても債務者に帰責事由があるというためだと思われる。「法律」「等価値交換」を帰責事由とは言いにくいため、間に「結果保証」という責任主体の関与を匂わせる言葉をはさんだのではないだろうか。そして、「保証約束」と共に「結果保証」としたのではないだろうか。だが、理論的には、このように法的に無意味な概念である「結果保証」概念は使うべきではない。そして、結果について責任を負う理由（根拠）である「保証約束」「法律」「等価値交換」が帰責事由に当たるかを個別に検討し、当たるものは正面から認め、当たらないものは除外すべきである。同様に、潮見説の「保証責任」概念（一般的な意味での保証責任ではない）は使うべきではない。三者の責任を無過失でも責任を負うという意味で、無過失（債務不履行）責任と呼ぶことは構わない。だが、それ以外は共通性のない別個の責任として検討すべきである。

＜帰責事由とは？＞

法律要件としての債務不履行の帰責事由（免責事由）は、具体的な債務不履行（広義）の場面でその有無が問題とされるものでなくてはならない（ある場合にはあり、ある場合にはない）。そして、（債務発生後の事由で、）債務者がその有無を左右できるものである必要があると考える。債務の不履行を債務者に帰責する事由だからである。「保証約束」「法律」「等価値交換」がそれに該当するのだろうか。

その観点からすると、「法律」「等価交換」というのは帰責事由とはなりえないことになる。例えば、金銭債務の場合、法律上（第四一九条）「結果保証」が要求され、それが帰責事由になるとするが、金銭債務不履行の個別の場合に、法律要件として帰責事由は問題にならない。なぜなら、常に帰責事由があることになるからである。金銭債務の不履行責任の場合には帰責事由は不要なのである。「等価交換」の場合については、帰責事由を不要とすることには、現在の民法の体系からして俄かに賛成できない。

これに対して「保証約束」は、具体的にその有無が問題となる。では、これは帰責事由の問題としてよいのだろうか（債務発生前の事由なので上記の条件の括弧が必要）。

＜帰責事由の問題とする意味＞

潮見説は「結果保証」を帰責事由に位置づけていることから、責任発生を基礎づける理由として「結果保証」を考えていることが分かる。ということは、「結果保証」に含まれる保証約束も、責任発生面に限定してその意味が認められていることになる。それで良いのかが問題である。

保証約束を第四一五条の帰責事由とするには無理がある。保証約束がある場合は、責任発生面以外でも別個の扱いを要するからである。保証の合意による規律は、責任の発生面だけでなく、効果面（例えば、損害賠償の範囲の画定）にも及びうる。当事者の意思がはっきりしない場合には、過失責任の損害賠償の範囲の画定基準が利用されるだろうが、それでも当事者を基準とした解釈が求められる。例えば、予見可能性については、両当事者の契約締結時のものとされることになろう（効果論について、詳しくは別稿で論じる）。また、契約内容の確定面でも、保証があるから契約内容になったり、また義務が発生することもある。それに加え、第四一五条の構造として、責めに帰すべき事由により履行不能（等）になったこと（因果関係）が必要である。保証約束はこれに適合しない。帰責事由の多様性の問題にできるのは、責任の構造が同じ場合である。第四一五条（行為責任）の構造と保証責任（保証約束に基づく責任：以下、本項では「（意思責任）」を付けて用いる）の構造は違う。そうすると、保証約束を帰責事由の場に押し込む訳にはいかないことになる。その責任は、独自の責任（保証責任（意思責任））とすべきである。結局、潮見説のうち保証責任（意思責任）と過失責任（正確には行為責任）は、「帰責事由は異なるがあとは同じ債務不履行責任」とはできないので、両責任がまさに並立する。それにもかかわらず、両責任を債務不履行責任として統一することは、果たして可能なのだろうか、またその必要性はあるのだろうか。

私は、責任の分類は責任原理（責任を導く判断の枠組み）の種類で行われると考える。その観点で考えると、責任原理が同じものは統一すべきだが、異なるものは分けるべきことになる。債務不履行責任は一つの責任原理によるのだろうか。潮見説では、給付義務の抽象化を行うため、理論的には、給付義務違反の責任（行為責任）として債務不履行責任を統一したとは言えない。また、手段債務・結果債務論（森田説）とは異なり、当事者の「合意」で帰責事由（責任）が常に決まるわけではないので、「合意」が各責任（「過失責任」、「保証責任（無過失責任）」）を結びつけるわけでもない。すなわち、構造の違いにもかかわらず、意思に基づく責任（意思責任）として統一されるという主張でもない。

潮見説の債務不履行責任と過失責任・「保証責任」の関係は、非常に曖昧である。前者が責任原理で後者がその類型のような説明をするが、実際は異なる。過失責任と「保証責任」の共通点＝債務不履行責任のメルクマール（給付義務違反の責任）・相違点（第四一五条の帰責事由が違う）を探る中で、債務不履行責任像は明確にならなかった。両者を債務不履行責任とする論理は、辻褄合せのためのものである。結局、潮見説においては、理論的な意味での「債務不履行責任」は認められない。「債務不履行責任」という独自の責任はない。そこで、実質的な関係として問題をとらえ直す必要が出て来る。それは、債務不履行責任は責任制度（容れ物）で過失責任・「保証責任」は責任原理という関係である。

この債務不履行責任制度の理解は制度本来のものではない。その要件・効果は、明確でないにしろ、ある責任原理（行為責任）を予定していると考えられる。それを自覚してなおかつ「債務不履行責任」を拡張しようとすると、債務不履行責任制度を容れ物と割り切って、責任の並列を認めるべきことになる。条文に示してある要件・効果は、基本的に行為責任（過失責任）のものであるが、これとは別の「保証責任」も債務不履行責任として認められるとするのである。そうしないと要件の抽象化を行わざるを得ず、曖昧な場で問題を処理することになるからである。潮見説にはこれらの自覚がない。元々、債務不履行責任には過失責任と「保証責任」が併存しているとするため、条文の要件である帰責事由の拡張（「結果保証」を帰責事由とする）によって「保証責任」を債務不履行責任（本来は過失責任）に組み込むことになる。だが、理論的に、責任の二本立て

（併存）が帰責事由の二本立てになる説明はない。そこでは、責任制度と「責任」の混同が見られる。その結果、責任像があいまいになる。

本来の責任制度にはこだわらず、責任制度を容れ物として割り切り、その中で責任の並列を認めるならば、大事なのは、契約責任という場でどのような責任原理を認めるのかということになる。容れ物としての債務不履行責任に何を入れるべきかも問題ではあるが、それは二次的なものである。具体的には、条文の要件・効果と（多くの点で）異なる保証責任（意思責任）は制度外（或いは別の制度）で処理することも考えられる。この保証責任（意思責任）の位置づけは第四章で行いたい。ここでは、潮見説の「過失責任」と「保証責任（無過失責任）」が責任原理としては問題があることを指摘し、第四章（契約責任の再構成）の準備としたい。

「責任」の分類

潮見説では、責任制度と「責任」の関係が入り組んでいる代わりに、各責任は明快なものなのだろうか。実は、そうではない（ここでは潮見説の言う独自の担保責任は省略する）。

潮見説は、債務不履行責任について、過失責任、無過失責任（「保証責任」）という責任の分け方をする。これはどのような基準に基づいた分け方なのであろうか。過失責任は、すべき行為をしなかったことについての責任である（行為責任の一種）。問題は無過失（債務不履行）責任である。まず、無過失（債務不履行）責任＝保証責任とするところから、意思責任かというとそうではない。「結果保証」は意思以外に法律や法理により生じるとするからである。では、行為責任であるが過失を必要としない責任であるのかというとそうでもない。債務者の行為とは関係なく責任が発生しうる（例　原始的客観的不能の場合）。ここでの無過失責任は、意思責任や行為責任などの限定が一切つかない。

結局、単に過失を要件とするか否かを基準にする区分であることが分かる。だが、この基準は貫徹されていない。潮見説では、「保証責任の免責事由としての不可抗力[78]」が議論されている。だが、不可抗力免責は行為義務を前提としたものであり、これを「保証責任」の免責事由として当然に用いることはできない。手段について当然に免責を認めると、結果についての責任ではなくなる。それにそもそも、行為義務を想定できない場合は、不可抗力自体を観念できない（原始的修補不能の瑕疵は、不可抗力に基づくのであろうか?）。また個別にみると、金銭債務の不履行については、規定上、不可抗力免責は認められていない（第四一九条第三項）。「等価交換的給付であるということから認められる結果保証[79]」について不可抗力免責を認めるということは、担保責任の代金減額（的損害賠償）についても、免責を認めることになるのだろうか。保証約束については、当事者が責任発生原因として想定しない事態については責任を負わないのであり、不可抗力が保証責任（意思責任）の免責事由となるのではない。もっとも、当事者が履行義務を合意しており、不可抗力により結果が発生しないことを免責事由にすることは可能である。だが、それはたまたま一致したにすぎない。保証約束においては、免責事由も当事者（の意思）が基準になるのである。潮見説は責任の構造が違うことを看過している。「保証責任」を過失責任の構造へ無理に組み入れようとしたため、内容を接近させてしまったのではないだろうか。

一方、担保責任その他原始的不能の責任において「過失」を要件とする場合、その「過失」とは何を意味するのだろうか。不代替的特定物売買では、債務者の行為により瑕疵のない目的物の取得は不可能であるはずである。そのため、結果実現のために契約上の努力を債務者がしないこと（過失）は、この場合には問題にならない。あるいは付随義務（調査・告知義務）のようなものを考えているのであろうか。だが、その義務違反からは、給付義務の不履行責任は導き出せない。過失の内容が曖昧である。過失の有無による分類は、過失責任からの生成論である。すなわち、問題（過失が（問題になら）なくとも責任を負わせるべき場合）にとりあえず対処するために、債務不履行責任の要件を操作（「帰責事由」を拡張）しようという辻褄合わせの理論が、責任の分類に反映したものだ。便宜として許されることはあるだろうが、理論的なものではない。そのためか、無過失責任（「保証責任」）が過失責任の影響を受けたり、過失の内容が曖昧になってしまったものと推測される。

責任原理を自覚すると、このような混同は避けられる。また、このような責任の分類自体が適切でないことが分かる。過失責任と無過失責任（「保証責任」）を並列するが、実際には、基本は過失責任（行為責任）であり、その他の責任（過失を要件としない責任）もあるということにすぎない。後者は責任原理ではなく、前者と並列させることはできないからだ。そこで、潮見説の無過失責任（「保証責任」）から、責任原理が抽出できるかが問題となる。

＜「保証責任（無過失責任）」の責任原理＞

結果についての責任は、行為責任（第四一五条）の構造に適合しない点から、過失責任と区別される。そしてそれは、潮見説（第四一五条の責任とするが）のように特殊な「保証責任」として一括りにするのではなく、大きく、少なくとも保証約束がある場合（保証責任（意思責任）――要件・効果とも別格の扱い（当事者を基準））とそれ以外に分かれると考える。保証約束による責任は、当事者の意思の探求が主となることから、他の結果責任と区別すべきだからである。そして次に、それ以外の中から何か責任原理が抽出できないかが問題となる。それ（の一つ）が信頼責任である（後述）。なお、当事者の「意思」は便宜的に使うのではなく、その認定は厳格にする。意思が認定されると、原則として利益衡量が排除され、当事者を基準に問題が処理されることになる。

Ⅲ　小　括

「保証責任（無過失債務不履行責任）」の実質と位置づけ

潮見説では、債務不履行責任は「過失責任」と「保証責任（無過失債務不履行責任）」に分かれるが、特に後者の責任が問題である。両責任は第四一五条の要件上、帰責事由の種類の違いとして区分されるが、後者の帰責事由とされる「結果保証」は、帰責事由とは呼べない。なぜなら、帰責事由は、（債務発生後の事由で、）債務者がその有無を左右できるものである必要があると考えるからである。後者の責任では帰責事由は不要なのである。

また、「結果保証」は意味のある概念ではない。これが認められる三つの場合（①法律上結果保証が要求されている場合（第四一九条）、②特別の保証約束がなされている場合、③給付の等価交換が認められる場合における対価と等価交換関係に立つ給付の提供の場合）は、結果責任が正当化されるとする以外、共通点がないからである。

私は、「結果保証」を結果責任の合意（②）として、それ以外（①③）は排除した。そして、①③を「保証」、その責任を「保証責任」と呼ぶべきではないとした。これらについては、理論的に責任の問題かという疑問があり、また③については、「責任」を負わせることの当否も問題である。そこで、②の問題に絞って考察をした。

②特別の保証約束はどこに位置付けるべきか。これは、テクニックの問題としても帰責事由に組み込むべきではない。なぜなら、保証約束を帰責事由に位置づけるための条件として、最低限、帰責事由以外の点では、

他の不履行責任と同様に扱えるということが挙げられる。だが、保証約束は、責任発生面にとどまらず、効果面（例　損害賠償の範囲の画定）にも影響する（意思が基準）。また、契約内容の確定段階でも考慮する必要があるからである。結局、保証約束に基づく責任は独自の責任（保証責任（意思責任））とすべきことになる。

だが、このことから、保証責任（意思責任）は債務不履行責任ではないとの結論には直ちに結びつかない。債務不履行責任を制度という容れ物として割り切ることもできる。そうすれば、複数の責任が入りうる（一つの責任である必要はなし）と解することも可能になる。帰責事由の多様性という辻褄合わせをする必要はなくなる。責任制度と責任とは区別される（一致させる必要なし）のである。それにより、責任を責任原理として純化することができる。その点、潮見説は不十分である。潮見説は、債務不履行責任を一つの構造の責任としてとらえ、そこに多様な責任を押しこもうとしたため、辻褄合せをせざるを得なくなった。それは、「帰責事由」「給付義務」「意思の及ぶ範囲」（契約の解釈）に現れる。例えば、責任の構造が違うものを、過失・無過失だけに着目して、帰責事由の多様性として無理やり統一しようとしている。理論の破綻を概念の抽象化、「意思」「契約の解釈」で埋めようとしている。そのため非常にわかりにくいものになっている。

Ⅳ　展望

＜問題の立て方・進め方――制度論と責任論＞

潮見説も森田説と同じく、債務不履行責任の制度論である。そのため、出発点が債務不履行責任になったものと思われる。そして、「債務不履行責任には、結果について責任を負う場合と行為について責任を負う場合がある」という点を捉えて、森田説と同じとされるのだろう。一方、潮見説を理論としてみると、とらえどころがない。その原因は、まさに制度論だからではないだろうか。制度論だと、辻褄合わせが用いられる。理論としてみるためには、その「辻褄合せ」の部分に捕われずに、その主張をみることが必要である。そのために、責任における意思をどう考えているのかなどをみた。すると、両説は非常に異なることが明らかになった。

その検討の中で、契約責任（場）の視点が出てきた。これにより債務不履行責任制度ですべてを処理する必要がなくなり、制度論と責任論が峻別されることになる。その結果、債務不履行責任はどのような責任かという問いは、(1)契約責任の責任原理としてどのようなものがあり、(2)債務不履行責任制度にどのような責任原理を担わせるのかという問題に分解されることになる。その際、意思の及ぶ範囲とその内容をどうみるのかという認識の問題（責任原理の適用範囲に関係）も、落とすことができない。学説を真に理解し比較するために、また自説（理論）を構築するためにも、このような問題の立て方・進め方をすべきであるとの考えに到達した。その検討は後に回す。その段階で、潮見説に対する最終的な評価をすることになる。

(65)　潮見佳男『債権総論』（信山社　平成六年）一九〇頁
(66)　潮見・前掲注(65)一九八頁、後に再引用（注(70)を参照）
(67)　潮見・前掲注(65)一九〇頁
(68)　潮見・前掲注(65)一九〇頁以下
(69)　於保不二雄『債権総論〔新版〕』（有斐閣　昭和四七年（初版は昭和三四年））九八頁
(70)　そこでは、（契約責任としての）「過失責任」について、過失の有無の判断基準とその根拠が問題とされる。まず、債務不履行責任における過失の有無の判断基準（「過失の標準」）を定めるのに際し、「不法行為責任と契約責任とにおいて注意の存立基盤を異にする。」（潮見・前掲注(65)一九八頁）という認識を前提とする。「債務不履行責任における過失にとっては、『契約において、いかなる注意が債務者に義務づけられているか』という視点が決定的である。しかも、その際、『契約により給付のための能力を引き受けたこと』が重視され、『契約中において債権者が債務者に対して有している期待の保護』という角度から、（もちろん、『過失においては、人の挙動の行為性と、認識能力・行為能力が吟味されるべきである』という点が、保証責任との領域を画する上での上限となるが）債務者の尽くすべき注意の内容が確定されるべきである。

ここにおいて、不法行為責任での過失の標準の合理性探求作業から一線が引かれることとなる。すなわち、注意の内容、さらにはその前提となる債権者の期待の内容は、両契約当事者の合意から導き出されることもあれば、注意内容につき合意がなされていない場合には、補充的契約解釈ないしは契約の意味適合的解釈を通じて確定されることもある。」（潮見・前掲注(65)一九八頁～九頁）（傍線：戸田）

過失の前提となる注意義務の程度は、「契約の解釈」により決まるという点で、不法行為責任の場合とは区別されるという主張である。潮見説では、「契約の解釈」に特殊な意味が与えられており、それが要になっている。当事者の合意がない場合にも、「契約の解釈」作業により、注意義務内容が決定されるとする。この契約解釈に信義則がどう関係するのかについて、また注意義務と具体的行為義務との関係については、次のように述べる。

「結果実現のために期待可能な契約上の努力を債務者がしないことが不注意の意味として理解されるとき、契約責任における過失の標準としての注意は、契約債務の履行過程上の具体的行為義務（略）と遭遇する。」「給付義務の具体化作業において信義則を介して義務内容の具体的確定がなされるということは、過失の標準確定作業での『善良な管理者の注意』の思考方法にも一定の示唆を与える。』このとき、信義則の有用性は否定できないが、その「助力を得る前に、契約当事者同士が問題の局面につきどのように規律すべきものと理解していたのかを探求すべきである。問題となる事態につき両当事者間に明示または黙示の合意こそ認められないが、契約目的と交渉関係を考慮に入れながら、契約全体の意味連関を探る中で、当該事態に妥当するものとして両当事者が自律的に決定し基礎に置いた規範（私契約規範）の内容を探求し、尊重すべきである。「このような理解からは、まず、当該具体的契約において両当事者の設定した規範に法秩序が承認を与えるべきであるとの基点（自律性の尊重）から契約規範、したがってまた注意要請の規準を把握したうえで、次に、客観的法秩序を支配する信義則、公序良俗等の法原理、場合によっては任意規定の背後にある法思想の視点から契約目的達成へと向かう一種の有機体たる契約関係をながめ、自律性に裏づけられた規範を修正ないし否定すべきかどうかをいわば他律的に判断すべきである（略）。」（潮見・前掲注(65)一九九頁〜二〇〇頁）（傍線：戸田）

難解であるため、要約ができず引用が長くなった。

その主張は、当事者の明示・黙示の合意が認められない場合にも、当事者の自律的な「私契約規範」があるのだから、「契約の解釈」ではまずそれの探求をすべきで、その後はじめて外部規範である信義則等を用いるべきだということであろう。ここからも潮見説の契約観、契約の解釈の特殊性が窺える。

さらに具体的行為義務と過失の前提となる注意義務の関係については、「遭遇する」「一定の示唆を与える」という表現から、具体的行為義務違反≠過失としているとみられる（潮見・前掲注(65)一九三頁以下も参照）。だが、その具体的な内容ははっきりしない。明確化が望まれる。

ここでの最大の問題は「私契約規範」とは何かということである。ここでは疑問点を挙げるに留めたい。1 契約の非正常的な展開においては、当事者の利害は対立しており、当事者の一致した規範がある場合は少ないのではないだろうか。そのため、その解決は少なくとも一方当事者の「意」に反するものとなるのではなかろうか。そのような場合にも「私契約規範」があるというのだろうか。2「私契約規範」の議論は、契約責任と不法行為責任の区別を意識したものである。だが、「私契約規範」があるということを言わなくとも、当事者の関係の仕方の違いなどから、契約責任の不法行為責任からの独自性は認められるのではないだろうか。

(71) 以下、潮見・前掲注(65)二〇三頁以下
(72) 潮見・前掲注(65)二〇三頁
(73) 潮見・前掲注(65)二〇三頁以下。だが、潮見説は、本当に「契約責任説の主張にほぼ対応する」のだろうか。契約責任説（星野説を念頭に置いている（一般の理解でもある））は、損害賠償責任は無過失責任であるとする。あるいは、瑕疵ある目的物の給付は、「不可抗力」の場合を除き「過失」ありとする。過失がない場合を

ほとんど認めていないのである。また、損害賠償範囲についても、制限あるいは過失の有無による差を設けていない。従って、両者は大きく異なると考えられる。

(74) 潮見・前掲注(65)二〇四頁。だが、そうする（種類物売買でも給付対象の特定後は、債務不履行責任の特則としての瑕疵担保責任が適用されるとする）意味が不明である。特定により瑕疵担保責任が適用されても、依然として瑕疵修補請求・代物交付請求（代替物の場合）が認められるのだから、異なってくるのは一年の除斥期間が適用されることぐらいしかない。それが、「給付の客体として承認して受領」することの意味なのだろうか。

(75) 潮見・前掲注(65)二〇四頁

(76) 注(70)を参照。

(77) 潮見・前掲注(65)一九〇頁

(78) 潮見・前掲注(65)二〇九頁

(79) 潮見・前掲注(65)二〇五頁

第四項　「期待（信頼）」責任論（損害賠償責任の根拠を法律に求める説（長尾説、前田説））

契約責任が発生するのは契約を締結したからだとしながら、その意味は、当事者の意思ではなく債務者の約束に対する債権者の期待（信頼）の保護（法による）に責任の根拠を求める説がある（長尾説）。この説は英米法の影響を受けているが、意思を重視する立場に対する批判の部分からのものである点、特殊である。本項では、長尾説のキーワードである「相手方の約束に対する期待（信頼）の保護」の意味を探ることにより、長尾説の当否を検討したい。さらに、長尾説を支持する前田説も合わせて検討する。もっとも、前田説は、通説の修正説（説明の仕方を変えたもの）であり、論者の主観とは異なり長尾説とは大いに異なるものである（責任の根拠を「契約」に求めていない)。だが、便宜上、ここで検討する。

なお、前田説の「信頼責任」は、私の信頼責任（後述）とは全く異なるものである。

Ⅰ　長尾説

長尾説は、免責特約（債権者が債務不履行による損害賠償請求権、契約解除権を放棄する）の効力、債務不履行責任における帰責事由（過失）要件を考察するに当たり、それぞれの根拠とされる契約自由の原則（法律行為自由の原則）と過失責任主義から話を進める。まず、両者を「人間の自由に対する社会的な保障制度の一としての意思尊重[80]」のための「法律制度」ととらえる。そして、免責特約の効力否定や債務不履行における無過失責任を導くために、両制度の基礎にある「意思尊重」の価値観に対する批判を行う。

契約の拘束力の根拠は、法的には、約束者の意思にあるのではなく、「相手方の約束に対する信頼の保護[81]」、「相手方が約束に対して有する合理的な期待が裏切られてはならないということ[82]」にあるとする。そして、免責特約の効力を、債務者の免責への期待が合理的であるかにより、判断しようとする[83]。その実質的な意義は、契約（免責特約）が公序良俗違反に当たらない場合にも、「相手方の合理的な期待の保護という要請」を基準として、なおその効力を否定ないし制限できるようにすることにある。これを基準にすることで、「契約『関係』を重視し、当事者の利益を比較考量して[84]」契約に拘束力を与えるかを決めることが可能になるというのである。

債務不履行責任の帰責事由については、判例・通説が帰責事由の中核を過失ととらえ、必須の要件としていることを批判する。長尾説は、契約責任を契約の拘束力の問題として考える。すなわち、債務不履行があった場合に、それにより債権者の契約に対する合理的な期待が裏切られたとされるときに責任が発生することになる。従って、契約の拘束力が強い場合＝債権者の期待に強い合理性の認められる場合には、帰責事由を債務不履行責任の要件としないでよいことになる。(85) 債務不履行において帰責事由を要件とする場合においても、その積極的理由は、債務者の「意思尊重」にあるのではなく、「債務者において結果の発生を予見することも回避・防止することもできない場合に生じた結果に対する責任を肯定することは公平でないということにある」とする。そして、「法は『債務者の責に帰すべき事由』という概念を債権者の有する契約に対する合理的な期待を保護する法技術的用語として法文上に明記しているものと理解することができる」(86) とする。

具体的には、履行遅滞に基づく損害賠償請求については、なお債務の履行の可能性はあるので、「相手方の期待はいまだ完全に破られているとはいえない」(87) として、帰責事由を不要とする。それに対して、履行遅滞に基づく契約解除、履行不能に基づく損害賠償請求及び解除をするには帰責事由が必要であるとする。(88)

さらに、義務の拡大――「債務不履行が発生した時の前後における諸義務やいわゆる付随義務等」（例　内容の拡大：説明義務、安全配慮義務　人的拡大：債権者の家族等）の理由づけとしても、相手方の合理的な期待の保護を持ち出す。(89) 「約束によせる相手方の期待の保護」は、契約の履行行為により損害を蒙った者を保護すべきであるとの「社会的要請の別の表現」であり、義務の拡大は、その社会的要請に一致するとみるからである。

ここでは、「期待」が抽象的なものとなっている。

＜「合理的な期待」とは？＞

長尾説が「期待の保護」を言う主な目的は、免責特約の効力制限及び無過失責任を導き出すことにあると思われる。免責特約、過失責任は「意思の尊重」により認められているとする。そこで、「意思の尊重」を否定し、その代わりに「合理的な期待（信頼）の保護」を持ち出す。これにより、意思のある場合にも契約（例免責特約）に効力を認めないことが可能になり、過失（意思に落ち度）がなくとも債務不履行責任の発生を認めることが可能になるとする。また、意思のない場合にも義務の発生を認めることが容易になるとする。

契約の拘束力の点から見ると、免責特約の効力制限の場面では、契約の拘束力を弱める方向に働き（公序良俗違反による無効以外に無効の範囲を拡大）、「責に帰すべき事由」の拡大の場面では、契約の拘束力を強める方向に働いている（無過失責任も場合により認める）。

では、「意思」に代わる「合理的な期待」とは何であろうか。それは、どのように機能するのであろうか。長尾説全体の検討は後に回し、ここではこの「合理的な期待」を分析するにとどめる。

まず、長尾説の期待（信頼）の対象は、何であろうか。長尾説は、約束の実現に対する期待（信頼）の保護である。契約責任を、基本的に契約目的が達成されなかったことについての責任と考えると、長尾説の期待（信頼）は責任と結びつく。この点は問題ない。

次に、長尾説の期待（信頼）の主体は、何であろうか。それは、契約については約束の相手方である。免責特約では債務者、債権発生の約束では債権者である。これらの人は約束によって利益を受ける人である。長尾説に対する疑問はここから生じる。約束の内容それ自体に相手方の期待（信頼）がない場合はないだろう。ということは、「合理的な期待」といっても「合理的か」が基準である。「責に帰すべき事由」の判断基準について、個別的な思考（例　個々の債権者の「期待」により決まるとする）を採らずに、類型的な思考を採ることは、その現れである（注(88)参照）。

なお、義務の拡大では、期待（信頼）の主体（及び内容）が抽象的なものになっている。具体的な関係者の期待によってではなく、「合理的か」の判断に帰すであろう社会的な期待により、義務の拡大を行う。ここでも「期待」は意味を失っている。

結局、長尾説は、契約に拘束力を認める（債務者に義務・責任を課す）のが合理的な場合に、拘束力を認める（義務・責任を課す）のであるから、「合理的契約・義務説」「合理的責任説」[90]とでも言うべきものである。

(80)　長尾治助『債務不履行の帰責事由』（有斐閣　昭和五〇年）二一四頁、二一六頁

(81)　長尾・前掲注(80)二一五頁

(82)　長尾・前掲注(80)二一六頁

(83)　免責特約や責任軽減特約の効力を考えるにあたって、「イギリスにおける動産売買法上の売主の担保責任排除特約についての歴史が我々に示唆するところは極めて有益である。その考察によると、我々は、経済的強者である当事者の意思を本位とする契約の神聖の観念が衰退し、これに代わって契約関係を妥当に律するため裁判官に裁量権限を容認する傾向があらわれてきていることを知るのである」（長尾・前掲注(80)二一五頁）とする。

(84)　長尾・前掲注(80)二二一頁

(85)「債務者の責任は約束に対する期待が裏切られたことに対する債権者のための救済の制度なのであるから、債務不履行が帰責事由を要件とする必然性はないのである」（長尾・前掲注(80)二一七頁）とする。

(86)　長尾・前掲注(80)二二一頁

(87)　長尾・前掲注(80)二一八頁

(88)　帰責事由の判断基準については、「予見義務、回避・防止義務を尽くしたか否かの判断要素としては、契約の性質、債務者の地位・職業、契約の主目的の実現に対する当事者の期待の程度、契約締結後に生じた諸状況のほか、不履行の内容が人の生命・身体・名誉に対する損害としてあらわれた場合か財産に対する損害の場合か、財産に対する場合であっても賃借家屋の焼失か低価な保管動産の喪失か等を検討し具体的な類型毎に基準を設定していく方法を確立する必要がある」（長尾・前掲注(80)二一九頁）（傍線：戸田）とするにとどまる。

(89)　長尾・前掲注(80)二一八頁、二一九頁

(90)　前掲注(15)『注釈民法⑽』三九三頁（北川善太郎）は、長尾説を「合理的期待説」と呼ぶが、妥当でない。

Ⅱ　前田説

前田説は、判例・通説[91]の価値判断の理論づけとして、「信頼責任」という構成を示す。判例・通説が過失を客観的（抽象的）過失ととらえていることに対して、前田説は、帰責根拠として新たな説明が必要であると考えるからである。その際、長尾説を援用する。私は、両説にはかなりの相違があると考えるが、この点は後に論ずる。まず、前田説の主張するところをみてみる。[92]

まず、「通説」が、「過失による債務不履行も『意思ドクマ』により、故意の債務不履行と同様に『過失責任の原則』に依拠するものだ」とする点に疑問を差しはさむ。「通説も認めるように過失は善管注意義務違反であり、債務者個人の注意能力とは無関係」に標準人の注意が基準となる。「したがって、債務者の『意思』とは無関係に帰責される」（傍線：戸田）。そのため、別の帰責根拠が必要であると考える。そこで、前田説は、長尾説[93]を援用し、「一旦約束がなされると、債権者は債務者がその約束を履行してくれるものと信頼するのが普通です。この債権者の期待を保護することが債務不履行法の役割です」（傍線：戸田）との認識を示す。そして、帰責事由を要件とすることにつき、「何がなんでも約束が守られるということは合理的に考えて要求しえないのは当然です。…標準人に期待し得る行為義務を尽しても回避し得なかった債務不履行は、債務者に帰責し得ないというのが合理的でしょう」とする。そして、「実は、判例は、そのことをいっており、通説のいわんとするところも、これなのです」とする。これにより、判例・通説の理論的な説明づけに眼目が置かれて

いることが分かる。

結論として、「過失による債務不履行の帰責根拠は、故意の債務不履行における帰責事由たる『過失責任の原則』に対して、『信頼原則』であるというべきでしょう」（傍線：戸田）との見解を示す[94]。そのような構成は不要であるとの批判[95]に対しては、「一般標準人を基準とした行為義務違反によって何故に帰責されうるのかと問うに、故意責任と同じ意思責任である（通説）とは答えられないことは明らかであり、その帰責根拠として信頼責任という構成が必要なのです」（傍線：戸田）と答える。

＜「信頼」とは？＞

前田説についても、全体の検討は後に回し、ここではその「信頼」を分析するにとどめる。

まず、信頼の対象をみる。長尾説と前田説は共に信頼（期待）の保護を言うが、信頼（期待）の対象が異なる。長尾説は、約束の実現に対する信頼（期待）の保護であるのに対し、前田説では、債務者の能力（一般標準人と同水準の行為をなすこと（ができること））に対する信頼の保護である。契約責任を、基本的に契約目的が達成されなかったことについての責任と考えると、前田説の信頼は責任とどう結びつくのか問題となる。前田説は、約束を履行してくれるとの信頼（期待）を保護することが、債務不履行法の役割だとするが、その信頼の対象は債務者の能力になっている。そこでは、責任の問題（約束への信頼）と能力の問題（能力への信頼）が混同されている。

次に信頼の主体をみる。前田説も長尾説と同様、信頼は具体的な債権者のものではない。前田説は、意思から出発し、意思では説明できないところを、信頼で説明しようとする。「意思ドグマ」の修正説と言える。前田説は、人間に意思（およびそれに統御された行為）の自由があることを前提としている。帰責性を人＝意思への非難可能性ととらえると、債務者の意思及び行為の「自由」「可能性（能力）」が帰責事由の外枠となる。それを備えたものが、「意思責任」となる。そこでの意思責任は、意思へ非難が向けられることを意味する。それに該当するのが、故意・具体的過失による債務不履行である。責任について合意をした場合も、これに含まれるのかも知れない（合意の効果だから、責任とは呼ばないのか？）。それを外れるものは、意思に結びつけることができない。そこで、一般標準人を基準とした行為義務違反（過失）による債務不履行責任を「信頼責任」と構成する。だが、このような「構成」はどのような意味を持つのであろうか。この「信頼責任」と通説との違いは構成にすぎないということであるから、具体的な債権者の債務者の能力についての認識（信頼）により、行為義務の基準が異なってくることはないだろう。そうだとすると、信頼の主体は社会ということになる。そして、具体的な債権者が信頼しない→免責ということは（原則として）ないことになる。保護の対象（一般標準人と同水準の行為をなす（能力がある）との信頼）は常にあるのだから、機能的に「信頼」を言う意味がないことになる。

では、前田説の「信頼責任」は何と称すべきだろうか。私は、前田説の「信頼責任」は、責任類型とすべきではないと考えている。「信頼」は責任の基準を正当化するだけものであり、それ自身には基準（を形作るもの）が含まれていないからである。その「信頼」は、能力（人）の抽象化の問題として扱うべきである。この点は後に論ずる。

（91）　前田達明『口述債権総論（第二版）』（成文堂　平成二年）一三六頁は、通説（我妻説）と判例は、二点において異なるとする。それは、１「通説は『注意を欠く』という『心理状態』を過失とするのに対して、判例は『行為義務違反』を過失」としているということ、２「通説では債務不履行という『結果の予見』が注意の対象であるのに対して、判例では『結果の回避』が行為義務の内容」であること、である。そして、これらの点を比較検討した結果、判例の立場を妥当とする。この結論は、私も賛成である。なお、我妻説の意図するところは、判例と異なっておらず、問題は、主に説明方法が適切かということではないかと思われる。

(92) 前田・前掲注(91)一三六頁〜一三七頁

(93) 長尾・前掲注(80)二一五頁

(94) そこで、長尾・前掲注(80)二一八頁を引用する。なお、前田達明『民法Ⅵ2（不法行為法）』（青林書院新社昭和五五年）四五頁も引用する。

(95) 前掲注(15)『注釈民法⑽』四〇〇頁（北川善太郎）による「過失＝行為義務違反と言えば足りるので信頼責任という構成は屋上屋を重ねることになるという批判」（前田・前掲注(91)一三七頁）。なお、前田・同所は、批判説（具体的行為義務説（北川説））の内容は前田説と同じとする。

Ⅲ　検討

以上みてきたように、長尾説と前田説は、全くと言ってよいほど異なるものであるが、出発点は共通している。それは、「意思ドグマ」（前田説）「意思尊重」（長尾説）である。長尾説は、免責特約の効力制限及び無過失責任を導くという問題意識をもって、前田説は、客観的（抽象的）過失責任を根拠づけるという問題意識をもって、「意思ドグマ」「意思尊重」に向き合う。そして、長尾説は「意思尊重」を否定し、それに代わる原理を立てることで対処しようとする。これに対して、前田説は「意思ドグマ」と併存する形で別の原理を立てることで対処しようとする。ここではまず、両者の対立点である、責任の拡大に際して「意思ドグマ」等をどう扱うべきかという問題を論じる。次に、債務不履行責任、契約責任を論じるのにどのようなレベルがあり、どのレベルで責任の分類をすべきなのかを検討する。同時に、長尾説、前田説の位置づけをする。論者の主観とは別に、どのような問題・見解なのかを明らかにし、両説を評価する。このような順番で話を進めたい。

まず、長尾説、前田説が克服しなければならないと考えたものは何か、それは克服されるべきものとしてあったのか、を検討する。両説は、「意思尊重」「意思ドグマ」という表現に現れているように、契約（責任）における意思の機能を問題としている。両説の「意思尊重」「意思ドグマ」の内容は、必ずしも明らかではないが、（法律がない限り、）１意思によらずに、債務を負わない（意思があれば拘束）、２過失がなければ＝その人の能力を超えることについては、責任を負わない（過失があれば責任）という考え方であると推測される（「意思ドグマ」の内容は２だけか？）。そしてそれが、日本の通説・従来世人が共有してきた考え方とする。

通説（？）＝「意思尊重」「意思ドクマ」
　↓「私的自治の原則」
　↓「過失責任の原則」（故意も含む。過失は具体的過失（前田説））

ところで、なぜ「意思」を重視するのだろうか。意思について考えを進める[96]。「意思」と自由は一体不可分である。意思は自由に形成されたものでなくてはならない。その前提として、人間は「自由な存在」であるというみかた、本能に支配された動物とは異なり（自由な）「精神」を持った存在であるというみかた（心身二元論に結びつく）がある。それは人間観の根幹をなしており、それ故に「意思」は尊重されるのではないか。これは、思想家が生み出した観念的な産物という訳ではなく、世人の（漠然としたものであるにしても）感覚としても存在する。現在の日本でも、不利益な事態が生じても「好きでした（強制されたのではない）のだから仕方がない」「承諾・同意したのだから仕方がない」「～のミスだから、責任がある」という筋道立ては広く通用している。各人の自由な経済活動により社会の維持・発展がなされるという予定調和の考え方もこの感覚に支えられている（それだけでは不十分なことも自覚されているが）。

＜債権・債務（責任）の発生は自由意思（の不行使）によらなければならないか？＞

確かに、私的な生活関係（法律関係）は、基本的に各人の自由意思により形成されるべきであるという考えは共通の感覚によって支えられているだろう。だが、そもそも日本において、自由意思によらなければ、権利を取得し、義務を負うことはないという価値観、故意・主観的過失がなければ責任を負わないという価値観が、過去、現在を通じ多少なりとも支持を受けたことはあるのか疑問である[97]。それは、社会一般に限らず、民法学者の間にも言える。例えば、過失責任の「過失」を抽象的過失ととらえることにつき、何の抵抗もなかったように思われる。故意・過失は、日本では、自由意思を前提にした概念ではない。立法段階（起草関係者の著作上）でも、帰責事由の要否についての議論は、損害の予見時期の問題と同様に、債権者と債務者のどちらに損害を負担させるべきかという観点で行われていた[98]。ところが、故意・過失を責任の要件とすることを批判する際には、自由意思を前提にした概念ととらえる。幽霊を相手に議論をしているようにも思われる。また、信義則により付随義務（例えば安全配慮義務）を認めるに当たり、自由意思との関係で抵抗はなかった。このことからも、債権・債務（責任）の発生の前提として自由意思は必須のものであるとの共通の価値観は、日本にはないと思われる。

契約・意思は、（特別に法が認めたものを除き）債務の発生あるいは責任発生の唯一の根拠でその限界を画するものというわけではない。契約・意思は「神聖」なのではなく、共通の価値観に支えられたルールである。

このルールの根本にある価値観は容易に変わるものではない。だが、それ自体を否定しない限り、ルールは変えうる（例外を認めうる）のである。歴史的には、実践として、契約・意思の神聖を主張する必要性がある状況もあったであろう。だが、日本においては、現在（歴史的にも）、契約・意思を神聖視する共通の価値観はない。従って、「意思の神聖」「意思ドグマ」は、そこから具体的な解釈基準を導くことができるもの（法原理）としては、認めることはできない。「意思の尊重」（「意思の神聖」「意思ドグマ」）は、**法思想**としての位置づけなら、認めることができる。そして、その具体化である「私的自治の原則」「契約自由の原則」、「過失責任の原則」（これについては問題がある（後述））も、あくまで原則であり、例外は認められる。例外を認めるに当たり、原則自体を否定する必要はない。ましてや「意思の尊重」を否定する必要はない。原則としての扱いを否定する際に、「意思の尊重」の否定が初めて問題になるのである。

意思尊重の例外にも段階がある。思いつきでも、⑴当事者間に意思があるのにその効力を否定すること、⑵意思がないのに債務・義務の発生を認めること（例　付随義務）、⑶過失がないのに責任を認めること、が挙げられる。これらは同一には扱えないだろう。⑴が最も認められにくく、⑵⑶の順で認められやすくなるのではないだろうか。特に⑶については、「過失責任の原則」（責任発生に故意又は具体的過失が必要）は、契約責任の原則か（歴史的ではなく）という疑問もある。不法行為と異なり、契約では、事前にすべき事が決まっているので、債務の履行に十分に能力のある人を使用することが可能である。そのため、行為能力者であれば本人の注意能力を問題にする必要はないのではないかと考えられる。また、契約責任の構造からも、過失が必須であるとは考えられない。本来の債務（合意により発生）から損害賠償債務への転化（変形）に過失を必要とするかは考え方による。損害賠償債務は、本来の債務とは別の新たな債務を課すのだとみれば、その債務を債務者に帰属させてよいかが問題となる。これに対して、損害賠償債務を本来の債務の延長線上にあるものと考えれば（あるいはその範囲内であれば）、転化に必ずしも過失は必要ではないことになる。本来の債務の発生が許されているのだから、債務者への帰属の問題は生じない。あとは、帰属とは切り離して、どのような場合に転化を認めるのかを論ずれば良い。そのため、帰責事由（「責ニ帰スヘキ事由」）は具体的債務者に対する非難可能性でなくてはならないという制限はつかないことになる。なお、本来の債務は合意により発生しているので、(2)よりも意思尊重に反していない。結局、「過失責任の原則」は、意思尊重から当然に導かれる契約責任の原則とは言えない。一般に「責ニ帰スヘキ事由」の中心が故意・過失とされるのは、そうすれば意思尊重という説得的な理由づけが更に得られるからにすぎない。

長尾説は、「意思の尊重」の例外として処理すれば済むことを、原則自体を否定することで達成しようとする。これは行過ぎである。それに、「意思」に代えて「期待（信頼）」一本で行くというのは、基本的に意思を義務拘束の根拠とみる共通の価値判断の実態に反している。この点からも長尾説は支持できない。前田説は、二本立てで行く（「意思」を補足するため「信頼」を持ち出す）点では、よりすぐれているようにみえる。だが、法思想のレベル（それも異なった）で責任を分類する点、すなわち責任の分類の仕方は問題である（次述）。

＜長尾説・前田説における「信頼（期待）」の位置づけ＞

問題のレベル

前節で、責任を責任制度（例　債務不履行責任（第四一五条以下）、担保責任（第五七〇条等））ではなく責任原理で分類すべきとした。では、長尾説の「合理的な期待の保護」、前田説の「信頼責任」はどのレベルの議論であろうか。

長尾説も前田説も、債務不履行責任を行為義務違反の責任ととらえている（長尾説がそうであることについては後述）。そのため、両説とも債務不履行責任の領域の拡大を目指すものではない。長尾説は、帰責事由の問題を契約の拘束力の問題とする。契約の拘束力の強弱が帰責事由の弱強に反映すると考える。そして、契約の拘束力の根拠は意思ではなく相手方の「期待（信頼）」であるとする。これに対して、前田説は、帰責事由を帰責事由たらしめているものである帰責根拠として「信頼責任」を主張する。これらの帰責根拠「期待（信頼）」は、責任（帰責）原理ではなく、責任原理が一般に受け入れられるための説明、いわば責任思想とでも言うべきものである。

責任原理（法原理）は、この責任思想（法思想）とも区別されなければならない。

私が責任原理といったのは、責任を導く判断の枠組み（従って責任の限界を画するもの）という意味である。そして、その枠組みによる責任類型がいくつかあると考える。「～だから」責任を負うという責任発生要件の中核をなすものである。私は、行為責任、意思責任（責任についての合意がある場合（前田説とは異なる））、信頼責任（後述）というものを考えている。これは、根拠づけではない。このような責任があるということである。それに対して、長尾説、前田説の責任は、私の行為責任の根拠づけとしてのものである。例えば、前田説は、債務不履行責任のうちの、故意責任は意思責任（意思に対する非難）であるとし、過失責任は信頼責任（信頼の保護）とする。だが、責任原理としてみると、この二者は、一定の義務づけられた行為をしないという点で同じ行為責任である。

前田説

前田説は、責任思想のレベルで「意思責任」に並べて「信頼責任」を主張する。だが、「信頼」は非難可能性ではない。その誤りに対して、相手に責任を負わせて良いという、社会構成員の共通の価値判断があるだけである。「意思」と「信頼」はレベルが異なる（「意思」の方が深い）。そのため、前田説では、「信頼責任」を非難可能性で区切る「意思責任」と並置する訳にはいかない。言葉の問題としてみても、両者は全く異なる。確かに、「～責任」の「～」に帰責根拠が入り、両者は帰責根拠と言う点では共通する。だが、前田説の「意思」責任の場合、「意思」は非難の向けられる対象であり、「意思」が非難されなければ免責される。ところが、「信頼」責任の場合、「信頼」は保護の対象である。そして、「信頼」の対象である一定水準の行為（責任の名称に表れていない）をしていれば免責される。前田説は、過失責任を考察するにあたり、債務者個人に対する非難可能性が必要として、「意思」では具体的過失による責任までしか根拠づけられないと厳格に解している。それならば、抽象的過失による責任も非難可能性により根拠づけられる必要がある。仮に、帰責根拠の深さを非難可能性のレベルで統一し、非難の対象（一つの例は、意思）で責任を分類するならば、帰責根拠として「信頼責任」は信頼の保護をいうだけでは不足である。相手方に対する非難可能性があってはじめて、信頼の保護という共通の価値判断が正当化されるとみるからである。その場合、帰責根拠を、期待（信頼）を生ぜしめたこと（非難可能性）に求めなくてはならない。だが、前田説の「信頼」は一般的・抽象的なもの（社会のもの）である。前田説を非難可能性で根拠づけることはできない。

では、仮に、帰責根拠をそれがあれば責任を負わせてよいとの社会の納得がある基本的な事柄と捉えるなら、具体的当事者まで関連づける説明は不要となる。制度として納得できるかの問題となる。ここでの帰責根拠は、制度を設ける際の判断である。その場合、抽象的債権者の「期待（信頼）」も帰責根拠となりうる。だが、そうすると「意思」責任も「信頼」責任になる。すなわち、債務不履行責任全体が、債務の履行を信頼した「債権者」を保護する制度と捉えることができるので、信頼責任と呼ぶことも可能になる。「信頼」のみで帰責根拠になるなら、非難可能性まで追究する必要はないからである。

現に、前田説でも、過失責任全体を「信頼責任」とし、本来「意思責任」であるはずの具体的過失責任をも包摂したものになっている。それならば、故意責任も「信頼責任」としてもよいのではなかろうか。故意責任だけを「意思責任」とする理由が見当たらないからである。一方、「信頼責任」を「意思責任」で根拠づけられないところを補うものと考えれば、「意思責任」＝故意責任・具体的過失責任とし、「信頼責任」＝具体的過失を超える客観的（抽象的）過失責任とすることになるだろう。前田説では、帰責根拠にレベルの違いがあるため、どのレベルに立つか（どのレベルを重視するか）により、責任の区分が変わって来てしまうのである。これらは責任思想の曖昧さを示している。

また、仮に、（レベルの違いがある）責任思想により責任が分類できたとしても、その意味が問題となる。前田説では、「意思責任」と言っても債務者の「意思」が責任の限界を画するわけではない。債務者の注意能力が標準人のそれを超えていても、標準人が基準となるからである。そうすると、「信頼」が「意思」に優先し、「信頼」が責任の限界を画するようにみえる。責任の限界の画定という点からも、「意思」ではなく「信頼」だけを問題にすれば良いようにみえる。だが、「信頼責任」といっても債権者の信頼が責任の限界を画するわけではない。信頼は個人の信頼ではなく、社会が、その構成員を標準人として信頼しているということである。個人の内心・注意能力を問題にすることはない。債権者が債務者の具体的な能力を知っていた場合でも、あるいは標準人の能力とは異なる能力の信頼があった場合でも、客観的（抽象的）過失を基準に債務者に責任を負わせるのなら、具体的には信頼は問題にならない。「信頼」は制度を設ける際の根拠づけにすぎない。結局、責任の枠組みは、標準人としてすべき行為をしたか（抽象的過失があるか）である。法原理のレベルでは「信頼」は無意味である。判断枠組みを示しているという点で「信頼」責任（および「意思」責任）より過失責任の方が優れている。法思想のレベルでも、行為責任（責任原理）の根拠づけとして「意思」に対する非難、社会の「信頼」を言う意味はあるだろうが、「意思責任」「信頼責任」と分ける意味はないと考える。

では、前田説の「信頼」は、法思想の中でどこに位置づけるべきだろうか。既に述べたように、前田説の「信頼」は能力への信頼（能力の問題）であり、約束への信頼（責任の問題）と区別されなくてはならない。一般に、能力の抽象化は、合意（債権発生）の場面だけでなく過失の判断場面にも働く（前者：行為能力　後者：標準人の注意能力）。だが、前田説は、過失の判断場面では具体的能力を問題にする。もしそれで一貫させると、合意の場面でも、具体的能力を個別的に問題にする必要があることになる。しかし、それは行為能力制度に反しているので、採用できない。そうすると、前田説ではこの点の不統一も問題となる。それでは、どう解すべきか。

まず、A能力の段階で、人間の抽象化が行われる。（ある事柄について、）能力はあるかないかである。一旦能力があるとされたら、標準人として、取引の世界に登場することになる。それにより、取引の信頼の保護・安全が図られる（例えば、個々人の能力の程度につき調査をする必要がない）。能力への信頼は、原則として、人間の抽象化の問題として扱うべきである。なぜなら、具体的な債権者の信頼や認識、具体的な債務者の能力を問題とせずに、標準人の能力を基準として、要求される注意（行為）の程度が判断されるからである。前田説の信頼は、人間の抽象化を通して間接的に、責任原理・制度を支える法思想と位置づけられる。次に、B取引世界にその構成員である標準人（能力者）として登場した具体人が、個別の取引に際して、約束に違反したとして責任を問われることがある。それが、広く約束への信頼を保護するための責任の問題である（責任原理としての信頼責任とは異なる）。約束への信頼は、当然、Ａの世界を前提としているので、その信頼は、標準人の能力をもった人が約束を実現するであろうとの信頼である。このように、Ｂ約束の信頼とＡ能力の信頼（実際には人間の抽象化の問題）は、きちんと区別されなければならない。なお、責任の場面では、個別の事情が問題となる（ある場合には責任を基礎づける事情があり、ある場合にはない）。そして、個別の事情が「信頼」である責任が信頼責任である（後述）。

結局、債務不履行責任（過失責任）の帰責根拠としては、社会に、一定の水準の行為を行わなければ責任を負わせて良いという共通の価値判断があることで十分である。前田説は、帰責根拠として具体的債務者への非難可能性まで追究する必要があるとの判断から出発して、「意思」に並べて「信頼」を帰責根拠とすることを試みた（そして不首尾に終わった）が、そのような試み自体が不要である。人（能力）の抽象化により、抽象的債務者（標準人）への帰責を考えればよい。責任の分類としても、責任思想でなく責任原理のレベル（例　行為責任（過失責任））で行うべきである。そうすると、通説や具体的行為義務説[99]と変わらないことになる。

長尾説

長尾説は、債務不履行責任の帰責事由の問題を、「意思尊重」レベルの問題として処理しようとする。すなわち、帰責事由（過失）が要件とされるの（過失責任主義）は、「意思尊重」の価値観が基礎にあるからだとして、無過失責任を導くには「意思尊重」を否定する必要があると考える。そこで持ち出したのが「合理的な期待」の保護という考え方である。これは、意思に代わる契約の拘束力の根拠であり、長尾説では契約の拘束力の問題である帰責事由を規定する。

長尾説が問題にする「意思尊重」は法思想に位置づけられ、これを否定することなく例外を認めることができる。このことは既に示した。ここでは、長尾説の「合理的な期待」を位置づけ、併せて帰責事由はそもそも「意思尊重」の問題か――帰責事由の内容を枠づけるものを検討する。

まず、長尾説における債務不履行責任の構造・責任原理からみる。長尾説も債務不履行責任を行為責任（すべき行為をしないことについての責任）と考えているようである（意識的に考えているかは疑問）。これは、帰責事由を要件とする際に予見義務、回避・防止義務を問題にしていること、帰責事由が不要な場合は履行遅滞に基づく損害賠償責任であるとしていること（但し、不可抗力免責を認めなければ結果についての責任）から判断される。債務（行為義務）から損害賠償責任への転化は、過失（←意思尊重）により可能になるとする「過失責任主義」に対し、「合理的な期待」の裏切りにより可能になるとするのが長尾説である。これは、行為責任の中での帰責事由（過失）の要否、必要な場合の程度に関する議論である。なお、長尾説は前田説とは異なり、過失責任主義を論じる際に、主観的過失を問題にしない。

本来の債務（行為義務）から損害賠償債務への転化はどのように根拠づけられるのだろうか。損害賠償債務は本来の債務とは別の新たな債務を負担させるのだと考えると、損害賠償債務を負担させる理由が必要となる。過失を要件とする考え方（過失責任主義）と結びつきやすい。それに対して、損害賠償債務は本来の債務の延長であると考えると、損害賠償債務を負担させる新たな理由は必要ではない。責任の発生に過失は本来必要でないことになる（過失責任主義とは相入れない）。本来の債務の消滅の問題が免責という形で問題になるだけである。責任の合意がないにも拘わらず、契約責任たる債務不履行責任を契約の拘束力の問題とする考え方はその一例である。そこでは、「契約」により決まる免責事由が問題になるに過ぎない。但し、債務不履行責任であるからには、債務（＝行為義務）という枠（不可抗力免責）がある。このように、契約の拘束力の問題とした段階で、既に過失責任主義とは訣別しているので、無過失責任を導くためだけなら、「意思尊重」の否定や例外を論じる必要はない。

私は現在のところ、損害賠償債務は基本的に本来の債務の延長であるが、両者は全く同じというわけではないと考えている（損害賠償の内容にもよる）。債務不履行責任において過失責任主義は妥当しない。もっとも、債務者に過失があれば、損害賠償責任を負わせる強い理由づけになる。だが、それを帰責事由（「責ニ帰スヘキ事由」のこと）の内容に取り入れても、それは政策的なものであり、「意思尊重」、意思ドグマといった原理から導かれたものではない。結局、債務不履行責任において、過失は「意思尊重」の問題ではなく、その問題と切り離して、帰責事由の内容を定めることができると考える。

では、帰責事由の内容を定める枠組み（基準）はあるのだろうか。長尾説は、帰責事由（過失）の要否（、必要な場合の程度）は契約の拘束力の強弱により決まり、その契約の拘束力の強弱は、債権者の「合理的な期待」の程度により決まるとする。だが、帰責事由（「責ニ帰スヘキ事由」）の判断基準として「合理的な期待」は意味をもつのだろうか。さらに広く、帰責事由の判断基準は「契約」によって決まるのだろうか。順に検討する。

長尾説は、契約の拘束力の「根拠」、帰責「根拠」として主張する「合理的な期待」を、拘束力の限界、帰責事由の限界を導き出せるものとして位置づけている。だが、実際には、前述の通り「期待（信頼）」は判断基準としては意味のないものであり（法思想の言葉）、「合理的」だけが判断基準（法原理）として働く。長尾説は「合理的契約・義務説」「合理的責任説」とでも呼ぶべきことになる。これはあまりに大雑把すぎる。判断基準というよりも、結論の理由づけとして漠然と支えとなるものではないだろうか。その大きな原因は、一つの概念で多くのことを処理しようとするからだと思われる。長尾説は、過失責任主義を契約自由の原則と同じ「意思尊重」の問題とする。そして、「意思尊重」を否定し、それに代えて持ち出す「合理的な期待の保護」を、さらに意思がない場合の義務（義務の拡大　例　付随義務）の根拠づけに用いる。このため内容が希薄なものになってしまう。一方、長尾説の「期待（信頼）」が、従来の議論と噛み合わないのは、法思想（責任思想）のレベルの問題と法原理（責任原理）のレベルの問題を混同しているからではないだろうか。長尾説の「期待（信頼）」の保護は、法思想のレベルのものである。ところがそれを法原理に持ち込もうとするから無理が生じる。長尾説の「期待（信頼）」は、無過失責任等を正当化するための法思想の概念に留めるべきであろう。

では、帰責事由の内容が契約の拘束力の強弱により決まるとする点はどうだろうか。私は、帰責事由に幅を認めることには賛成だが、それを契約に結びつけることには賛成できない。帰責事由が契約の拘束力の問題だとすると、帰責事由の内容（過失の要否、程度）は、契約すなわち契約時の判断要素に基づきに決めることになる。「債権者の合理的な期待」を抽象化しても、この枠組みは外せない。だが、長尾説が帰責事由の判断要素として挙げているものは、例えば「契約締結後に生じた諸状況[100]」をみれば分かるように、明らかに契約の枠を超えている。こちらが長尾説の真の主張であるなら、契約の拘束力の枠も外すべきであろう。その場合、長尾説の判断基準「合理的」は、「契約に対する期待が」ではなく「責任を負わせるのが」になる。そうすると、「合理的」は、枠組みとしてさらに抽象的なものとなり、もはや法原理とは呼べないものとなる。

私は、債務不履行責任は行為責任（責任原理）であり、帰責事由は具体的行為義務違反であると考える。そして、その行為の一般的な基準（程度）を定める要素は、契約以外にも求めることができると考える。従って判断時は、必ずしも契約時というわけではない。その基準は（合意がなければ）政策的に定められるのであり、基準の内容は類型化等により明らかになる（また後に触れる）。

Ⅳ　まとめ

責任原理（責任の性質・構造）とその根拠づけである責任思想を峻別し、責任原理のレベルで契約責任の分類をしなければならない。責任思想（あるいは責任原理の根拠づけ）は、曖昧であり、様々な責任思想が多重的に漠然と世人の心に働く。そして、責任原理の具体化である責任制度への支持という共通の価値判断が生まれるのではないだろうか。責任制度や責任原理を論じるに当たって、その正当性を何に見出すのかについては、それを支持する共通の価値判断の存在で十分だと考える。それがある場合に、さらに責任思想を追究していっても、責任の限界を画するものは出てこない。そのため、解釈論としては得るところは少なく、それによる責任の分類も余り意味がないと考える。

契約責任の種類は、標準人として取引の場に登場した具体人が、個別の事情を理由に責任を負わされるその事情（規定では基本的な要件として示される）の性質により区別される。長尾説、前田説の主張する「信頼（期待）」は、責任思想のレベルのものである。それを（責任原理のレベルと混同し、）責任の限界を画するもの、責任の分類概念として用いる点に混乱の原因がある。両説の「信頼（期待）」は、責任原理のレベルでは意味のない概念であり、その責任は「信頼」責任とはいえない。

信頼責任では、信頼の主体は具体的個人である。そして、具体的個人の信頼が問題となる。言い換えれば、信頼責任とは、信頼がなければ（許されなければ）免責されるものでなくてはならない。一般に信頼（期待）

があるというのは、責任制度・原理の根拠にはなりうるが、責任原理レベルの信頼ではない（法思想のレベルの信頼（期待））。具体的個人の信頼がないことが免責事由にならないからである。信頼の対象は、約束が実現しなかったことについての責任であるから、約束の実現（結果の発生）である。（行為する、或いは行為を意思する）能力への信頼は、人の抽象化の問題とすべきである。給付義務行為への信頼、そのための意思行使への信頼は、具体的に信頼がないことが、免責事由にならない限り（信頼が機能しないなら）、行為責任と同じになる。これらは責任原理（行為責任）の根拠づけにすぎない。

責任原理のレベルで考えると、契約責任（ある面で債務不履行責任より広い）を過失責任と「無過失責任」に分けるというのは、不十分であることが分かる。そこでは、過失責任・「無過失責任」がどのような責任の構造を前提とするかが問われる。その構造は、損害賠償責任の発生が一定の行為をしないことに基づくというものである。裏から言えば、その義務づけられた行為をしていれば、当事者が予定した結果が発生しなくても免責されるものである。その責任を行為責任と呼ぶ。長尾説、前田説が「相手方の合理的な期待の保護」「意思責任」「信頼責任」等の名の下に論じた責任はすべて、この行為責任に分類される。そして、この構造内で過失を要件にするか無過失責任を認めるかといった幅が問題になる。従って、長尾説、前田説が問題にした責任は、契約責任の全てではないことが分かる。その他に、そもそも過失が問題にならない構造の責任が考えられ、それは行為責任とは別の責任となる。

過失が問題にならない構造の責任の一つが、上記の信頼責任（詳しくは後述）である。そしてもう一つが、（行為責任修正の合意を越えて）損害賠償責任の発生が合意に基づくものである。すなわち、契約で予定された結果が発生しなければ、一定の要件の下、損害賠償責任が発生するという合意がある場合の責任である。これを私は意思責任と呼ぶ。この意思責任は、責任制度の説明としての意思（一般的な合意内容を規定したとみて、責任制度内容を一般的な合意内容の理解の問題とする）でも法思想（責任原理の根拠づけ）としての意思でもない。ましてや、辻褄合わせとしての意思（欲する結果を「契約の解釈」の名の下に導き出す）でもない。

責任原理（責任の性質・構造）と具体的当事者の意思を抜きに、契約責任を論ずることはできない。行為責任、信頼責任、意思責任について、詳しくは第四章（契約責任の再構成）で検討する。

(96)　歴史（過去）に問うのではなく、自分（現在）に問う。「思想」は、現在生きているものでなくてはならないからである。

(97)　意思・契約を神聖視することが、日本に根ざしたものなのか、そのことを現在の日本に問う必要があり、それの補助的な作業として歴史を振り返る意義があるのである。その際、～法系であるという今はやりの議論は、あまり意味がないのではないだろうか。

(98)　拙稿・前掲注(3)「売主の債務不履行責任と担保責任（一）——現行民法典の立場について——」九九頁以下（本書第一部第二編第二章第二節第二項）

(99)　前掲注(15)『注釈民法⑽』四〇〇頁以下（北川善太郎）

(100)　注(88)を参照。

第三節　損害賠償責任の範囲が契約（「意思」）により決まるとする説（平井説）（効果論）

当事者間に明確な合意のない場合でも、損害賠償責任の発生が意思により決まるというのが、手段債務・結果債務論者（森田説）の主張である。これに対し、損害賠償責任の内容（範囲）が契約（「意思」）により決まるとするのが、平井説（保護範囲説）等である。以下では、債務不履行の効果としての損害賠償を取り上げるが、ここでは具体的な賠償範囲の画定基準を求めることを目的とはしない。本稿の関心に従い、損害賠償の範囲画定に、意思がどのように関わるのかを検討する。これは、当事者間に明確な合意のない場合に、一般にどこまで意思が及んでいるとみるのかという問題の一環である。その際、賠償範囲画定の基準である予見可能性を意思とみて、意思により賠償範囲が決まるとみるか、意思とはみずに、法により賠償範囲が決まるとみるかによる違いが問われなければならない。また、この点も含めて、何が賠償範囲を画定するのかを考える。それにより、条文上の画定基準＝予見可能性の解釈が変わってくる。さらに、要件（特に帰責事由）も変わる可能性がある。もし、第四一六条が賠償される損害の範囲を単に政策的に制限するというのであれば、賠償範囲の画定は効果だけの問題となる。だが、「何の責任か」が賠償範囲に関係するのであれば、効果（賠償範囲画定の原理）は要件（特に帰責事由）との関係で論じる必要がある。両者は直接には結びつかない（立法者が否定）。だが、採る責任の性質・構造により、要件と効果（損害賠償の範囲）の枠組みが決まるので、間接的に結びつくことになる。大きくは、（契約から債務が発生する場合、）第四一五条以下の責任を契約違反の責任（契約で予定した結果が発生しないことによる責任）として構成するか債務不履行責任（契約で予定した結果を発生させる行為義務違反の責任）として構成するのか（あるいは、どちらの面を重視して構成するのか）、が問題となる。それにより、第四一五条の帰責事由も変わり、第四一六条の予見可能性も変わる。これは、従来ばらばらに論じられてきたが、[101]損害賠償の基礎理論として避けては通れない問題である。

このように問題を限定するため、本節で検討する平井説についても、その中核概念である１事実的因果関係、２保護範囲、３損害の金銭的評価のうち、２保護範囲を中心に検討する。

(101)　森田論稿には、損害賠償の範囲は、契約で引き受けられた利益の範囲を基準とするとの記述もあるが、氏の「手段債務・結果債務論」の中で、要件論と効果論が統一的に論じられることはない。平井説も同様である。後述からも明らかになるが、平井宜雄『損害賠償法の理論』（東京大学出版会　昭和四六年）（以下『理論』と引用）一八三頁は、責に帰すべき事由の内容について「効果論としての損害賠償に限定している本書では一応除外している」とし、「今後の問題は多種多様な契約に応じた「責に帰すべき事由」のもっと具体的な内容を帰納的に抽出して構成することにあると思われる」とする。損害賠償の範囲の画定の問題と帰責事由の問題を切り離し、後者を（判例の）類型化で処理しようとする。

Ⅰ　平井説

まず、損害賠償の範囲は、どのように画定されるのかをみる。

「保護範囲として画定される不利益な事実は、四一六条によって予見可能だと認められる範囲である。」「予見可能かどうかは、」「契約不履行のあった当該契約当事者の職業（商人であるかどうか等）、目的物の種類（有価証券、商品、建物、山林、土地、船舶等）、契約の目的（転売、原材料・営業設備としての使用、自家の消費、生活上の使用等）、契約当事者間の属する取引圏における慣行などを考慮し、当該契約当事者にどれだけの範囲について損害賠償義務を負わせるのが妥当かどうかという政策的な価値判断にもとづいて決定しなければならない。したがって、契約不履行における保護範囲の決定は、右のような政策的価値判断に導かれるところの契約の解釈という作業に等しくなるわけである。したがって契約の類型ごとに保護範囲の具体的基準を判例法から帰納的に抽出するという仕事が今日の解釈学の一つの課題となるであろう。」もっとも、ここでの契約の解釈は、「通常言われるもの――法律行為の解釈の一環としての契約の解釈、すなわち当事者の意思あるいは表示の意味を明らかにする作業としての契約の解釈

——とは性質を異にするものである」。「前者は常に後者を前提としている」[102]（傍線：戸田）

民法第四一六条は、当事者が予見可能な損害が賠償の対象になるとする。これが出発点である。平井説の特徴は、予見可能性（第四一六条の枠組み）の判断は「契約の解釈」に等しくなるとする点にある。平井説は、「契約の解釈」により、損害賠償の範囲（「保護範囲」）を画定しようとするのである。だが、「契約の解釈」は、政策的な価値判断に基づくとする。当事者の意思の意味内容の確定ではないとする。平井説においても、契約当事者の意思は債務不履行の場合の損害賠償の範囲に（通常は）及んでいないとされる。では、「契約の解釈」という意味はどこにあるのだろうか。「契約の解釈」とすることで何が決まるのだろうか。

平井説によると、予見可能性の主体及び判断時期が決まるとする。

予見可能性の主体

まず、「契約不履行にもとづく損害賠償の範囲」は「契約の解釈」に帰着するものとしてあらわれるので、予見可能性の主体は契約両当事者になるとする[103]。では、平井説では、判例・通説（債務者とする）と比べ賠償範囲は狭くなるのかというと、そうではないとする。

「…『当事者』を『債務者』と解するか、『契約両当事者』だと解するかによって、具体的事案において実際上も異なった結論が導き出されるかどうかはきわめて疑わしい、ということは認めなければならない。というのは、予見可能性という概念は、現実に予見していたかどうかという事実に関する概念ではなく、予見すべきであったかどうかという価値判断を含む概念であるから、裁判官は、予見可能の意味を操作することによって、予見可能性の有無を判断する者が『債務者』であろうと『両当事者』であろうと、妥当と信ずる保護範囲を画定することが可能だからである。その上、現実の訴訟の場を考えれば、当事者間で争いになり、かつ困難なのは、原告が被告の予見可能性を立証することであろうと思われ、そうだとすると、両当事者の予見可能性を要求しても、実際上は、被告（債務者）の予見可能性の如何に問題は帰着する。…『当事者』の意味をめぐって議論する実益は乏しく、かつ実際上も問題となることは少ないのではないかと思われる。[104]」（傍線：戸田）

裁判官の広い裁量に基づく操作により、変わらない結果を導きうるとするのである。

予見可能性の判断時

予見可能性の判断時は契約締結時であるとする。なぜなら、予見可能性の判断は「契約の解釈」に帰着し、契約の解釈は「契約締結当時の状況を背景として裁判所による当事者の合理的意思の探求ないしその名のもとにおける新たな規範の創出を意味する」（傍線：戸田）からだとする。[105] では、平井説では、判例・通説（不履行時とする）と比べ賠償範囲は狭くなるのかというと、そうではないとする。

「…予見可能時点を何時に求めるべきかという問題が通常損害の概念内容如何と関数関係に立っているということである。すなわち、通常損害と解すべきものの範囲を広く認めるほど予見可能性——したがってその時点——を問題とする余地は存しないのであり、しかも、予見可能時点をくり下げることによって賠償の範囲を拡大しようと努めてきた判例の基本的な価値判断とも矛盾しないわけである。[106]」（傍線：戸田）

「…保護範囲と損害の金銭的評価の問題とを明確に区別することにより、前者における通常損害の範囲を従来の判例が解していたよりも広く認める結果となる私の理論枠組によれば、判例の実質的価値判断と矛盾するところはないのみならず、契約の問題に解消させることによって、かえって裁判官による具体的事案に即した妥当な解決が得られることを期待しているのである。[107]」（傍線：戸田）

損害賠償の範囲の問題とされてきたものの一部を金銭評価（裁判官の裁量に委ねる）の問題とするため、「通常損害の範囲」が判例の立場よりも広くなるので、判例の実質的価値判断と矛盾しないということである。

結局、予見可能性の判断＝「契約の解釈」とすることで、予見可能性の主体は契約両当事者で、その判断時は契約締結時となるが、裁判官の広い裁量の下、判例（予見可能性の主体は債務者、判断時は不履行時）の立場とあまり異ならないということである。ということは、

予見可能性の判断＝「契約の解釈」→契約両当事者、契約締結時

＝政策的価値判断

という意味――「契約の解釈」という意味が改めて問題になる。

平井説に対する最大の疑問は、なぜ「契約の解釈」という衣を着せなくてはならないのかということである。損害賠償の範囲を政策的な価値判断によって決まる「予見可能性」により制限すると言ってはなぜいけないのだろうか。政策的な価値判断が契約の解釈であるというのは、明らかに間違っている。そのような擬制をする必要がなければ、しない方がよい。契約の解釈に解釈者の価値判断が入らざるを得ないことは、私も否定しない。だが、それは結果であり、理論として解釈と言うからには可能なかぎり排除すべきである。それに「契約の解釈」が政策的価値判断に導かれるのなら、場合によっては、契約締結後の事情も考慮に入れてよいことに

なる。当事者の意思を明らかにする作業とは異なるのなら、必ずしも両当事者である必要はない。裁判官に広い裁量が認められるなら、裁量の範囲を決めるという意味でも、むしろ法の枠組みとしては広く設定すべきではないだろうか。すなわち、政策的価値判断（実質）を強調すれば「契約の解釈」というテクニックを使うべきでないことになる。そして、契約締結時・両当事者に予見可能な事情という形を墨守する必要がなくなり、正面からそれ以外に予見可能な事情を賠償範囲画定の資料として考慮できることになる。

平井説の「契約の解釈」だから契約締結時・両当事者の予見可能性が問題になるという論理には、無理がある。「契約の解釈」が当事者が合意内容の探求であれば、この論理は成り立つが、平井説のここでの「契約の解釈」は、裁判所による「合理的」意思の探求・規範の創出といったもの（「規範的解釈」）であるからである。そのためか、平井説は「契約の機能」の面からも自説を補強する。「契約の締結によって当事者は相互に一定の利益を取得することを目的とし、その利益の計算の上に立って取引関係を発展させるのであるから、契約不履行による損害賠償は、契約によって当事者が得ようとした利益の賠償として把握されなければならない[108]」（傍線：戸田）として、予見可能性の存否は契約締結時に判断されるとする。「契約によって当事者が得ようとした利益」が賠償範囲になることは、それが具体的当事者が相互に承認した利益という意味（保証までいかなくとも）なら、価値判断としては賛成である。それを明らかにするのも契約の解釈と言えるだろう。これはもちろん、契約締結時の問題である。だが、それが賠償範囲の限界となるのではない。平井説は契約の機能を言うが、当事者が得ようとした利益が契約違反の場合の賠償範囲を限界づける論理は導かれない（利益の保証で債務不履行責任が保証責任なら限界付けになる）。このような逸失利益（消極的損害）以外に被った損害（積極的損害）も賠償範囲になるのは明らかである（両者の区別が難しい場合もあるが）。平井説自身、その「契約の解釈」(=予見可能性の判断)は当事者が得ようとした利益の探求であると限定していない。また、場合によっては、それ以外の逸失利益も賠償の対象になる可能性もある。というのは、日本民法は、契約不履行ではなく債務不履行という形を取っているからである。契約には納まり切らないものがある。それは、契約の解釈とは別のものによって明らかになるのではないか。この点は、構造の所で論じる。

「契約の解釈」とは、英国の裁判所が、判決の根拠を当事者の意思に求めた(ざるを得なかった)[109]ことの、歴史的な遺物ではなかろうか。「意思」は英米法的テクニックである。歴史を背負った概念である。相当因果関係が、文字通り適当な因果関係という意味ではなく、完全賠償を採るドイツ法から輸入した歴史的な概念であるとして非難されるのなら、同様に「解釈」「意思」という説明も非難されなくてはならない。法規範を、当事者の意思以外から導くことが可能な制定法主義をとっている日本法で、このようなテクニックを導入することは、徒に混乱を招くのみである。賠償範囲の画定基準としては、少なくとも思考レベルでは「相当因果関係」「契約の解釈」も用いずに、第四一六条の「予見可能性」という基準を直視すべきである。そして、真に当事者が賠償範囲を取り決めている場合にだけ、契約の解釈が画定基準となることを認めるべきである。なお、平井説は、賠償範囲に当事者の意思が及んでいる場合と及んでいない場合の区別がつかないという点でも問題である。

外国法の日本法への導入・接合について、もう少し述べる。日本民法の契約責任・債務不履行責任の構造とは、ドイツ法系、フランス法系、英米法系というものではない。第四一六条が英法の影響を受けているにしても、一部の考え方にすぎない。ましてや、債務不履行責任、契約責任の構造は、かなり異なったものである。いくつかの法を参考に、起草者・立法者が自己の考えも織り込んで作り上げたものである。[110]

この認識を前提とすると、民法に対する態度は主に三通り考えられる。まず、１起草者・立法者の立場を重視する立場である。条文の文言だけでなく、それに表れていない起草者・立法者の考えも広く現在の解釈を拘束するとみる立場である。次に、２外国法の日本法への導入を重視する立場である。日本法を歴史的に位置づけして、それよりも（社会の発展段階の）進んだ国の法律を日本の発展に合わせて、あるいは発展を導くために導入しようとする。あるいは、「歴史の発展」を言わなくとも、今の日本法よりも良いと思われる外国法（の学説）を積極的に導入しようとする。この立場では、起草者・立法者の意思は重視されない。但し、広い意味で起草者・立法者の「意思」を導入の根拠にする傾向にあるように思われる。例えば、この制度は「～法系」であるとして、「母法」と結びつけることが行われる。この立場でも、部分的に影響を受けた国の考えを、他の個所にも導入しようという場合、責任制度全体との調整（修正・変更）をしなければならない。損害賠償の範囲、あるいは条文が特定の国の法律の影響を強く受けているから、そこの部分だけ法系的一貫性（母法と同じ）を図れば良いというのではない。最後に、３理論を重視する立場である。日本民法として、債務不履行責任制度の構造的一貫性、統一を図ろうとする（もちろん価値判断の理論化である）。起草者・立法者の立場は、それ自身、理論的に整ったものではないことも多い。また、基になる価値判断が現在は受け入れられないこともあるだろう。その場合には、修正も認められる。起草者・立法者意思をそれほど重視しないので、正当な理由があれば、起草者・立法者の立場と異なる解釈を条文に加えてもよいと考える。外国法を導入・接合する場合にも、制度ではなく考え方として取り入れることになる。あくまで日本民法の理論構築に役立てるためである。そして、日本法として一貫していることが、大事だと考える。なお、この立場では、「立法者の立場は異なるが」という議論ができる。

平井説は、実際には英米法・フランス法の導入（2の立場）に主眼があるのではないだろうか。その正当化として、「立法者意思」、フランス「法系」（1の立場）ということを言うが、その認識には疑問が多い。例えば、第四一六条の「相当因果関係」への言い換えと同様に、「責めに帰すべき事由」を「故意過失又はこれと同視すべき事由」と言い換えることを、立法後に日本民法と構造を異にしているドイツ民法を輸入したものだとして、非難する。[111] だが、「責めに帰すべき事由」の言い換えは、前述したように、立法者の意思に近いものである。後にドイツ法の影響を受けて変容させたものではない。これに対し、予見可能性の判断を「契約の解釈」に言い換えることは、立法者意思に添ったものとは考えられない。日本民法の立法者意思を重視する建前をとると、立法者意思を直視せず、英米法・フランス法的解釈をするために、それを歪めることになる。英米「法系」ということで正当化するのかも知れないが、「法系」というのがあるのか、あったとしても意味があるのか（解釈を拘束するのか）きわめて疑問である。

今日、有力な国の法（律）だから、無条件に導入するという議論にはならない。立法者意思も、特定の国と同じにするというもの（例えば「〜法系」を採用するというもの）ではないので、導入の根拠にならない。そうすると、考え方として導入することになるだろう（3の立場）。三つの立場を比較して、普通、3の立場が一番良いとされるだろう。私もそうであるが、本論文では、実際にこの立場で債務不履行責任の問題に当たろうとしている。平井説とは発想が異なる。ここで、その姿勢を確認しておく。まず、日本民法として、価値判断が妥当であることと理論的に一貫していることを重視する。立法者意思をそれほど重視しない。制定法であれ、学説であれ、考え方としてとらえる。たとえば、平井説が導入しようとする「契約」「意思」は、英米法でもテクニックではないだろうか。[112] 最終的な理由付け・価値判断の正当化ではなく、「契約（意思）だから、」という、結論を出す論理としては使えない。導入できるのは基本的に考え方・理論である。そうでないと、「〜法系」であるという議論になってしまう。

このことを踏まえて、次に、日本民法の債務不履行責任の構造から、契約締結時・両当事者の予見可能性で賠償範囲が決まるという考え方（平井説のテクニックの面ではなく価値判断の面）を検討する（結論は否定）。その構造とは、１契約違反の責任ではなく債務不履行責任であること、２その債務は現実の履行を予定しているというものである。「法系」的議論ではない。「この構造では」という議論である。

予見可能性はなぜ、賠償範囲の画定基準になるのか。この問題を予見可能性＝損害賠償の「合意」と置き換えることで、片付ける訳にはいかない。なぜなら「合意」はフィクションであるからだ。その立場でも、実質的な理由が問われなければならない。予見可能性は、それに基づき、損害の発生、賠償責任を回避することができた、あるいは賠償責任に備えることができたはずであるから、発生した損害の賠償責任を負わせてよいという形で賠償範囲の画定基準と結びつく。回避・対処の可能性は二種類ある。まず、１契約を見直すという形である。相手方が契約により得ようとした利益が非常に大きい（そのため不履行の際の賠償額も大きい）――利益の分配の不均衡が大きい、あるいは自己の債務の不履行により発生する損害が非常に大きい（そのため不履行の際の賠償額も大きい）――リスクの分配の不均衡が大きいということが債務者に（契約両当事者である必要なし）予見可能であれば、それに対して対価を上げる、損害賠償の制限の合意をするとか、契約を結ばないといった対応が可能である。この対応は契約締結時に可能である。次に、２履行をするという形である。債務不履行により発生する損害が債務者に予見可能であれば、その発生・賠償責任を回避するために履行をするという対応が可能である。この対応は不履行時に可能である（もっとも、履行に準備を要する場合、履行期前に履行遅滞が確実になることもある)。

平井説は、2の不履行時・債務者の予見可能性のこのような意味を無視している。予見可能性と「責めに帰すべき事由」(責任発生を画定する基準)の関係について、両者の「関連を論ずる必要は、判例の実際の処理の上からみても、また理論的にみても、必ずしも存在しない」とする。[113] その理由は、帰責事由に予見可能性は関連しないので、両者は交錯しないということにある。平井説によると、通説では、「責めに帰すべき事由」を「故意過失又はこれと同視すべき事由」に置き換えるところ、故意・過失は予見可能性の概念を中核として構成されているので、両者は交錯するようにみえる。だが、その置き換えは、日本民法典の論理ではなく(ドイツ民法典の影響が推測される)、現実にも置き換えられないとする。そして、「今後の問題は多種多様な契約に応じた「責めに帰すべき事由」のもっと具体的な内容を帰納的に抽出して構成することにあると思われる」とする。「責めに帰すべき事由」を故意・過失等に置き換えられない以上、予見可能性は絡んでこないので、両者の交錯を論じる必要はないという論理である。そして、通説の「責めに帰すべき事由」の存在時(≠不履行時)における債務者の予見可能性を問題にしない。

だが、上記の理由から、不履行時・債務者の予見可能性が帰責事由の要素であろうとなかろうと、不履行時・債務者の予見可能性と賠償範囲の結びつきを論じる必要がある。平井説は形式的な議論で片付けてしまっているが、日本の契約(債務)不履行責任の構造を考えれば、当然生じる問題である。すなわち、日本民法(第四一五条)は、契約から債務が発生する場合であっても、責任を契約違反という形ではなく、債務不履行という形で問題にする。そして、その債務は形式的なものではなく、実際に履行を予定するものである(履行の強制も定められている)。履行による損害の回避が義務・権利のレベルで認められている。そのため、賠償範囲の画定に関して、不履行時の予見可能性は、契約締結時のそれと同等（またはそれ以上）の価値を持つ。無視をすることは許されないのである。

さらに、平井説に対しては、その理論内での疑問がある。それは、責任原因と賠償範囲の結合[114]という基本的な立場と矛盾するのではないかということである。「責めに帰すべき事由」は、紛れもなく責任原因である。責任原因と賠償範囲を結合するからには、帰責事由と賠償範囲も結びつけなくてはならない。だが、平井説は、契約締結時・両当事者の予見可能性だけが賠償範囲と結びつくとしている。帰責事由は責任の有無にのみ関わるが、その理由は明らかではない。

平井説では責任原因は契約締結時・両当事者の「予見可能性」と帰責事由の二つに分かれる訳だが、その両者の関係も論じる必要がある。帰責事由は、仮に予見可能性を含まないとしても、同じ責任原因であるという点で、「予見可能性」と交錯するのである。平井説では、「予見可能性」という責任原因の探求は契約の解釈によっておこなわれる。それと帰責事由の関係はどうなのだろうか。契約の解釈で帰責事由（免責）も決まるのだろうか。それとも、外在的に課せられるものなのだろうか。契約の解釈と帰責事由の関係も構造上問題となる。平井説は、帰責事由の今後の問題はその内容を帰納的に明らかにすることだとするが、それ以前にその性質を明らかにし、構造上の位置付けをする必要がある。

本稿は比較法を対象としていないが、英米法との構造の違いが問題となる。英米法では、合意は履行義務へと向かわず、不履行の場合の損害賠償責任に向かう（前記・構造(1)（あるいは(2)ⓐ）[?]）。契約（債務）不履行責任は保証責任であり、予定された結果が発生しなければ原則として損害賠償責任が発生する。免責事由は、保証を排除した場合であり、損害賠償を基礎づけるものは、損害賠償責任を負うと約束をしたことである。すなわち、約束帰責である。帰責事由（免責事由）は契約の解釈により決まる。「契約」「意思」の虚構性も指摘されている（英米人が実際に一般にそのような合意をしているとは考えられない）が、基本的な責任の構造はそのようである。

ところが、日本民法では（また現実にも）、当事者の合意（意思）は債務者の結果発生へ向けての行為に（も）向かっている（前記・構造⑶）。また、「責めに帰すべき事由」を債務不履行責任の要件としている。それが故意・過失などに置き換えられるかどうかは別にしても、債務者の結果発生へ向けての行為が帰責事由に関連するのは確かである（「保証」を帰責事由に含めようという説もあるが）。そうすると、英米法と構造の違いが出てくる。その構造の違いが賠償範囲にも影響を及ぼすはずである。

次に、問題を鮮明にするために、考え方に純化して検討する。現実の法は、考え方を直接示すのではなく、歴史的な残滓やテクニックなども混在している。それをそのまま比較したのでは問題の本質が見えない。また、自国の法に導入できるのは、原則として「考え方」だからである。その際、賠償範囲の画定基準の基になる論理、その考え方が成り立つ条件に分けて論じる。これは従来区別して論じられてこなかった。第四一六条の解釈として外国法をもってこようという姿勢からか、論理を直ちに第四一六条に当てはめようとする。すなわち、「債務不履行責任」（第四一五条以下の責任）が自明視され、その賠償範囲の画定基準についての考え方に対立があるものとされてきた。だが、実際には、「債務不履行責任」について共通の了解があるわけではない。「債務不履行責任」が論者で異なる、あるいは曖昧なまま論じられていることもある。それでは、問題の解明にはつながらない。理論的には、賠償範囲の画定基準から出発する場合に、その画定基準が妥当するのは、どのような責任かを論じる必要がある。そして、その責任が第四一五条以下の責任かを問題にしなければならない

（法原理と法制度の峻別）。仮に、第四一五条以下の責任でないとしても、別の責任として承認される可能性もある。そして、次の段階として、同じ責任についての画定基準の対立について、その優劣が問題となる。

現在、賠償範囲の画定基準の対立とされているものの多くは、実は第四一五条以下の責任の性質の対立かもしれない。契約責任の多様性を認めるなら、各責任の性質に応じて賠償範囲画定基準が異なるので、画定基準の多様性を認めることになる。そして、第四一五条以下の責任にどの責任を担わせるか（どの画定基準を用いるか）が問題となる。すなわち、問題は、画定基準の優劣というよりむしろ、論者の主張する画定基準をとる責任の責任論全体のなかでの位置づけである。その位置づけは、現実の認識に基づくものである必要がある。現実の認識をテクニックにはしない。共通の認識の上で、「考え方」の比較ができるのである。このように、賠償範囲の画定基準を論じるには、責任の性質論（要件論）はもちろん、契約責任全体を視野に置く必要がある。

Ⅱ　検討

平井説の論理である、契約が責任原因であり、責任原因を賠償範囲と結合させるということ、（その結果、）「契約の解釈」により賠償範囲が決まる（**論理１**）というのはどういうことなのだろうか。平井説の論理が妥当する条件を考えてみる。

条件

契約が、それが予定した結果が発生しなければ損害賠償責任を負うという保証（損害担保契約）であり、契約違反の責任が保証責任であること。

これが条件である。だが、現実に契約当事者が一般にこのような合意をしているとは到底解されない。そこで、裁判所が「当事者の合理的意思」を判断するということになる。これは、論理を保つためにフィクションを持ち込むことを意味する。

日本の債務不履行責任にこの理論を持ち込むには、それに予見可能性（第四一六条）を接合しなくてはならない。すなわち、日本民法は、第四一六条で賠償範囲画定の枠組みとして予見可能性を定めているので、予見可能性を契約と読み替えることになる。平井説ははっきり書かないが、予見可能性＝意思として、両当事者の契約時の予見可能性＝契約としていると解さざるを得ない。「予見可能性は責任原因たる契約上の責任の規範的解釈と表裏をなしており、それに帰着する」(115)とする。だが、平井説は、予見可能性のある損害については保証があったという説明をとらず、裁判所が契約の意味・目的によって賠償範囲を制限するという説明をする。契約の規範的解釈の名の下に「政策的価値判断」を持ち込む（「合理的意思の探求」という表現も使うが）。

そうなると、論理が崩れる。当事者が責任を意思したという説明を放棄したからには、その意味で「契約」が責任原因であるとは言えなくなる。「損害賠償義務の発生原因たる契約の性質・内容」(116)とするが、当事者の地位や職業が損害賠償義務の発生原因とは到底いえないのではないだろうか。また、契約が責任範囲の限界づけを果たすという論理は形式上も出てこないことになる。

一般的に考えて、契約は債権発生原因であるが、損害賠償発生原因（責任原因）と言えるのだろうか。不履行の場合の損害賠償責任の発生（と賠償範囲）を合意している場合は責任原因であることは明らかである。だが、前述したように、一般にそのような合意があるとは解されない。債務不履行責任制度は、合意に基づく責任（保証責任）と捉えることができない。別の考え方として、債権と損害賠償債権の同一性を認めれば、契約が損害賠償責任の発生原因といえるであろう。だが、そうすると平井説の理論構造とは全然別のものになる。契約は債権発生原因として同時に責任原因になるに過ぎず、せいぜい（直接に）得べかりし利益の賠償を根拠づけるに過ぎず、責任範囲を画するものではなくなる。

平井説の「責任原因と賠償範囲の結合」という考え方はどうだろうか。既に述べたように、日本民法の構造では、債務不履行責任の要件（特に帰責事由）が責任原因であることは明らかである。だが、帰責事由の程度と賠償範囲との結びつきは立法者により否定されている。平井説も結びつけていない。そのため、仮に、契約が責任原因であり「契約の解釈」により賠償範囲が決まるとしても、「責任原因と賠償範囲の結合」と一般化することはできない。

契約が責任原因であり、責任原因により賠償範囲が決まるという論理は、例外的に保証があった場合に妥当するだけで、そのような合意のない場合には妥当しない。債務不履行責任は後者の規定である。損害賠償の画定基準である予見可能性は契約とは結びつかない。規定があるのだから、テクニックとして契約（意思）を使う必要もない。「責任原因」といっても同じである。重要な責任原因である帰責事由と賠償範囲の結合が否定されているのだから、責任原因が賠償範囲を画する基準になるとはいえない。平井説は、外国から考え方を持ち込むのではなく、制度（テクニック）を持ち込む（それも理論として）。理論構造がないにもかかわらず、借用した理論構造の言葉「契約」「責任原因」を使うため、非常に分かりづらいものになっている。

結局、予見可能性をこれらに言い換えることは不適当だと考える。予見可能性はそれ自身、賠償範囲を画定する基準として考えるべきである。そうすると、平井説のような契約という枠が取り払われるため、契約を通さずに予見可能性によって賠償範囲を画定すべきことになる（法による画定）。

論理2

債務不履行により発生した損害のうち、予見可能性があったものが賠償範囲となる。

この論理は、第四一六条の規定内容であるので、無条件である。問題は、予見可能性の主体と判断時である。予見可能性＝契約ではないので、「契約締結時・両当事者の」とは当然にはならない。予見可能性が賠償範囲の画定基準となる根拠は何か、まずそれにより絞りをかける。それは前述したように、「予見可能」であれば、損害の発生、賠償責任を回避することができた、あるいは賠償責任に備えることができたはずであるから、その損害の賠償責任を負わせてよいという価値判断である。そして、それに該当する予見可能性は、契約締結時・債務者の予見可能性（これがあれば次の予見可能性もある）と不履行時・債務者の予見可能性である。前者においては、対価を上げる、責任制限の合意をする、契約を締結しないという対処、後者においては、履行（を可能にすることを）するという対処が可能である。

次に、この問題を、契約から発生した債務の不履行責任をどのように理解するのかという点から考え、更に絞りをかける。その際、賠償範囲の画定を「契約の解釈」の問題とする立場（平井説）も含めて比較・検討する。

契約違反であると同時に債務不履行（行為義務違反）である場合に、A平井説のように債務不履行（行為義務違反）の面を捨象し、賠償範囲の画定を契約違反のみの問題（「契約の解釈」の問題）とする立場と、B契約違反の面を捨象し、賠償範囲の画定を債務不履行（行為義務違反）のみの問題とする立場を両極端に考えることができる。Aは、日本民法の構造には適さない。だが、それで一貫して考えると、帰責事由（どのような場合に賠償責任が発生するのか）についても「契約」で決まることになる。つまり、損害賠償の範囲も帰責事由も「契約」が画定基準になる。それで良いかと言うと、既述のように、債務（債務者の結果実現へ向けての行為）の面を捨象すべきではない。賠償範囲の画定基準について、「契約」「意思」を言わずに、契約締結時・(両)当事者の予見可能性を問題にすることも、債務と賠償範囲を切り離す点では同じである。

それに対し、Ｂは日本民法の構造に適している（それに債権総論に規定）。この立場では、帰責事由は債務者の行為（すべきことをしないこと）を中心に構成される。この点はよい。だが、賠償範囲の画定を債権発生原因である契約と全く切り離す点は問題である。また、不履行時・債務者の予見可能性とすると、賠償範囲が不当に広くなりすぎるおそれがあると指摘されている。そこで、債務不履行責任ではあるが、賠償範囲の画定については、その債務の発生原因である契約の事情も、ある程度、考慮されるとする立場も考えることができる。これは、純粋なＢの賠償範囲を狭めるものだが、（素直に考えると）Ａよりも賠償範囲は広くなる。

私は、それが妥当ではないかと考えている。すなわち、第四一六条の予見可能性については、二者択一ではなく、基本的に債務不履行時の債務者の予見可能性を問題とするが、一定の場合には、契約締結時の債務者の予見可能性を問題にするということが検討されても良いと思われる。債務が、形式的なものではなく、現実の履行のためにあることを重視し、損害発生の回避可能性から、基本的に、債務不履行時の債務者の予見可能性と責任の範囲（賠償範囲）との間に結びつきを認めようというのである。例外については、本稿では詳しく論じない（別稿を予定（何時になるかわからないが））。ここでは、基本的な考え方を挙げるにとどめる。なお、第四一六条の適用範囲（第二次損害も含むか？）の問題、および適用範囲内における予見可能性以外の制限原理についても、本稿では省略する。

1契約締結時に債権者が債務者に告げることができたのに告げない、債務者が知らない事情については、債務者がその後知った（予見可能になった）場合であっても、信義則上契約締結時が基準になる（賠償範囲に入らない）ことがある。なお、得ようとした利益（消極的損害）の範囲は契約締結時に判断するが、被る損害（積極的損害）の範囲は不履行時に判断するということも考えられる。だが、両損害の区別は容易ではない場合もあり、得ようとした利益が常に契約締結時の予見可能性で画されることに疑問があることから、上記のように解しておく。

真に債務者に損害の発生や賠償責任について対処可能性があり、発生した損害の賠償責任を課して良いのかを考えると、「契約締結時の予見可能性」や「不履行時の予見可能性」があるだけでは不十分なことがある。そこで、次のような修正が必要になるのではないだろうか。

2損害によっては賠償範囲に入れるには、予見可能性では足りず、合意が必要なものがあるかもしれない。これは、損害の性質による、歯止めの問題である。

3「過失」、予見可能性は抽象的なものとされているため、不履行時（≒「過失」時（確定しにくいこともあるため、これを基準時にはできないだろう））の予見可能性は真の回避可能性と結びつかないこともある。そこで、定型的な損害以外は債務者の故意・重過失を必要とすべきかもしれない（軽過失は契約締結時が基準）。また、故意・重過失があれば、1、2で賠償範囲に入らないとされた損害で不履行時に予見可能性があるものが、賠償範囲に入ることもある（故意や過失の程度によって賠償範囲を変えることは立法者が否定したが、予見可能性の時期をずらすことは許されよう）。

最後に、債務不履行責任（第四一五条、第四一六条）の契約責任における位置づけをする。同時に、平井説の持ち込もうとした論理を、テクニックとしてではなく、どこの国でも通用するような論理として考え、その論理が用いられる責任を事実認識のもと位置づけをする。

債務不履行責任は保証責任（論理１の責任）ではない。事実の問題として考える。当事者間に明確な合意のない場合において、当事者の意思が損害賠償の範囲画定にまで及んでいるのかという問いについては、及んでいないと解される（前記・構造⑶ⓐではない）。平井説の「契約の解釈」「意思」はテクニックである。平井説は損害賠償の範囲を画定するものは「契約」＝予見可能性であるとする。だが、その「契約」は、両当事者の意思の合致（だけ）ではなく、「契約の解釈」は当該契約の目的、内容、当事者の地位・職業などを勘案して行われる。「解釈」の対象はかなり広範囲に渡る。一方、予見可能性の主体・時期が両当事者・契約締結時であることを導くにあたっては、「契約」は当事者の意思の合致であると狭く解し、意思＝予見可能性は契約締結時における両当事者のものであるという論理を働かせているように思われる。だが、真の契約であるなら、契約締結時の両当事者が基準になるだけでなく、それは具体的両当事者である必要がある。契約締結時の予見を合意と読み替えることが許されるとしても、予見**可能性**でよいことにはならない。もし、そのような当事者の意思が賠償範囲に真に及んでいる場合があれば、平井説の「契約」から区別すべきである。その場合、賠償範囲を当事者が決めているのであるから、原則として、具体的当事者の意思が基準になる。それは正に契約の解釈である（論理１の責任）。そして、それ以外（普通の場合）については、法が債務者の予見可能性により賠償範囲を決めると言うべきではないだろうか（論理２の責任）。それが債務不履行責任である。そうしないと、当事者に合意のない場合は救済がないことになってしまう。このように考えると、債務が契約から発生した場合でも、契約違反の責任＝債務不履行責任にはならないことになる。契約責任の多様性が生じる。契約が重視され、契約が責任の範囲を決める責任類型もある（保証責任）。だが、債務不履行責任は別の責任類型である。債務という結果を実現させる面が重視され、帰責事由はもちろん責任の範囲も、それと関係を持つ。そこでは、契約に入り切らない要素が重要な役割を果たす。賠償範囲を決めるに当たっても、債務不履行時の状況（債務者の予見可能性）が基本的な資料となる。平井説は、その場合でも「契約」を評価して賠償範囲が決まるとする。賠償範囲の画定の資料として「契約」に目を向けた点は評価できるが、債務を無視し、保証責任と（形式上は）同様に「契約」だけしか見ないのは問題である。また、平井説では、問題を裁判官の政策的価値判断に委ねてしまい、歯止めがない。「契約」「意思」が理論的な枠組みになっていない。その点でからも「契約の解釈」によって賠償範囲を画するというのは妥当でない。

Ⅲ　まとめ

ここでは、次のことを確認しておきたい。

1　平井説では、損害賠償の範囲は「契約の解釈」により決まるとするが、それは当事者の意思が損害賠償の範囲に及んでいるというのではない。合意を基準に債務不履行を処理するという理論ではない。事実として、それでは決められない。第四一六条の予見可能性の説明（解釈）として、「契約」（意思）を持ち出し、「契約」を資料として政策的価値判断により賠償範囲を画定することを「契約の規範的解釈」と呼んでいるに過ぎない。結局、制度の問題とする説に分類できる。

2　そのため、第四一六条により賠償範囲が決まる場合と、当事者が賠償範囲について真に合意をした場合は区別される。すなわち、契約違反の責任には、少なくとも意思責任（賠償範囲について合意がある場合）と債務不履行責任（合意のない場合）の二つがある。ところが、平井説は、後者の場合も、（賠償範囲の画定については）義務違反の面を捨象し、契約解釈の問題として処理する（「規範的」がつく点が異なるが）。そのため、契約違反（契約不履行）の責任と債務不履行責任を区別する論理になっていない。[117] だが、両者は峻別しなくてはならない。なお、両者の峻別と契約違反の責任の多様性の指摘が本稿の目的でもある。

3　損害賠償の範囲について真に合意のない場合に、「契約」「意思」により賠償範囲が決まると言う必要性があるのか、それは実質上、予見可能性を契約締結時・両当事者のものとすることになるが、それでよいのかが、最大の問題である。

「契約」「意思」は、英米法などでも理論ではなくテクニックではないだろうか。それを理論として持ち込むべきではない。また、制定法があるので、テクニックとしても持ち込む必要がない（規定の内容を変える合意があるとみるならテクニックとして意味）。それに加え、日本民法では、契約違反の責任ではなく債務不履行責任であること、債務は形式的なものではなく現実の履行を予定していることから、賠償範囲の画定基準を「契約」のみに求める論理は、その構造に適合しないと言える。

従って、予見可能性を「契約」「意思」と言い換えるべきではなく、予見可能性自体の問題として処理すべきことになる。そうすると、問題は、賠償範囲と結びつく予見可能性とは何かという形になる。それに当たるのは、損害の発生や賠償責任について債務者が対処できた可能性と結びついた予見可能性である。具体的には、日本民法では、契約締結時の債務者の予見可能性と不履行時の債務者の予見可能性（少し問題があるが）になる。そのどちらの予見可能性を使うかについては、仮に二者択一で、前者のみとすると契約違反の面にしか意味を認めないこと（債務不履行責任の面を捨象）、後者のみとすると債務不履行の面にしか意味を認めないこと（契約違反の面を捨象）になる。私見としては、二者択一ではなく、基本的に後者の予見可能性を賠償範囲の画定基準として、場合によっては前者の予見可能性を画定基準とするなどの例外を認める方向を示した。

この不履行時の予見可能性を基本にすべきであるとの立場は、債務不履行責任（第四一五条以下）を行為義務違反の責任ととらえる考え方と結びつき、それを介して、帰責事由を債務者の行為を中心に構成すべきとの立場とも結びつく。効果論と要件論を全く別物と考え、要件である帰責事由の解釈を判例（個々の価値判断）の類型化に委ねることでよしとする立場とは異なるものである。

(102) 平井・前掲注(101)『理論』一七〇頁以下。なお、同『債権総論〔第二版〕』（弘文堂　平成六年（初版は昭和六〇年））（以下『債権』と引用）九四頁も参照。

(103) 平井・前掲注(101)『理論』一七三頁。なお、同・前掲注(102)『債権』九六頁以下も参照。

(104) 平井・前掲注(101)『理論』一七四頁

(105) 平井・前掲注(101)『理論』一八〇頁。なお、同・前掲注(102)『債権』九六頁以下も参照。

(106) 平井・前掲注(101)『理論』一八〇頁

(107) 平井・前掲注(101)『理論』一八一頁

(108) 平井・前掲注(101)『理論』一八〇頁

(109) Ｋ・ラーレンツ著（勝本正晃校閲、神田博司・吉田豊訳）『行為基礎と契約の履行』（中央大学出版部　昭和四四年）一〇一頁以下を参照。

(110) 債務不履行責任の規定の成立過程については、拙稿・前掲注(3)「売主の債務不履行責任と担保責任（一）──現行民法典の立場について──」九八頁以下（本書第一部第二編第二章第二節第二項）を参照。

(111) 平井・前掲注(101)『理論』一八三頁、同・前掲注(102)『債権』四六頁以下

(112) 考え方とテクニックは分けなければならない。考え方は、どこの国でも通用するようにできるだけ普遍的な概念を用いるべきである。そして、そのレベルで議論すべきである。私の用いている「意思」は、考え方の

レベルで用いている。例えば、通常、損害賠償の範囲に意思は及んでいないというのは、事実として確定できる。これに対して、平井説の「意思」「契約の解釈」はテクニックではないだろうか。

(113) 以下、平井・前掲注(101)『理論』一八二頁以下

(114) 平井・前掲注(101)『理論』九二頁、一三三頁を参照。

(115) 平井・前掲注(102)『債権』九四頁

(116) 平井・前掲注(102)『債権』九四頁

(117) 両者を（明確に）区別しないという点では、長尾説が、意思のある場合もない場合と同様に、「信頼」で責任を基礎づけるのと似ている。このことは、既に引用した箇所で、「契約不履行」という言葉が債務不履行の代わりに使われていることにも現れている。また、同・前掲注(102)『債権』四二頁は、「本節のいう債務不履行とは契約不履行を意味すると考えて大きな誤りではない」とする。その「債務」の発生原因のほとんどが契約であることなどを理由とする。だが、債務不履行が同時に契約違反となっても、債務不履行責任が契約不履行責任にはならない。

第四章　契約責任の再構成

第一節　問題（視点）および分析概念の設定

第一項　議論の混乱

前章では、契約責任をめぐり様々な議論が展開されているのをみてきた。その各説は、似ても似つかないものであった。例えば、同じ手段債務・結果債務論でも、意思による説明をする森田説と類型的な思考をする吉田説では全く異なる。また、同じ「信頼」を言う説でも、長尾説は契約（約束）に対する信頼を問題にし、前

田説は能力に対する信頼を問題するというように全く異なる。それにもかかわらず、驚くことに、各論者は他の説についてその類似性を指摘する。過失責任・保証責任併存説（潮見説）と手段債務・結果債務論（森田説）の間でさえ、相互に結論がほぼ同じとされている。

なぜこのようなことが生じるのだろうか。それは、行為を超えて結果について責任を負うことがあるとか、「信頼（期待）」の保護とか、ある一点をとらえて、それが同じだから全体もほぼ同じと言っているに過ぎないのではないだろうか。では、学説全体の評価・位置づけをするにはどうしたらよいだろうか。そのためには概念を意識的に用いる必要がある。

行為責任＋超える責任			行為責任	
結論はほぼ同じ	結論はほぼ同じ	「約束への合理的期待（信頼）の保護」に共感	「約束への期待（信頼）の保護」に共感	
潮見 ⟷ 森田	→ 吉田	→	長尾	← 前田
過失責任＋保証責任	手段債務・結果債務論			

第二項　議論の多様なレベル

まず、これまでの議論を踏まえて、問いの設定をする。実は、問題の立て方が、理論構築の上で、最も重要である。ところが、これまで（日本で）問い方は、きちんと問題にされてこなかった。

その問いとは、

A契約責任にはどのようなB責任原理があり、それをどのC責任制度に担わせるべきか？

ということである。ここでのA**契約責任**とは、**場**である。すなわち、どのような契約であれ一定の「結果」を予定している。その予定した「結果」と異なる事態が生じたことにより発生する責任という意味である。それから、B**責任原理**は、既に述べたように、責任の基本構造・性質という意味である。つまり、契約責任はどのような責任かという問いに、責任原理で答えるのである。契約責任の分類（統一）はこのレベル（責任原理）で行う。C**責任制度**（日本では、債務不履行責任制度（第四一五条以下）、担保責任制度（第五六一条以下））は、次の段階ではじめて問題となる。すなわち、責任原理が1つであれば、契約責任が統一された（性質が等しい）ことになり、責任制度はその責任原理を体現しているとみることになる（担保責任は債務不履行責任の責任原理以外の特殊性による特則）。もし、責任原理が複数であれば、どの責任制度にどの責任原理を担わせるのか、あるいは担わせないのかが問題となる。このように、A契約責任（場）、B責任原理、責任原理を担うC責任制度は、はっきり区別される。

このように三つのレベルを意識的に分け、責任原理を中心に責任を論じるということは、契約責任における理論の可能性を認めることである。

これまでの学説は、理論的な面では、主にCの責任法制度にしか意識がなかった。例えば、担保責任は債務不履行責任であるかという形（責任原理ではなく責任制度で答える）で論じられていた。そこでは、責任制度と責任原理が明確に区別されていない。単純化して言うと、債務不履行責任は過失責任＋履行利益の賠償、担保責任は無過失責任＋信頼利益（代金減額分）の賠償という図式（追完・修補義務の問題は置いておく）があり、例えば、担保責任で履行利益の賠償を認めるために、担保責任は債務不履行責任の特則であると主張されたりしていた。そして近時は、債務不履行責任が契約責任全体を処理する制度であることを前提として議論をする傾向にある。すなわち、債務不履行責任も担保責任もとにかく一つ（債務不履行責任）にしてしまい、あとはテクニックで良いように考えようという傾向になっている。

債務不履行責任に統一するとは、どのレベルでのことなのだろうか。その場合、たまたま責任原理が一つでない限り、担保責任も従来の債務不履行責任も含む入れ物、すなわち制度（債務不履行責任）が場になってしまう。債務不履行責任にそれ以外の理論的な意味はなくなる。さらに、責任の各制度と責任原理が未分化であったのを、制度を一つの場にすることで、各制度の（主な）要件・効果だけが部品のように取り込まれる。責任原理の意識がさらに薄くなる。単純化して言うと、過失責任＋履行利益の賠償、無過失責任＋信頼利益（代金減額分）の賠償の結びつきを解き、債務不履行責任という場の中で、それらを必要に応じて自由に組み合わせることが行われている。そして、そこでの理論はむしろ一つにまとめるためのテクニックになる（後に詳しく論じる）。例えば、手段債務・結果債務論で、債務にどのような意味があるのだろうか。

また、統一を意識しなくとも、ある制度から出発して責任を拡大していくと、同様のことが生じる。例えば、過失責任と無過失責任（主観的責任と客観的責任）という「債務不履行責任」（＝契約責任）の分類がある。これは、過失責任の原則が支配していたところ、次第に、過失を要件としない責任が認められるに至ったことを示している。いわば**生成論的分類**である。だが、責任内容としては、過失を要件とする責任と要件としない責任があると言っているだけにすぎない。特に後者は、その内容を全く示していない。そのため、本稿の立場からは、過失責任とは何責任（責任原理）か、無過失責任にはどのような責任（責任原理）があるのかが問われなければならない。そして、そのうちどれを債務不履行責任とすべきかが問われなければならない。そうしないと、債務不履行責任が場になってしまう（過失を要件とする責任＋過失を要件としない責任＝すべての責任だから）。さらに、当然に、無過失責任＝保証責任とする説が多いが、なぜそうなるのか問題である。たまたま、保証責任一つならよいが、そうでなければ、保証責任が場になってしまう。例えば、合意による保証以外に、法定の保証を認めるという議論になってしまう。

このように、理論に踏みとどまるためには、制度から出発するのではなくて、場における責任原理は何かを問うことから出発しなくてはならない。その際、契約責任の統一（あるいは既存の分類）を当然と決めつけずに、問う必要がある。そうしないと統一（既存の分類の維持）のための理論（辻褄合わせ）になってしまう。

また、責任制度と責任原理を分け、責任原理で責任を考えると、明解な理論がもたらされる。制度には、歴史的残滓、テクニック（概念の拡張、認識）等が含まれている。これらを含んだ形で責任を論じると、それらに引きずられて理論がぼやけてしまう。まず、これらを切り離した形で論じる必要がある。特に、外国法の「導入」を図ろうとする場合に、持ち込めるのは考え方である責任原理だけではないだろうか。外国の歴史的な経緯などを知らない人には理解が困難である説が、日本法として通用するはずがない。

なお、責任原理は**法思想**（責任原理（制度）の根拠づけ）ともはっきり区別される。法思想で責任の分類（長尾説、前田説）をしないことは、すでに論じた通りである。

視点を契約責任（場）に置いて責任原理で債務不履行責任（責任制度）を考えることは、学説の比較・分類にとっても重要である。まず、学説の用いる債務不履行責任内の責任の名称が異なっても、それが責任原理として同じなら、基本的に内容が同じと言える。では、責任原理の種類が同じなら同じ説か、あるいは異なっていれば異なる説かというと、必ずしもそうとは言えない。なぜなら、各説の問題の場が異なれば、各説をそのまま比較することはできないからである。例えば、契約責任全体として債務不履行責任を論じる学説と、契約責任の一部として債務不履行責任を論じる学説とで、認める責任原理が異なる（前の学説の方が多い）かもしれない。だが、後者の学説で、その制度に含まれない責任原理が別の制度ないし制度外で同様に機能する（しうる）ならば、両説は、契約責任として認める責任原理の種類は異ならないことになる。この場合には、責任原理の分担の適否が問題となる。このように、問題の場をそろえれば、同じになることや異なることもありうるのである。そのため、比較の際には、まず共通の問題の場（契約責任）を設定しなければならない。契約責任論の混迷から脱出する一歩として、説の分類をこの場で認める責任原理の種類で行うべきではないだろうか。(118)

だが、問題はこれだけで終わらない。仮に契約責任における責任原理の種類が同じでも、責任原理間の分担（どの場合にどの責任原理が適用されるか）が異なれば、全く異なった説になる。特に、理論の一部としての**意思の認定**（例　保証の認定）の問題が重要である。従って、基本的には、契約責任として認める責任原理の種類が同じで、かつ責任原理の適用場面が同じなら、考え方が実質的に同じだと言える。以上が理論面である。

さらに、実践面での概念使用**テクニック**も区別しなくてはならない。例えば、具体的な問題解決のために黙示の合意を認定したり、条文の概念を広げたり制限したりすることがこれに当たる。

以上、契約責任という場において、①認める責任原理の違いにより、まず考え方を分けることができる。次に、その分類のなかでも、さらに②責任原理の理解の違い・適用場面の違いにより、考え方を分けることができる。形式的には、それをまた、③責任原理の民法典上の制度への振り分けの違いにより、分けることができる。なお、さらに細かくは、④責任原理から導けない解釈上の問題の処理の違いにより、分けることができるが、これは本稿では扱わない。

(118)　債務不履行責任に関する学説について、まず説の内容の異同を明らかにした上で、その内容の点から優劣を論じるべきである。それをせずに、学説を系譜的に分類し、規定がドイツ法系かフランス法系かといった議論から、説の優劣を導き出せないのは明らかであろう。

第二節　学説の位置づけ・評価

第一項　行為責任の根拠づけ

以上のような視点から、これまでみてきた学説の整理をする。

まず、長尾説、前田説は、法思想レベルに位置づけられる。前田説の信頼責任は、債務不履行責任が抽象的過失を要件とすることの根拠づけである。長尾説の合理的期待（信頼）の保護は、債務不履行責任が過失を必須の要件としないことの根拠づけである。責任の有無の判断に際し、具体的な債権者の信頼（期待）は問題にならないからである。法原理レベルでは、両説は、少なくともその論述部分では、債務不履行責任を行為責任と解している。

法原理レベル	行為責任——行為責任内部での責任の拡大		
	具体的過失責任	抽象的過失責任	無過失責任（から過失の要求まで幅）
	→根拠づけ	→根拠づけ	→根拠づけ
法思想レベル	「意思責任」	「信頼責任」	「合理的期待（信頼）の保護」
		前田説	長尾説

法原理レベル　‐‐‐‐‐　行為責任　‐‐‐‐‐‐‐‐‐‐‐‐‐‐‐‐‐‐‐‐　参考：私見
幅　　基本　　幅
（責任の軽減）↑　抽象的過失責任　↓無過失責任
→根拠づけ
法思想レベル　人間の抽象化＋社会の共通の価値判断

第二項　行為責任を超える責任

次に、債務不履行責任の責任原理を、行為責任以外に拡大する説をみる。これらの説の責任の分類は、理論にまで至らない段階でのものが多い。

Ｉ　過失責任（主観的責任）、無過失責任（客観的責任）

これは、債務不履行責任（あるいは契約責任）を、過失を要件とする責任と過失を要件としない責任に分けるというものである。過失を要件とするか否かという現象的区分である。過失責任の原則の支配に対して、無過失責任も認められるということを示すという意義はある（生成論的分類とも言える）。だが、理論的には、責任の分類として不十分である。なぜなら、無過失責任は、過失を要件としないということしか示していないからである。責任の構造を示したものとはいえないので、責任の種類とは言えず、過失責任と並べる訳にはいかない。

主観的責任、客観的責任という区分は、過失を主観的要件とみて、それを要件とする責任を主観的責任、要件としない責任を客観的責任と呼ぶものと思われる。だが、この言い換えは不適切である。まず、過失を具体的過失ではなく抽象的過失（過失の客観化）と解する通説の下では、過失責任は、もはや主観的責任とは呼べなくなっている。過失責任（何をした・しないから責任を負うという論理である）も客観的責任であり、問題は客観的責任の種類ではないだろうか。次に、客観的責任だが、これは主に担保責任を念頭に置いたものかもしれないが、何をもって客観的と言うのか不明である。担保責任では買主側の主観的態様が問題になる。また、例えば、結果が発生しなければ責任を負うという契約のある場合は、どうなるのだろうか。客観的責任には、当事者の合意による責任も含まれるものと思われる（過失責任ではないから）。だが、「過失」が主観なら、「合意」も主観ではないだろうか。それなら、これも主観的責任であるはずである。このように、「主観的」「客観的」への言い換えは誤りと言ってもよい。従って、（このような意味で）主観的責任、客観的責任という分類はすべきでない。

Ⅱ　過失責任、保証責任（損害担保責任）

Ⅰの無過失責任について、それが何責任かを示したものが、この分類である。無過失責任は、責任について合意をすれば認められるので、保証責任（損害担保責任）がまず挙げられるのは頷ける。だが、無過失責任はなぜ保証責任になるのだろうか。その問いがないため、保証が場になってしまう。例えば、潮見説では、「結果保証」は保証約束以外にも、法が結果保証を要求している場合にも認められる。これでは、「結果保証」が結果について責任を負う場合という意味しかなくなる。もっとも、潮見説は、法による「結果保証」は第四一九条の場合と「対価と等価交換関係に立つ給付の提供の場合」に限定しているようなので、完全には場になっていない。だが、もし限定せずに、「黙示の」保証をテクニックとして使い、結果について責任を負わせるべきときに認定するなら、保証が完全に場になってしまう。

この分類も生成論である。まず、過失責任があり、それに保証責任を付け加え（実はあるのはあたりまえ）、さらに法定の「保証」責任（あるいは黙示の保証責任）を付け加えるという責任の拡大過程を映した分類である。また、潮見説では、「結果保証」を債務不履行責任の帰責事由に位置付けるので、契約責任の拡大は債務不履行責任の拡大にもなる。その結果、債務不履行責任が場になってしまう。これは次にみるⅢとも共通する。

法原理レベル　行為責任＋α――行為責任を超えての責任の拡大
生成論　過失責任　＋　無過失責任
＋　保証責任（α）　⇦　何責任か？
＋　法定の保証責任（黙示の保証責任）（α）

Ⅲ　手段債務の不履行責任、結果債務の不履行責任

論者は、フランス法の手段債務・結果債務の分類を日本に持ち込み、契約上の債務の不履行責任を、手段債務の不履行責任と結果債務の不履行責任に分ける。債務論の形をとるが、両債務の違いは帰責事由の内容の違いであるので、実際は責任論である。そのため、行為（＝手段）責任、結果責任とでも称すべきものである。契約責任（場）を債務不履行責任に置き換えるため、債務不履行責任が場になっている。その結果、両責任が債務不履行責任制度に入ることになる。帰責事由の拡大（＝結果債務を認めること）により、債務不履行責任を拡大する（結果についての責任を認める）点は、Ⅱ（潮見説）と共通する。

手段債務・結果債務というのは、契約責任に二つの構造の責任があることを言っているにすぎない。この説（森田説）の理論（そしてまた特徴）は、両責任とも同じ合意に基づく責任（私の表現では意思責任）であるとす

る点にある。両責任は、意思・行為責任、意思・結果責任ということになる。その区別（＝債務の区別）は合意により決まる。後者の責任は、保証責任といっても良いかもしれないが、当然に不可抗力免責を認める点、特殊である（私見では、当然の不可抗力免責は行為義務違反の責任において妥当する）。前者の責任は、そこで、すべき行為をしないというのが過失に当たるなら、過失責任と同じになる（「意思」はひとまず置いておく）。そうすると、過失責任・保証責任併存のⅡとだいたい同じになるのだろうか。これを見るためにはもう一つの視点が必要である。

なお、立法論である能見説の分類（合意による結果義務、性質上の結果義務、作為・不作為義務[119]）も、意思の及ぶ範囲を狭くみる点を除き、手段債務・結果債務論と類似する。

法原理レベル	……行為責任＋α——行為責任を超えての責任の拡大		
導入論	手段債務の不履行責任	＋	結果債務の不履行責任
何責任か？	＝意思・行為責任		＝意思・結果責任
	≒過失責任？		≒保証責任？（α）

Ⅳ　通説および各新説の立場による違い

これまでみてきた責任の種類は、債務不履行責任制度が担う責任の拡大により生じる債務不履行責任の種類である。責任原理をものさしとして、各学説の位置づけを試みた。そこでは、各説の債務不履行責任の責任原理が何であるのかが一応、分かった。

では次に、細かな点は別として、各新説および通説の立場により何が異なってくるのだろうか。新説の論者は、過失責任主義を疑問視し、債務不履行責任は過失責任に留まらないとする点で、新しく、また共通しているとする（潮見）[120]。だが、考えてみて欲しい。元々、債務不履行責任を基本的に過失責任とする考え方（我妻）においても、債務不履行責任の特約は当然に認められる。さらに独立して保証をなすことも可能なのである[121]。「過失責任」と「保証責任」の併存は当然のことなのである。その点では、何も新しいことを言っていないことになる。これが公平な見方ではないだろうか。

　このズレが生じるのは、近時の学説が、契約責任を債務不履行責任と同視していることによる。過失責任主義はせいぜい債務不履行責任の原則でしかありえない。伝統的な学説では債務不履行責任の**外**に、保証責任を位置付けることになる。また、（瑕疵）担保責任は当然、無過失責任（法定責任説）である。契約責任を契約の場で問題となる責任とすれば、これも契約責任である。すなわち、契約責任⊃債務不履行責任となる。だが、近時の学説は、債務不履行責任＝契約責任としながら、それを伝統的な学説の債務不履行責任と対比させている。そのため、的外れな批判になっている。問題の場を契約責任でそろえると、通説でも、債務不履行責任の特約及び保証（損害担保契約）（債務不履行責任外）は可能である。そのため、契約責任には、行為責任（本来の債務不履行責任）以外に合意（意思）による結果責任が認められるという点では共通していることになる。では、問題は意思・結果責任の位置づけだけなのだろうか。

　そうではない。契約責任の場で認められる責任原理の種類（複数）が共通であっても、その責任原理の適用される場面が異なれば、説として全く異なったものになりうる。ここで実質的な差をもたらすのは、結果責任とする合意の認定である。また、その前提として、債務不履行責任において、一般にどこまで意思が及んでいるとみるのかが問われなければならない。当事者が明確に合意をしていない場合、理論の一部としての意思の認定の問題となる。

１契約では通常、一定の結果を予定しており、これについては合意があるとみてよい。これに対して、２その結果が発生しない場合の処置まで一般に合意があるとみるべきかは問題である。これを肯定する場合、責任制度（規定）は、基本的に合意（意思）に基づく責任の解釈規定となる。伝統的な学説は、債権の発生までは当事者の意思によるが、どの程度の行為をするのか（帰責事由の前提となる注意義務の程度）は法が定めると考えるのではないだろうか。不履行責任の要件、効果も法制度の問題とする。契約も評価の対象とするがその程度は低い。それに対して、新説（各説で程度は異なるが）は、帰責事由はもちろん、損害賠償の範囲も契約により定まると見る。新説は、伝統的な学説を、契約と切り離して債務不履行責任を論じていると批判するが、両立場では、そもそも契約・意思の機能についての考え方が異なる。新説の批判が成り立つためには、まずこの新説の考え方が正しいことが、実証されなくてはならない[122]。次に、３責任制度の責任を加重する合意（例保証）をいかに認定するのかが問題となる。実はこれが最も重要な問題である。なぜなら、責任制度を合意（意思）に基づく責任の解釈規定とみても、規定の解釈の仕方（例　予見可能性の主体・時期）が変わるだけで、責任は規定に基づいて判断される。そのため、通常は、法定責任と見る立場とあまり変わらなくなるからである。従って、例外的に異なる場合（例えば、結果責任＋履行利益の賠償）の認定が、実質的に大きく説を分けることになる。そのような責任の合意を当事者が明確にしていれば問題はない（各説に差は生じない）。問題は、明確な合意がない場合に、如何にそのような合意を認めるのか、あるいはそのような合意があったのと同様の責任を認めるのかということである。これは、理論の一部としての認定の問題である。

分かりやすくするために、単純化した。行為責任は、その中での幅（基本的に抽象的過失責任であるが）を無

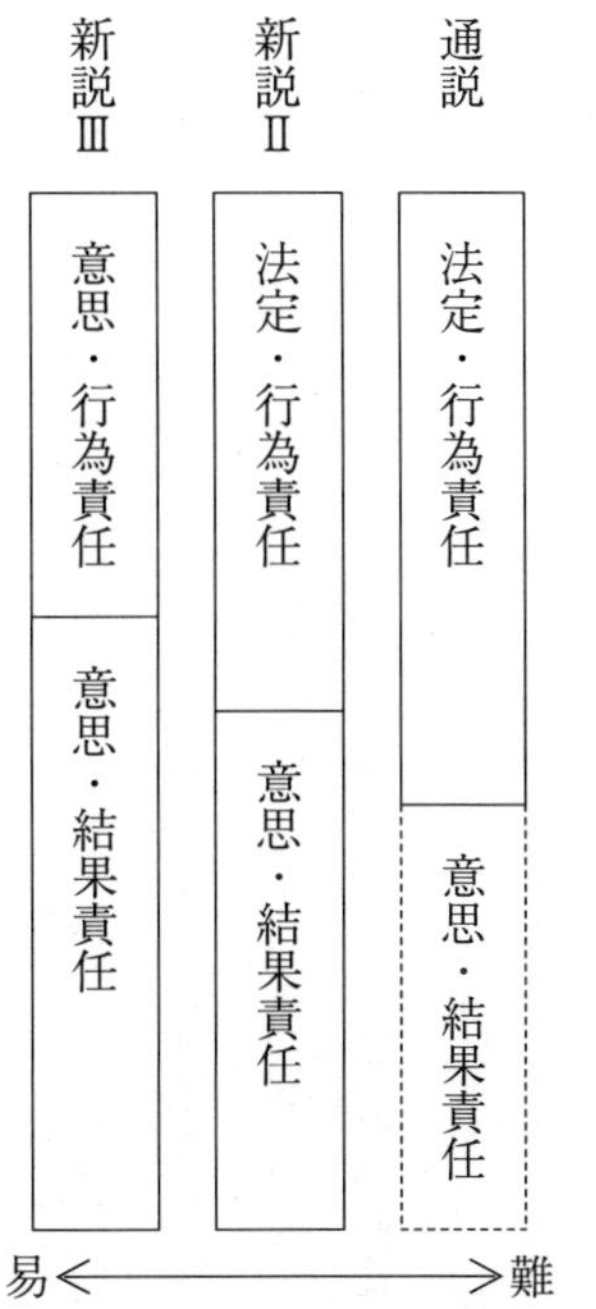

意思・結果責任の認定
・点線は債務不履行責任制度外

視し、一つにした。意思・結果責任は、保証（損害担保）責任と結果債務の不履行責任を含む。（形の上では）「不可抗力免責」を認めるものがあるが、実質的には、結果責任とあまり差はないと考えられる（後述）。

新説には問題の場の意識がないため、通説と実線内での比較をして、責任の拡大がなされたとする。また、責任原理の適用の問題の意識がないため、責任原理の種類の点だけで、ⅡとⅢはほぼ同じであるなどとされている。だが、明確な合意のない場合の合意の認定（法理論としての認定）が異なると思われる。各説は認定の問題を意識的に論じていないので推定ではあるが。通説（我妻説）は、債務不履行責任の箇所で、保証（損害担保責任）に触れていないことから、その重要性は低いもの（消極的にそのような合意をすれば認める）とみているのではないだろうか。それに対して、新説Ⅱ（過失責任・保証責任併存説）は、保証の重要性を意識し、積極的に活用しようとして、債務不履行責任に組み込もうというのであるから、通説より広く認定がなされるものと思われる。但し、あくまで過失責任が原則であり、保証責任は例外的なものであるという位置づけは変わらない。なお、潮見説は、過失責任と保証責任とを並立させるが、後者には法による「保証」（賠償範囲は「等価部分」に制限）も含んでいる。本来の意味での保証は、依然として例外的なものはなかろうか。新説Ⅲ（手段債務・結果債務論（森田説））は、意思に重要性を置く。通説、新説Ⅱと異なり、帰責事由（行為責任か結果責任か）はもとより損害賠償の範囲も合意により決まるとする。すなわち、意思の及ぶ範囲は(a)である（通説、新説Ⅱは(c)）。そこでは、結果責任は例外ではなく行為責任と並ぶものである。三者のなかで最も容易に認定がなされる（本節第四項Ⅱ参照）。

このように、三説には、意思の認定の違いによる意思・結果責任の範囲の違いがある。その当否は、二つの問題により決まる。それは、ア本当に意思の認定ができるのかという問題と、イこれ以外に責任原理はないのかという問題（特に意思の認定を制限する場合）である。後者は、意思の認定ができない場合に、問題解決のために直ちに意思を擬制するのではなく、別の責任原理が考えられるなら、それによるべきであるということである。客観性の低いテクニックによる解決は、可能な限り避けるべきだからだ。

まず、ア意思の認定の問題だが、これは狭く解すべきである。明確な合意及びそれを基準に法効果を決めて良い（意思と同視して良い）とされる程度の具体的当事者の態様の存在が必要である。そこでは、あくまで認識の問題であって、利益衡量は入らない。利益衡量を入れるには別の責任原理が必要である（イの問題）。なお、感覚的ではあるが、私の意思の認定は、通説より少し広いぐらいである。

では、行為義務違反では処理できずに、また本来、結果責任の意思の認定もできない場面はどうすべきか（イの問題）。新説はいずれも契約責任＝債務不履行責任とし、その責任原理を二つに限定する。そこで、説明がつかないところあるいは現実の問題に対処するため、意思の抽象化を行う（実践としての認定）。そして、必要なときに必要な意思の認定をするというように、意思の認定をテクニックにする。

特に、手段債務・結果債務論（森田説）では意思が便宜的に使われている。この説は、契約責任を合意に基づく責任（⊂債務不履行責任）として統一できるとする。債務不履行責任は、本来、債務者側の行為（広くは態様）についての責任であるのに、その枠を取り外し、結果についての責任も含むとする。では、両当事者・契約締結時の意思を基準とする意思責任（私の言い方）かというと、そうではなく、責任の判断には、裁判官の政策的価値判断（利益衡量）がかなり入るようである。この説は、明示的な合意がない場合にも常に責任の合意があるとみる。そこでは、意思の抽象化が極限までなされ、もはや意思に意味がなくなってしまっている。さらに、吉田説のように意思による説明を放棄したと思われるものもある。このように「債務」、「意思」を無意味なものにすると、責任を認めるべきときに認めるというだけの無理論に陥るおそれがある。そこでは、どのような場合にどのような責任を認めるのかは、その類型化により明らかにされることになる（それを「今後の探求に委ねる」では、無理論・内容になってしまう）。手段債務・結果債務論は、本来、初めにこのような分類ありき（類型的な思考）で、意思は事後的な根拠づけにすぎないのではないだろうか。[123]ところが、現実の問題に対処する中などで、意思を再び理論として用い出している。例えば、結果の実現が確実であると約束した場合（結果債務）であっても、その不履行による損害賠償責任の範囲は、契約の解釈（意思）により決まるから、履行利益とは限らないとする（解釈で履行利益の賠償が認められないときは、「過失」があっても同様だろう（債務論だから））。また、結果債務、手段債務といっても、債務の強度は、契約（意思）により様々でありうるとする。意思の抽象化を行いながら、必要な所では意思を個別的に使う。もちろん、明示の合意があるならよい。だが、むしろ辻褄合わせの道具になってしまっているのではないだろうか。これは、手段債務・結果債務論の自己崩壊ではないだろうか。

このためか、多く「フランス法的」「ドイツ法的」という法系論が出てくる。理論にではなく、沿革に自説の根拠を求めようとしているのではないだろうか。契約に目を向けるのはよいとしても、問題をほとんど全て契約の解釈に押しやるのは問題である。これが、新説（特にフランス法の影響を強く受けた学説[124]）の問題点であり、それが判例・一般の学説の支持を受けない理由ではなかろうか。

過失責任・保証責任併存説でも、保証の拡大により対処しようとするため、意思・保証がテクニックになる。そして、黙示の保証さらには法定の保証といった矛盾した言葉も一部に出てきている。私の立場では、黙示の保証や法定の保証は何責任かが問われなければならない。

以上のことを効果面で繰り返すと次のようになる。意思・結果責任では、責任を重くしようとする意思で結果について合意するのだから、通常の債務不履行責任と同様、損害賠償範囲に履行利益も含まれる。だが、担保責任をこれによって債務不履行責任に取り込もうとすると、どうしても取り込みきれない担保責任の部分がでてくる。それは、そのような合意が真には認定できず、かつ履行利益の賠償を認めるべきでない場合である。そこで、「契約の解釈」あるいは法による保証という言葉により、賠償範囲を制限しつつ（例　代金減額分や信頼利益）、なおも債務不履行責任だと言おうとしている。その際、合意が真にあれば、履行利益の賠償が認められるわけだから、担保責任で主張された二段階の損害賠償責任が維持されることになる。結果債務論は、そのことを意思によって説明する。だが、真に合意（意思）がない場合にも、意思を（根拠づけではなく）個別的に（理論として）用いることになるので、類型的な債務の分類（手段債務・結果債務）論は崩壊する。また、法定の保証はまさに従来の担保責任（の一部）ではないだろうか。これは債務不履行責任への統合と言えるのだろうか。修補義務・追完義務を認めるから、債務不履行責任だというのかもしれないが、原始的・客観的不能の場合はどうするのか、等価部分を超えない賠償と修補・追完費用の賠償の関係はどうかなど疑問は多い。

ところで、責任原理はこの二つに限定されるのだろうか。新説にはこの問いがない。それに対して、通説は、債務不履行責任（＝過失責任）と契約責任を同視しない。そのため、通説の方が、契約責任として開かれた責任であると言える。私も、債務不履行責任（＝行為責任）と契約責任を同視しない。そして、第三の責任原理として提唱したのが、法定・結果責任の信頼責任である。私の立場からすると、意思の擬制は最後の手段である。意思・結果責任を容易に認めないため、法定・結果責任として別の責任原理を探す必要があった。このように、基本的に責任原理（三つ以外にあるかもしれない）による解決を図っていくべきだと考える（後述）。

(119)　能見善久「履行障害」『債権法改正の課題と方向――民法一〇〇周年を契機として――』（別冊ＮＢＬ五一号）（商事法務研究会　平成一〇年）一〇三頁以下

能見説は、その立法論において、債務不履行責任の再構成を行う。その際、すべての（契約上の）債務不履行をカバーする（担保責任も含める）概念である「契約**義務**違反」（強調：戸田）から出発する。そして、帰責事由の内容との関連で、損害賠償責任の根拠となる義務の類型化をおこなう。それは、「性質上の結果義務」「合意による結果義務」「作為・不作為義務」の三類型である。債務不履行責任と（瑕疵）担保責任の統合も行うが、それは、売主の義務として「性質上の結果義務」である「瑕疵なき物を給付する義務」を設定することにより可能になるとする。

この説に対する最大の疑問点は、何をもって契約責任（債務不履行責任と担保責任）の統合というのか分からない点である。立法論だから、責任要件や効果の点で「区別を排する」と言えば、排されるわけではない。「統合」は認識の問題の部分がある。基本的な責任構造（抽象化は許されない）が同じである必要がある。同じ「義務」違反の責任で、まとめられるということなのだろうが、一体、能見説の「義務」に何の意味があるのだろうか。統合とその中での類型を言うなら、基本構造が同じで、その中で程度の違いがあることを示す必要がある。

損害賠償範囲の画定基準は、基本的に契約締結時における両当事者の予見可能性であるとする。だが、義務違反の責任とするからには、不履行時の予見可能性も、ある程度考慮されるべきではないだろうか。契約の見直し以外にも、履行による責任の回避が可能（なはず）だからである。また、能見説では、要件（帰責事由）

の類型化は、賠償範囲の類型化には結びつかないが、例えば、担保責任の賠償範囲は常に履行利益で良いのか、合意に基づく責任（合意による結果義務（で責任にまで意思が及んでいる場合）など）を区別しないがそれで良いのか、といった問題もある。

(120)　潮見佳男「債務不履行・契約責任論史」水本浩・平井一雄編『日本民法学史・各論』（信山社　平成九年）一八三頁以下、二二二頁

(121)　我妻・前掲注(10)四五二頁以下は、保証に関連してだが、損害担保契約（Garantievertrag）に触れている。

(122)　ある問題を契約の解釈の問題とするなら、まず、それに意思が及んでいる（契約により決まる）ことを論証しなくてはいけない（認識レベルで）。意思が及んでいるなら、理論として、それを示す枠組みがそれで良いことになる。及んでいないなら、それにも拘わらず意思があるとみることの必要性が問題となる。

森田・前掲注(30)一六二頁（既に引用（注(40)を振った箇所））は、当然のごとく「帰責の根拠は契約上の債務の拘束力にある」、「契約上の債務の内容・射程によって帰責性の判断のあり方が異なってくる」として、それを明らかにし、説明しうるような枠組を提示する説（結果債務・手段債務論）が「理論的にもよりすぐれたものであると評価」できるとする（他の新説との対比で）。だが、その認識が共通のものでない以上、まずそれを論証しなくてはならない。ところが、それはなされていない。

(123)　この説は、当事者の意思を強調するが、結果債務と手段債務は類型的に決まるようでもある。瑕疵担保責任（売買目的物の性状についての責任）が、当事者の合意により結果債務の不履行責任であったり、手段債務の不履行責任であったりするのだろうか。そうではないだろう。おそらく、常に結果債務の不履行責任として扱うのであろう。

(124)　潮見説（潮見・前掲注(120)の特に二二一頁以下を参照）は、これを支持し、自説もその流れに位置づける。そして、それを債務不履行・契約責任論の現在の到達点とする。だが、これは行き詰まりではないだろうか。

第三項　担保責任における保証

ところで、この問いは、担保責任に独自性を認めるのかという問いでもある。新説は、責任原理の一致を検証しないで、契約責任の統一を自明のこととして、議論をすすめる。そのため、理論の問題とテクニック（辻褄合わせ）の問題の混同が生じる。このことを、担保責任（売主の瑕疵担保責任）の側からみてみたい。

担保責任の場面でも、「意思」による責任（保証）が問題にされてきたが、債務不履行責任との接続、さらには統合を図ろうとする試みのなかで、その抽象化が行われている。

保証の多義性

Ⅰ　特別の性状の合意＝保証とみるもの

この立場は、担保責任を法定責任（意思に基づく責任ではない）と捉えることを前提に、それを加重・拡張するものとして保証を考える。責任の合意（保証）の認定は厳格になされる。これは、債務不履行責任の通説の考え方にほぼ対応する。但し、責任の拡張を図ろうとの動きの中で主張されたため、債務不履行責任に関連した保証よりも容易に認定されるのかもしれない。性状についての合意（主観的性状）において、通常、意思は性状がなかったときの処置まで及んでいないとみる。この場合、主観的性状が存在しないときの救済も、法によりなされる（例　瑕疵担保責任）。これに対し、例外的に、特別な合意により性状がなかった場合の処置を取り決めた場合は、合意による責任（保証責任）の問題となる。救済は当事者の意思によりなされる。瑕疵についての責任（合意で定めた性状（私見では客観的性状にも合意が当然あるとみる）がない場合の責任）には、二つの責任があり、それは保証の有無で分かれることになる。保証がない場合の法定責任である担保責任が、法定責任である債務不履行責任と性格が異なるのならば、契約責任に三種類の責任があることになる。

この立場は、当事者の意思の及ぶ範囲を厳格に解するため、契約責任は、基本的に保証責任と法定責任（債務不履行責任、担保責任）の二重構造をとることになる。（瑕疵）担保責任及び債務不履行責任を当事者の意思に基づく責任とは考えない。そして、これらの法定の責任を加重・拡張するものとして保証（意思）が認められる。担保責任（無過失責任）では、賠償範囲を拡大（信頼利益（代金減額分）→履行利益）するものとして保証が使われ、債務不履行責任（賠償範囲は履行利益に及ぶ）では、無過失責任あるいは過失が問題にならない責任への拡大の契機として保証が使われる。では、保証責任は無過失責任であり、賠償範囲は履行利益まで及ぶと一般化できるのだろうか。これについては後述する。なお、法定責任の責任範囲は各々その限界がある。そのため、法定責任の範囲外の事項については、保証責任の単構造となる。

保証＝性状がない場合の処置（履行利益の賠償）の合意（通常なし）

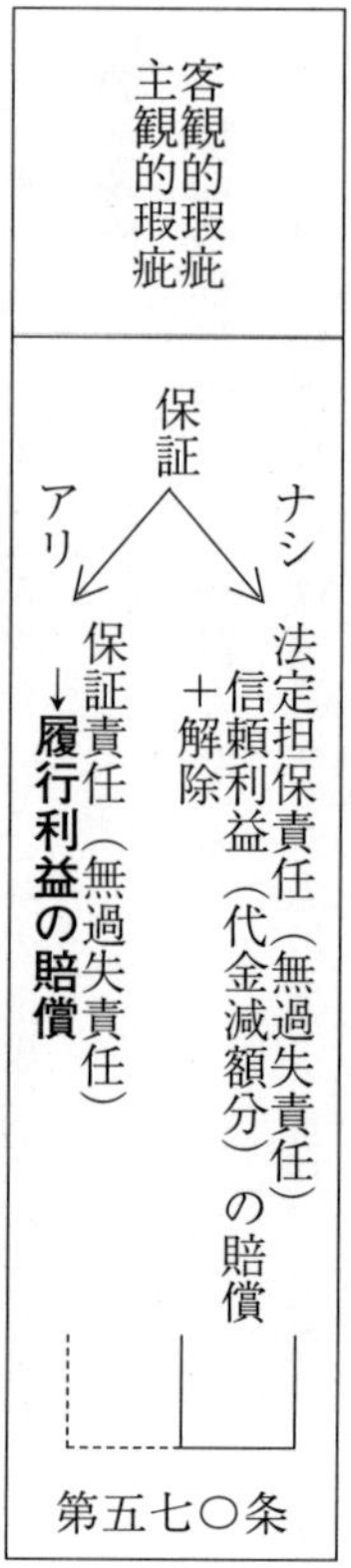

保証＝結果について（無過失でも）責任を負うとする合意（通常なし）

Ⅱ　性状の合意＝保証とみるもの(125)

この立場は、保証の認定を容易にする反面、多くは、「保証責任」の発生には（通常、）帰責事由（過失）が要件になるとする。すなわち、保証責任には過失の有無で分かれる二段階の責任があり、A無過失で、代金減額、解除（と契約費用の償還）の救済、B（通常、）過失を要件として、損害賠償（履行利益の賠償も含む）、解除の救済が認められるとする。保証（＝性状の合意）の認定について、客観的瑕疵については性状の合意がないとして、主観的瑕疵についての責任のみを「保証責任」とするものもある。この説は、客観的瑕疵については法定担保責任として、「保証責任」と同様の二段階の責任を認める。

この考え方にはいくつかの疑問が生じる。まず、⑴客観的性状については当然に合意があるとみてよいのでは、という疑問である。客観的瑕疵についての責任と主観的瑕疵についての責任を分ける意味があるのかという疑問でもある。次に、⑵過失責任は債務不履行責任ではないのか、という疑問である。その前提として過失の内容が問題となる。具体的には、原始的客観的不能の給付について何をもって過失というのかということである。もし「過失」の同質性が言えるなら、通常の債務と「保証」を区別する理由が問題となる。責任段階で区別する理由がないならば、保証（責任）を言う必要はない。

⑴については、客観的性状と主観的性状とで、それがない場合の責任内容が同じなら、両者を別の責任とする意味はない。一般に意思がどこまで及んでいるとみるのかに従い、分けてみる。まず、性状の合意が法定責任（第五七〇条）の瑕疵の基準を定める合意であるなら、瑕疵担保責任の瑕疵には客観的瑕疵と主観的瑕疵が含まれると言えば済む。客観的性状について、それがあるという合意が当然あるとみてもみなくても同じである。例外的に、法定責任と異なる要件・効果を合意した場合を別の責任（保証責任）にすればよい。これに対

して、性状の合意が責任の要件・効果まで定めているとみると、両者を分ける意味があるようにみえる。その場合、保証責任と担保責任は別の責任であり、保証責任を第五七〇条の外に位置付けることが可能になる（好美説）。客観的瑕疵については、性状について合意がないか、合意があっても責任の要件・効果までは及んでいない（法定責任）とみる。だが、その場合、むしろ客観的瑕疵についても、意思が責任の要件・効果まで及んでいるとみるべきではないだろうか。主観的瑕疵について一定の責任内容を欲するなら、客観的瑕疵についても当然欲しているとみられるからだ。通常、保証責任と担保責任の責任内容が同じであるなら、なおさらである。両者は保証責任として同じになる。この場合も、例外的に通常の責任と異なる場合を区別すればよい。さらに、性状を超えて一般に契約違反の場合の処置（責任の要件・効果）の合意があるとみると、意思責任（私の言い方（後述））として契約責任の統一がなされることになる。そこでは、合意（意思）の類型が重要になる。制度としてみると、担保責任は債務不履行責任の特則となる。このように、意思の働きを重視すると、手段債務・結果債務論の方向へと向かうことになろう。なお、手段債務・結果債務論では、担保責任は常に結果債務の不履行責任であり、過失を要件とせず、原則として履行利益の賠償が認められるものと思われる（性状の合意（客観的性状についてもある）を、無過失責任＋履行利益の賠償の保証とみるのとほぼ同じ）。

⑵については、履行利益の賠償が認められる保証責任（また担保責任）を過失責任とするのは、債務不履行責任にそろえようとする意図があるものと思われる。それが進むと、保証契約を性状確保義務の発生原因とする見解になる（加藤（雅）説）。それならば、保証という意味はないのではないだろうか。給付の目的物を定める合意と区別がつかなくなるからである。なお、この説は、保証契約に基づく過失責任は債務不履行責任であるとしている。

だが、過失や性状確保義務を言えば、債務不履行責任と同じになるわけではない。責任の同質性を示す必要がある。例えば、原始的客観的不能の場合に、一体、性状確保義務は何を意味するのだろうか。過失は何についてのものだろうか。私は、理論として、債務不履行責任（過失責任）とは構成できないと考える。

一方、無過失責任は、ここでの学説は担保責任（保証責任として構成するものと、（保証によって発生する債務が免責された後の）法定責任として構成するものとがある）又は制度外の保証責任とする。債務不履行責任とするには、その見直しを必要とするからである。見直しには二種類ある。一つは、従来の担保責任（無過失責任）の代金減額（＋α）機能を、債務不履行責任に持ち込むものである（潮見説）。等価関係の維持という形で問題を一般化し（危険負担の見直しになる）、法定の保証というテクニックによって債務不履行責任に組み込む。だが、無過失債務不履行責任を正面から認めると、無過失責任を言うために「保証」を持ち出す必要はもはやないのではなかろうか。なお、そこでは真の保証の合意（責任内容：無過失責任＋履行利益の賠償）も問題にされる。もう一つは、（真の保証がない場合に、）債務不履行責任が過失責任であることを見直すのである。「不可抗力」による免責以外認めない債務不履行責任の類型（結果債務の不履行責任）を認め、担保責任がこれに当たるとする。これにより、担保責任は無過失責任でありながら履行利益の賠償が認められることになる（一段階の責任になる）。だが、既にみた通り、これでは無理が生じるので、契約の解釈により賠償範囲を制限することが主張されている。

以上のことから、性状の合意＝保証とみて、かつ過失の有無により二段階の責任を認める立場は、過渡期の議論と評価できよう。それが向かう一つの方向は、意思責任としての保証責任を債務不履行責任、契約責任全体に広げようとするものである。意思の働きを重視し、責任の要件・効果すべてが意思によって決まるとする

（個々の場合における責任は一段階）。もう一つの方向は、過失、無過失の二段階の責任を債務不履行責任、契約責任全体に広げようとするものである。これは、前者に比べ意思を重視しない。但し、真の保証がない場合に無過失責任を導くために、法定の「保証」といった意思を匂わせる言葉を用いている。この二つの方向は、いずれも契約責任（少なくとも債務不履行責任と担保責任）の統一を指向する点では同じである。

保証＝性状の合意（客観的性状には通常合意なし）（＋性状がない場合の処置の合意）

瑕疵担保責任
- 保証責任　←主観的瑕疵
  - 過失責任 —— 損害賠償＋解除（債務不履行責任と同じ）
  - 無過失責任 —— 代金減額等＋解除（当事者の意思（例外的）により損害賠償＋解除）
- 法定責任　←客観的瑕疵
  - 無過失責任 —— 代金減額等＋解除
  - 過失責任 —— 損害賠償＋解除（債務不履行責任と同じ）

（無過失責任：通常、同じ責任内容）
（過失責任：通常、同じ責任内容）

保証＝性状の合意（客観的性状には当然合意あり）（＋性状がない場合の処置の合意）

瑕疵担保責任
＝保証責任
←客観的瑕疵
主観的瑕疵
- 過失責任 —— 損害賠償＋解除（債務不履行責任と同じ）
- 無過失責任 —— 代金減額等＋解除（当事者の意思（例外的）により損害賠償＋解除）

保証＝性状の合意（客観的性状には当然合意あり）↓性状確保義務の発生

性状確保義務の不履行
←客観的瑕疵
主観的瑕疵
- 過失責任 —— 債務不履行責任
- 無過失責任 —— 担保責任＊

＊契約責任を債務不履行責任としての統一しようとする見解は、次のような変更を加える。
1担保責任（損害賠償範囲：代金減額分等）をそのまま法定の保証などで債務不履行責任に組み込む。
2担保責任を無過失債務不履行責任とする（損害賠償範囲：履行利益）。

参考：

結果債務
┌帰責事由＊アリ ―― 損害賠償＊＊＋解除（債務不履行責任）
　＊修正→程度は契約により幅　　＊＊修正→範囲は契約により幅
└不可抗力（帰責事由ナシ）―― 免責

(125)　保証責任を①債務不履行責任の中に位置づけるもの

例えば、加藤雅信説（「売主の瑕疵担保責任―対価的制限説再評価の視点から」『判例と学説（民法Ⅱ）』（日本評論社　昭和五二年）一七五頁以下、「財産法の今日的課題」（座談会（舟橋諄一ほか）：加藤雅信発言）ロースクール一六号（昭和五五年）四頁以下）は、保証契約の効果として、瑕疵等があれば修補行為などをなすべき債務（引渡義務と区別される）が発生するとする。そして、性状の確保がなされなかった場合に、債務者に帰責事由があれば債務不履行責任が発生し、帰責事由がなければ、債務は不能によって消滅し、瑕疵担保責任として、反対債権（代金債権）の減額がなされるとする。この担保責任は、危険負担に類似した対価的牽連性確保のための制度であり、このため、その内容（解除以外）は代金減額（的損害賠償）となるのだとする。

加藤（雅）説では、保証契約は、性状確保義務の発生原因になっている。そのため、保証契約なければ担保責任もないことになる。だが、ここでの保証契約は、広く性状についての合意ぐらいの意味しかなく、また、客観的性状についても当然、保証契約があるとみることになろう。加藤（雅）説は、性状確保義務を引渡義務と区別し、前者の発生原因を保証契約として、後者の発生原因と区別する。だが、区別する意味はどこにあるのだろうか。また、加藤（雅）説の保証責任は帰責事由を要件とするが、原始的不能についての帰責事由はどのようなものになるのだろうか。おそらく、通常の帰責事由とは異なったものになるだろう。

②担保責任の中に位置づけるもの

例えば、来栖三郎説（『契約法』（有斐閣　昭和四九年）七四頁以下）は、瑕疵担保責任は客観的瑕疵と保証された性質の欠缺についての責任であるとする。客観的瑕疵については、ａ売主の過失の有無を問わず、代金減額、解除と契約費用の償還が認められる。ｂ売主に過失があれば、損害賠償（履行利益、積極的債権侵害による損害を含む）が認められる。保証違反については、当事者の意思（保証）により、売主の過失の有無を問わずに損害賠償責任が発生することもある。だが、一般には、保証は第五七〇条の瑕疵概念の拡大の合意であり、保証違反の責任（救済）はａｂに従う。つまり代金減額と契約費用を超える損害賠償は売主の過失を要件とすることになる。

来栖説でも、保証（契約）は、広く、性状についての合意の意味しかない。ただし、客観的性状については、保証はないとみる。客観的性状の保護の根拠は何だろうか。そしてその根拠は保証の場合と区別されるのだろうか。

③債務不履行責任、担保責任の外に位置づけるもの

例えば、好美清光説（「判批」（最(一小)判昭和五七年一月二七日）金判六五〇号四五頁以下）は、来栖説を肯定的に評価するが、保証約束を契約上の損害塡補義務として、売買契約と区別する。その内容は、契約の合理的解釈により決まり、種々のレベルがあるとする（帰責事由の要否、損害賠償の範囲）。なお、帰責事由については「通常は無過失責任を負うという趣旨ではあるまい（同旨、来栖）」とする。

好美説は、性状についての合意の効果を損害塡補義務の発生とみる点に特徴がある。保証を民法上の責任制度外の責任とするため、責任の発生まで意思が及んでいるとみなくてはならないのである。

第四項　保証（意思・結果責任）の検討

I　保証とは何か？

保証は、元々は瑕疵担保責任に関連して論じられていたが、近時は債務不履行責任に関連しても論じられるようになっている。この保証は、通常の契約内容を定める合意とは異なる。そうでないと、両者を区別して言う意味がないからである。特定物の性状について言えば、当事者は最低限、主観的性状はもちろん客観的性状についても、その「性状がある」と合意していると考えてよいだろう。客観的性状は目的物を特定する表示の中に示されていると考えることができるからである。だが、この合意は保証とはいえない。第五七〇条の瑕疵の基準を定める合意と同じになってしまうからである。そのため、特別の合意を保証とみることになる。この「特別」の故に、保証が、債務不履行責任においては無過失責任の契機となり、担保責任においては履行利益の賠償責任の契機となるのである。

では、この「特別」とは何か。以前は、保証の「効果意思」ではなく、保証の強さ（確実であると述べる行為）に着目し、相手方との利益衡量から無過失責任、履行利益の賠償を導き出していたのかもしれない。これに対し、近時は、当事者の意思に着目する立場が増えている。私は、「保証」とされているもののうち、その効果（責任）が当事者の合意によるものとして扱えるもの、すなわち当事者が基準となる責任のみを保証と呼ぶ。「特別」は、契約で予定した結果が発生しない場合の処置まで当事者が取り決めている（合意が及んでいる）ということであり、特別な責任は、効果意思によるものだと考える。

だが、そう考えると、責任の要件・効果は合意内容により様々であるはずだ。保証責任の免責事由は、当事者の合意により決まる。そのため、無過失が当然の免責事由にならないのはもちろんだが、合意内容により、絶対的な責任から免責を広く認める責任まで様々でありうる。この責任は、本来、過失とは結びつかないが、当事者が特に合意で免責事由として無過失を定めていれば、それに従う。その意味では、保証責任（正確には意思責任（次述））と過失は矛盾しない。保証責任の構造は、意思に従属するのである。但し、債務者の行為に関しない事柄についての保証責任には、過失（具体的行為義務違反）を要件（その不存在を免責事由）とすることはできない（例　結果の発生が原始的客観的に不能な場合）。また、損害賠償の範囲も、当事者の合意による訳だから、履行利益とは限らない。但し、結果の保証では、結果が発生したら取得するであろう利益を保証するということであろうから、通常、履行利益となろう。なお、責任制度を前提とする保証では、責任内容がその制度と同じなら意味がないので、何らかの点で変更を加えているはずである。

このように、保証責任を責任原理として一般化したものが**意思責任**である。意思責任は、債務不履行責任、担保責任を重くする場合以外に、逆に弱める場合もある。「保証」は重くする場合にのみ使われるのだから、保証責任は意思責任の一種に位置づけられる。正確には、意思責任と保証責任は区別される。だが、従来の議論との関連から、本稿でも意思責任の意味で「保証責任」を用いることもある。

なお、この立場では、責任範囲を拡張するものとしての保証も問題になる。例えば、瑕疵担保責任の瑕疵となりえない性状等（例　売買目的物である土地の環境）についての保証が考えられる。このような性状等は、保証によってはじめて契約内容に入るのであり、それがなければ、契約責任は一切発生しない（法定の責任（瑕疵担保責任）は問題にならない）。責任の内容は、当事者の合意により決まる。賠償範囲は、代金減額的損害賠償あるいは信頼利益の損害賠償ということもあろう。「保証」により、その性状等の欠缺について瑕疵担保責任や債務不履行責任が発生するとする説（例　原始的客観的不能の事柄について「保証」があれば、債務不履行責任の問題となるとするもの（奥田説）、保証により瑕疵概念の拡張がなされるとするもの）もあるが、あくまで当事者の意思による責任である（保証責任）。当事者が合意で、これらの責任制度を借用して責任を決めるとしたに過ぎない。この保証責任は、法定責任とその性質だけでなく対象も異なる。そのため、その位置づけは、債務不履行責任制度（規定）、担保責任制度（規定）の外にすべきだとの考えに、より一層傾く（後に検討する）。

上記の定義に当てはまらない性状等（結果）についての確言（と相手方の受け入れ）は、「保証」という言葉を使っていても、保証ではない。その法的な意味は、通常の契約内容にするという合意の意味以外には、可能性として、(a)制度内でその修正の合意と解釈されること、(b)確言を法が評価して制度の要件の基準が変わること、(c)確言が、制度の要件充足の判断材料になること、(d)調査・告知義務といった付随義務の発生原因（法の評価による）となることが考えられる。(a)は、保証との区別がときに困難であるが、例えば、結果発生のため可能なことはすべてするという合意が考えられる。ただし、制度による当然の限界がある。履行義務の発生や担保責任の保護には物理的な限界（給付の範囲や「瑕疵」の範囲）がある。例えば、修正の合意により、不能な給付を債権の目的としたり、瑕疵概念をどこまでも拡大したりすることはできない。また、明示の合意以外は、むしろ次の(b)として処理されよう。(b)は、例えば、確実であるとの発言を法が評価して、帰責事由の前提となる注意義務を変えることが考えられる。(c)は、例えば、錯誤において、確信を信じたため、その対象たる性状を調査しなかったのなら、重過失が認定されないことが多いだろう。その結果、錯誤による救済が認められやすくなる。(d)では、付随義務違反の責任（債務不履行責任——不法行為としても良いが）が問題になる可能性がある。これは、賠償者側の態様を主に考慮する法定責任であり、保証責任を補う働きをする。

Ⅱ　保証の認定（担保責任との関係で）

保証責任は、意思（合意）に基づく責任の中の意思・結果責任にあたる。その認定（理論の一部）は、債務不履行責任のところで検討したが、（瑕疵）担保責任との関係でもう一度みてみたい。

担保責任で問題とされる保証は、元々は、履行利益を認める合意であった。これは、担保責任が無過失責任で信頼利益の賠償を認める独自の責任であることを前提にしていた。この損害賠償の範囲を拡張する役割を果たすものとして保証が持ち出された。ここでは、問題を分かりやすくするために、無過失責任＋履行利益の賠償の内容をもつ保証について、その認定のし易さが立場により異なることをみる。それにより、各立場における責任の厳しさ（認定が容易なほど責任が厳しい）が把握できると考える。なお、結果責任ではなく無過失責任と書いたのは、「不可抗力免責」を認める保証責任及び結果債務の不履行責任を含むからである。だが、担保責任が処理する主な領域では、そもそも責任を行為義務違反と構成できないので、不可抗力免責は問題とならない。また、構成可能な部分でも、不可抗力の認定は容易でないと考えられるので、実質的には、結果責任とほぼ同一に帰すると考えられる。

伝統的な立場では、（特定物のドクマを否定してみると、）性状について当事者の意思の及ぶ範囲は、「性状がある」というところまでである。担保責任は法定責任であり、特に「性状がある」ことを請け合う表示（性状がない場合の責任（処置）の合意までいかなくとも？）をした場合に、無過失責任＋履行利益の賠償の保証を認定する。保証の認定はかなり厳格であるといえよう。私見は、責任の合意まで必要と考えるので、この説よりも厳格になるのかもしれない（もっとも、担保責任で履行利益の賠償を認めることがある）。

これに対して、担保責任を債務不履行責任に統合しようとする立場（いわゆる契約責任説）の一つは、その統合のために「保証」を用いる。すなわち、担保責任∩保証責任とみて、債務不履行責任内に、伝統的な過失責任と保証責任（無過失責任（この説は「不可抗力免責」を認める））を並立させる。保証があって、初めて担保責任である債務不履行責任が発生する（少なくとも原始的客観的不能の瑕疵について）。では、契約であるとされた性状については、常に保証があると考えるのだろうか。保証がないと救済が一切なくなるので、常にあるとみることになるだろう。では、常に履行利益の賠償がなされると考えるのだろうか。これについては、保証には、意思による保証（常にはない）と法定の保証があり、前者の責任では履行利益の賠償が認められるが、後者の責任では等価部分を超える履行利益の賠償は認められないとする（潮見説）。印象では、過失責任と保証責任の並立説は、伝統的な立場より、無過失責任＋履行利益の賠償の保証を容易に認定するように思われる。なお、この説の問題点は、「法定の保証」を持ち出すことにより、保証が、理論ではなく、辻褄合わせの道具になっていることである。

担保責任を債務不履行責任に統合しようとするもう一つの立場は、契約責任全体を意思責任とする（手段債務・結果債務論（森田説））。すなわち、意思の及ぶ範囲を広くみて、契約で予定した結果が発生しない場合の責任（処置）まで常に合意があるとみる。「過失」を要件とすることさえ、当事者の意思に基づくとする。このため、通常の合意（債務発生の合意）を超える特別の合意という意味で保証をいう必要はなくなる。合意による債務・責任の種類を言えばよい。この説は、その不履行責任が「過失」を要件とする手段債務に対し、「過失」を要件としない結果債務（もっとも「不可抗力免責」を認める）を区別する。保証に当たるのが結果債務であり、瑕疵担保責任は結果債務の不履行責任に含まれる。では、結果債務の不履行責任では、常に無過失責任＋履行利益の賠償となるのかというと、意思により履行利益でない場合もあるとする。だが、結果の実現が確実であると約束しているのだから、基本的には履行利益だろう。そして、手段債務、結果債務を並列するところから、無過失責任＋履行利益の賠償の内容をもつ責任を、最も容易に認定するのではないだろうか。なお、この説の問題点は、手段債務・結果債務の根拠づけにすぎなかった意思を、理論さらにはテクニックとして用い出したことで、自己崩壊が始まったことである（前述）。

Ⅲ　保証の位置づけ

保証の位置づけについて学説は様々である。性状保証では、⑴債務不履行責任の中に位置づけるもの、⑵瑕疵担保責任の中に位置づけるもの、⑶これらの責任制度外に保証契約として位置づけるものがある。⑴は、債務不履行責任に担保責任を統合しようとする立場であり、性状以外の保証もすべて債務不履行責任の中に位置づけることになろう。⑵⑶は、債務不履行責任と担保責任を別の責任とする立場である。⑵では、担保責任に関連した保証は担保責任内に、債務不履行責任に関連した保証は債務不履行内に位置づけることになろう。⑶は、保証はすべて責任制度外に位置づけることになろう。

予定した結果が発生しない場合の処置についての意思の認定を厳格にする立場では、瑕疵担保責任、債務不履行責任を意思に基づく責任とは構成できないことになる。そのため、保証責任（意思に基づく責任の一部）をこれらの責任制度の中に位置づけると、これらの中に性質の異なる複数の責任が併存していることを認める結果になる。したがって、構成としては、保証を⑶これらの責任制度外に保証契約（損害担保契約）として位置づけるのが一番すっきりする。だが、一般には、条文に直接根拠を持たない責任を認めることに抵抗があるのか、これらの責任制度を定めた条文に仮託しようとする。また、責任原理には関心がなく、責任制度として形式的にでも統一しようとするためか、債務不履行責任制度に組み入れる説が増えてきている。そして、正面から複数の責任（過失責任と無過失責任たる保証責任）が併存するとはしないで、保証を「帰責事由」とすることで、無過失責任たる保証責任（正確には保証債務の履行だが）を過失責任に組み入れようとする（潮見説）。だが、保証責任は意思に基づく責任なので、過失責任とは帰責事由以外の点でも異なる。例えば、過失責任との同質性を理由に、（意思による）保証責任の損害賠償範囲は一般に履行利益とするのは問題だろう。保証は帰責事由とすべきでない。

意思責任という責任原理を取り出し、保証責任をその一部とする私の立場からすると、制度に関連しない意思責任と同様に、制度に関連する保証責任も⑶責任制度外に位置づけるべきことになる。もっとも、当事者の意思が、責任制度による責任と同様の扱い（例　期間制限）をするというものであれば、それに従う（処理上は中、理論的には外）。

Ⅳ　小　括

通説も近時の学説も、問題の場を契約責任にそろえて考えると、過失責任と意思による結果責任（保証責任）を認める点は同じである。だが、保証責任（無過失責任＋履行利益の賠償）の認定が異なるため、全く違った説になっていた。その救済の適否は別として、責任原理を限定し、その中で抽象化により解決を図ることには問題がある。

A責任原理を二つ（一つ）に限定し、意思の抽象化で対応する考え方

契約責任の統一（債務不履行責任に統合）を図る見解は、意思（保証）によって担保責任を債務不履行責任に取り込む。すなわち、担保責任を保証責任（意思・結果責任）とし、債務不履行責任制度の中で、過失責任（本来の債務不履行責任）と並立させる（形の上では組み込むものもある）。さらには過失責任をも意思に基づく責任とするものも現れている（手段債務・結果債務論（責任原理は一つ））。そこでは、意思の抽象化が行われ、必要なときに必要な内容の意思を認定するというように、意思がテクニックになっている。特に、通説（の修正説）が、担保責任（法定責任）は無過失責任＋信頼利益（代金減額分）の賠償、保証があれば賠償範囲が履行利益に拡大するという二段階の責任を認めていたのを、無過失責任＋履行利益の賠償の一般的妥当性からではなく、単に債務不履行責任に統合するために、結果について責任を負うとする意思あるいは保証が常にあるとする。このため、信頼利益（代金減額分）の賠償が妥当する場合には、個別の当事者の意思あるいは法定の保証といったものを持ち出すことでこれを認めなくてはならず、二段階の責任を維持する結果となっている。

B責任原理を二つに限定し、行為の抽象化で対応する考え方

Ａに対し、意思の抽象化を行わず、意思の認定を厳格に行うと、契約責任は、意思責任（これは責任原理）と法定責任に分かれることになる。後者は、債務不履行責任制度の責任と担保責任制度の責任である。この二つの法定責任をなお統合して、債務不履行責任一本にしようとすると、今度は債務者のなすべき「行為」の抽象化（例　瑕疵なき特定物の履行義務を認める）を行う必要がある。だが、「行為」の抽象化により、「行為」をしないから責任を負うという枠組みを維持する必要はあるのか疑問である。意思の抽象化と同様に、統一のための統一になりはしないだろうか。別の枠組みが可能なら、それを認めるべきである。

C責任原理を二つに限定せず、意思、行為の抽象化の前に、別の責任原理を立てることで対応する考え方

ＡＢの学説は、それぞれの出発点とする枠組み（意思責任、過失（行為）責任＋保証（意思）責任）で契約責任全体を処理しようとする。そのため、その枠組みで処理できない場合（例　担保責任（の一部））、意思や行為の抽象化を行い、対処しようとする。その結果、理論がテクニック（辻褄合わせ）になってしまう。

議論のレベルを意識し、理論の構築を図る立場では、意思（保証）あるいは行為の抽象化を行う前に、まず第三の責任原理を探ることになる。実践（テクニック）としての概念操作は最後の手段である。行為責任（賠償者側の行為（態様）を主に考慮する責任）、意思責任（両当事者の一致する意思（態様）を基準とする責任）と並ぶ第三の責任原理があるのか、それは次節で明らかにされる。

第三節　契約責任の再構成

第一項　場としての契約責任

前述したように、本稿では、契約責任を契約で予定した「結果」と異なる事態が生じたことにより発生する責任とする。これは、責任原理ではなく場である。これをもう少し厳密に規定する。まず、債務不履行責任と担保責任を同じ場で考えるために、いわゆる特定物のドクマ、原始的不能の理論を否定する必要がある。なぜなら、担保責任の法定責任説で、その責任が契約外に位置づけられるのは、これらにより性状が契約内容に入らないためだからである。なお、もちろん、これらの否定だけで両責任が統合されたことにはならない。次に、医療契約における診療債務等（いわゆる手段債務といわれるもの）についても、多くの場合「完治」という「結果」が予定されていると考えることができる。場の設定という意味で、広く「結果」を考えるべきである（結果債務の「結果」とは異なる）。

第二項　二つの構造

第一章でみたように、契約責任の基本的な構造として、A結果の不発生と責任を直接結びつけるものと、B債務者が結果発生へ向けての行為（本来の債務）をしなかったことと責任を結びつけるものの二つが考えられる。契約責任をどの構造で考えるべきだろうか。

まず、Ａであるが、責任の構造としては「結果」は限定される必要がある。売買契約における一定の目的物の取得といった「結果」は、責任の構造の場面でも通用する。だが、診療債務等での「結果」は、「完治」であるとしたが、「完治」しないことをもって契約違反ということには、それのみで責任が発生するわけではないが、抵抗がある。もちろん、「適切な治療行為をすること」を結果とみればよいが、こじつけの感を免れない。従って、結果の実現よりも適切な行為が一般に期待される債務の不履行責任では、Ａの構造は採れない。なお、契約から発生しない債務についても、法規（法秩序）が常に一定の結果を要請しているとは考えられない。この構造だけで契約責任（また債務不履行責任）を捉えることはできない。

契約で予定した「結果」（「結果」は契約内容）↓不発生＝契約不適合

Ａ　「結果」の不発生＝契約違反⇩責任

⇨　構成可能

結果の実現よりも適切な行為が一般的に期待される債務の不履行責任

結果の実現が一般的に期待される債務の不履行責任

担保責任、原始的不能の契約についての責任

では、Ｂの結果の実現へ向けての行為と責任を結びつけるという基本構造を持った責任のみで、契約責任を捉えることは可能かというと、そうではない。今度は、修補不能な原始的な瑕疵等についての責任を組み込むことができなくなる。「結果債務」ということで、Ａの問題をＢの問題にすり替えることがなされているが、これもまたこじつけの感を免れない。この構造だけで契約責任を捉えることはできない。

契約で予定した「結果」（「結果」は契約内容）→不発生＝契約不適合

B 「結果」実現へ向けての行為（＝「手段」）をする義務に違反⇩責任

担保責任、原始的不能の契約についての責任

⇨ 構成可能

結果の実現よりも適切な行為が一般的に期待される債務の不履行責任	結果の実現が一般的に期待される債務の不履行責任	修補可能	修補不能

そのため、Aの構造を持った責任とBの構造を持った責任とが併存していると考えることになる。ところで、このABは責任原理と言えるのだろうか。Bには、債務者が義務づけられた行為をしないから責任を負わせるという債務者と責任を結びつける論理が含まれている。そのため、一応、責任原理と言える（もっと厳密な規定が必要だが）。それに対して、Aにはそのような論理が含まれていない。そのため、責任原理ではない（不完全である）と言える。従って、両者を並列させることはできない。

Bを責任原理としてきちんと構成する、またAの構造をもった責任原理を考える前に、学説との対応に触れてみたい。過失責任はBの構造を持った責任に属する。従って、ABの併存を認めるなら、契約責任には過失責任を超える責任があることになる。その可能性は2種類ある。それは、①Bの構造内での無過失責任と、②Aの構造の責任である。②では、そもそも過失が問題にならない。①については長尾説が論じている。②については近時の学説が債務不履行責任の問題として論じている。

近時の学説は、債務不履行責任内で、ABの責任の併存を認める。過失責任と（結果）保証責任（損害担保

責任）の併存を認める説が典型的である。過失責任はＢに属し、保証責任（損害担保責任）がＡに属する。手段債務・結果債務論も、実質はこれである。だが、この併存は新しいことではない。前記のように、場を契約責任にすると、通説も同様である。保証（損害担保契約）も可能であるし、それに担保責任の法定責任説は、まさに無過失責任である。だが、両者は実質的に全く異なる。それを生み出すのは、保証（責任内容：無過失責任＋履行利益の賠償）の認定である。通説は厳格に行うのに対し、新説は容易に行う（その中でも差）のである。その価値判断の適否は別として、新説には理論上、次のような問題がある。

新説は、責任原理を（行為責任と）意思責任に限定するためか、Ａの責任を当然に保証あるいは意思による責任と決めつける。そして、この意思責任の拡張により、契約責任を債務不履行責任に統一しようとする。そのため、意思の抽象化が行われ、意思（保証）は認めるべきときに認めるというテクニックになってしまっている。担保責任の領域では、常に保証（結果が確実であるとの約束）があるとみる。担保責任を債務不履行責任に取り込むためである。だが、常に無過失責任＋履行利益の賠償を認めるのは無理があることから、賠償範囲についての意思あるいは法定の保証を持ち出して制限することになる。このように、意思（保証）は、法原理としては無意味なものになっている。また、債務不履行責任の「債務」も、債務者の結果発生へ向けての行為から離れ、抽象的なものになっている。なお、担保責任の債務不履行責任への統合には、行為の抽象化による行為責任の拡張（Ｂの責任にする）というテクニックを使う説もある（以上、本章第二節第二項Ⅳ参照）。

だが、理論である以上、「契約（意思）」「債務（行為）」のある程度の抽象化は可能でも、それを無内容なものにすることはできないと考える。そして、類型化以前に存在するはずの責任の枠組み（責任原理）――そのレベルで契約責任の統一が可能かを考えるべきである――を探求しているのが本稿である。まず、債務に意味を認めるということは、漠然と契約違反という形で考えずに、責任の構造（B）に意味を認めるということである。また、契約（意思）に意味を認めるということは、意思の認定に意味を認めるということである。Aの責任を意思による責任と決めつけず、責任原理としての意思責任の範囲を画定する。そして、意思責任で処理できない範囲については、また別の責任原理を考える。意思の擬制（テクニック）は最後の手段である。

意思については、Aの責任だけでなく、Bの責任との関係も問題になる。そこで次に、広く意思と契約責任の関係を分析する。

第三項　意思に基づく責任

上記のように、契約責任を構造では統一することができない。では、意思に基づく責任として統一することができるだろうか。

Ⅰ　明確な合意のある場合——意思の優位

契約責任について当事者があらかじめすべて明確な合意をしていれば、問題はない。これには各学説とも異論はないだろう。すなわち、契約で予定した結果が発生しない場合、当事者がその場合の処理の合意をしていれば、原則として（公序良俗違反等にあたる場合を除いて）、それに従う。それは、当事者の一方（例えば、買主）に有利な内容でも不利な内容でも同じである。私的自治を原理とする限り、これが出発点である。その場合は、第四一五条、第五七〇条等の条文の適用があるのではなく、意思が律することになる。責任の構造は意思に従属するのであり、A、Bいずれの構造も可能である（通常はAだろうが）。これを私は意思責任（完全な契約責任）と呼ぶ。実際には、責任の主要部分が、当事者の意思により客観的に確定され得るもの（黙示でもあり得る。意思の及ぶ範囲は（a））であれば、この責任に含めて良いだろう。

当事者が契約不適合の処理の合意をしていれば、それに従う。

だが、常にそのような合意はしていない。従って、そのような意味では、意思による統一はできない。では、明確な合意のない場合はどうなるのだろうか。

Ⅱ　明確な合意のない場合――意思に基づく責任か？　法律による責任か？

問題は、明確な合意がない場合にも、責任の合意があるとみるのかということである。但し、この場合に責任制度があるときには、制度の解釈の問題となる。責任規定を、法による規制とみずに意思の解釈規定とみることで、解釈論上の問題がある程度決まるだけである。具体的には、Ｂには債務不履行責任制度がある。そのため、意思による責任のＢへの拡張の問題は、債務不履行責任において一般にどこまで意思が及んでいるのかという問題となる。それに対して、Ａにはそのような制度はない。確かに、担保責任制度はあるが、一般の理解では、担保責任は意思による責任ではない。意思による責任とする説は、担保責任を債務不履行責任の特則（形の上ではＢの構造）とする。そのため、今の段階では、Ａへの拡張の問題は、直接、責任の合意の認定の問題になるとしておく。そこでは、合意の認定の有無が責任の有無に直結する。

以上の問題の答えは、次項以下において、Ａ、Ｂの責任原理を探る中で明らかにされる。

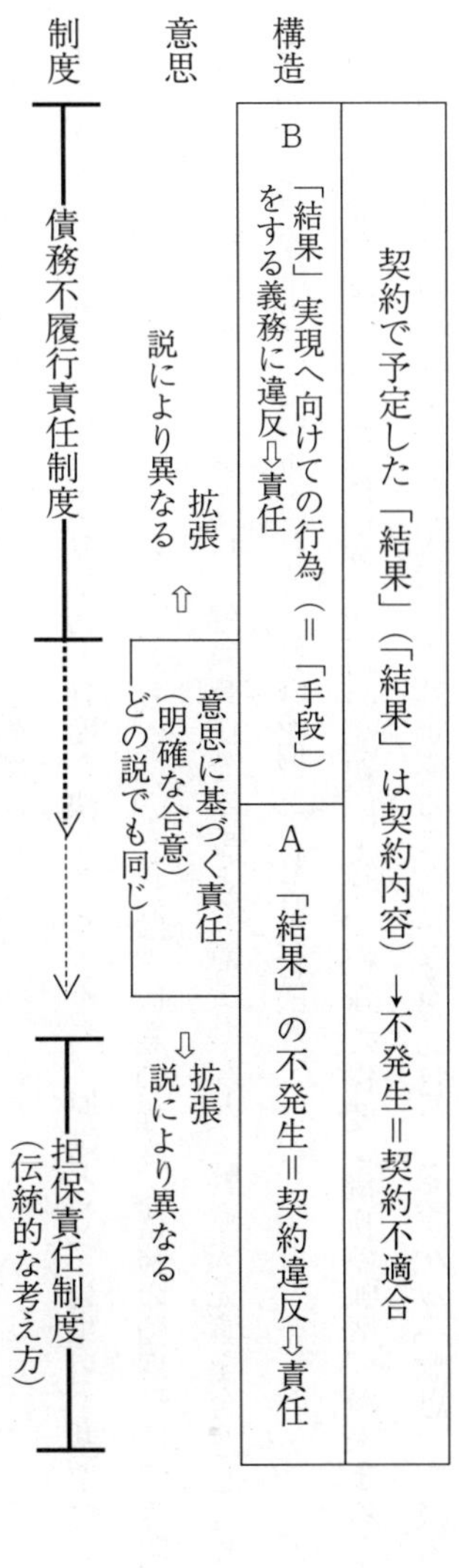

第四項　結果実現目的行為と責任が結びつく構造

Bの結果実現へ向けて行為をする義務を債務とすると、Bの構造を持った責任は債務不履行責任となる。債務不履行責任制度（第四一五条以下）に、別の構造の責任も担わせる説があるが、ここで、断りなく債務不履行責任といえば、Bの構造の責任を意味する。

Bの責任の構造には、結果が発生しなくとも、債務者がそのなすべき行為をしていれば免責されるという論理が内在している。そのため、その行為の程度が最も重要である。その行為の程度は何によって決まるのだろうか？

	結果、債務の発生	債務の重さ（行為の程度）	不履行（契約違反）の場合の損害賠償責任
(a)	合意	合意	合意

(b)	合意	合意	法律
(c)	合意	法律	法律

伝統的な学説は、特約のない限り契約（意思）は債務の発生までしか及んでいないと考えているようである(c)。その場合、行為の程度、損害賠償範囲の画定基準等は法により決まる。そのため、債務不履行責任は、契約と一応切り離して考えて良いことになる。物の保管義務の不履行責任は、その義務が事務管理に基づくものであっても、有償寄託に基づくものであっても、原則として同じになる。但し、法が、契約が有償か無償かで、注意義務の程度が異なるとしていることもある（有償寄託と無償寄託）。これに対して新説（結果債務・手段債務論（森田説））は、明確な合意がなくとも、行為の程度（債務の強度）、損害賠償範囲の画定基準等にまで意思が及んでいるとみる(a)。そのため、これらは「契約の解釈」によって決まることになる。但し、「契約の解釈」の意味は問題である（後述）。いずれにせよ、考え方として、契約（意思）により決まるとする見方と、法により決まるとする見方がある。そのいずれが妥当であろうか。

契約の解釈＝当事者の意思により債務の強度が決まるとすると、原則として当事者を基準にして考えることになる。その際、当事者の利益衡量は行われない。これは、行為の程度（債務の強度）につき明確に合意をしている場合は、問題がない。例えば、帰責事由を不要と合意をしたり、軽過失免責を合意したりしたような場合、その合意は原則として尊重される（例外の例　消費者契約法）。

一方、明確な合意のない場合にも、契約の解釈により、行為の程度（債務の強度）が決まるとすると、当事者の発言・態様から「黙示の意思表示」を認定することになる。特に、発言から「意思」を探ることになろう。

だが、そうだとすると、——手段債務・結果債務論者の主張は明確ではないが——例えば、債務者側の「～年の経歴を持ち高い評価を得ている」「絶対に成功する（儲かる）」等の表示により、行為の程度が上がる（例えば、結果債務になる）のであろうか。この場合に責任を重くするのはよいだろう。だが、逆に「自分は経験がない」とか、「この分野は専門ではない」等といえば、行為の程度が下がるのか（免責事由が広くなるのか）という疑問がある。合意を推定（擬制）するのは、表示・態様からであり、それと相関的に、行為の程度が変わることになる。それは、一方当事者にとり有利な場合だけでなく、不利な場合もありうる。なぜなら、合意は、債権者にも債務者にも平等に働くからである。「契約の解釈」の名の下に、債権者に有利な変更だけを認めるというわけにはいかない。そこでは、一方当事者の保護という契約外の観点は入らないからである。標準人の能力を超えた行為の約束を容易に認めるなら、その逆も容易に認められるはずである。債務者が、債務の内容たる行為について「自分は専門ではないので自信がない」との発言をして、債権者がそれに異議を述べなかったら、注意（行為）義務の程度が下がる（免責事由が広くなる）のであろうか。それは、特に診療債務（生命・身体を保護する債務）などでは問題だろう。もしそれを認めないのなら、合意という擬制は避けるべきである。

また、「手段債務」「結果債務」の導入を図る立場が、その区分は「契約の解釈」により決まると説明することも、問題である。なぜなら、契約の解釈によるのであれば、例えば、同じ売買契約に基づく売主の債務も、ある場合には結果債務になり、また手段債務にならなくてはならない。あくまで、個別的に決まるはずである。また、論理的に考えると、典型的な結果債務、典型的な手段債務の間に、また両者の延長線上に無数のヴァリエーションがありうるはずである。[126] その認定は各契約ごとになされるはずである。だが、論者は基本的に類型的な判断をしようとしているようである。もし、類型的に考えるとするなら、意思による説明を放棄する必要がある。

結果債務・手段債務論（森田説）

契約の解釈→債務の強度（結果債務・手段債務の区別）→帰責事由の内容に差

私は、

契約、債務の種類等を法が評価→債務の強度（重さ）→帰責事由の内容に差

と理解すべきだと考える。

つまり、法が、契約や当事者を類型的にとらえて、債務の強度を決めるとするのである。そうみることにより、当事者間の利益衡量を行える。一方当事者の保護の見地から、債務の強度を決めることができる。類型を破るには、明確な合意が必要である。免責の合意についても同じである。契約に際し、同一主体が「絶対に成功する」と言った場合でも、「うまくいくかも知れません」と言った場合でも、「自信がない」と言った場合でも、原則として、契約により発生する債務の強度は同種のものと考える。これらの表示だけでは、合意があったとは解さないのである。

それでは、このような表示・態様は何の意味もないのかというとそうではない。これも法的な評価の対象となる。そして、場合により、法が付随義務（調査・告知義務等）を課すことがあり、その違反の責任が問題になる。[127] また、「確実である」といった表示をした場合、それが債務の強度を決める際の評価の一材料となり、注意（行為）義務の程度が上がることもありうる（類型の中での幅）。法の評価であるから、その際に、一方当事者の保護という視点を入れることも可能である。

行為の程度（過失の前提となる注意義務の程度）について、直接、当事者が取り決めていないとしても、それと意思との関係はなお問題である。意思＝自由は、行為の程度について合意をするため以外に、債務者が結果発生へ向けて行為をするためにも行使されるからである。後者の意思＝自由の行使の可能性と要求される行為の程度の関係が問題となる。

1　意思が行為と結びつく——意思に統御された行為

債務は債務者への拘束である。では、何に対する拘束か。債務であるから、もちろん債務者の行為であるが、厳密には、拘束できるのは債務者の自由になる事柄であるから、意思だとする考え方がある。すなわち、契約により、債務者に契約目的達成（結果の発生）に向けた意思への拘束が生じる。そしてそれは、その意思に導かれた債務者の行為への拘束につながる。

意思の拘束→行為の拘束→結果の発生？

ところが、結果が発生するかは、必ずしも債務者の自由にはならない。従って、たとえ結果が発生しなくとも、債務者がすべき行為をしていれば、債務不履行責任は発生しない。この考え方は、意思の自由を前提としており、自由外の事柄に対する拘束は生じない。基準は債務者である。過失も、具体的な過失となる。この立場でも、債務は債務者の行為であり、意思の自由を行使したか（過失があるか）は債務者の行為により判断される。だが、意思の現われとしての行為を問題にするのであるから、過失の本質は、意思の自由の不行使である。

2　意思が行為と結びつかない

行為義務・過失は、具体的な債務者を基準に決めるとする考え方に対し、標準人を基準に決めるとする見解が多数である。この場合、債務者の能力としては不能な行為でも、債務者は義務・責任を負うことにもなる。この見解では、意思と行為の結びつきは弱くなる。もちろん、契約で債務者のなすべき行為を取り決めている。だが、それは通常、具体的なレベルにまで及んでいない。すなわち、一定の結果をめざす行為に債務者を拘束するという抽象的な意味では、意思が取り決めていると言えるが、そのためにどの程度の注意義務を負うのか（程度としての内容）は、通常、法が決めるのである。そして、各場面でどのような措置を取るべき（であった）か（具体的な行為）は、通常、（事後的に）法により明らかにされる。結局、意思の及ぶ範囲は、債務の発生及びそれと不可分な方向としての内容までである。

ところでなぜ、標準人を基準とした行為義務を負わされるのだろうか。まず、この立場を「意思責任」（1の責任（私の意思責任とは異なる））への（法による）一部修正ととらえると、故意責任は「意思責任」だが、過失責任には別の説明が必要になる。そこで、「信頼責任」（私の信頼責任とは異なる）という説が出てくる（前田説）。これは、債務者が約束を履行してくれるという債権者の信頼を保護する要請が、債務者への帰責根拠であるとするものである。だがこれは、具体的債権者の認識や信頼を問題にしない（信頼なし→免責とはならない）ので、責任思想レベルでの議論（制度を設ける際の根拠づけ）である。

また、契約締結により、債務者は標準人を基準とした行為をなすことを約束した（標準人の能力を「保証」した）と解する立場も考えられる。約束「保証」したということは、そのような能力があるものと扱われて良いということ、従って債務不履行規範に依然として乗ることを意味する。だが、既にみたように、行為の程度が意思により決まるという説明はすべきでない。明確な合意がない場合に、標準人より能力の劣る債務者がその能力以上の行為を約束していると解することには問題がある。一般に、黙示の意思表示により、その人の能力を超えること（不能）を約束しているとはみられないのではないだろうか。またこの場合、標準人の能力・行為と異なった合意を認める訳ではないので、説明として意思を便宜的に使ったものにすぎない。従って、理論の構築にはそのような擬制を用いるべきではない。意思（能力の保証）による根拠づけはやめるべきである。

私は、このことを**人間の抽象化**として考えるべきであるとした。意思能力・行為能力を取得することにより、取引社会に、抽象化された人として参加する（現れる）。抽象から具体へと下るのは、例外的な場合（信義則の適用場面等）だけである。そして法が、具体的な個人の能力ではなく、抽象化された人（標準人）の能力に見合った行為を要求し、それに違反する（抽象的過失がある）と責任を負わせていると解すべきだとした（それにとどまるかは後述）。標準人には「専門家」「素人」等の区別はあるが、これも類型的なものである。この前提として、当事者の意思は、特に意識して合意しないかぎり債権発生までしか及ばず、債務者が目的達成のために具体的になすべき行為は、法が定めると考えた。能力は、その人の属する集団の構成員が標準的に有するとされる能力である。例えば、法が、「専門家」（それにも類型に応じて差があるが）に能力があるとして一定の高度な注意（行為）義務を課すことがある。これは、あくまで法が評価して課すのであり、それを、当事者の意思（能力の保証）をもって説明すること、能力についての信頼の保護（「信頼責任」）をもって説明することはいずれも妥当でない。契約（合意）の段階では、行為能力という形で、人（能力）の抽象化を行う。それならば、帰責事由を判断する段階でも、その抽象化が維持されている（少し程度は下がるが）と見るべきではないだろうか。帰責事由の判断に際してだけ、具体的な能力から出発するのは問題である。説明としても、相手方が、その人の能力が類型とは異なること（実際の能力）を知っていても、異なる能力を信じていても、原則として類型化された標準人を基準にするのだから、「信頼」という説明よりも、「抽象化」という説明の方が妥当ではないだろうか。ここでも類型を破るには明確な合意が必要である。なお、例外的に、意思能力または責任能力の有無という形で、具体的な能力が問題になることがある。

帰責事由は、具体的に「すべき（してはならない）ことをしない（した）」ことである。責任を負うのは具体的な個人であるが、責任を判断する際に問題になるのは、原則として、社会関係上現れる「人」である。この「人」は、さまざまな抽象レベルで現実に現れる。取引社会に参加するというのは、特定の個人＝抽象化された人を受け入れることである。抽象化された人が本来の特定の個人であり、「あるべき」行為・態様はこの抽象人から出てくる。それに反する現実の行為（態様）は、本来の人の行為でないが故に否定的な評価が下される。そのため、帰責事由とは、具体人の行為と抽象人の行為との齟齬ともいえる。それにより、その人・社会を導いたり、社会を維持したりしようとする。「あるべき」はその人の能力から導き出されるのではないので、当該具体人の能力が限界にならない。

では、行為の程度は標準人の能力を基準としたものであり、その行為をしなかった責任は抽象的過失責任となるということで良いのだろうか。すなわち、Ｂの責任原理は、過失責任なのだろうか。私は、基本的にはそれでよいと考える。だが、個人への帰責は、（抽象化された）意思＝能力の不行使から離れてもなしうると考える。基本的には、抽象人の能力（その人の属する集団の平均人の能力）を基準に過失の前提となる注意義務の程度が定められるが、例外的に、法がその能力を超える注意義務を課することもある（逆もあるかもしれない）と解する。すなわち、社会構成員の共通の価値判断があるなら、無過失責任を認めることも可能であると考える。この場合は、実際にその行為をさせるというよりは、むしろ損害の分担という観点から高度な義務を課することになろう。このように、帰責事由に幅を認めるのである。その幅の範囲だが、意思の統御による行為についてしか責任を負わせないとの考え方を捨てるため、行為義務違反の外延内であればよいことになる。帰責事由は、債務者（場合によっては抽象人）の意思から離れ、具体的行為義務違反と解する。従って、私は、Bの責任原理を**行為責任**と呼ぶ。

長尾説は、過失責任主義を完全に否定し、それに代えて債務不履行責任を課す基準として、契約に対する債権者の合理的な期待が裏切られたとき、というものを示す。だが、既にみたように、長尾説では「期待」は責任の有無の判断基準としては機能せず（「期待」は常にあるから）、結局「合理的」な場合に責任を課すということに帰着する（「合理的責任説」とでも称すべきもの）。「合理的」の内容は、判例研究等により類型的にみいだされるのだろうが、現在のところ具体化されているとはいえない。このように長尾説の理論は受け入れ難いが、その実質的な目的である無過失債務不履行責任を場合により認めるということには賛成である。長尾説も、債務不履行責任を行為義務違反の責任と考えているようなので、Bの構造を持った責任で、帰責事由に程度の差（無過失責任から過失の要求まで）を認めるということになろう。

行為責任とは、債務者が義務づけられた行為をしないことによる責任である。帰責事由の判断も一定の具体的な行為をしないことである。そこで、要件としては、債務の本旨に従った履行がないことに一元化（帰責事由を独立の要件としない）できるのではないかとの疑問が生じる（吉田説）。要件をどう考えるかは問題だが、現在のところ次のように考えている。確かに、理論上は、「すべき行為をしない」という一つの要件にまとめることが可能である。だが、その有無は、結果（客観的・外形的事実）と各段階での債務者の具体的行為の両面から追究していくことで明らかになる。まず、契約で予定した結果が発生しないこと（契約による債務の場合）から問題が始まる。結果は、大きく、引渡債務のようにそれ自体重要な意味をもつ場合と、診療債務のように単なる出発点に過ぎない場合に分かれる。後者では、債権者は結果の不発生と共に義務違反の主張・立証を行わなくてはならない。だが、債務者の具体的な行為義務違反（過失）まで完全に証明する必要は、必ずしもない。抽象的な義務違反を一定程度明らかにすれば、過失（帰責事由）の推定がなされる。その場合は、債務者の側で、当該段階で求められる具体的な行為をしたこと等を明らかにして、過失（帰責事由）がないことを示す必要がある。一方、前者の引渡債務では、期限に引渡がないことを示せば、債務者の過失（帰責事由）が推定される。その場合、債務者が具体的に過失（帰責事由）がないことを示さなくてはならない。このように、要件としては、「不履行」（結果の不発生＋義務違反の事実（帰責事由の「推定」がなされるまで））と「帰責事由」を分けて、債権者には「不履行」を、債務者には「帰責事由」がないことを立証させることで、「すべき行為をしなかった」か否かを明らかにすべきではないだろうか（証明責任については次述）。

では、債務不履行責任（行為責任）内での類型はどう考えるべきか。まず、私の立場において、結果債務、手段債務という分類を残す途があるだろうか。私は意思の認定を厳格にするので、帰責事由の内容が意思によって決まるのは、例外的な場合に限られる（この場合「帰責事由」は行為義務違反に限定されない）。結果債務・手段債務論は、基本的にこの例外的なもの（意思・結果責任、意思・行為責任）に解消される。では、債務の種類と証明責任と結びつけるという主張はどうだろうか。これまで、帰責事由の証明責任の分配（または立証の負担）による債務（＝行為義務）の類型を表す言葉がなかった。そこで、この類型（意思によるのではないから類型化できる）として結果債務・手段債務を純化することも考えられる（あるいは別の名称にすべきか）。私は、債務不履行責任は行為責任であるとの立場をとるので、その範囲内における証明責任の違い（あるいは帰責事由（過失）の推定の違い）に着目した分類（類型）となる。すなわち、結果債務を、結果の不発生により「過失」あるいは行為義務違反が一般に推定されるものという形に変えて残すのである。もっとも、抽象的要件である帰責事由の証明責任をどう考えるかは、現在の私の手に余る問題である。仮に「帰責事由」を形式的な要件として、「帰責事由」≠過失＝具体的行為義務違反とするなら、債権者に「帰責事由」の証明責任があり、債務者の立証活動は間接反証であるとも捉えられるが、この点も含めて今後の研究に委ねたい。ここでは、証明責任あるいは証明の負担に着目した分類の可能性を指摘するに留める。

帰責事由の前提となる注意義務の程度（債務の強度）については、行為義務としての引渡債務では、その不履行に際し不可抗力（＋α?）を証明しない限り免責されないとしても、治療債務よりも注意義務の程度が高いといえるかは疑問である。「結果債務」、「手段債務」とされる債務の不履行責任において、それぞれ帰責事由の基準に幅があり、どちらが厳格な責任だとは決められない。帰責事由の内容（広さ）と証明責任の問題とは必ずしも結びつかないのではないだろうか。そうだとすると、立証の問題と切り離して、帰責事由の内容（広さ）による債務の類型化も可能になる。なお、森田説のように、「結果債務」「手段債務」は実体法レベルの法概念であり、証明責任の問題ではないとするなら、結果債務について、結果の不実現があれば債務者に帰責事由があると判断されるなどと認定のレベルで説明すべきではない。何が帰責事由か示し、その後、独立してその証明責任の分配（債権者が負担することも可能）を論じられるようにすべきだろう。

さらに、問題の型による類型化も可能である。履行遅滞、履行不能、不完全履行という三分類は、（引渡債務等における）事案類型としては残るのではないだろうか。これらの類型化は、各々その目的（視点）が異なるのであるから、一般的にその優劣を論じることはできない。

〈契約上の債務不履行責任とそれ以外の債務不履行責任〉

債務不履行責任（第四一五条以下）について、契約により発生した債務を前提として議論をする見解が多い。債務不履行責任を契約責任と同視あるいはその一部とみるのである。特に、契約当事者の意思により要件・効果が決まるとする見解――その多くは外国の議論をそのまま持ち込もうとする――に多い。だが、日本法の議論である以上、分けて考える必要がある。[128] 契約以外の債権は、金銭債権がほとんどである。だが、金銭債権以外のものも、遺贈による債権、建物買取請求権による債権、事務管理による引渡債権など、少し考えただけでもいくつか挙げることができ、無視することはできない。そこで、考え方としては、次のもの（など）が可能である。1債務不履行責任（第四一五条以下）は、債務の発生原因を問題とせず、その不履行責任を規定したもの（法律の定めた責任）であり、すべての債務不履行責任を原則として同様に規律するとする。この立場では、債務が契約により発生した場合、通常、その不履行の場合の措置の合意はないとみることになる。特別の合意（保証、第四一五条以下を修正する責任の合意等）があればそれに従うが、その合意をどのような場合に認定するかについては、説が分かれる。「特別の」合意の認定を容易にすれば、2に近づく。なお、責任についての合意をした当事者に、債務不履行責任の規定全体の適用を排除する意思があるとみられれば、その合意に基づく責任は、独立の責任として債務不履行責任制度の外に位置づけることになろう。2債務不履行責任（第四一五条以下）には、契約による債務の不履行責任と契約以外による債務の不履行責任の二つが含まれているとする。二つの責任は性質が異なる（責任の併存）。そして、要件・効果をそれぞれ別個に考えることになる。

そのため、第四一五条以下の条文に二重の役割を負わせることになる。この場合、契約による債務の不履行責任においては、責任について合意があるとして処理することになる。債務の発生が契約に基づくにとどまらず、不履行の際の責任（帰責事由、損害賠償の範囲等）についても「契約」が定めているとみるわけである。債務不履行責任規定は、明確な合意が認められないないときの意思の解釈規定として扱うことになる。なお、それとは異なる（特別の）合意も、1より広く認められることになろう。一方、法定の債務の不履行責任においては、責任を定めた規定として扱うことになる。その責任内容は、法の解釈により決まることになる。さらに、3債務不履行責任（第四一五条以下）は、契約以外による債務の不履行責任の規定であり、（大多数を占める）契約による債務の不履行責任は、第四一五条以下の外で、当事者の合意により規律される、と解することも論理的には可能である。この立場では、債務が契約により発生した場合、常にその不履行の場合の措置の合意があるとみることになる。この点は2と同様だが、規定外の責任とみるため、その内容は常に個々の合意の解釈によることになる。これは2よりも形式的にすっきりする（内容はそれほど変わらないのかもしれない）。だが、重要な事項（契約による債務の不履行責任）については条文で規律するというのが民法の（基本的）立場とみるべきではないだろうか。そうだとすると、現行民法の解釈としては、1と2のいずれかということになる。

このうち、1の考え（その内、特別の合意の認定を厳格にする立場）が妥当であるというのが、これまでの検討による結論である。[129] 契約により債務が発生する場合、通常、意思は不履行の場合の措置には及ばない。そのため、債務不履行責任は法定責任であり、基本的には、債務の発生原因（契約、法）による違いはないことになる。但し、法が契約関係を評価して、要件・効果を変えるということはあり得る。例えば、「責めに帰すべき事由」は、契約締結時の当事者の態様（例「絶対に大丈夫」との発言）等により変わり得る。損害賠償範囲の画定基準である予見可能性の判断時期についても、同様である（例　契約締結時に債務者が知らないある「事情」を債権者が告知可能である場合）。だが、法により発生する債務でも、法が債権者と債務者の関係を評価してこれらを変えることがないとは言えない。いずれにしても、契約による債務の不履行責任と契約以外による債務の不履行責任の違いは、本質的なものではない。

(126)　森田説も、典型的な結果債務、典型的な手段債務の他に、「緩和された結果債務」ないし「加重された手段債務」というものを認めてはいる（森田・前掲注(30)一六五頁の注(113)参照）。

(127)　手段債務・結果債務を導入しようという説でも、表示内容が債務内容にならない場合、付随義務を問題にする必要が出てくる。例えば、「絶対に儲かります」と言った場合、「相手を儲けさせる」義務を課すのでなければ、説明義務違反等の問題にすることになろう。

(128)　第四一六条の予見の主体を契約両当事者と解する説は、債務不履行責任の債務は契約上の債務であることを当然の前提としている。だが、これは日本民法の債務不履行責任の理解としては狭すぎる。起草委員の一人である梅博士にもこのことの意識はあった。

「第十四、民法第四百十六條第二項ノ『當事者』トハ雙方共ニ豫知シ得ヘキコトヲ要スルヤ孰レノ一方ニテモ宜シキヤ」梅謙次郎ほか『法典質疑問答　第３編　民法債権　全』（信山社　復刻版（初版は明治三九年）平成六年）二〇頁以下。この質疑に川名兼四郎氏は、損害賠償請求権は債権の効力として発生するもので、債権の効力は、契約成立時の当事者双方の黙約に基づくものであるから、当事者双方が予見した（できた）ことを要するとした。これに対し、梅博士は次のような疑問を差し挟む（會長＝梅謙次郎）。

「會長曰ク本問ノ解答トシテハ是ニテ足ランモ本文ノ理由ハ法律行爲ニ因ラサル債務ニハ適用シ難シ盖シ立法者ハ最多數ノ場合ナル法律行爲ニ因リテ債務ノ發生シタル場合ニ適合スヘキ規定ヲ以テ一切ノ債務ヲ支配スルヲ至当ト認メタモル（ママ）ノカ」

(129)　また、これが立法者の立場に一番近いのではないかと思われる。ただし、私は立法者意思をさほど重視しない。もちろん条文の文言に反してはならないが、必要であり合理的なら立法者意思と異なる解釈をとっても構わないと考えている。それに、起草者自身、多くを後の解釈に委ねるつもりであった。したがって、これだけでは決め手にならない。

第五項　結果不発生と責任が直接結びつく構造

次に、結果の不発生と責任を直接結びつける構造Aを持った責任原理を考える。前述したように、この構造には債務者と責任を結びつける論理が含まれていないので、責任原理としては不完全である。そこで、この論理を考える。

まず考えられるのが、責任の合意（保証・損害担保契約）である。そして、それに基づく責任が意思責任である（前述）。この責任でも、責任の合意の認定が問題である。当事者が明確な合意をしていればよいが、それがない場合、例えば、目的物に一定の性状があるとの合意があった場合に、その性状がなかったら責任を負うとの合意が含まれている（黙示の保証・損害担保契約）とみるのだろうか。もしそうなら、契約時の当事者の態様からその内容を認定するということになろう。

まず、B債務不履行責任（行為義務違反の責任）として明らかに構成可能な場合について考える。この場合、あえて合意に基づく責任として構成する必要があるのだろうか。合意の問題とすると、両当事者が基準となり、利益衡量を入れる余地はほとんどない。それに対して、債務不履行責任では、基本的には類型的に行為の程度を設定し、その程度の行為をしないから責任が発生するという論理をとる。その他に、具体的当事者の態様が評価の対象になることもある（例　過失相殺）。評価であるから、利益衡量を入れることができる。このように、責任を導く論理は、債務不履行責任の方が緻密であり、より客観的である。そのため、この場合、当事者の態様が意思に匹敵するようなもので価値判断を入れる必要のない例外的なときを除き、合意に基づく責任として構成すべきではない。

では、次にB行為義務違反の責任として構成できない場合について考える。この場合も、合意の問題とすると、両当事者が基準となり、利益衡量を入れる余地はほとんどない。そのため、別の責任原理があるならば、そちらの方が望ましい。Aの構造を持った責任原理は複数考えられるのだろうか。

従来の説では、この領域の責任を約定担保責任と法定担保責任という様に分けてきた。これは、「担保責任」とは結果についての責任であり、それが合意によるものか法律によるものかで区別されるというのであろう。前者はいわゆる「保証」であり、後者の例が、第五六一条以下の売主の担保責任である。だが、責任原理としてみると、約定担保責任と法定担保責任は異なる。約定担保責任は意思責任である。では、法定担保責任の責任原理は何であろう。「黙示の保証」と、意思責任の延長（拡張）で捉えることはできない。なぜなら、責任の要件が明らかに異なるからである。別稿で論じたように、売主の担保責任は、当事者の意思と結びつくのではなく、履行の不可能・困難に対する買主の認識と結びつくのである。特定物たる目的物の原始的瑕疵（客観的一部不能）、目的物の所有権が他人に属するといった、契約で予定した目的物の取得（結果実現）を不可能・困難ならしめる事情は、責任要件である契約締結時の買主の主観的態様（認識（可能性））の対象になるという形で、責任との間に内的関連性を有している。現行制度の結合の仕方が妥当かは問題であるが、関連があるのは事実である。それが認められる限り、その責任をどのように呼ぼうとも、独自の責任であることに変わりはない。その責任は、契約への信頼を保護するためのものである。

私は、これまでの研究で、担保責任（制度）（第五六一条以下（但し第五六九条は除く））および契約締結上の過失責任の一部を信頼責任として構成しようとした。(130) 担保責任における信頼保護は、瑕疵のない目的物を取得できることに対する信頼の保護である。瑕疵のないことへの信頼の保護を主張する従来の法定責任説とは意味が違う。

本稿には、この信頼責任が、意思責任や行為責任からみても、耐えうる（包摂ないし否定されない）ものであることを論証しようという意図もある。債務不履行責任の責任原理から出発して、ここでようやく信頼責任に辿り着いたのである。その信頼責任をこれまで見てきた意思責任、行為責任（債務不履行責任）との対比で整理してみる。

まず、以前の論文に、売主の担保責任を「買主の信頼」という視点で整理した部分(131)があるので、引用する。

「A　契約締結時に瑕疵の存在について買主が善意（瑕疵担保は＋無過失）の場合（売主が権利の瑕疵を契約締結後に生ぜしめた場合も含む（第五七二条参照））には、売買目的物に瑕疵がないことの信頼は許される。そのため、（原始的）瑕疵のない目的物の取得が不能の場合には、売主に担保責任が発生する。

B　悪意の買主には売買目的物に瑕疵が無いことの信頼はない。その代わり、瑕疵が除去されることへの信頼があることがある。この瑕疵除去への信頼が一般に許されるのかを判断するために、瑕疵除去の可能性が問題になる。

(i)　瑕疵除去の可能性があると、買主の信頼が許され、瑕疵除去が不能となったときに担保責任が発生する。瑕疵が除去される場合には、①履行義務（第五六〇条）の履行による場合と、②履行義務の履行によらない場合とがある。①の可能性があった場合、買主は履行不能をある程度予期していたとして、救済内容が制限される（権利の全部（一部）が他人に属する場合の担保責任）。②の可能性があった場合は、瑕疵除去の可能性は高かったとして、善意の買主と同様の保護を受ける（担保的権利により制限のある場合の担保責任）。

(ii)　瑕疵除去の可能性がないと、瑕疵除去への信頼が許されないとして、一切の救済は認められない（用益的権利による制限のある場合の担保責任、数量の不足又は物の一部滅失の場合の担保責任、瑕疵担保責任）。」

ここでの信頼は、長尾説、前田説の「信頼」とは異なり、**具体的な**買主の信頼であり、それが責任の基礎になっている。逆に言うと、買主が信頼していない又は信頼すべきでないこと（瑕疵についての悪意、善意有過失）が売主の免責事由になることを意味する。信頼は、意思責任における意思、行為責任におけるなすべき行為をしないこと（「責ニ帰スヘキ事由」）に、相当するものである。意思責任、行為責任とは帰責原因が質的に異なるわけである。そこで私は、担保責任は瑕疵のない目的物を取得できることへの買主の信頼を保護する制度であるとした。この「信頼責任」は、約束（表示）に対する具体的な信頼の保護を図るための法定責任である。行為責任と比べて、この点で抽象の程度が下がっている。

私は、この売主の担保責任を「信頼責任」の実定法上の現われとして理解する（なお、起草者の意識と一致するとの主張ではない）。そして、契約締結上の過失責任として従来論じられてきたもののうち、契約締結拒絶の責任および錯誤無効が認められた者の相手方に対する責任も、この「信頼責任」として考えるべきだ（信義則を根拠）とした。これ以外にもあるかもしれないが、それは今後の研究に委ねられる。(132)

(130)　注(1)(2)(3)に掲げた論文を参照。

(131)　拙稿・前掲注(3)「売主の債務不履行責任と担保責任（三・完）——現行民法典の立場について——」二一一頁以下（本書第一部第二編第四章）

(132) 担保責任は、売買以外の有償契約に準用される（第五五九条）ので、その準用範囲が問題になる。また信義則を根拠にした「信頼責任」の範囲も問題になる。

第六項　三種類の契約責任

これまでの検討から、契約責任の責任原理として、1意思責任（基本的にAの構造）、2信頼責任（Aの構造）、3行為責任（Bの構造）があることが分かった（これらに限定されるという意味ではない）。これらの責任は、契約で予定した結果の不発生についての責任であ（りう）るという点では共通する。では、そこでの責任相互の関係はどうなるのだろうか。

まず、1意思責任だが、これは契約の目的が達成されない場合の処理を当事者が合意で定めているのだから、この責任を負う場合には、原則として2、3の責任は排除される。責任の根拠は当事者の意思である。

次に、2信頼責任だが、これは、契約で一定の結果を予定した場合（責任の合意には至らない）に、それを信頼した相手方を保護するために法が課した責任である。いわば、「不完全な合意」を法が責任レベルで評価したものと言えよう（結果実現レベル（行為義務）での評価ではない）。結果の不発生それ自体に対する責任であり、その根拠は法律である（売主の担保責任（第五六一条以下）等）。

3行為責任は、契約で予定した結果を生じさせる行為義務に違反したことによる責任である。責任の根拠は法律（債務不履行責任（第四一五条以下））であるが、その前提となる行為義務は当事者の合意（契約）により発生する。債務不履行責任の規定は、この責任を含む行為責任一般を規定したものと、私は理解する。

2と3の責任は、同時に発生することはない。なぜなら、2信頼責任は、3行為責任（契約による行為義務に違反した責任）が問題にならない場面での責任だからである。その場面とは、⑴そもそも行為義務が発生しない場面（瑕疵担保責任等）と、⑵行為義務は発生するが、すべき行為をしたため行為義務違反の責任を負わない場面（他人物売買における売主の担保責任）である。信頼責任は行為責任でカバーできない領域を補うものといえよう。

なお、担保責任の要件が欠ける場面（例　買主の有過失）で、売主の態様によっては、付随義務（調査・告知義務）が発生し、売主の責任が問題になることもある。ここでの付随義務（これも行為義務である）違反の責任は、信頼責任を補うものである。

第七項　責任制度による責任原理の分担

次に、これらの責任原理をどの責任制度に担わせるべきかを考える。債務不履行責任制度（第四一五条以下）が行為責任、担保責任制度（第五六一条以下）が信頼責任を担うことには問題がない。問題は意思責任（保証責任）である。

意思責任（保証責任）の位置づけは、素直に考えれば債務不履行責任制度（第四一五条以下）や担保責任制度（第五七〇条等）の外である。責任制度（規定）に一つの責任原理を割り当てるのが簡明だからである。だが、責任制度（規定）に複数の責任原理を割り当てることも考えられない訳ではない。ある責任規定をある紛争（問題）を処理する規定と解するのもまた一つの方法である。債務不履行責任は、債権総論に位置するので、特定の紛争（問題）を想定していない。債権の発生原因を区別せず、債務一般の不履行の責任（法定・行為責任）を規定したものとすべきだろう。従って、債務不履行責任を契約責任＝意思責任としてしか論じない説（手段債務・結果債務論（森田説））、債務不履行責任に複数の責任原理を持ち込む説（例　潮見説）には賛成できない。これに対し、担保責任の規定は、債権総論ではなく各論の売買の節にあるので、売買目的物に原始的瑕疵があった場合の責任を一つの制度として処理する規定（紛争規定）と解することも可能であろう。そうすると、債務不履行責任制度（第四一五条以下）には、法定・行為責任という責任原理を割り当て、担保責任制度（第五七〇条等）には、特定目的物の原始的瑕疵という問題類型を割り当てることになる。後者には、信頼責任（法定責任）と意思責任としての（性状）保証責任が含まれる。[133] そして、その他の保証責任は、両責任制度外の責任（契約自由の原則によって認められる）として位置づけることになる。

では、どちらの考えが妥当であろうか。後者では、担保責任制度に性質の異なる複数の責任が併存していることになる。このような理解は、性質の異なる責任を通じてなんらかの統一的な処理をすべき場合に正当化しやすい。「責任の性質が異なるにもかかわらず、統一的な処理をすべき」とはどういうことか。それは、責任の性質に関わらない事項に関して問題となる。ここでは、責任追及の期間制限が挙げられる。担保責任制度の中には期間制限の規定がないものもあるが、あるものについては問題類型ごとに統一的に決めるべきであろう（以下では瑕疵担保責任を例に論じる）。もし瑕疵担保責任の期間制限が妥当であれば、その期間制限を保証責任にも適用するために保証責任を瑕疵担保責任制度に含める解釈に向かいやすい。そうでなければ、外に位置づけ独自の期間制限に服せしめる解釈に向かいやすい。だが、本稿では、瑕疵担保責任の期間制限の理解とそれを適当なものとみるかにより、保証責任（責任原理）の位置づけを決めるという「実践としての法解釈」は行わない。そのためこの解釈・評価問題には立ち入らない。本稿では、それの前提・出発点としての理念形を検討することを目的としているので、瑕疵担保責任の期間制限が妥当なものであるとの仮定に立って進める。また、保証責任の期間制限は、その位置づけにかかわらず、瑕疵担保責任と統一的処理が可能であるとする。そうすると、決め手は分かり易さということになる。私見では、現在のところ、意思責任（保証責任）は瑕疵担保責任制度の外に位置づけるべきであると考えている。なぜなら、両者を同じ期間制限に服せしめるにしても、その他の要件・効果が違いすぎるからである。例えば、保証責任において瑕疵は「隠れたもの」である必要はないし、損害賠償の範囲（の決定基準）も異なる。それを同じ第五七〇条に規定されていると説明すると、誤解を招く恐れがある。そこで、条文に直接根拠を持たない責任を認めることに抵抗があるかもしれないが、外に位置づけて瑕疵担保責任の期間制限（それが妥当なものと仮定しての話だが）の類推適用を認める方がよいと考える。

なお、保証と法定責任（担保責任、債務不履行責任）の修正としての意思との境界はときに曖昧である。責任の発生が意思による（例　性状がなければ責任を負うという意思がある）か、意思が個々の事項（例　損害賠償の範囲）のみに向けられているかで区別することになるが、実際には区別が困難なこともあるだろう。区別の意義は、法定責任の修正だと、明示的に合意のない他の事項はその責任規定に従うことになるが、保証だと、当事者の意思を探求してそれに従うことになる。だが、保証が、個別的な要件・効果の修正という形で示されていれば、その他の事柄の処理についてはその規定を借用する意思があると解され得る（法定責任の規定の借用による意思に基づく責任）。その場合は、法定責任の部分的な修正と実際の処理に差はない。

(133)　瑕疵担保責任制度に、法定・行為責任（債務不履行責任）を含めることはできない。なぜなら、そこでの契約解除及び損害賠償請求の期間制限は、「瑕疵を知った時」から起算するのであり、これは行為義務違反の責任に適合しないからである。

第八項　損害賠償の範囲

すでに論じたように、債務不履行による損害賠償の範囲に関する従来の議論では、債務不履行責任とは何責任なのかが正面から問われてこなかった。そのため、損害賠償範囲を画定する基準についての考え方の対立は、実は債務不履行責任の性質の対立であることも多く、議論が噛み合わない原因となっていた。大切なのは、問題の立て方である。責任原理（原因）から賠償範囲の画定基準について一定の枠組みが導かれるという価値判断を前提にすると、次のようになる。「債務不履行による損害賠償責任の範囲は？」「瑕疵担保責任としての損害賠償責任の範囲は？」という問いには、まず、契約責任にはどのような責任原理があるのかを問い、次にその原理から導かれる画定基準の考え方を論じる必要がある。そして、その責任原理をどの責任制度に担わせるかを論じることで、責任の性質との関係での答えが出る。そして、利益衡量、政策的な判断により、その基準を具体化し、また場合によっては修正する（これは本稿の対象外）。同じ責任原理が別の責任制度で認められることもあるので、ある制度について論じる学説を比較・評価するとき、契約責任全体の視点でみないと、正当な判断は下せない。もっとも、例えば、契約責任全体との関係で債務不履行責任を論じるものは（ほとんど）ないが。

これまでの議論から、契約責任には責任原理は（少なくとも）三種類あることが分かった。意思責任では、当事者の合意により賠償範囲が決まる。仮に、第四一六条の予見可能性がこれを表しているとすると、契約時・両当事者の予見（可能性）になる。行為責任では、義務づけられた行為をしないことと賠償範囲が結びつく。仮に、債務不履行責任が行為責任なら、第四一六条の予見可能性は、基本的に不履行時・債務者の予見可能性となる。

債務不履行責任制度に行為責任という責任原理を担わせるという私の立場では、第四一六条の「予見可能性」の解釈は、基本的に「不履行時・債務者の」ということになる。但し、契約により発生した債務の不履行責任では、一定の修正を受けることもある（第三章第三節参照）。では、平井説の契約時・両当事者の予見（可能性）が画定基準となることはないかというと、そうでもない。平井説が「債務不履行責任」として論じた責任は、私の立場では意思責任となり、債務不履行責任制度外で認められる。合意の抽象化の問題（どこまで具体的な合意が必要か）では大きな違いはあるが、契約の解釈により賠償範囲が決まるという考え方は、同じである。

信頼責任では、基本的に、（契約時の）信頼の内容をどこまで保護すべきかという視点で、画定基準を考えることになる。その際、結果実現の可能性も、「保護すべきか」の重要な判断要素になる。（瑕疵）担保責任（信頼責任を担う）で言えば、瑕疵のために被った損害であり、信頼利益に限定されることはない。だが、瑕疵のない目的物の取得が原始的客観的に不能な場合（例　不動産の面積不足）には、原則として、無瑕疵からの利益への期待は保護に値しないとして、履行利益の賠償は認めるべきでないと考えている。その場合、履行利益の賠償には保証が必要である（意思責任）。その他、売主の錯誤も、最終的には損害賠償の減額事由になるのではないかとの着想を持っている。[134]これらを含め、本格的には別稿で論じたい。

(134)　以上、拙稿・前掲注(3)「売主の債務不履行責任と担保責任（三・完）――現行民法典の立場について――」二一四頁以下（本書第一部第二編第四章）、同・前掲注(2)「売買目的物の性状に関する当事者の期待の保護――性状錯誤と担保責任・序説――」四七八頁（本書第二部第二章第二節第二項Ⅱ）、四八二頁（本書第二部第二章第三節注(39)）を参照。

第九項　責任の抽象化

これまでの検討で明らかになった三種類の責任原理は、各々どこまで広げることが可能なのだろうか。言い換えると、契約責任の多様性を前提に、なお契約責任の統合に向かおうという試みはどこまで可能なのかということである。責任原理の拡大は、抽象化により可能になるが、それに伴い内容が希薄になる。そのバランスが問題である。

1行為責任で、要求される行為は、基本的に具体的債務者の能力から離れて、標準人が基準となり決まる（人の抽象化）。すなわち、具体的過失ではなく抽象的過失が問題となる。そして、行為により結果の発生が可能であれば、場合により無過失であっても責任を負わせることもあるとした。そのため、三者の中では抽象度が一番高いと言えよう。さらに、「行為をしないから責任」という枠組みの「行為」を、それ以外の債務者の「態様」に広げることも可能かもしれないが、それが限界であろう。行為の抽象化により、債務者の「態様」を問題としない結果についての責任に拡張することはできない。但し、金銭債務の不履行責任（第四一九条）については問題である。不可抗力免責を認めないことから、結果についての責任のようにみえる。だが、そこで認められる法定利率（約定利率）による損害賠償は、理論的には損害賠償と言えるのか検討の余地がある。もし、それが損害賠償でなく、それを超える損害の賠償（認められるとして）につき、帰責事由を要すると解せば、行為責任の原則どおりとなる。最終的な判断は留保しておく。なお、債権者が債務者の行為を妨害した場合には、法定利率（約定利率）による賠償責任も負わないと考えられる。少なくともその点で、債務者の行為はなお問題となる。

2意思責任は、最も抽象度が低いが、これの抽象度を高めることも考えられる。それは、当事者が真に合意をしていない場合であっても、当事者の態様を基準に責任を認めるということである。「当事者が意思したから責任を負う」という枠組みの、「当事者」は変えずに、「意思」を、合意とみてよいような「態様」に広げるのである。これが拡張の限界であろう。

さらに進めて、具体的当事者の意思がない場合にも、合理的な人が意図したであろうことを基準に免責（帰責）を決める考え方がある（ヘーグ国際動産売買統一法がこの立場）。だが、この基準は、特定の取引に限定して適用するならともかく、契約責任全体にまで広げるのは問題である。なぜなら、これでは「合理的な」ときに責任を認めることになってしまい、責任原理として意味をなさなくなる。「合理的な」の類型化にすべてが委ねられることになる。それに加えて、この立場でも、結果の不発生＝契約違反といえないもの（前述の診療債務等）については、行為責任とせざるを得ないであろう。また、債権者側の主観的態様が決定的な役割を果たす責任（信頼責任）も残る。実際に、ヘーグ統一法でも、一定の適合性の欠缺につき買主が悪意、善意有過失の場合に、売主は責任を負わないとしている。そのため、契約責任（債務不履行責任と担保責任）の統一もなし得ない。従って、少なくとも契約責任一般としては、このような抽象化を行うべきではない。

３信頼責任は、具体的な債権者（買主）の信頼が問題になるので、抽象度は中と言えるかもしれない。それ自体、判例・学説の認めるところとなっていないが、その抽象化を進めてみたい。例えば、信頼責任を、具体的な性状への信頼ではなく、安全性への信頼（安心）に対する保護に広げることも考えられるかもしれない（安心責任）。「信頼したから責任」という枠組みの「信頼」を「安心」にまで広げるのである（特に製造物以外で意味をもつだろう）。その場合、保護を受ける側の態様——危険性に対する認識（可能性）などが、決定的な役割を果たす（免責事由となる）。だが、信頼責任の抽象化を高めても、契約責任の中心になることはないと考えている。契約内容の実現（可能な場合）に対する信頼（期待）はあるのが当然であるから、それのみをもって責任を基礎づけることはできないからである。信頼責任は、基本的に、行為責任とはなし得ない（責任者の過失が問題にならない）場合に、契約内容の実現を不可能あるいは困難にする事実についての主観的態様を要件に、責任を認めるものであり、行為責任を補うものとして位置づけられる。

責任が意思によるか法定かは、人の抽象化を進めるとそれほど重要ではなくなる。より法定責任に傾くことになる。そこでは、何によってその責任を認定するのかが重要になる。だが、仮に私の主張する責任を抽象化しても、1賠償者側の態様を主に考慮する責任、2両当事者の態様を基準とする責任、3保護を受ける側の態様を主に考慮する責任という形で、区別は残るのではないだろうか。各責任は、完全に重なることはなく、独自の適用領域をもち、存在意義を失わない。その違いをささいなこととして切り捨てることは許されない。また、注意しなくてはならないのは、いくら抽象化を進めても、責任の違いを切り捨てても、真に合意（明確な合意）がある場合は、具体的な両当事者の態様を基準とする責任として残るということである。保証責任について、例えば、債務不履行責任（1賠償者側の態様を主に考慮する責任）に組み入れようとしても、入りきらない。少なくとも、明確な合意のある場合には、具体的当事者を基準とする責任（2）として別個に扱わざるを得ない。

なお、責任の統一を図る学説は、同じ責任だから或いは違いはささいだからとの判断に基づくのではなく、むしろ、とにかく統一すべきだから或いは外国法（の学説）がそうだからという理由に基づいているように思われる。理論面での議論の深化を期待したい。

第十項　残された問題

最後に残された問題について触れてみたい。

Ⅰ　責任（原理）の種類

契約責任は、大きく1賠償者側の態様を主に考慮する責任、2両当事者の態様を基準とする責任、3保護を受ける側の態様を主に考慮する責任に分けられるとしたが、果たしてそれに尽きるのかは問題である。例えば、当事者の態様を考慮しない責任（真の客観的責任）が認められるべきかは（責任の問題とすべきかも含めて）、今後の研究課題である。また、1の賠償者側の態様を主に考慮する責任の「態様」は、結果発生へ向けての行為に尽きるのかも問題である。本稿では、債務者（賠償者側）の認識や合意内容にならない表示については、例えば、調査・告知義務のような付随義務の発生、より高度な注意義務の発生（要求される行為の程度を上げる）といった行為責任内での影響を認めるに止まったが、果たしてそれに尽きるのか、など検討の余地がある。

本稿で示した責任原理についても、その骨格は示したが、肉の部分は未検討である。また、責任原理で決まらない責任の問題もある。その中で、思いつくまま、いくつか挙げてみたい。

Ⅱ　行為責任と信頼責任の適用領域

売買目的物の瑕疵について、完全に、種類物―性状確保義務―行為責任（債務不履行（不完全履行）責任）、特定物―性状確保義務なし―信頼責任（瑕疵担保責任）で良いのかは問題である。まず、1種類物の瑕疵でも、ある種の受領を契機に、担保責任の問題とする見解がある。また、2特定物でも追完や修補が可能な場合には、性状確保義務を発生させ、不完全履行責任の問題とすることが考えられる。1については、あくまで債務不履行責任（行為責任）の問題であり、理論的には、担保責任（信頼責任）の問題とはなり得ないと考える。テクニックのレベルとして、例えば、担保責任の期間制限を借用するために、担保責任の問題とすることも考えられないではないが、そこまでする必要性は感じられない（信義則による制限で十分）。また、「受領」に契約当事者間の合意が真に含まれているなら、それに従って処理をすればよいが、そうでない限り、合意の擬制という形をとるべきではない。1については、現在のところ、追完義務および債務不履行責任の信義則による調整の問題とすべきだと考えている。これに対して、2は、今後の研究課題である。当事者の意思がはっきりしていれば問題はないが、そうでない場合に追完や修補（必要があることが前提）を認めるためには、いくつかの手法が考えられる。まず、(1)売買契約の見直しである。目的物に欠陥があれば、売主は、追完はもちろん一般に修補義務まで負うとするのである。だが、これを一般に認めるのは無理であろう。では、(2)「契約の解釈」として、問題の契約を売買契約でないとしたり、特定物売買契約でないとする（追完で済む場合）か、売買契約に特約があるとすることが考えられる。その際、売買契約という形をとった意思、特定物とした意思の評価が問題となるだろう。だが、すべてを契約の解釈で処理することはできない。(3)意思が認定できない場合は、信義則による調整を行うか、買主に損害賠償請求権を与えて、追完・修補能力のある売主と交渉（賠償金の支払に代えて、追完・修補するか）させることが考えられる。私は、とりあえずは(3)で、根本的には契約類型の見直し（類型を選択する意思の前提問題）を考えている。いずれにしても、多くの具体的な事例をもとに考える必要がある。

Ⅲ　その他

損害賠償範囲の画定基準については、考え方の基本を示すに留まった。特に信頼責任（担保責任）のそれは不十分であり、改めて論じる必要性を感じている。

本稿は、契約責任という形で問題の設定をしたが、それを超えて、民事責任（不法行為責任も含む）という形でも論じる必要がある。特に、不法行為責任との関係（性質の異同、分担範囲）を考える際に、このような問題設定をする必要がある。

まとめ

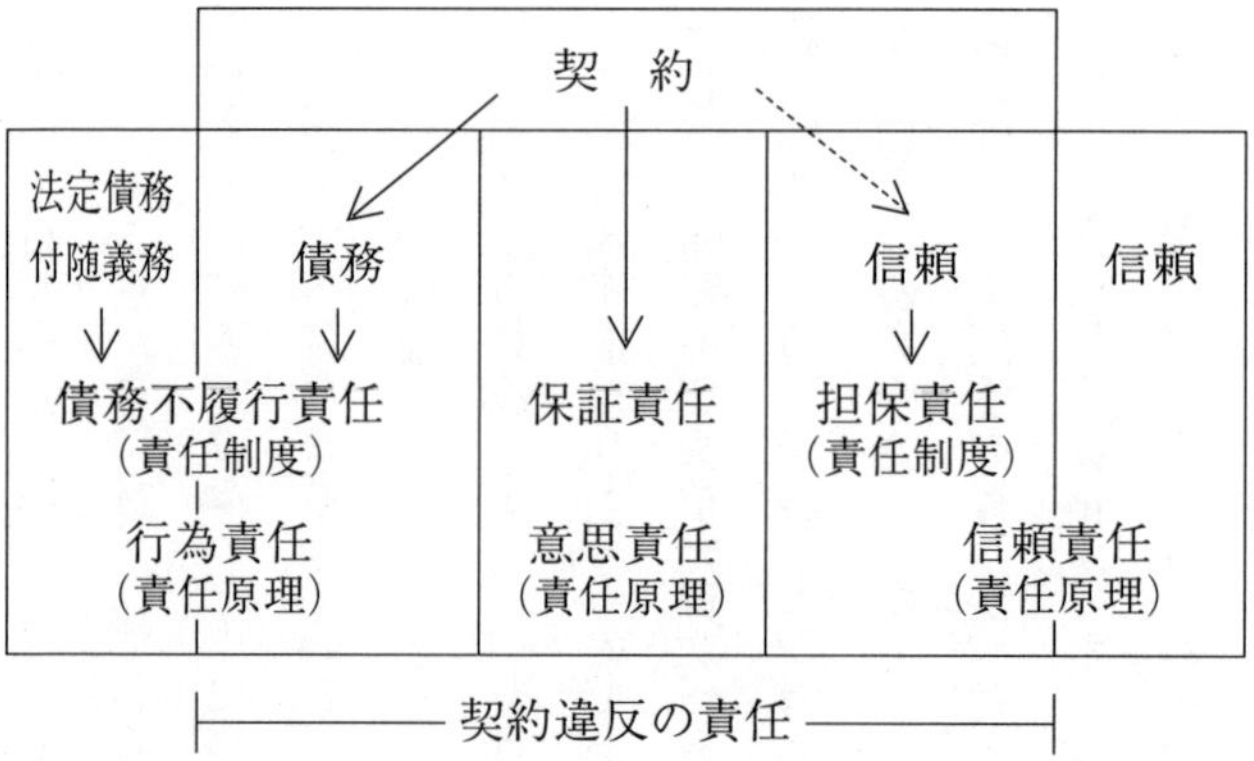

・契約責任の責任原理は上の３種類に限られるというわけではない。

・保証責任は意思責任の代表的なものにすぎない。それ以外に，例えば，意思・行為責任も考えられる。

本稿で行ったことは、契約責任の理論的な研究である。それは、契約責任とはどのような責任かを理論的に問うことから始まる。「理論的に」という問い方、そして答え方を問題にした点が、新しい。

理論的に問うには、一旦、制度から離れなくてはならない。制度には、歴史的な残滓やテクニックが含まれているので、純粋な理論として論じるには、それらを取り除く必要があるからである。そのため、まず、契約責任（＝問題の場）、法制度（債務不履行責任、担保責任）、責任原理、法思想、意思の認定、そしてテクニックの問題を分けた。それから、契約責任にはどのような責任原理があるのか、そしてその責任原理（複数の場合）をどの責任制度に担わせるのかという二段の問いを設定した。この問いは、契約責任という一つのまとまった責任があること（責任の統一）を前提としない。これは、ためにする議論

（理論）ではない。

まず、契約責任を、制度ではなく、問題の場（ここでは、契約で予定した結果の不発生という生活事実における責任）とし、議論の出発点にした。なぜなら学説の比較において、実際の解決の異同及び妥当性並びに理論の内容の妥当性は、最終的にはこのレベルで判断されるからである。制度だと、その理解により、担う責任の種類、問題の処理範囲が異なりうる。そのため、ある制度での議論の相違が、他の責任（制度）で吸収される（例　債務不履行責任において無過失責任を認めない立場だが、その外で保証責任（無過失責任である）を認める）ことも生じる。個々の責任理論、責任制度（債務不履行責任、（瑕疵）担保責任）は、契約責任全体の視点をもって、考察しなくてはならない。そうでないと、適切な議論にならない。なお、この場は、契約責任の外延を画するものではない。契約責任の範囲の問題――他の責任（不法行為責任）との区別の問題等は、本稿の対象外である。

第一段の問いの答えは、責任制度ではなく、責任原理で出す。責任原理とは、「～から責任を負う」という責任を導く最低限の判断の枠組みである。従って、責任原理を示していない学説は、理論とはいえないことになる。「～」には、責任の構造又は責任負担の合意（意思）が入る。責任の構造は、例えば「すべき行為をしない（ため結果が発生しない）」というように、どこでも通用する、できるだけ単純な概念を使い組み立てられる。ここで注意しなくてはならないのは、その概念や意思を抽象化あるいは価値概念・道具概念化してはならないということである。そうすると、責任を認めるべきときに意思や要件事実を認めるということになってしまい、理論ではなくなる。これが理論の条件である。ここでは、理論それ自体の妥当性が問題となる。なお、契約責任の統一はこの責任原理のレベルで問題にされなければならない。また、外国法の導入は、このレベルすなわち考え方のレベルで可能であり、検討されるべきである。

第一段の問いは、このように、場で問い責任原理で答える。この場における責任原理が一つなら責任の統一がなされるとみる。従来のように、責任制度（場）で問い責任制度で答えることはしない。例えば、債務不履行責任と担保責任の関係は、という問いに対して、担保責任は債務不履行（「契約」）責任であると答えるようなことはしない。

第二段の問いは、責任原理が複数の場合に発せられる。責任原理と責任制度の峻別を前提として、責任制度への責任原理の割当てを問題にする。なお、責任の統一と責任制度が複数の責任原理を担うこととは異なる。

〈学説への批判〉

以上のように、制度から問うてはならない。ところが、学説は制度から出発するため、議論に混乱が生じている。例えば、「債務不履行による損害賠償責任の範囲は？」という問題の立て方をするが、その前に、債務不履行責任は何責任か（担う責任原理）が明らかなっていなくてはならない。論じるべきは、まず、責任原理とそれに対応する賠償範囲の画定基準である。学説は、責任原理と法制度を峻別しないため、債務不履行責任の性質（担う責任原理）の問題と、同じ責任原理における賠償範囲の問題とが混同されている。その結果、議論が噛み合わず、的外れな批判や、法系的な議論（例「日本は～法系だから、同じように解すべきだ」）に終始している。

また、制度の意味が変わってきている。以前は、制度は一つの責任原理を担う（責任制度＝責任原理）ものとされていた。ところが、担保責任に保証責任を組み込むというように、制度に複数の責任原理を担わせる学説が出てきた。さらに、近時の学説は、契約責任＝債務不履行責任という形で問題を立てるため、制度が単なる場（責任制度＝場）になってしまっている。そこでは、債務不履行責任制度という場の中で、従来の債務不履行責任、担保責任の（主な）要件・効果（債務不履行責任：過失責任＋履行利益賠償、担保責任：無過失責任＋信頼利益（代金減額分）賠償）をばらばらにして、必要に応じて部品のように組み合わせることが行われている。そこでは、債務不履行責任と担保責任の統合の意味が変わってしまっている。理論的には、両者の責任原理が同じなら責任の統一がなされたことになり、担保責任は責任原理以外の特殊性による規定（債務不履行責任の特則）であるといえる。これは、基本的には認識の問題である。ところが、新説では、とにかく債務不履行責任一つにしてしまい、あとは良いように考えようといった便法になってしまっている。その上で、担保責任は債務不履行責任の特則であるとされている。もちろん、「良いように」が、客観的な基準によって示されるなら新たな理論（責任原理）と言えるだろう。

だが、それには成功していない。上記の責任原理・理論の条件からすると、手段債務・結果債務論は理論としては不完全である。すべてが曖昧な契約の規範的解釈、類型化に委ねられるからだ。潮見説も、責任原理を二つに限定するため、保証責任について、「法定の保証」などというものを持ち出さざるを得なくなる。その結果、保証責任は、責任原理ではなく、結果について責任を負う場合ぐらいの意味になってしまっている。外国法の導入や契約責任の統一や具体的問題の処理のために、無意識に理論を道具にしてしまうのは、概念を意識的に用いていないからである。なお、長尾説、前田説の「信頼」は責任原理ではなく、それを支える法思想に位置づけられた。

まとめ

〈私見〉

テクニックになってしまった責任理論をいま一度、責任原理として純化する必要がある。通説も含めて、契約責任には、大きく、行為についての責任と結果についての責任があることが認められている。学説を大きく分けるのは、事実上、結果責任とする意思の認定の違いである。だが、意思の認定をテクニックにしない本稿の立場では、自ずと結論が決まる。客観的に認識できる場合にのみ、意思の認定をする（認識の問題）。そのため、責任の合意の認定は厳格になされる（感覚では、通説に近い）。すなわち、通常、契約において意思は責任にまで及んでいない。債務（＝行為義務）が発生する場合、意思の及ぶ範囲は、通常、その発生までである。行為についての責任（第四一五条）を修正する合意及び結果責任とする合意の認定は、容易にはなされない。特に後者には特別の表示（態様）が必要である。以上のことを前提に、理論の再構築を行った。

その内容は、行為についての責任に属する「過失責任」と結果についての責任に属する「保証責任」を責任原理として整序し、また、後者に属する新たな責任原理として、信頼責任を提唱したことである。

まず、「過失責任」は**行為責任**という責任原理に昇華された。これは、債務者が義務づけられた行為をしないから責任を負うという論理から、債務者の意思への非難を切り離したものである。行為によって契約で予定した結果の実現が可能であることは必要だが（行為は抽象化しない）、その行為が当該債務者（行為能力者）により可能である必要はない。すなわち、要求される行為の程度は具体的債務者の能力を外枠とはしない（具体的過失は絶対的要件でない）。そこで、行為を行う人について抽象化を進めた（責任の抽象化は大）。基本的には抽象的過失責任だが、場合（類型的ではあるが契約関係）により、行為義務違反の枠内で無過失責任としたり、逆に広く免責を認めたりすることができるとした。上記のように意思の及ぶ範囲は債務の発生までとみるため、この帰責事由の幅（債務の強度）や賠償範囲は法が決めることになる（利益衡量を入れることができる）（法定・行為責任）。但し、法が契約を評価して（判断の一要素として）これらを決めるという点で、伝統的な学説よりは契約に目を向ける（契約関係をより考慮する）ことになる。例えば、損害賠償の画定基準である予見可能性（第四一六条）は、基本的に債務者・不履行時についてのものであるが、契約関係によっては、変わり得るとした。

次に、「保証責任」は**意思責任**という責任原理に昇華された。これは、当事者が責任を意思したから責任を負うという論理である。「保証」は法定の責任を重くする場合にのみ使われるのに対し、意思責任は、責任を軽くする場合も含めて、責任の根拠が意思によるすべての場合を指す。理論的には、意思・行為責任も考えられるので、損害担保責任よりも広い概念である。その意思（契約）については、抽象化を行わない（責任の抽象化は小）。意思責任は、当事者が真に責任について合意をしている場合であるから、当然、免責事由や賠償範囲は両当事者が基準となり決まる。

近時の学説は、契約責任として「過失責任」と「保証責任」の二つの責任しか認めない（手段債務・結果債務論は、一つ（意思・過失責任と意思・結果責任（≒「保証責任」））とも言える）。担保責任はこの二つのいずれかに分解（あるいは後者に吸収）されるとする。そして、それを債務不履行責任に押し込む（契約責任の「統一」）。これに対し、契約責任の統一は責任原理レベルで判断すべきであり、統一はできない（契約責任の多様性）とし、また新たな責任原理である信頼責任の提唱を行った。

前述したように、責任原理の「〜から責任を負う」という論理の「〜」を抽象化すると、理論ではなくなる。ところが、学説の検討の中で、「過失責任」においては、行為の抽象化によって行為がテクニックになっている（瑕疵なき特定物の履行義務）のを、「保証責任」においては、意思の抽象化によって意思がテクニックになっている（責任を認めるべきときに意思を認定する）のをみた。だが、理論に踏みとどまって考えると、これらの抽象化による責任の拡張は認められないので、二つの責任原理では処理できない領域が出てくる。二つの責任の拡張として認められた責任には、その実質が、これらの責任と性質の異なるものが含まれている。それが、これまでの研究で明らかになった**信頼責任**である。そこでは、責任が、合意や債務者の過失（すべき行為をしないこと）と結びつくのではなく、契約で予定した結果発生を不可能・困難ならしめる事情に対する相手方の主観的態様と結びつく。これは、（法によって認められる）信頼をしたから責任を負うという論理である。この信頼責任では、具体的な人（買主）の信頼が問題になるので、責任の抽象化は中と言えるかもしれない。

すべき行為をしないから責任を負うという枠組みを維持するために、債務者のなすべき行為を高度化・抽象化していくという解決や、責任について合意がないのに合意があるとして、或いは「契約の解釈」により責任を認めるいう解決と比べて、責任を導く実質的な判断基準を示した解決ではないだろうか。判断基準の更なる具体化が必要だが、辻褄合わせの必要がなく、責任の実質を直視できるので、より妥当な解決に到達しうると考える。

結局、契約責任には、大きく見て、１賠償者側の態様を主に考慮する責任、２両当事者の態様を基準とする責任、３保護を受ける側の態様を主に考慮する責任がある（これ限定されるという意味ではない）。各責任においてどのような責任原理を承認するかについて、１は行為責任、２は意思責任、３は信頼責任を構成した。そして、その責任原理をどの制度に担わせるかについては、１は債務不履行責任（第四一五条以下）、２は責任制度外、３は担保責任（第五六一条以下）とした。すなわち、債務不履行責任は契約責任の一部を担うものにすぎない。契約の側からいうと、契約の効果は債権（結果の実現へ向けての債務者の行為義務）の発生に尽きない。さらに契約の効果として、結果不発生の処置のための権利・義務（例　損害賠償義務）の発生も考えられる。

一定の結果を契約で予定することから、信頼も発生する。これは事実上のものであるが、その信頼を法律が保護する（契約から生じる期待はその他の期待と比べ特別の保護を受ける）ことで、法的に意味をもつ。すなわち、保護に値する信頼が裏切られたことに対して、責任（信頼責任）の発生を認めるのである（他に付随義務の発生も問題となる）。

これが本稿の到達点である。そこでは、責任原理についてその骨格を示すに留まった。その詳細な内容及びそれを担う制度の具体的な内容（責任原理だけでは決まらない）、特に（信頼責任の）損害賠償の範囲については、更に研究を進めなければならない。これらは別稿に委ねられる。

補論――研究の方法と比較法への序

本稿の結論は、契約責任の構造の分析から導かれたものである。条文の解釈の作業から導かれたものではなく、また「比較法」によるものでもない。

「比較法」をする意味としては、それにより自国の法を相対化するのだなどと言われる。だが、日本の法律が絶対的なものでないのは、（現在では）「比較法」をするまでもなく分かり切ったことではないだろうか。外国法と日本法の比較により、両者の違いが分かる。問題はその後である。その後、外国法と日本法のどちらが勝れているのかということが問題となる。ほとんどの論文は、外国法が勝れており（あるいは日本法に示唆するものがあり）日本に導入すべきだというものである。これは、外国法が参考になるから論文にしたと考えれば、当たり前のことである。ここで「相対化」というのは、外国法を基準に日本法を相対化する（動かし得るものとする）ということである。では、この「勝れている」という判断は、日本法の学説・判例の比較における「勝れている」という判断と異ならないのだろうか。

〈歴史の問題〉

未来の拘束

外国法と日本法の差を問題とする議論は、（もともと）社会の歴史的発展段階という視点、どちらが進んでいるのかという見方が前提としてある（った）と思われる。現在を「発展過程にある現在」ととらえる。そして発展段階のものさし上に位置づける。まず、日本社会の発展段階は、西欧先進諸国と比べ（近代化が）遅れているという認識がある（った）。そして、日本社会の発展が比較法の対象とした先進国の程度に達し、同じ社会基盤ができたから、その先進国の法制度を備えるべきである（だから導入すべきである）、あるいは、先進国の法制度を導入することにより、社会の「進歩」を導きだそうとする（未来の歴史研究と言えるかもしれない）。これは、社会は一定の方向に進んで行くという歴史観があり、発展段階に相応した法制度があるという考え方である。この進んだ法を取り入れるという考え方は、社会主義国家の崩壊に伴い、一時すたれた。だが、最近は、統一売買法等の導入論という形でまた復活しつつある。

未来とどう向き合うべきなのだろうか。まず、**Ａ**「歴史の必然がこうだからこう解すべき」というのは、現在を単に未来への過程にすぎないと捉えるものである。歴史が主体であり、人（解釈者）はその手段（道具）だという考えである。手段であるから、歴史の必然（紆余曲折はあっても最終的に向かう方向）を助けるものが良い解釈であることになる。このように、現在の軽視は人の歴史を形作る役割の軽視と結びつく。歴史（社会の将来）はこうだと決めつけると、行動（価値判断）の入る余地がない。人は、歴史法則を認識し現実をそれに従わせる主体としてだけの役割が与えられる。

これとは反対に、B人（解釈者）が主体で歴史が客体だという立場も考えられる。これに対しては、歴史とか主体的なもの（精神的なもの）を対象化（意識）することで、主体の立場に立てる（支配できる）のかという疑問がある。実は、歴史を人と切り離して対象化する点では、BとAは共通する。違いは、Bでは、歴史の必然が見通せて、かつそれに合わせる自由があるなら、それに合わせない自由もあるのではないかと考えることにある。

だが、歴史はこうだとは決められないものではないだろうか。未来は認識し尽くせない。行動により少しずつ明らかになる。C人は主体と客体の入り混じったもの（分けることはできない）——歴史によって作られ、また作る存在である。人とその時代（社会）の関係でも、時代の要請に合致する解釈が常に正しい解釈ではないこと、場合によっては、その時代が間違っているという判断も可能であると考える。その時代に受け入れられないことが、直ちに自分の行動（解釈）を否定する理由とはならない。だがこれは、長い目で見た歴史の流れ、さらには歴史を超えたものに対する判断（むしろ信念）の問題であり、現在の私の手に余る。ここでは、人には歴史（時代）を作る（に働きかける）主体の面もあることを確認するに止める。

過去の拘束

これに対し、近時は、このような歴史的発展段階という視点に立つ比較法は、数が少なくなっているように思われる。特に財産法では、「歴史の流れはこうだからこうすべきだ」「先進国で～でないのは日本しかない（日本と～しかない）」という議論は現在ではあまりみられない。むしろ、日本民法典の源流に遡る研究（過去の歴史研究）が増えてきている。中には、起草者意思を探ることを超え、「日本民法の～制度（～の規定）は、

～法系であるから、母法である～法と同様に解すべき（その考え方に従うべき）だ」といった議論もみられる。これも歴史的な拘束を認める立場といえよう。但し、過去のつながりを重視する点、未来を重視する前者とは異なる。だが、たとえ、起草者がある国の規定を参考に条文を作ったとしても、「～法系」であるとは言えないし、「～法系」であることにより、その国の法体系（立法者が考えていない）により、なんらかの拘束を受けることはないのではなかろうか。そもそも、立法者がはっきりした制度の枠組みを考えていたのかも疑問である。条文作成時に参考にした国の法律が、比較法において日本の基準になるという発想は、私には理解できない。私は、正確には、制度も考え方も導入ということはできないと考える。物ではないからだ。外国の法に触れて考え方が触発されるにすぎない。条文の意味として拘束されるのは、外国法に触発された起草者の発想であり、それ以上ではない。もちろん、規定が似ていれば、一方の国の規定について展開された理論・解釈論が、他方の国でも使用できる可能性が高い。従って、比較法の対象として参考になる可能性は高いといえる。この場合の比較法は、単に考え方（説）の比較としての比較法である。

なお、両者の混合として、「日本法（のこの条文）は～法系であり、その日本がお手本とした国のその後の判例・学説の発展は～であるので、その解釈（考え方）を導入すべき」というものもある。これは、各法系ごとに発展段階があり、日本と同じ法系で、日本より進んだ外国の法に従うべきだというものである（かもしれない）。これも、日本より良い制度で、かつ同じ枠組みをもっているから、導入しやすいというのなら分かるが、「法系」「発展段階」に何らかの拘束力を認めるのなら問題である。

私の方法論は、現在の軽視に対する疑問から出てきたものである。私は、未来がこうだから現在はこうすべきである、あるいは過去（沿革、～法系）がこうだから現在はこうすべき（外国法を導入すべき）であるというような議論（不法行為や担保については少ないのかも知れないが）——現在を過去及び未来により埋められるだけのもの、過去及び未来のためにのみ存在するものという時間の把握の仕方に、しっくりしないものを感じているのである。理論を安易に歴史と関連づけてはならないと考える。それは、未来については、歴史の発展法則を見通すことができ、そこから現在の解釈を考えていくべきであるという価値判断に立たないことであり、過去については、「法系」という拘束を認めないということである。また、歴史を言わなくとも、比較法により外国法から示唆を受けるという形で、その枠組み受け取ることがおこなわれている。だが、単に良いからというだけで、枠組みを受け入れるのは、安易すぎるのではないだろうか。一旦、かみ砕いて消化する必要がある。

このような態度で歴史に向かうと、人は未来・過去にとらわれずに、「こうすべき」という価値判断をして良いことになる。では、その判断は恣意でよいのだろうか。理論において客観をどこに求めるのかが問題となる。前記のAでは、歴史の法則に合致する解釈が客観的で正しいということになろう。そこでは、歴史法則を認識するのが人の役目であり、人（解釈者）の主体的な判断を消すのが理論の客観化になる。だが、解釈者の価値判断を積極的に認める立場では、客観を歴史に求められず、別に客観を求める必要がある。それは、価値判断の前提としての法現象の認識である（次述）。

〈新たな基準の設定〉

日本の契約責任論は、少々乱暴な言い方をすると、外国法の紹介・導入論が主である。そして、その際の日本法への接着剤が歴史あるいは外国法がもつ権威である。そこで展開される理論は、主に日本法を外国法に読み替えるテクニックであったり、あるいは現実の問題をその枠内で処理するためのテクニックであったりする。だが、外国法を権威として受け取らないのはもちろん、未来及び過去の歴史による拘束を認めないのなら、歴史以外の位置付けをする基準（ものさし）が必要である。私は、外国との法制度の違いを、（歴史的発展段階による）差という捉え方をしない。[1]日本法も外国法も同じ平面で捉える。そして、理論構成から歴史を排除する。そのためには、日本法も外国法も相対化する別の客観的な「基準」が必要である。

この基準・概念とは、日常的な、感覚的に理解できる単純な概念である。たとえば、「期待」、「合意」、「知らない（善意）」、「知っている（悪意）」などである。もちろんこれらも、厳密には、各国（各時代）で、また個人で受け取る意味が異なる。曖昧さもある。これらの言葉もできるだけ厳密に定義をして使っていかなければならない。だが、語からイメージする内容は、国等の違いを越え、共通したものがある。世界の分節の仕方（基本的な言葉の意味）は、基本的に共通ではないだろうか。例えば、ある法効果が「意思による」というのは、最低限、その当事者が基準になることを意味するのではないだろうか。分析・構成には、これらの概念を使う。

その際、注意しなければならないのは、これらの概念が理論の中で使われている場合である。その法理論・構造を分析するのに、そこでの概念を使っても、明らかにならないことがある。例えば、「意思」「合意」は、その存在が認識されるもの（認識概念）としてだけでなく、一定の法効果を導くために、認定してしまうという道具概念（目的により内容を変えられる）、価値概念としても用いられている。後者の場合、使われた概念をそのまま使って考えるのではなく、その概念をも対象とし、その概念を使って実現しようとする真の法規範の意味、隠れた真の論理を探らなくてはならない。

このように、（不完全であることを意識しつつ、）これらを基準・分析道具にして、日本法も外国法も学説も、権威としてではなく思考レベルで受け取るのである。[2]すなわち、これらの単純な概念を使って分析し、時間や場所の要素を排除した「考え方」の基本的な形にまで還元する。[3]そこから考える（理論を組み立てていく）のである。条文による最低限の拘束もここでは働かない。歴史による枠組みを認めないだけでなく、一旦は、当然の前提となるものも取り外して考えるのである。そこでの議論は、（できるだけ）通有性を有する概念（どこの国でもほぼ同じ）をもとに組み立てるので、一般的に（どこの国でも）通用するものだと考えている（抽象的な法研究）[4]。これが議論の客観化である。客観を歴史にではなく、議論がどこの国でも通用するという点にまず求めるのである。

例えば、本稿で問題とした契約責任について、学説は様々である。だが、時代的・国（地域）的・個人的な衣裳（表面上の特殊性）を外せば、いくつかの考えの基本的な型にまとめることができる。さらに、考えの型を相対化する過程で、新たな考えの可能性も見えてくる。この可能性は、論理的に有限であったり、社会の価値観の幅が有限であることにより、限られる。それを探ることは、同時に人間の探求でもある。また、大きく歴史や経済等と考えの型を結びつけることもできるかもしれない。各制度の背後に無意識の構造——変化によっても変わらない関係あるいは変化の型——があるかもしれない。そしてそれを取り出せるかもしれない（もう一つの客観の探求）。ここまでは客観的な議論と言えるのではないだろうか。

その後、これを前提に、自国の事情（制定法、判例法、他の制度との関係等）を考慮して、具体的な解釈論・価値判断を展開する。その際、歴史を置いておいて、解釈（行動）してよい。歴史の流れ・要請は、明確な必要性という形になっている限りで、考慮すればよい。それ以外の歴史による拘束は、行動する人に働くのではないだろうか（逃れようがない）。勘にすぎないが、理論構成から歴史を排除することで、逆に歴史的になるのではないだろうか。また、そこでは場合により、認識の概念を道具として用いることもある。（例えば、黙示の合意の認定という形で）（「実践」としての法研究）[5]。両者はレベルが異なり、意識的に分けて論じる必要がある。

このような歴史的ではない法研究、いわば法の「共時的」な分析は、少なくとも自覚的には行われておらず、そこからまだ多くのものが得られそうである。もちろん、オールマイティーではなく、有効な場面とそうでない場面があるだろう。だが、少なくとも、理論の客観化——理論とは、特定の世界を共有しない人をも引き込むもの（少なくともそれを意図するもの）でなくてはならず、そのため歴史という物語（その価値観を共有する人以外は理解できない）を排することについては、多くの共感を得られるのではないかと考えている。

契約責任の理論面での研究でも、「比較法的」研究が盛んである。本論文は、契約責任研究を理論研究として、法制度から出発するのではなく、問題・分析概念設定から行った。もちろん、価値判断の点で異論はありうるだろうが、このことで、契約責任論になにがしかの寄与（少なくとも客観的な面——フランス法系、ドイツ法系かということを超えて、各説の実質的な内容そして異同に迫った点などで）をなし得たのではないかと自負している。

（1）　そのような捉え方をしないだけであり、歴史の発展法則の存在を否定したのではない。歴史の発展法則はあるのかもしれないし、それを捉えることができるのかもしれない。だが、それとは関わりない（それを先決問題としない）問題もある——それも多いと考える。

（2）　もちろん、自国および他国の法状況の認識の研究もある。

（3）　もちろん、分析概念の選択には価値判断が当然入る。だが、意味ある分析概念として人が考えるものは限られている（選択の幅は狭い）し、場所、時代による変化もさほど受けない（物の見方は急には変わらない）と思う。従って、分析概念の選択とそれによる分析は、国の違いを越え、またかなりの時間的な幅で、共通の財産となりうるものであると考える。

（4）　「今」も含めて、時間性のない法理論研究もある。すなわち、法理論を時間性のない要素で組み立てていく。

論理的な組み合わせの可能性から、妥当と思われるものを選択する。価値判断は、基本的に組み合わせの選択に現れる（ここで時間（現在）が入る）。やむを得ない場合のみ直接的な価値判断（「正当」や「酷」といった判断）要素を認める。他の理論（時間や場所（国）を問わない）をみる場合にも、このような要素の組み合わせに分解・再構成することで、その論理的な位置づけ・相互の関係が分かる。そして、組み合わせや直接的な価値判断の内容は変わっても、その中で変わらない構造が見つかるか、あるいは一定の流れ等が把握できるかもしれない。もちろん、要素の選択にも価値判断は入る。従って、これらは「完全」に客観的な認識というわけではない。だが、法理論・法現象の認識としてはかなり有効であると考える。そして、認識部分と価値判断部分を分け、価値判断を自覚的に行うことは、現在の解釈にとって必要であると考える。

（5）「今の」解釈にあたって、社会の将来の発展（未来）や歴史（過去）の拘束を認めなければならないのだろうか？　現在は空で、それは過去あるいは未来によって埋められるだけのものなのだろうか。かなりの数の論文において、時間のとらえ方（特に現在）におかしなものがあると感じるのは私だけだろうか。

〈著者紹介〉
戸田知行（とだ ともゆき）

略歴

昭和35年（1960年）生まれ。中央大学法学部卒業。早稲田大学大学院法学研究科博士後期課程を経て，現在，民法を中心に法の研究をしている。

信頼責任の原理

2004年（平成16年）7月7日　　第1版第1刷発行　3132－0101

著　者　戸　田　知　行
発行者　今　井　　貴
発行所　株式会社 信　山　社
〒113-0033　東京都文京区本郷6－2－9－102
電　話　03（3818）1019
FAX　03（3818）0344
出版編集　信山社出版株式会社
販売所　信山社販売株式会社

Printed in Japan

印刷・製本／松澤印刷・大三製本

ISBN4-7972-3132-7 C3332
3132-012-050-010
NDC324. 520

判例総合解説シリーズ

[太字は既刊、各巻2,200円～3,200円(税別)]

公共の福祉の判例総合解説　長谷川貞之
無能力者と財産管理制度の判例総合解説　新井誠
権利能力なき社団・財団の判例総合解説　河内宏
法人の不法行為責任と表見代理責任の判例総合解説　阿久沢利明
公序良俗の判例総合解説　中舎寛樹
錯誤の判例総合解説　小林一俊
心裡留保の判例総合解説　七戸克彦
虚偽表示の判例総合解説　七戸克彦
詐欺・強迫の判例総合解説　松尾弘
無権代理の判例総合解説　半田正夫
委任状と表見代理の判例総合解説　武川幸嗣
越権代理の判例総合解説　高森八四郎
時効の援用・放棄の判例総合解説　松久三四彦
除斥期間の判例総合解説　山崎敏彦
登記請求権の判例総合解説　鎌野邦樹
民法177条における第三者の範囲の判例総合解説　半田正夫
物上請求権の判例総合解説　徳本鎮・五十川直行
自主占有の判例総合解説　田中整爾・下村正明
即時取得の判例総合解説　生熊長幸
入会権の判例総合解説　中尾英俊
留置権の判例総合解説　清水元
質権・先取特権の判例総合解説　椿久美子
抵当権の侵害の判例総合解説　宇佐見大司
物上保証の判例総合解説　椿久美子
物上代位の判例総合解説　小林資郎
賃借権侵害の判例総合解説　赤松秀岳
安全配慮義務の判例総合解説　円谷峻
履行補助者の故意・過失の判例総合解説　鳥谷部茂
損害賠償の範囲の判例総合解説　岡本詔治
不完全履行と瑕疵担保責任の判例総合解説　久保宏之
債権者取消権の判例総合解説　下森定
連帯債務の判例総合解説　手嶋豊・難波譲治
保証の判例総合解説　今西康人
保証人保護の判例総合解説　平野裕之
間接被害者の損害賠償の判例総合解説　平野裕之
製造物責任法の判例総合解説　平野裕之
消費者契約法の判例総合解説　平野裕之
在学契約の判例総合解説　平野裕之
弁済の提供と受領遅滞の判例総合解説　北居功
債権譲渡の判例総合解説　野澤正充
債務引受・契約上の地位の移転の判例総合解説　野澤正充
弁済者代位の判例総合解説　寺田正春
契約締結上の過失の判例総合解説　本田純一
事情変更の原則の判例総合解説　小野秀誠
危険負担の判例総合解説　小野秀誠
同時履行の抗弁権と不安の抗弁権の判例総合解説　清水元
約款の効力の判例総合解説　中井美雄
リース契約の判例総合解説　手塚宣夫
クレジット取引の判例総合解説　後藤巻則
消費者取引の判例総合解説　山口康夫
金銭消費貸借と利息の判例総合解説　鎌野邦樹
銀行取引契約の判例総合解説　関英昭
賃借権の対抗力の判例総合解説　野澤正充
無断譲渡・転貸借の効力の判例総合解説　藤原正則
権利金・更新料の判例総合解説　石外克喜
敷金・保証金の判例総合解説　石外克喜
借家法と正当事由の判例総合解説　本田純一
借地借家における用方違反の判例総合解説　藤井俊二
マンション管理の判例総合解説　藤井俊二
請負の判例総合解説　山口康夫
相殺の担保的機能の判例総合解説　千葉恵美子
事務管理の判例総合解説　副田隆重
不当利得の判例総合解説　土田哲也
不法原因給付の判例総合解説　田山輝明
不法行為に基づく損害賠償請求権期間制限の判例総合解説　松久三四彦
慰謝料請求権の判例総合解説　小川栄治
過失相殺の判例総合解説　浦川道太郎
生命侵害の損害賠償の判例総合解説　田井義信
請求権の競合の判例総合解説　奥田昌道
婚姻の成立と一般的効果の判例総合解説　床谷文雄
婚約の判例総合解説　國府剛
事実婚の判例総合解説　二宮周平
婚姻無効の判例総合解説　右近健男
離婚原因の判例総合解説　阿部徹
子の引渡の判例総合解説　許末恵
養子の判例総合解説　中川高男
親権の判例総合解説　佐藤隆夫
扶養の判例総合解説　西原道雄
相続回復請求権の判例総合解説　門広乃里子
相続・贈与と租税の判例総合解説　三木義一

信 山 社